苏州教育改革和发展重大课题研究成果

重读叶圣陶

新时代叶圣陶教育思想的创新探索

任苏民 著

商务印书馆
创于1897
The Commercial Press

图书在版编目(CIP)数据

重读叶圣陶:新时代叶圣陶教育思想的创新探索/
任苏民著.--北京:商务印书馆,2024.(2025.3重印)
ISBN 978-7-100-24569-2

Ⅰ.G40-092.7

中国国家版本馆 CIP 数据核字第 20244UA210 号

重读叶圣陶
新时代叶圣陶教育思想的创新探索
任苏民　著

商 务 印 书 馆 出 版
(北京王府井大街 36 号　邮政编码 100710)
商 务 印 书 馆 发 行
北京市白帆印务有限公司印刷
ISBN 978-7-100-24569-2

2024 年 12 月第 1 版　　　开本 710×1000　1/16
2025 年 3 月北京第 2 次印刷　　印张 22¾
定价:68.00 元

谨以此书纪念叶圣陶先生诞辰 130 周年

序

　　叶圣陶先生是我国老一辈教育家、文学家、出版家。新中国成立后他为我国中小学教科书的建设做出了重大贡献。他有一句名言："教是为了不教。"这是说，老师不是把教材中的现成知识教给学生，而是要教会学生自己读书。这句话至今仍有重要的现实意义。叶圣陶关心国家的教育事业，关心教师的社会地位，使我印象最深的有两件事。一件事是在改革开放以后不久，由于学校追求升学率，学生学业负担太重，影响学生健康。叶老于1981年11月26日在《人民日报》上发表文章《我呼吁》，批评当时中学和一部分小学片面追求升学率的错误做法。他称这种现象有如"千军万马过独木桥"，令人担忧。可惜这种现象至今仍然存在。另一件事是1983年5月13日，他与周建人联合致函中共中央办公厅，揭露四川省长寿县一起毒打、侮辱女教师的严重事件，为尊师重教大声疾呼。叶老真是教师的卫士、教育的战士，是我们后辈学习的楷模。他的教育思想今天仍有着重要的现实意义。

　　任苏民先生的《重读叶圣陶：新时代叶圣陶教育思想的创新探索》一书，对叶圣陶先生的教育思想进行新的系统梳理、深入挖掘和全面阐释，为我们今天重温叶圣陶教育思想提供了有益的启示，这有利于促进新时代教育改革和发展，实现中国式教育现代化。任先生邀我作序，我就写这些以表示我对叶老的崇敬怀念之情。

顾明远

2024 年 7 月 26 日

（顾明远，我国当代著名教育学家，中国教育学会名誉会长、北京师范大学资深教授，并担任国家教育咨询委员会委员、教育部社会科学委员会副主任等）

目　录

序……………………………………………………………………………顾明远 iii

绪论　新时代叶圣陶教育思想创新探索的意义和方法……………………1

上　编

第一章　读懂叶圣陶教育思想里的"中国教育学"………………………18

　　一、哲学基础：具有历史唯物论和辩证法意蕴的中国教育改革观…20

　　二、本质内涵：中国现代教育文化精神和基本原理的精辟揭示……23

　　三、重要构成：中国现代教育教学理论和实践智慧的创新发展……33

第二章　立德树人背景下叶圣陶德育思想时代内涵探析…………………48

　　一、"做人"为根本：德育的意义和目的……………………………50

　　二、"人生"为主题：德育的内容和核心……………………………53

　　三、"人本"为遵循：德育的原则和方法……………………………56

第三章　叶圣陶"养成良好习惯"教育思想的创新探索…………………63

　　一、"养成良好习惯"教育思想的历史生成………………………64

　　二、"养成良好习惯"教育思想的科学内涵………………………66

　　三、"养成良好习惯"教育思想的创新发展………………………80

第四章　新时代"养成良好习惯"教育思想的实践发展…………………86

　　一、中学"养成良好习惯"的教育新实践…………………………87

　　二、小学"养成良好习惯"的教育新路径…………………………94

　　三、幼儿园"养成良好习惯"的教育新形态………………………111

第五章　叶圣陶中国现代教师思想与新时代教师发展.........................130

　　一、叶圣陶中国现代教师思想及其对当代教师发展的启示.............130

　　二、借鉴叶圣陶中国现代教师思想做新时代"四有"好老师.........139

　　三、在新课程新教材改革中实现教师自我革新....................152

下　　编

第六章　叶圣陶"教是为了不教"教育思想的历史起源和辩证发展......162

　　一、"教是为了不教"教育思想的深刻萌发 163

　　二、"教是为了不教"教育思想的坚实奠基 165

　　三、"教是为了不教"教育思想的明确确立 167

　　四、"教是为了不教"教育思想的创新发展 169

第七章　叶圣陶"教是为了不教"教育思想的科学内涵和理论体系........177

　　一、"教是为了不教"教育思想的科学基石 177

　　二、"教是为了不教"教育思想的核心理念 180

　　三、"教是为了不教"教育思想的实践智慧 184

　　四、"教是为了不教"教育思想的主体精神 200

第八章　叶圣陶"教是为了不教"教育思想的文化底蕴和时代价值......208

　　一、弘扬和发展"五四"新文化精神　开拓中国现代教育教学

　　　　改革之路 209

　　二、"教是为了不教"教育思想对西方现代教育理论的借鉴、

　　　　转化和超越 217

　　三、"教是为了不教"教育思想对中华优秀传统教育思想的

　　　　继承、转化和发展 226

　　四、新时期"教是为了不教"教育思想的终身学习时代内涵

　　　　和价值 245

第九章　新时代"教是为了不教"教育教学改革实验....................257

　　一、科学践行"教是为了不教"教育思想 258

　　二、高中"教是为了不教"的教改实验 266

　　三、初中"教是为了不教"的教改实验 273

　　四、小学"教是为了不教"的教改实验 288

第十章　叶圣陶教育思想在新时代有效教学研究中的借鉴与发展 310

　　一、以公平而有质量为有效教学改革愿景 311

　　二、以落实立德树人为有效教学本质内涵 313

　　三、以实现教为不教为有效教学目的境界 319

　　四、以教师自我革新为有效教学关键支撑 324

附录一　江苏省叶圣陶教育思想研究所十年 330

附录二　江苏省教育科学"十四五"规划叶圣陶教育思想研究专项

　　　　课题指南 334

附录三　开拓现代语文阅读教学改革之路 337

主要参考文献 345

绪　论

新时代叶圣陶教育思想创新探索的意义和方法

1958 年 9 月，叶圣陶在给刚从河北大学教育系毕业，到达山东惠民师范学校任教的外甥女江亦多的信中写道："你在大学学的是凯洛夫教育学，那是苏联的教育学，不是中国的教育学。因此在实践中必须根据我们中国的实际，山东的实际，你们学校和学生的实际，灵活适当地运用，才能有所得益。"①

这段话看似平常，仅仅是一位教育前辈对教育新手就其运用所学教育学的一番嘱咐。但是，如果从新中国教育发展的时代背景来看，从叶圣陶教育思想形成和确立的思想历程来看，就会发现，这段话实质上深刻地反映了当时非常难能可贵的叶圣陶对于中国教育的高度的思想自觉和理论自觉。

20 世纪 50 年代，新中国在探索自己的社会主义建设道路中，一度出现了"全面学苏"的倾向。在苏联占统治地位的凯洛夫教育学，自然也成为当时我国所有师范院校和综合性大学教育系的必修课，对新中国教育理论与实践产生广泛影响。凯洛夫教育学作为苏式社会主义教育理论和传统教育学的混合物，强调以课本、教师、课堂为中心和以分科知识系统讲

---

① 叶至善编：《叶圣陶答教师的 100 封信》，开明出版社，1989，第 1 页。

授为主线的教育教学理论,[①] 同我国长期存在的传统教育目的价值和教学模式颇有相通之处, 显然难以适应新中国社会主义建设对人才培养和教育教学改革的要求, 也不符合"五四"新文化运动以来逐步形成的我国教育教学改革和现代教育发展的传统。因此, 叶圣陶在这封信里强调, 要将当时称之为社会主义教育学的凯洛夫教育学在新中国的教育实践中,"根据我们中国的实际, 山东的实际, 你们学校和学生的实际, 灵活适当地运用", 并且在实质上提出了与"苏联的教育学"相对的"中国的教育学"的重大命题。

值得注意的是, 在写这封信之前, 自 1955 年开始, 作为教育部副部长的叶圣陶已先后发表《新的学年》《教师怎样尽责任》《排除"空瓶子观点"》《"瓶子观点"》等文章, 从我国进入社会主义建设时期的实际出发, 对于教育如何贯彻全面发展方针"提高教育质量"[②], 教师怎样为培养大批建设人才"在这伟大的时代尽分内的责任"[③], 提出了独到的见解; 对于教育现实中存在的"把学生看成空瓶子"[④]的传统教育观念和模式包括凯洛夫教育学的弊端, 做出了深刻的批评。而就在写这封信后不久, 叶圣陶又接连发表《给少年儿童更多的课外读物》《怎样教语文课》《语文教学二十韵》《阅读是写作的基础》《授与和启发》《评改〈最近半年工作情况汇报〉》等一系列文章和讲话, 还有 1962 年分别答梁伯行和林适存老师的两封信,[⑤] 针对我国教育现实问题和改革要求, 深刻总结"五四"以来教育教学改革以至我国优秀传统教育的思想经验, 明确提出并精辟阐述了"教是为了不教"的原创性教育理念和道理, 为叶圣陶教育思想作为一种中国特色现代教育思想的形成和确立提供了核心的理论支撑。

这充分说明, 叶圣陶教育思想绝不是如某些人所认为的那样, 只是一

---

① 黄济、王晓燕:《历史经验与教学改革——兼评凯洛夫〈教育学〉的教学论》,《教育研究》2011 年第 4 期。

② 叶至善、叶至美、叶至诚编:《叶圣陶集》(第十一卷), 江苏教育出版社, 2004, 第 215 页。

③ 同上书, 第 224 页。

④ 同上书, 第 225 页。

⑤ 叶至善编:《叶圣陶答教师的 100 封信》, 开明出版社, 1989, 第 28、30 页。

种一般的教育随想和经验汇编，而是扎根中国大地、源于中国广大教育工作者教育实践，特别是他本人长期教育改革探索的具有高度理论自觉的思想创造和结晶。

事实上，叶圣陶对于中国教育的这种思想自觉和理论自觉，并非始于新中国成立以后，而是可以一直追溯到"五四"新文化运动兴起之时。1915 年 11 月 4 日，深受新文化运动启迪的叶圣陶在日记中写下"吾人处此世界，非复可效井蛙之昧陋，而欲运我灵思与世界学术接触"①，表明他开始自觉地以开阔的世界学术视野，学习思考西方先进思想文化包括早期现代教育理论，以探索中国的救国为民之道和文化教育革新之路。

近代以来，中国人探索救国为民之道和文化教育革新之路经历了一个艰难曲折的过程。从"师夷长技以制夷"的器物引进、"戊戌变法""癸卯学制"等的制度改良，到推翻封建帝制试图建立资产阶级共和国的辛亥革命，从清末严复、王国维等学者对西方学术思想包括进化论、教育学等的翻译介绍，到新文化运动对封建旧思想旧道德旧文化的批判否定和对民主、科学精神以及自觉奋斗之新青年成长的极力倡导，尽管一直不断地在向西方学习，但是仍然没有真正找到中国人自己的救国为民之道和文化教育革新之路。这种情况直到新文化运动深入发展，特别是"十月革命一声炮响，给我们送来了马克思列宁主义"②，由此催生五四运动爆发以至中国共产党成立，开辟新民主主义革命的崭新时代，才有了根本改变。进入新民主主义革命时期，逐步学会将马克思主义基本原理同中国具体实际和民族特点相结合，即马克思主义的中国化，才使得中国人民从此在精神上一改以往的被动局面，在胜利推进反帝反封建的新民主主义政治革命和经济变革的同时，大力发展与之相适应并"给予伟大影响和作用"③的民族的科学的大众的文化，"就是人民大众反帝反封建的文化，就是新民主主义的

---

① 商金林:《叶圣陶传论》，安徽教育出版社，1995，第 185 页。
② 中共中央文献编辑委员会编:《毛泽东选集》(第四卷)，人民出版社，1991，第 1471 页。
③ 中共中央文献编辑委员会编:《毛泽东选集》(第二卷)，人民出版社，1991，第 663 页。

文化，就是中华民族的新文化"①。正如毛泽东同志后来深刻总结的："自从中国人学会了马克思列宁主义以后，中国人在精神上就由被动转入主动。从这时起，近代世界历史上那种看不起中国人，看不起中国文化的时代应当完结了。伟大的胜利的中国人民解放战争和人民大革命，已经复兴了并正在复兴着伟大的中国人民的文化。"②

把叶圣陶自"五四"新文化运动以来的教育改革实践探索和教育思想产生发展，放在这样一个伟大的历史变迁中，放在新民主主义革命的时代背景中，放在中国人学会了马克思列宁主义以后在精神上由被动转入主动，在伟大的人民革命中复兴伟大的中国人民的文化，实现中华文明现代转型这一总体进程中，就会对其意义价值具有全新的理解和领悟。

自"五四"新文化运动开始以至在整个新民主主义革命时期，叶圣陶心系国家民族和人民大众，扎根本土实践，结合文学革命，对中国社会与教育变革进行了不断深入的探索和思考。从他在上海尚公学校，将体现民主与科学思想的"儿童本位""实用主义""自学辅导主义"教育主张和方法，运用于语文等课程教材和教学改革尝试，到他执教吴县第五高等小学，进行以养成自主健全的"现代人"为教育目的和价值，"知和行合一，修养和生活合一"③的学校教育改造实验；从他"五四"时期对中国教育和语文教学改革的实践探索，到他"五四"以后直至新中国成立前夕，对革除传统教育精神的力促和改革教育教学模式的推行，对历次新学制语文课程标准的起草和一系列现代语文经典教材的创编，对广大青少年学生的人生和学习的指导以及对广大中国现代教师自觉成长的引领，等等，为建设民族的科学的大众的中国现代教育体系特别是语文教育体系做出了不懈努力和卓越贡献。

---

① 中共中央文献编辑委员会编：《毛泽东选集》（第二卷），人民出版社，1991，第708—709页。

② 中共中央文献编辑委员会编：《毛泽东选集》（第四卷），人民出版社，1991，第1516页。

③ 叶至善、叶至美、叶至诚编：《叶圣陶集》（第十一卷），江苏教育出版社，2004，第42页。

与此同时，叶圣陶基于主动投身中国社会变革与文化教育革新实践，依据新民主主义革命思想，在探索解决中国现代教育发展的现实问题中，深入思考总结我国自"五四"以来教育改革和语文课程教材教学改革的丰富经验，坚决摒弃奉行古典主义和利禄主义、否定人民大众为本位、扼杀学生主体性的旧式教育痼疾，既注意借鉴西方先进思想文化特别是现代教育理论，更着重对中华传统文化包括教育思想经验的批判继承，去其糟粕、取其精华，并努力进行现代性转化和创新性发展，将之有机融合于面向人民大众的具有鲜明中国特色和丰富科学内涵的现代教育思想——叶圣陶教育思想的产生发展之中。

由此可见，这一时期叶圣陶的教育改革实践探索和教育思想产生发展，从新民主主义革命的整个时代背景来看，从中华文明现代转型的整个历史进程来看，就不仅是对教育和语文教学本身具有重要意义，而且实质上是中国人在精神上由被动转入主动，在伟大的人民革命中批判继承和改造创新中华传统文化，复兴伟大的中国人民的文化的一种典型体现，是对发展民族的科学的大众的文化，建设中华民族的新文化的一份珍贵贡献。这就为新中国成立后进入社会主义建设时期叶圣陶教育思想的完全形成和确立，奠定了历史根基，厚植了文化底蕴。正是因为具有这样深厚的历史根基和文化底蕴，也才有了后来在改革开放和现代化建设新时期叶圣陶教育思想的进一步焕发生机，创新发展。

"今天的中国是历史的中国的一个发展。"[①] 中国特色社会主义新时代，是从历史上的新民主主义革命时期、社会主义革命和建设时期、改革开放和现代化建设新时期相继发展而来的。虽然不同时期具有不同的实际情况和发展任务，但是自"五四"以来，现代中国独立富强、民族复兴、人民幸福的伟大梦想和历史使命一直没变，建设民族的科学的大众的中华新文化的前进方向和价值追求一直没变，中国现代教育改革发展的根本问题和基本规律一直没变。

① 中共中央文献编辑委员会编：《毛泽东选集》（第二卷），人民出版社，1991，第534页。

　　因此，在新时代重读叶圣陶，面向未来，对叶圣陶教育思想进行历史与现实、理论与实践相结合的深度挖掘和创新探索，从而形成当代具有代表性和原创性的中国教育家学说，对于广大教育工作者增强文化自信，坚持守正创新，全面贯彻党的教育方针，落实立德树人根本任务，促进社会公平，发展素质教育，培养堪当强国建设、民族复兴重任的时代新人，对于在推进教育现代化，建设教育强国的进程中，认真总结吸取"五四"以来中国现代教育改革发展的历史经验和思想成果，沿着正确方向加快构建中国教育学自主知识体系，无疑具有宝贵的借鉴价值。同时，更重要的是，在新时代研究叶圣陶教育思想，对于我们以习近平新时代中国特色社会主义思想为指导，更好地实现"两个结合"，立足中国式现代化实践，运用中国化时代化的马克思主义特别是其世界观和方法论，批判继承和改造创新中华传统文化，批判吸收和转化超越外来先进文化，进一步建设民族的科学的大众的中华民族现代文明，必将在精神上和方法上获得深刻的启示和助益。

　　以上是从其产生发展的历史纵深和思想精神的文化底蕴，说明了为什么在新时代我们还要继续研究叶圣陶教育思想，也就是新时代叶圣陶教育思想研究的意义何在。这也正是写作这本《重读叶圣陶：新时代叶圣陶教育思想的创新探索》的动因和意图。

　　那么，新时代我们究竟应当怎样来重读叶圣陶，即对叶圣陶教育思想进行创新探索？或者说，新时代我们应当运用怎样的科学方法来实现叶圣陶教育思想研究的创新发展和时代价值呢？

　　作者认为，在新时代，作为教育工作者，我们应当更加自觉地从学习运用马克思主义世界观和方法论的高度，将历史科学、理论思维和实践创新三种基本方法有机结合，方能开拓叶圣陶教育思想研究的新境界，取得叶圣陶教育思想研究的新成果。

　　首先，要以历史科学的方法论来观察和研究叶圣陶教育思想。

　　马克思、恩格斯在其历史唯物主义奠基之作《德意志意识形态》中曾经指出："我们仅仅知道一门唯一的科学，即历史科学。"[①]（恩格斯后来在

────────────────

① 中共中央马克思恩格斯列宁斯大林著作编译局编译：《马克思恩格斯选集》（第一卷），人民出版社，1972，第21页。

论述马克思的《政治经济学批判》时又强调"凡不是自然科学的科学都是历史科学"①）这一著名论断，作为马克思历史唯物主义的第一命题和初始性公理，为改变旧哲学抽象的概念思维，用历史科学的视野和方法研究一切事物，特别是社会科学，提供了根本的方法论指导。运用历史科学的方法论来研究叶圣陶教育思想，就不能仅仅把它看作是一些抽象的教育理念或话语，而必须从叶圣陶所处"五四"新文化运动以来中国社会变革发展和中华文明现代转型的时代变迁中，从叶圣陶本人自觉投身中国社会变革发展与文化教育革新，不断探索解决中国现代教育发展现实问题的历史实践中，来对其产生原因和思想内涵进行历史的具体的观察和分析。同时，叶圣陶教育思想作为一种思想文化，既来自深刻的时代变迁和主动的历史实践，又具有一定的历史继承性。因此，运用历史科学的方法论来研究叶圣陶教育思想，还必须研究叶圣陶教育思想是怎样基于本土，借鉴转化西方先进思想文化特别是现代教育理论；怎样立足现代，继承发展中华优秀传统文化特别是教育思想智慧，并且将之融合于中国特色现代教育思想的创生之中；还要研究叶圣陶教育思想对我国当代教育特别是素质教育思想和实践发展的深远影响，从而尽可能做到科学地阐释其教育学理，发掘其文化底蕴，揭示其时代价值，彰显其实践意义。

本书就其整体来看，正是力求以历史科学的方法论来观察和研究叶圣陶教育思想的。这在叶圣陶"教是为了不教"教育思想研究等主要部分表现得尤其典型。

例如第六章《叶圣陶"教是为了不教"教育思想的历史起源和辩证发展》，通过其思想产生和发展溯源，阐述了叶圣陶"教是为了不教"教育思想，在20世纪初中国面临救亡图存亟待社会变革之际，叶圣陶投身"五四"新文化运动和教育改革探索中深刻萌发；在"五四"时期至新中国成立前夕，叶圣陶深入进行教育改革特别是语文课程教材教学改革实践与思考并取得丰富成果中坚实奠基；在新中国成立后，叶圣陶在调查研究

---

① 中共中央马克思恩格斯列宁斯大林著作编译局编译：《马克思恩格斯选集》（第二卷），人民出版社，1972，第117页。

基础上对传统教育教学包括凯洛夫模式的反思批判，以及对"五四"以来教育教学改革以至我国古代优秀教育思想经验的总结概括中明确确立；在改革开放和现代化建设新时期，叶圣陶面对世界变革发展与人的变化发展提出的教育改革观点和主张中创新发展。从而得出结论：叶圣陶"教是为了不教"教育思想，历经时代变迁和叶圣陶一生的教育实践，其科学内涵和文化底蕴不断丰富、深厚，其阐述概括和气象境界愈加精辟、高远，最终成为一个具有中国特色和独创风格的现代教育教学理论体系。

更有第八章《叶圣陶"教是为了不教"教育思想的文化底蕴和时代价值》，从文化传承与创新视角，阐述了叶圣陶"教是为了不教"教育思想，在其孕育产生、逐步形成和创新发展中，自觉弘扬和发展"五四"新文化精神，即中国人的解放与民族复兴根本宗旨、现代思想启蒙与批判革新本质特征、中华文化内涵与民主科学基本原则，适应历史变迁，不断开拓中国现代教育教学改革之路；以"欲运我灵思与世界学术接触"的开阔视野和中国气派，从儿童观和教育本质观、教育目的和价值论、学校课程与教学论等方面，对西方早期现代教育理论特别是杜威的教育理论进行本土化借鉴、创造性转化和跨时空超越；以建设民族的科学的大众的中国现代教育的文化自觉和深湛的国学造诣，从其教育目的和价值精髓、教育方法和智慧精要、教育者文化自觉精神三个层面，对中华优秀传统教育思想进行批判性继承、现代性转化和创新性发展；从新时期我国国情和教育实际出发，弘扬中国终身学习优秀传统，既积极呼应当代国际终身教育思潮，又在教育思想多个方面对其实现超越，进一步拓展了"教是为了不教"教育思想的终身学习时代内涵和价值。因此加以概括：叶圣陶"教是为了不教"教育思想，基于20世纪中国社会变革发展与文化教育革新实践，不但构建了具有本土原创意义和丰富科学内涵的现代教育教学理论，而且从上述历史地辩证地渐次而又叠加展开的四个方面，展现出深厚的文化底蕴和重要的时代价值，为新时代中国教育工作者贯彻"两个结合"，坚定文化自信，秉持开放包容，坚持守正创新，进一步深化教育改革，发展素质教育，落实立德树人根本任务，推进中国式教育现代化，构建中国教育学自主知识体系，更好担负起建设中华民族现代文明的教育使命，提供了宝贵的思想、智慧和精神资源。

其次，要运用理论思维对叶圣陶教育思想进行系统的学理阐释。

恩格斯说过："一个民族要想站在科学的最高峰，就一刻也不能没有理论思维。"[①] 毋庸置疑，科学的唯物辩证的理论思维，对于教育思想的挖掘、提炼、总结、阐释、继承、发展，具有十分重要的意义。叶圣陶教育思想的表达，即叶圣陶在他"长长的一生"中先后撰写的各类教育著作，内容非常广泛，形式极其多样。科学地研究叶圣陶教育思想，不只是要对这一教育思想产生发展和著述表达的历史现象、历史事实、历史文本进行表面的孤立的零碎的描述、解读和引用，而且要将科学的历史视野与辩证的理论思维相结合，充分运用理论思维，由此及彼、由表及里地揭示诸多历史现象蕴涵的本质，找出相关历史事实背后的必然，把握各种历史文本内在的联系，从中提炼出具有历史的科学的思想内涵和理论逻辑的一系列中国现代教育基本问题、概念、范畴、原理、方法等，进行系统的具有一定普遍意义的学理阐释和理论构建，从而提高新时代叶圣陶教育思想研究的科学水平和学术价值，并更好地发挥理论对实践的指导和引领作用。

本书无论是对叶圣陶教育思想的整体研究还是对其精髓要义的专题研究，都力求将科学的历史视野与辩证的理论思维相结合，进行系统的具有一定普遍意义的学理阐释和理论构建。

整体研究，如第一章《读懂叶圣陶教育思想里的"中国教育学"》，运用历史的辩证的理论思维，对叶圣陶教育思想从整体上进行全面、系统的学理阐释和理论建构。指出：叶圣陶教育思想具有突出的实践性、创新性、民族性、大众性，其本土原创的文化特质和内在系统的理论逻辑，使之在一定意义上为后人贡献了一部"中国教育学"。这部"中国教育学"，以本土近现代社会与教育变革实践为逻辑起点，深刻反映中国教育改革的历史经验和基本规律，探索形成了作为其哲学基础的，以综合系统的改

---

① 中共中央马克思恩格斯列宁斯大林著作编译局编译：《马克思恩格斯选集》（第三卷），人民出版社，1972，第467页。

革、本质精神的改革、大众参与的改革为要义，具有历史唯物论和辩证法意蕴的中国教育改革观；这部"中国教育学"，主动适应中国现代社会与人的发展要求，批判扬弃传统教育思想，既深刻地阐明了中国现代教育具有怎样的价值，即为什么人、培养什么样的人的根本问题，又创造性地回答了中国现代教育如何实现自身的价值，即怎样培养自主全面发展的现代中国人的关键问题，并且从时代高度审视教育与儿童（人）和文化之关系，洞见了中国现代教育面向未来注重创新的生命机理和发展前景，从而在教育的价值和目的、教育的过程和本质、教育的发展和创新三个方面，精辟揭示了作为其本质内涵的中国现代教育文化精神和基本原理；这部"中国教育学"，将其本质内涵贯彻体现在德育、教学、教师发展、语文教育等领域，总结和提炼丰富的教育改革经验，创新发展了作为其重要构成的中国现代教育教学理论和实践智慧。综上所述，叶圣陶教育思想实质上蕴涵着一部相当系统、完整的，历史逻辑、理论逻辑、实践逻辑有机统一的"中国教育学"。新时代，深入研究并读懂叶圣陶教育思想里的"中国教育学"，继承发展中国特色现代教育的这份原创性理论成果，必将有助于我国深化教育改革，落实立德树人根本任务，加快教育现代化，办好人民满意的教育，为实现中华民族伟大复兴奠定基础；必将有助于我们坚持文化自信，科学构建中国特色现代教育学，让"中国教育"走向世界教育前沿，走向人类教育未来。

专题研究，如第二章《立德树人背景下叶圣陶德育思想时代内涵探析》，运用历史的辩证的理论思维，对叶圣陶德育思想的时代内涵进行了系统、深入的学理阐释。指出：在新时代以立德树人为根本任务的中国特色社会主义教育背景下，重温叶圣陶德育思想，深度挖掘其时代内涵，非常具有现实意义。通过历史上中西教育思想不同特点的比较，就会更加清楚地认识到，叶圣陶德育思想不仅是叶圣陶教育思想的重要组成部分，而且深刻体现了整个叶圣陶教育思想作为中国特色现代教育思想坚持育人为本、以德育人的文化精神和本质特征，使之充满德性的光芒和魅力。叶圣陶德育思想，以"做人"为根本，阐明了中国现代德育的意义和目的；以

"人生"为主题，构建了中国现代德育的内容和核心；以"人本"为遵循，总结了中国现代德育的原则和方法。叶圣陶德育思想，基于中国现代教育实践，继承发展中华优秀传统教育思想，与习近平总书记关于教育以立德树人为根本任务重要论述相契合，深刻总结了我国现代德育实践经验和智慧，揭示了中国特色现代德育的本质和规律，为新时代教育落实立德树人根本任务，加强和创新德育工作，引导受教育者自觉主动成长为社会主义建设者和接班人，提供了宝贵借鉴。

又如第三章《叶圣陶"养成良好习惯"教育思想的创新探索》，运用历史的辩证的理论思维，对"养成良好习惯"这一叶圣陶的重要教育思想特别是其科学内涵进行了系统的学理阐释。指出：在人类文明史上，自古就有"习惯养成"的教育主张。叶圣陶继承优秀传统教育思想，总结教育实践经验和人生修养体悟，把这一主张创造性地转化并发展成为了比较完整、系统，具有中国特色、富有科学内涵的现代教育思想。关于"养成良好习惯"，几乎在叶圣陶所有重要的教育和教学专论、文章、讲话、书信中都有论述。将这些论述作为一个历史生成而又具有内在逻辑的整体系统来解读，就会发现，叶圣陶"养成良好习惯"教育思想，涉及中国现代教育的目的和价值、本质和主体、目标和内容、范式和方法等一系列基本问题、概念、范畴、要义，从而在一定意义上构建了一种"养成良好习惯"的"中国教育学"理论和话语。由此，本章着重对之旁征博引做了系统、深入的学理阐释。在此基础上，进而论述了新时代以立德树人为根本任务的中国特色社会主义教育中，"养成良好习惯"教育思想的现实意义和创新发展。

第七章《叶圣陶"教是为了不教"教育思想的科学内涵和理论体系》，则更是创造性运用历史的辩证的理论思维，对叶圣陶"教是为了不教"教育思想进行了系统、严整的学理阐释和理论建构。指出：叶圣陶的"教是为了不教"教育思想，像一根红线贯穿、体现于叶圣陶一生教育实践和各类教育著作，是整个叶圣陶教育思想的精髓和核心。这一教育思想，以对现实人的本质的肯定，对儿童具有自主学习、发展、创造需要与潜能的肯定为前提和起点，构成了"教是为了不教"的科学的人学和儿童学基石；以"不教"，也即使学生养成自主全面发展，能够离开教者、超越教者，终身自学、创新实践的现代中国人为目的和价值，构成了"教是为了不教"的本质内涵和核心理念；以"为了不教"之"教"，也即科学、生动、有效地引导学生自主学习、终身自学的教育教学体系构建为方法和路径，构成了"教是为了不教"蕴涵的丰富而宝贵的实践智慧；以教师自觉追求"教是为了不教"，成为自我教育者和善于引导学生自主学习、终身自学的"善教者""教育家"为关键和保证，构成了"教是为了不教"贯穿的以学生为本而又高度重视教师作用与发展的主体精神。这四个方面的科学内涵整体联系、辩证统一，由此使"教是为了不教"教育思想成为中国特色现代教育发展中原创的既富有哲学意蕴又充满实践智慧的现代教育教学理论体系。

再则，要通过实践创新来推进叶圣陶教育思想研究的创新发展。

马克思在他1845年春写的《关于费尔巴哈的提纲》中，深刻批判"从前的一切唯物主义——包括费尔巴哈的唯物主义——的主要缺点"，首次提出了"实践"这一新唯物主义哲学的根本观点，[①] 并指出："哲学家们只是用不同的方式解释世界，而问题在于改变世界。"[②] 人们改造世界的社会实践特别是教育实践，既是教育思想和理论产生的源泉，又是教育思想和理论发展的目的。叶圣陶教育思想最大的特点就是其实践性。它源于实践，首先来自叶圣陶在投身中国社会变革与文化教育革新实践中对教育现实问题的思考和教育改革经验的总结；它又为了实践，旨在知行合一促进民族的科学的大众的中国现代教育发展。新时代研究叶圣陶教育思想，必须遵循马克思主义哲学的实践观点，把握叶圣陶教育思想的实践特性，将历史科学、理论思维和实践创新相结合，更加注重在新的时代条件和教育情境下，运用叶圣陶教育思想研究理论成果进行教育实践的探索与创新。反过

---

① 中共中央马克思恩格斯列宁斯大林著作编译局编译：《马克思恩格斯选集》（第一卷），人民出版社，1972，第16页。

② 同上书，第19页。

来，又通过广大教育工作者的实践创新，赋予这一教育思想蓬勃的现实生命力，让它走进学校，走进课堂，走进师生中间，引领和推动新时代教育改革、学校进步和师生发展，从而推进叶圣陶教育思想研究的创新发展，提升叶圣陶教育思想研究的育人价值和社会效益，为担负起推进中国式现代化、建设中华民族现代文明赋予教育的重要使命努力做出贡献。

本书不但在以历史视野与理论思维相结合研究叶圣陶教育思想中，注重把握和体现叶圣陶教育思想的实践特性，而且设立若干专章，对广大学校和教育工作者运用研究叶圣陶教育思想特别是其精髓要义的理论成果开展实践探索与创新，进行了具体的理性阐述和鲜活的经验总结。

例如，第四章《新时代"养成良好习惯"教育思想的实践发展》，阐述总结了组织中小学校以及幼儿园在新时代教育落实立德树人根本任务中，结合各校具体实际和学生特点，以省级课题研究和项目实施为载体，运用叶圣陶"养成良好习惯"教育思想研究最新理论成果，从教育目的和价值、教育目标和内容、教育路径和形态等方面，对"养成良好习惯"教育思想进行实践探索与创新。其中，中学以苏州市吴中区甪直中学为例，总结论述了这所农村中学在教育聚焦核心素养发展背景下，基于学校实际和学生特点传承叶圣陶教育思想，从教育目标和内容、实施途径和方法等方面，对引导中学生养成良好习惯进行了创造性的校本实践。小学以昆山市玉峰实验学校等三所学校为例，总结论述了学校围绕立德树人根本任务，致力于小学生好习惯养成的实践路径与体系探索，构建全面培养小学生品德、学习、健康、审美、劳动好习惯的教育目标和内容，从课程、环境、网络以及家庭和社区全方位开发教育资源，形成了以主题活动为引导，融入学生课程学习、日常生活和校外实践的小学养成教育新路径。幼儿园以苏州高新区文星幼儿园等三所幼儿园为例，总结论述了幼儿园根据自身实际和幼儿特点落实立德树人，探索实践以"养成良好习惯"为教育目标的园本化课程，创造了绿色生长课程、创意劳作课程、人文熏陶课程、美德修身课程等的幼儿园养成教育新形态。

又如，第九章《新时代"教是为了不教"教育教学改革实验》，阐述总结了新时代组织广大中小学以落实立德树人、发展素质教育为目的，运用叶圣陶"教是为了不教"教育思想理论研究的创新成果，从区域推进和校本实施两个层面，创造性开展"教是为了不教"教育教学改革实验的丰硕成果。

区域推进，以对"教是为了不教"教育思想科学内涵的准确、全面把握为基础，主动适应新时代深化教育教学改革要求，谋划和组织整个教改实验，探索形成"教是为了不教"教改实验的方法论，制定实行《关于"教是为了不教"教育教学改革实验工作的意见》，指导各实验学校科学设计实验方案，将实证研究与行动研究相结合，并加强实验过程中教研科研的制度化机制化建设，既发挥广大学校和教师的创新活力，又推动教改实验的科学化规范化发展，务求取得更好的育人实效。

校本实施，高中以江苏省苏州第一中学为例，总结论述了该校作为叶圣陶母校，针对普通高中存在的以"应试"为导向，单纯灌输知识，压抑学生学习成长自主性倾向，在叶圣陶"教是为了不教"教育思想引领下，结合高中新课程实施，以培养学生自主创新学习能力，发展学生核心素养和全面提高教育质量为目标，以建设自主学习资源库和完善教研制度为保障，以研发各学科系列问题式预习案为基础，以改革课堂教学模式为核心，以开展课外自学活动为平台，扎实进行自主互动教改实验，取得显著成效的经验成果。初中以苏州市吴中区迎春中学和苏州市南环中学为例，总结论述了迎春中学作为生源较好初中，执行"双减"政策，在新课程实施中着力提升课堂育人功能，形成自主互动模式，实施导学有效策略，推进"教是为了不教"育人课堂构建实验，提高教育质量的经验成果；南环中学作为生源较差初中，落实"双减"措施，在新课程实施中以自主学习的课堂教学为核心，以自主发展的作业改革为关键，以自主成长的创新活动为拓展，进行"教是为了不教"教学整体改革实验，努力实现"让每个孩子都能享有公平而有质量的教育"①的经验成果。小学以苏州叶圣陶实

---

① 习近平：《决胜全面建成小康社会　夺取新时代中国特色社会主义伟大胜利——在中国共产党第十九次全国代表大会上的报告》，《人民日报》2017年10月28日，第4版。

验小学和昆山市新镇小学为例，总结论述了这两所农村小学适应学校实际和学生特点，分别以"引导学生自学层级递进教学"和"教育教学中引导学生养成自主学习习惯"为主题，进行教改实验的经验成果；以苏州工业园区文萃小学和苏州市沧浪实验小学为例，总结论述了这两所城区小学根据社会期盼和学生需要，分别以"基于儿童生命成长的自主体验教学"和"差异性自主学习教学"为主题，进行教改实验的经验成果。这些学校的教改实验在整个区域都起到了典型示范和带动作用。

如果说，以上两章主要总结了区域和学校如何将研究叶圣陶教育思想精髓要义的理论成果转化为实践探索与创新的丰富经验和育人成效；那么，第五和第十两章则是将历史叙事、理论阐释和当代实践相结合，着重论述了叶圣陶教育思想精华为新时代教育改革发展提供的深刻启示和重要借鉴。

第五章《叶圣陶中国现代教师思想与新时代教师发展》，从叶圣陶中国现代教师思想产生和发展的历史叙事中，深入阐释其具有当代价值的核心要义，即中国现代教师适应时代变革、弘扬优秀传统、担当新的使命的四个"自觉"，包括思想精神的自觉、道德修养的自觉、专业研修的自觉、育人实践的自觉。并着重将之与贯彻习近平总书记关于做"四有"好老师等教师队伍建设重要论述联系起来，为新时代广大教师从优秀传统教育思想和为师之道中汲取成长的思想营养和精神力量，进而"以教育家为榜样，大力弘扬教育家精神"[①]，提供有益启示；将之与深化基础教育落实立德树人的新课程新教材改革联系起来，为新时代广大教师主动进行自我革新，实现同课程教材改革和教学改革互动共进，开拓实践路径。

第十章《叶圣陶教育思想在新时代有效教学研究中的借鉴与发展》，在新时代背景下，从历史与现实、理论与实践结合中，深入挖掘和阐发叶圣陶教育思想富有生命活力、具有当代价值的思想精华，包括教育为民和教育公平与质量统一的思想、育人为本和以德育人的思想、教是为了不教

---

① 习近平：《习近平致全国优秀教师代表的信》，《人民日报》2023年9月10日，第1版。

和自我教育的思想、教师自我革新和教学相长的思想等，为系统构建由其改革愿景、本质内涵、目的境界、关键支撑组成的新时代有效教学改革实践性理论提供重要借鉴；反过来，又使这些教育思想精华在新的实践探索中获得新的生机和发展，对"新时代有效教学研究"这一长三角基础教育一体化高质量发展项目实施，发挥了重要的指导和促进作用。

习近平总书记强调："建设中华民族现代文明，要坚定文化自信，坚持走自己的路，立足中华民族伟大历史实践和当代实践，用中国道理总结好中国经验，把中国经验提升为中国理论，实现精神上的独立自主。要秉持开放包容，坚持马克思主义中国化时代化，传承发展中华优秀传统文化，促进外来文化本土化，不断培育和创造新时代中国特色社会主义文化。要坚持守正创新，以守正创新的正气和锐气，赓续历史文脉，谱写当代华章。"[①] 这也正是深刻地指明了本书所要努力前行的根本方向和自觉追求的精神境界。

---

① 《习近平在文化传承发展座谈会上强调　担负起新的文化使命　努力建设中华民族现代文明》，《人民日报》2023年6月3日，第1版。

上 编

第一章
读懂叶圣陶教育思想里的"中国教育学"

叶圣陶是 20 世纪我国卓越的教育家，是中国现代文化教育的一代宗师。他自 1912 年初担任教师起，一生从事文化教育工作 76 个春秋，几乎亲历了 20 世纪中国社会变革发展各个时代和中华文明现代转型整个过程。在这过程中，作为杰出教育家的他，与同时作为新文化运动战士、著名文学家、编辑出版家、社会活动家和一个真正的"人"的他，实践、交往、修养、学问极其丰富而又融为一体，从而形成了博大精深、特色鲜明的叶圣陶教育思想。

叶圣陶教育思想的文化特质，就在于其突出的实践性、创新性、民族性、大众性。

实践性。叶圣陶在他 70 多载的教育生涯中，从不追求教科书式抽象、静态的理论体系构建，而是始终积极投身中国社会变革发展和文化教育改革实践，与广大师生的教育和学习生活息息相通，不断地提出、探索和回答教育改革现实中的重大问题，总结、提炼教育改革的实践经验，实事求是地阐明自己的见解，知行合一地实践自己的主张。因而，他的教育思想能够更深入地植根中国教育改革实践的土壤，更完整地反映中国教育改革的历史轨迹和基本经验。在某种意义上可以说，叶圣陶教育思想是"20 世纪中国教育改革的一面镜子"。

创新性。叶圣陶在其一生的教育改革探索中，以"欲运我灵思与世界学术接触"①的世界视野和"贵在顺进化之理"②的历史意识，始终走在时代前列，顺应中国社会现代变革和中华文明现代转型要求，不懈地对中国传统教育思想、教育文化和传入中国的外国近现代教育理论、教育经验进行反思批判和继承革新，并且博采众家之长，不断发展自我。尤其是在新中国成立后以至改革开放和现代化建设新时期，自觉贯彻毛泽东思想和中国特色社会主义理论，因而他的教育思想能够更充分地体现与时俱进的精神，充满创新的生命活力。

民族性。叶圣陶的教育改革探索与实践，有他的国学根底和道德修养作基础，秉承儒家思想和道家智慧精华，又开始于"五四"新文化运动兴起之时，深得爱国、进步、民主、科学精神贯注，并与他的中国新文学创作和现代文化批判与建设相交融，以中国传统文化教育根基——语文教育的改革为主要依托。因而他的教育思想具有更深厚的中国历史文化渊源和现代文化意蕴，具有更浓郁的中国特色和中国风格。

大众性。叶圣陶毕生以普通教育工作者自居，与广大师生一直保持着密切联系，热诚代表他们的愿望与呼声，关怀他们的成长与幸福，提升他们的理想与智慧，并且以中国广大人民包括教育工作者和受教育者喜闻乐见的语言形式来表达其对中国现代教育的真知灼见。因而，他的教育思想更富有亲切感和人文气息，是真正面向并属于中国广大教育工作者和受教育者的"教育学"。

由此可见，叶圣陶教育思想本质上是一种基于本土实践、体现先进文化、具有原创性质的民族的科学的大众的中国现代教育思想。

表达在叶圣陶各类教育著作中的叶圣陶教育思想，不但具有本土原创的文化特质，充满了面向大众、扎根实践、批判继承、改革创新的理性精神和生命活力，并且由于其涉及中国现代教育的一系列基本问题、基本规律、基本领域而具有内在的逻辑性、系统性、完整性。正是在这个意义

---

① 商金林：《叶圣陶传论》，安徽教育出版社，1995，第185页。
② 叶至善、叶至美、叶至诚编：《叶圣陶集》（第十一卷），江苏教育出版社，2004，第13页。

上，可以说，它为后人贡献了一部中国特色、中国风格、中国气派的"现代教育学"，也即"中国教育学"。

一、哲学基础：具有历史唯物论和辩证法意蕴的中国教育改革观

作为一种"中国教育学"，叶圣陶教育思想的逻辑起点，不是抽象的一般的教育学概念和范畴，而是历史的具体的中国本土近现代社会与教育变革实践。

20世纪，中国社会摆脱半殖民地半封建的苦难深渊，由旧民主主义革命到新民主主义革命，进而到社会主义社会，以至改革开放和现代化建设新时期，经历了不断的重大变革和历史飞跃。与之相适应，以废除封建科举制度、兴办新式学校的新教育运动开始的中国教育改革在艰难曲折中前进，也贯穿了整个百年。在这期间，任何一种真正进步的中国的教育理论，都不可能不以极大的热忱关注、聚焦和介入这一改革的实践，从中探寻中国现代教育的出路和规律，追求为实现中华民族伟大复兴奠基的教育梦。叶圣陶教育思想正是这样一种非常典型的教育理论。在长达大半个世纪的时间里，它始终以中国教育改革实践中的问题和经验作为理论思考的逻辑起点，以推进中国教育改革实践作为批判继承传统教育思想，进行教育理论创新的出发点，并且由此深刻反映了20世纪中国教育改革的历史经验和基本规律，探索形成了作为其整个教育理论哲学基础的具有历史唯物论和辩证法意蕴的中国教育改革观。这一中国教育改革观，要义有三。

（一）中国教育改革是综合系统的改革

叶圣陶认为："教育和社会本当互相适应，脱离了社会，教育便失去根据。"[1]中国教育改革必然发生，根本原因就在中国社会的变化、变革和发展。从辛亥革命到五四运动、大革命到抗战前后、新中国成立再到改革开

---

[1] 叶至善、叶至美、叶至诚编：《叶圣陶集》（第十一卷），江苏教育出版社，2004，第13页。

放和社会主义现代化建设，中国社会的每次变革和转变都对教育提出了新的改革要求，引发了教育改革的新高潮；而反过来，教育又通过自身的改革积极地适应并促进社会进步。

叶圣陶指出，教育受作用于一定社会的政治、经济和文化。"教育不是独立的部门，与政治、经济等项都有关系。"[①]"教育救国"当初之所以梦想难酬，在于教育脱离了社会政治、经济变革，它非但救不了国，甚至也救不了自己；"生活教育"在刚提出时之所以难以推行，主要也正在于旧中国政治、经济状况的限制；"应试教育"之所以迟迟难能转变，除了国家发展和体制上的落后，"大半的因由当在对于教育的一般社会意识"[②]。总而言之，教育改革的进展受到社会经济、政治、文化条件的制约，必须将其纳入整个社会改革的系统工程，与其他方面的改革综合进行。

叶圣陶强调，教育就其本身来看也不是单一的事项。教育改革不仅包括教育设施的更新、教育制度的变革，而且包括教育内容、教育方法，特别是支配人们整个教育实践活动的教育观念的转变。教育改革既牵涉基础教育，也牵涉高等教育和职业教育；既牵涉各级各类学校教育，也牵涉家庭教育和社会教育，要各方各面达成共识，通力协作，才能取得真正的进展和实效。

（二）中国教育改革是本质精神的改革

叶圣陶认为，清末以来废科举兴学校，逐步建立新的学制和学科教育，此后又不断增设学校，修改课程、教材，等等，这些自然是进步。然而，中国教育长期以来在本质上并没有根本的改变，仍然承袭着"传统的教育精神"。所谓"传统的教育精神"，就是让学生读一种死的东西去应考，考得上的就可以高高在上，获取功名利禄，考不上的就一辈子倒霉。它是在长期封建社会中形成的，以与老百姓对立的极少数统治者阶层利益

---

① 叶至善、叶至美、叶至诚编：《叶圣陶集》（第十二卷），江苏教育出版社，2004，第 202 页。

② 同上书，第 50 页。

为本位的。"传统的教育精神"并没有随着传统教育制度的废除而消失，而是由于其社会根源和文化土壤的存在依然保持着，并且往往在"新"的教育中顽强地表现出来，严重影响、阻碍、扭曲和异化中国现代教育的发展。

正因为如此，叶圣陶一再"呼吁"，在现代中国，"教育的本质的改革尤其紧要。教育要为全社会而设计，要为训练成对社会作点事的人而设计；教育决不能为挑选少数选手而设计，结果使这些选手光荣显耀，站在众人的头顶上，伸出手来，收受众人的供养"①。"教育要变，就得在精神上变，革除传统的教育精神，认定以老百姓为本位。学制与课程之类也不是不重要，然而精神不立，单就这些上讨论如何如何更改，就是舍本逐末，必然没有什么好处。对谁没有好处呢？对受教育的没有好处，对国家民族没有好处。"②与中国现代社会变革和人的发展要求相适应的中国教育改革，最根本的在于教育本质和精神的改革，也就是要将以少数剥削者统治者为本位的教育转变为以人民大众为本位的教育。

叶圣陶并且在将"中国跟日本的教育都需要彻底改革"③的比较中，深刻地分析了日本现代教育承袭传统精神，导致为军国主义所利用的惨痛教训。他指出，一定要在根本精神上彻底改革，才能使教育得到真正的时代进步，在"人民的世纪"造福于人民。

（三）中国教育改革是大众参与的改革

叶圣陶认为，中国教育改革是为了大众并要大众参与的事业。它不能单靠几个教育家。在参与教育改革的大众中，当然首推教师。"教师是实施教育的人"，他们对教育的实际了解最真切，对教育的改革最有发言权。任何一种教育改革的理想、方案、措施，最终都要通过教师才能付诸实

---

① 叶至善、叶至美、叶至诚编：《叶圣陶集》（第十二卷），江苏教育出版社，2004，第 10 页。
② 同上书，第 204 页。
③ 叶至善、叶至美、叶至诚编：《叶圣陶集》（第六卷），江苏教育出版社，2004，第 195 页。

践。因此，教育改革必须有广大教师的自觉参与。在中国教育改革的每个阶段，叶圣陶都把唤起广大中国教师的这种"自觉"作为自己最重要的思想和文化使命。

同时，叶圣陶又指出，教育改革不仅依靠教师，还必须有政府、教育行政部门和校长的正确领导，学生家长的理解、配合，社会各界和公众的支持、参与，大家要共同承担起推进中国教育改革的责任。

叶圣陶主张，在参与教育改革的大众中，还要重视发挥广大受教育者的主体作用。"受教育的是教育事业的中心。""改革教育，本来要在受教育的学习方面改革过来之后，才算收效。——这是说受教育的对于改革教育的工作确有把握，也可以处于主动地位。"所以，"……改革教育不只是教育家、教育者、教育官的问题，在首当其冲的受教育的，尤其要加以注意，非但要讨论如何改革，并且要促成真个改革。"[1]

二、本质内涵：中国现代教育文化精神和基本原理的精辟揭示

作为一种"中国教育学"，叶圣陶教育思想适应中国现代社会与人的发展对教育改革的必然要求，从探索解决中国教育改革的实际问题出发，批判扬弃传统教育思想，既深刻地阐明了中国现代教育究竟具有怎样的价值，即为什么人、培养什么样的人的根本问题，又创造性地回答了中国现代教育如何实现自身的价值，即怎样培养自主全面发展的现代中国人的关键问题，并且从时代高度审视教育与儿童（人）和文化之关系，洞见了中国现代教育面向未来、注重创新的生命机理和发展前景，从而精辟、独到地揭示了作为其本质内涵的中国现代教育文化精神和基本原理。

（一）中国现代教育的价值和目的

叶圣陶阐明中国现代教育的价值和目的是：以育人为本，以兴国为

---

[1] 叶至善、叶至美、叶至诚编：《叶圣陶集》（第十二卷），江苏教育出版社，2004，第205—206页。

旨，面向人民大众和每个学生，着眼整体人生和终身受用，培养自主全面发展、养成良好习惯的现代中国人。

叶圣陶认为，现代教育越来越与人的发展，与经济、科技和社会的发展密切联系，以民众的觉醒、国力的增强和民族的振兴为己任。在中国，唤起人民自觉投身救亡图存和社会变革，奋力建设现代化强国和实现中华民族复兴，尤其成为现代教育的强烈宗旨。早在五四运动时期，叶圣陶对教育价值和目的的思考，就充满着一种以人为本、追求人的解放和人的现代化，立志"新民救国"的文化自觉。之后，他多次指出："大家都说我国的国力不如人家。所谓国力，不限于有形的经济力量军事力量等等，一般民众的精神和智慧也占着重要的成分。"[1] 要追赶世界发展潮流，推进我国工业化、民治化，"顶要紧的"，中国民众必须是"工业化的人""民治化的人"[2]。进入改革开放和现代化建设新时期，他又深刻地指出："四个现代化，科学技术现代化是基础""但是研究和利用现代科学技术的不是电脑，不是机器人，而是千千万万活生生的人。这千千万万的人要研究得精，利用得好，不仅靠科技知能的高明，也得靠思想品德的纯正，意志操行的坚强，还有扎实的基础知能的训练也是断然不可缺的。"[3] 在中华民族奋起和复兴的前进道路上，特别是新中国成立以来，叶圣陶一再启示我们，"兴国""强国"，归根到底关键在"育人"，即唤醒、解放、发展、提高中国广大民众的精神和智慧，培养千千万万现代化的中国人，"使我国每个人成为社会主义社会合格的公民"[4]。中国现代教育肩负起"兴国""强国"重任，就必然要高度自觉地以"育人"为本。

正因为如此，叶圣陶始终一贯地强调，中国现代教育既区别于传统古典主义、利禄主义的教育，也不同于西方技术主义、实用主义的教育，它的根本价值和目的是"育人"，是培养"自觉的，自动的，发展的，创

---

① 叶至善、叶至美、叶至诚编：《叶圣陶集》（第十一卷），江苏教育出版社，2004，第108页。

② 叶至善、叶至美、叶至诚编：《叶圣陶集》（第十二卷），江苏教育出版社，2004，第193页。

③ 叶至善、叶至美、叶至诚编：《叶圣陶集》（第十一卷），江苏教育出版社，2004，第288页。

④ 杜草甬、商金林编：《叶圣陶教育文集》，河南教育出版社，1989，第328页。

造的，社会的"现代中国人，[①] 是"使学生能做人，能做事，成为健全的公民"[②]。而教育如果真正做到了以"育人"为本，"那么所收真实的效益，将超越'强国'这一标的，乃在我们的伴侣，都进而为更高尚更合理的人"[③]。中国现代教育只有基于"育人"这个根本，才能促进中国人的发展和幸福，从而促进国家富强、民族振兴、社会发展、文明进步，并实现社会文明与人的发展互动共进。这也正是中国现代教育的历史使命和文化精神之所在。

以培养现代化的中国人为价值和目的，中国现代教育就必然要面向人民大众，面向每个学生。叶圣陶坚持主张，教育要"以老百姓为本位""为全社会而设计"，决不能"承袭传统的教育精神""为挑选少数选手而设计"。教育要致力于养成中国现代社会以至社会主义社会合格的"公民"，而不能热衷于造就少数与老百姓对立的"贵族"；要使每个学生都尽可能得到适合的充分的发展，而不能只满足于部分家庭或自身某些条件优越的学生的发展。在我国改革开放初期，叶圣陶曾经实事求是地分析当时小学、初中分"重点"与"非重点"给孩子们以至整个社会带来的负面影响，明确提出，希望在"确定适合国民经济发展需要的教育计划和教育体制"的时候，"可能会就'重点''非重点'的区别重行考虑"[④]。1988 年元月底，有关部门开会讨论普及义务教育问题，病危之中的叶圣陶特地让他的大儿子到会上转达意见，再三叮咛："普及义务教育要多研究在农村如何实施，怎样才符合农村的实际"，应照顾"农村学生大多数"[⑤]。他一直认为，这是一个关系到中国现代教育或社会主义教育"为什么人"的根本问题，必须放在首要位置加以考虑和解决。

以培养现代化的中国人为价值和目的，中国现代教育就必然要着眼学

---

① 叶至善、叶至美、叶至诚编：《叶圣陶集》（第十一卷），江苏教育出版社，2004，第 37 页。

② 同上书，第 133 页。

③ 同上书，第 24 页。

④ 同上书，第 297 页。

⑤ 任苏民：《叶圣陶教育思想研究》，山西人民出版社，2018，第 138 页。

生的整体人生，并随着社会历史发展，越来越成为全面发展的教育。叶圣陶特别指出，受教育的每一个学生都是一个不可分割的生命整体，他们现在和将来做人做事都是综合而不可分的，这就决定了"全面发展的教育包括五个组成部分，就是智育、基本生产技术教育、德育、体育、美育"，"是不可分割的，相辅相成的"。决不能"只顾一两个组成部分忽略了其他组成部分"，或者割裂了各个组成部分的整体联系。①决不能削弱正确价值观和良好品德的养成，盲目追求知识。决不能为了应付考试，一味加重课业负担，妨害了学生的健康成长和全面发展。叶圣陶指出："全面发展是一条规律。"②遵循这条规律，就必须把学校的各种教学和教育活动集中在"育人"的总目标下，把"以德为本，全面育人"根本原则贯穿、渗透在各种活动之中，"使各各分立的课程所发生的影响纠结在一块儿，构成有机体似的境界，让学生的身心都沉浸在其中"③。每个教师"无论教什么，都得从整体着想；互相配合，步调一致"④。这样，才能达到"培养全面发展的新人"的目的。⑤

　　以培养现代化的中国人为价值和目的，中国现代教育就必然要关怀学生终身发展和终身受用，成为养成良好习惯的教育。受教育的意义和目的是做人，做社会的够格的成员，做国家的够格的公民。要实现这一目的，"光记住些什么是远远不够的。必得把某些精要的东西化为自身的血肉，养成永久的习惯，终身以之，永远实践，这才对于做人真有用处"⑥。因此，叶圣陶指出："养成良好习惯，直到终身由之的程度，是一条规律。"⑦所谓"良好习惯"，是指人的体现优良传统与时代精神和个体健康发展需要的相

---

　　① 叶至善、叶至美、叶至诚编：《叶圣陶集》（第十一卷），江苏教育出版社，2004，第216—217页。

　　② 杜草甬、商金林编：《叶圣陶教育文集》，河南教育出版社，1989，第359页。

　　③ 叶至善、叶至美、叶至诚编：《叶圣陶集》（第十一卷），江苏教育出版社，2004，第171页。

　　④ 同上书，第332页。

　　⑤ 同上书，第216页。

　　⑥ 同上书，第350页。

　　⑦ 杜草甬、商金林编：《叶圣陶教育文集》，河南教育出版社，1989，第360页。

对稳定的行为方式。"养成良好习惯"，就是要在引导学生自觉地持之以恒地学习和实践中，让他们将蕴涵人类和民族文化精华与内在价值的行为方式逐渐化为自己的习惯，终身受用不尽。这也正是"育人"的本质和真谛。所以，叶圣陶这样断言："教育是什么？往简单方面说，只须一句话，就是要养成良好的习惯。""咱们社会主义社会的教育，就是要使学生养成在社会主义社会里生活的一切良好习惯。"①

（二）中国现代教育的过程和本质

叶圣陶阐明中国现代教育的过程和本质是："教是为了不教"②，教育过程是教师引导学生自主学习，让学生学会自学本领，以至坚持终身自学、自强不息的过程，教育就是教人自我教育，同时教学相长，互相教育。

叶圣陶认为，在现代经济、科技、社会发展和人的发展背景下，为实现中国现代教育价值目的而展开的教育过程，必然不同于传统教育过程。其本质特征，首先是学生在教育中主体地位的确立。这一点，对长期深受传统教育单向灌输积弊困扰的中国现代教育，显得尤为重要，也尤为艰难。叶圣陶强调指出，学生绝非"空瓶子"，等着"揭开瓶盖，把各种知识、各项道德条目装进去"③；学生是生命主体，是"有生机的种子，本身具有萌发生长的机能，只要给以适宜的培育和护理，就能自然而然地长成佳谷、美蔬、好树、好花"④。"受教育者自有发掘探讨的能力，这种能力只待培养，只待启发，教育事业并非旁的，就只是做那培养和启发的工作。"⑤因此，教育过程必须由教师本位转变为学生本位，由传授现成知识道理转变为引导学生自己学习，必须"把依赖性的'受教育'转变为主动

---

① 叶至善、叶至美、叶至诚编：《叶圣陶集》（第十一卷），江苏教育出版社，2004，第264—265页。

② 同上书，第356页。

③ 同上书，第225页。

④ 杜草甬、商金林编：《叶圣陶教育文集》，河南教育出版社，1989，第331页。

⑤ 同上书，第215页。

性的'自我教育'"①。

其次是学校教育远不等于一个人受教育过程的全部。叶圣陶指出，中国古代就有"知也无涯"②"学而不厌"③之说。所有做人的必需的东西非常之多，教不尽的，时空有限的学校教育只能取其重要的，作为"例子"来教；何况学生将要独立面对的是一个知识信息爆炸、社会多变激变的时代，一个学习化的社会。"无论是谁，从各级各类学校出来之后还得受教育，大学生和研究生毕了业并非受教育的终结。那时候哪儿去受教育呢？从社会各方各面都可以受教育，只要自己有要受教育的坚强意愿。这就是自我教育，简化地说就是'自学'。自学能力的强或弱根据在校时候所受教育的好或差。假如在校时候常被引导向自学方面前进，学生有福了，他们一辈子得到无限好的受用。而且，不但他们自己，社会和国家也得到无限大的利益。"④因此，教育过程必须是使学生在校时候就学会自学的本领，为他们终身教育、终身自学、终身发展、终身幸福，成为有益于人民、有益于社会的人奠定基础。

正是基于以上分析，叶圣陶提出了"教是为了不教"的著名论断，对中国现代教育目的、过程和本质规律做了富有中国哲学意味而又大众化的精辟概括。

"教是为了不教"，教育过程就必然要以学为本，愤悱启发，把尊重和激发学生的主体性作为出发点。叶圣陶指出，儿童自有学习的需要和潜能，教育要本着"不教"即学生能够自主学习、自由发展的目的，创设适合儿童的情境，教育"为儿童全生活着想，固当特设一种相当的境遇……儿童既处于特设的境遇里，一切需要，都从内心发出"⑤，便形成学习主体

① 叶至善、叶至美、叶至诚编：《叶圣陶集》（第十一卷），江苏教育出版社，2004，第154页。

② 陈鼓应：《庄子今注今译》，商务印书馆，2007，第113页。

③ 徐志刚：《论语通译》，人民文学出版社，2008，第83页。

④ 叶至善、叶至美、叶至诚编：《叶圣陶集》（第十一卷），江苏教育出版社，2004，第350—351页。

⑤ 叶至善、叶至美、叶至诚编：《叶圣陶集》（第十三卷），江苏教育出版社，2004，第7页。

的自动力。"不愤不启，不悱不发。"[1] 无论教什么，都要尽可能让学生先自己学习，先自己探索和尝试。学生自己想得通的，说得清楚的，自然不必教。想不通了，说不清楚了，这就是碰了壁了，其时学生心头的苦闷多么厉害，要求解决的欲望多么迫切。在这种情况下教师给予启发，学生不仅容易豁然贯通，同时也加强了主观能动性，因而一定能"举一反三"。"学生的主观能动性不断发展，将会达到这样一个境界：在事事物物中，随时随地能够发现问题并且解决问题。"[2] 所以，"愤悱启发是一条规律"[3]，它应当在教育过程中普遍地得到遵循。

"教是为了不教"，教育过程就必然要以导为主，逐渐放手，把"不教"或"达到不需要教"作为追求目标。叶圣陶指出，"不教"或"达到不需要教"，就是要教给学生自己学习的本领，让他们自己学习一辈子；就是要使学生离开了学校，能够在工作和生活中不断地自我充实，自我修养，理解新情况，解决新问题，做到"疑难能自决，是非能自辨，斗争能自奋，高精能自探"[4]，成为自强不息的现代中国人。这是中国现代教育必须追求的目标和境界。为了达到这一目标和境界，"教师当然须教，而尤宜致力于'导'"[5]。只有在引导学生自己学习的实践中，才能使学生学会自学本领，养成自学习惯，才能实现由"教"到"不教"的转化和飞跃。引导学生学会自学的过程，也即教育过程，类似于"导儿学步"：起初大人扶着小孩，教他举足学走；渐渐的大人把手放了，只作翼护；终于小孩自己学会独立行走，自由行走。由此可见，引导学生自主学习，"好比扶孩子走路，能放手时坚决放手，是一条规律"[6]。

"教是为了不教"，学校的职能和教师的作用、角色就必然要根本转变。学校不再只是传授、背记现成知识道理的"讲堂"和"考场"，某些

---

① 徐志刚：《论语通译》，人民文学出版社，2008，第86页。
② 叶至善、叶至美、叶至诚编：《叶圣陶集》（第十一卷），江苏教育出版社，2004，第280页。
③ 杜草甬、商金林编：《叶圣陶教育文集》，河南教育出版社，1989，第359页。
④ 任苏民：《教育与人生——叶圣陶教育论著选读》，上海教育出版社，2004，第327页。
⑤ 叶至善编：《叶圣陶答教师的100封信》，开明出版社，1989，第26页。
⑥ 杜草甬、商金林编：《叶圣陶教育文集》，河南教育出版社，1989，第359页。

承袭了中外传统教育弊端的所谓"新式学校"的老框框非丢掉不可了。就教育过程的本质而言，"所有各级各类学校以及补习、进修的机构的主要职能，全都在引导来学的人向自学方面不断进展"①。学生要学到一辈子自学的本领，教师的作用极关重要。教师不仅要教学生学习各科知识，"尤其重要的在于启发学生，熏陶学生，让他们自己衷心乐意向求真崇善爱美的道路昂首前进"②。"老师对学生是极有帮助的。所谓帮助，主要不在于传授知识，而在于引导学生自己去求得知识，也就是引导学生自己去发现问题，自己去解决问题。"③教师成为学生学习的引导者和合作者。为要引导好学生，教师必须"先做学生"④，包括做自己学生的学生，不断自我修养，注重"不言之教"⑤，得以为人师表；为要与学生合作好，教师必须服务学生，成为学生的亲密朋友，时时"教学相长"⑥，实现共同进步。这样的教育过程就是教人自我教育，同时互相教育的过程。、

（三）中国现代教育的发展和创新

叶圣陶阐明中国现代教育的发展和创新是：顺进化之理，应未来之需，充分发挥教育开创文化的功效，注重培养学生的创新精神和实践能力，不断实现教育自身的创新。

叶圣陶认为，现代人类社会发展趋势，不仅是文化的总和增加，而且是文化的不断创新。世界的变化越来越快，一个人到某一阶段也非变不可。教育不能只求与已有的发展相适应，而"贵在顺进化之理，以备应付将来"⑦。传统教育往往"对于文化至多有持续的功效，而决没开创的功

---

① 叶至善、叶至美、叶至诚编：《叶圣陶集》（第十一卷），江苏教育出版社，2004，第351页。

② 同上书，第348页。

③ 同上书，第316—317页。

④ 同上书，第361页。

⑤ 汤漳平、王朝华译注：《老子》，中华书局，2014，第8页。

⑥ 胡平生、张萌译注：《礼记》（下册），中华书局，2017，第698页。

⑦ 叶至善、叶至美、叶至诚编：《叶圣陶集》（第十一卷），江苏教育出版社，2004，第13页。

效"[1]；中国现代教育则必须面向未来，适应变化，更注重发挥对于文化的开创功效。这也正是中国现代教育发展的灵魂和根本动力。而教育发挥开创文化的功效，最主要的就是要培养学生超越传统文化的创新精神和实践能力。叶圣陶指出："要使学生为'未来'作准备，当然不能只教给他们以往的成法和科学的结果，须知'成法'和'结果'是有限的，'未来'却是只顾进步没有穷尽的，所以最要紧的是引导他们练成能处置未来，进而使自己成为更高尚的人的动力。"[2] 在"多变激变"的当代世界和中国，教育学生，尤其"要特别注意引导他们知变，求变，善变，有所改革，有所创新"[3]。

　　培养创新精神和实践能力，是对人的心灵的开发。叶圣陶指出，"儿童的天性本是注重事实的，欢喜自己去做的"[4]，他们具有活动创造的潜能和好奇心、求知欲；儿童又固有文艺家的宇宙观，"以直觉、情感、想象为其生命的泉源"[5]。教育必须顺应儿童的天性，创设自由而良好的活动环境，精心保护和培植他们心灵中的创新萌芽。教育"宜将儿童所固有文艺家的宇宙观善为保留，一方固须使其获得实际生活所需的知识，一方更须以艺术的陶冶培养其直觉、感情和想象"[6]。教育"宜为学童开发心灵"[7]，最重要的是要"使学生有自由发展思想的能力"[8]。这也即是学生创新精神和实践能力发展的内在根据。叶圣陶还强调，学生是富有个性的生命，教育决不能把他们当作一个个泥团往一个模子里按，而应当为其提供充分的合适的条件，让他们各自发挥能动作用，成长为多样化的创造性人才。[9]

---

　　① 叶至善、叶至美、叶至诚编:《叶圣陶集》(第十一卷)，江苏教育出版社，2004，第 142 页。

　　② 同上书，第 16 页。

　　③ 同上书，第 351 页。

　　④ 同上书，第 16 页。

　　⑤ 杜草甬、商金林编:《叶圣陶教育文集》，河南教育出版社，1989，第 40 页。

　　⑥ 同上书，第 40 页。

　　⑦ 叶至善、叶至美、叶至诚编:《叶圣陶集》(第十三卷)，江苏教育出版社，2004，第 16 页。

　　⑧ 叶至善、叶至美、叶至诚编:《叶圣陶集》(第十六卷)，江苏教育出版社，2004，第 3 页。

　　⑨ 叶至善、叶至美、叶至诚编:《叶圣陶集》(第十一卷)，江苏教育出版社，2004，第 34—35 页。

培养创新精神和实践能力，是要使学生养成对旧事物的自觉批判和超越意识。叶圣陶指出，对文化遗产，"整理固然要紧，但尤其要紧的是扬弃，惟有扬弃，才能使现代人接受古代的遗产，蒙其利而不受其害"①。要教育学生明白，"写在书上的东西并不是完全可以信赖的。阅读固然要认真，但是尤其重要的是要抱着批判的态度"，批判的标准就是是否与现代社会和人的发展相适应，"当然还得经过实践的检验"②。"读书忌死读……活读运心智，不为书奴仆。"③要使学生能够独立思考，不迷信权威，敢于探索真理，超越传统，超越自我。例如对于"过去的农业社会与家庭中心的道德"，如今时势变了，"必须求其超过"，要教育学生解放思想，与时俱进，主动参与开创和躬行实践超越旧传统也是超越旧自我的新道德，成为有新道德的人。④

培养创新精神和实践能力，是要让学生学会不断进行新的探究和实践。叶圣陶指出，儿童总要在他们的实际生活中有所需求，自己去研究解决的办法，还要自己证实过，经历过，才会得到真的知识。这种学习过程近似于科学家的发现和创造过程。教育要努力让学生经历和体验这样的学习过程，使他们学会创新思维，形成探究素养。创新思维过程，问题是起点，新的探究由此发端；假设是关键，没有它就得不到什么新东西；验证是归宿，使假设真能成为生活里的新东西。其中的基本规律，同样适用于学生创新思维的训练和培养。教育要引导学生在学习科技新知识的同时，更注重学习科学家的创造精神，"那种事事钻研，样样追究个为什么，样样能自己想出办法来实验的精神。这种精神是创造发明的动力。在社会主义建设的新时代，谁都需要有这种精神"⑤。创新的源泉和基础是新的实践。

---

① 杜草甬、商金林编：《叶圣陶教育文集》，河南教育出版社，1989，第192页。
② 叶至善、叶至美、叶至诚编：《叶圣陶集》（第十一卷），江苏教育出版社，2004，第112页。
③ 任苏民：《教育与人生——叶圣陶教育论著选读》，上海教育出版社，2004，第329页。
④ 叶至善、叶至美、叶至诚编：《叶圣陶集》（第十二卷），江苏教育出版社，2004，第193—194页。
⑤ 叶至善、叶至美、叶至诚编：《叶圣陶集》（第十一卷），江苏教育出版社，2004，第247页。

学校和社会都要为学生提供种种新的实践的条件和机会，让学生不仅研究书本，"还能眼见种种实在的事物，还能动脑动手使事物发生变化"[1]，在实践中获得"不仅是某些功课方面综合的感性认识，而且是现代人应有的世界观"[2]。

　　培养学生的创新精神和实践能力，教育必须不断实现自身的创新，其中关键是教师的创新。叶圣陶指出，教育工作者必须为受教育者着想，将来攀登新高峰窥见新奥秘的正是他们，非趁早给他们打基础不可，基础怎么打？还是"身教"为要。事事不马虎，样样问个为什么，受教育者看在眼里，印在心里，就自然而然会养成钻研探索的良好习惯。教师对所任课程的整个系统或研究方法，至少得有一点儿是他自己的东西。他不但要把他自己的"一点儿"拿出来，还得诱导学生帮助学生，让他们各自得到他们的"一点儿"。教师首先自己要有创新素质，能够成为学生的榜样，同时更要善于引导学生走向创新，为他们未来创新实践，为他们成为创新人才打下基础。"唯有如此，文化的总和才会越积越多，文化的质地才会今胜于古，明日超过今日。"[3]

三、重要构成：中国现代教育教学理论和实践智慧的创新发展

　　作为一种"中国教育学"，叶圣陶教育思想本质上更是中国现代教育实践之学、智慧之学。它对中国现代教育文化精神和基本原理的阐述，总是有机地结合或渗透在其对教育实践问题的探讨和解决之中，不但源于实践，而且完全为了实践。它将其文化精神和基本原理具体贯彻体现在德育、教学、教师发展、语文教育等实践领域，总结和提炼丰富的教育改革经验，发展、创新了作为其重要构成的中国现代教育教学理论和实践智慧。

---

① 叶至善、叶至美、叶至诚编：《叶圣陶集》（第十一卷），江苏教育出版社，2004，第 371 页。
② 同上书，第 374 页。
③ 同上书，第 138 页。

（一）人本德育论

1. 德育价值和目的

叶圣陶认为，中国现代德育的价值和目的，要以"做人"为根本，致力于培养中国现代以至社会主义社会的合格公民。这同中国现代社会发展和人的发展对教育的整体要求，同整个中国现代教育的价值和目的是完全一致的。教育的根本任务就是立德树人。在科技和经济社会加速变革、高度发展的现代化社会，"做人"的教育非但不能削弱，相反更应该摆在至关重要的位置，更应该适应时代要求，不断加强和改进。德育通过提高人的思想道德素质和精神境界，并对智育、体育、美育、劳动教育等其他各育发挥积极作用，决定着现代人的整个发展方向和动力。

2. 德育内容和课程

叶圣陶认为，中国现代德育的内容和课程，要以"人生"为主题，由三个有机联系的层面构成：一是以爱国立场、民主责任为要义的政治教育；二是以人生价值、理想追求为重点的思想教育；三是以行为准则、习惯养成为基础的道德教育。德育内容和课程，既要继承优良传统，又要反映时代精神，并且应当针对受教育者实际而确定，具有基础性、生活性、现实性，体现德育的多种功能和"做人"的全面要求。整个德育的内容和课程，应当贯穿一个核心，这就是适应中国现代社会与人的发展根本要求的"人己一体"①的伦理精神和价值原理。

3. 德育原则和方法

叶圣陶认为，中国现代德育的原则和方法，要坚持"以人为本"，遵循四条基本的实践原则，采用与之相应的一整套教育方法。

一是德育的主体性——以主体德性发展为本旨。德育是教育者的教育与受教育者的学习相互作用，并通过受教育者的自我教育实现的活动。应当尊重受教育者的主体地位，在教育过程中通过启发和熏陶充分发挥他们

---

① 叶至善、叶至美、叶至诚编：《叶圣陶集》（第十二卷），江苏教育出版社，2004，第232页。

的主体作用，着力于具有是非辨别能力和自我教育能力这两种关键能力的思想道德主体的构建。

二是德育的实践性——以人的道德实践为本体。德育是主体自觉的道德生活和人生升华。应当坚持知行合一、注重实践，引导受教育者抓住"做人"所必需的思想道德精华，自觉地持之以恒地实践，养成良好的习惯，并以受教育者的生活实践作为检验、评价德育效果的根本标准。

三是德育的整体性——以整体生命培育为本位。德育是以作为生命整体的人为对象的教育。应当从整个教育的系统整体上，让德育结合智育、体育、美育、劳动教育等其他各育，"寓于"各学科、各课程之中，通过学校、家庭、社会各方面及其通力协作，来进行实施。

四是德育的师表性——以教育者的身教为本源。德育是以德立德、以人育人，以教育者本身为根本资源的教育。应当"身教"与"言教"一致并以"身教"为贵，教育者要先受教育，不断加强自身思想道德修养，做到为人师表，让受教育者深受感染，产生共鸣，自动仿效，从而使德育显示出真正的力量和实效。

（二）导学教学论

1.教学目的和功能

叶圣陶认为，中国现代教育教学的目的是"不教"或"达到不需要教"，学生能够自己学习，并且不断适应世界和自身变化，自学一辈子。因此，教学的功能本质上就在于"引导自学"。"引导自学"，既是引导学生在知识、技能上"自为研索""自我历练"，又是引导学生在思想、品德上"自辨是非""自我修养"；既要引导学生自己去读书，又要引导学生自己去实践；既包括学习方法的指导，又包括自学动机、态度、习惯、精神的培养；既是引导学生在校时候主动学习，又是引导学生将来终身自学。

2.教学模式和结构

围绕实现"教是为了不教"的教育目的，发挥教学"引导自学"的本质功能，叶圣陶总结我国课程教学改革实践经验，提出了以尝试自学、质疑讨论、练习应用等为主要环节的基本教学模式和结构。

尝试自学，是学生在教师引导下对新的学习内容先自求了解和尝试探究，获得初步的自学体验和成果，激发自主创新意识和进一步钻研的动力。

质疑讨论，是教师引导和组织学生在尝试自学基础上，发现、提出并围绕学习中的问题进行学生之间、师生之间多向交流切磋和合作研讨，使学习得到深化、成果得到提升。

练习应用，是学生在教师引导下主动运用已获得的对学习内容的认识和形成这一认识过程中得到的经验，去解决相关的和类似的问题甚至新问题，从而内化、巩固并拓展所学的东西，增强自学能力和创新精神。

这一基本教学模式和结构，以学习者的自主学习成长为中心，充分体现学生在教学中的主体地位，同时又注重发挥教师在引导学生自学中不可替代的主导作用。

3. 教学原则和方法

叶圣陶根据他所提出的教学目的和教学模式，阐述了"引导自学"的一系列教学原则和方法。

一是认定目标，致力于导。教师首先要确立"教是为了不教"的教育教学观念和具体教学目标，把教学工作的重心由"讲"转变为"导"。并且，不断加强自身学习研究、实践修炼，形成"引导自学"的新教学方式和相应的现代教学素质。

二是激发动力，发展主体。"引导自学"教学要十分重视创设情境，激发学生自主学习的内在动力，让他们充分体验学习的乐趣，促使学生的主体性得到发展。这不仅是为了推动学生当前的学习，更是"引导自学"的一项根本性目标。

三是教材为例，举一反三。"教材无非是例子"[①]，或者是某一学科的提要加上一些必要的范例。课程教材的开发和编写应当适合学生学习成长和"引导自学"的需要，让教师能够凭借教材作为"例子"进行教学，不光使学生掌握教材，更重要的是使学生能够"举一反三"，自己去学教材以

---

① 中央教育科学研究所编：《叶圣陶语文教育论集》（上册），教育科学出版社，1980，第152页。

外更多的东西。

四是愤悱启发，相机诱导。"引导自学"在教学方法上决不能"全盘授予"，而要"相机诱导"[①]，坚持在学生尝试自学而遇到疑难时给予适当的启发和点拨，引导他们共同讨论、共同阅读、观察、思考和实践，并做示范。即使需要教师讲解，这种讲解也应当是精要而富有启发性的。

五是指点学法，逐渐放手。"引导自学"在教学过程中要针对不同学生、不同学习内容和要求，通过多种途径，进行学法指点。让学生在自己的学习实践中领悟和运用科学有效的学习方法，逐渐减少对教师的依赖性，以至学会独立学习。

六是实践历练，养成习惯。"引导自学"要注重实践，加强教学中的实践应用和练习环节。使学生通过反复的实践历练，逐步将人类和民族创造的优秀文化和知识精华，将种种好的学习态度和方法化为自身的习惯，打下终身自学的基础。

七是因材施教，灵活创造。"引导自学"教学有其基本规律和要求，而在具体的教学方法上又应当不拘一格。要从学生、教师和教学内容实际出发，创造出丰富多样、更有实效的教法。学习别人的成功教法，也应当根据具体情况灵活变通，有所创新。

八是正确评价，促进自学。教学评价要以"引导自学"目标为基本标准。考试应注重考查学生的自学能力和运用知识经验分析问题、解决问题的能力；评课应看教师是否善于启发、引导学生，尤其要看学生的学习过程、学习效果和学习体验如何，形成促进学生自学日新的良好机制。

（三）现代教师论

1.教师作用和职责

中国社会和中华文明的现代转型决定了中国教育的现代转型，从而也决定了中国教师的现代转型，其中最根本的是教师作用的转变。叶圣陶认为，中国现代教师从根本上区别于传统教师，他们的着眼点是在"人"，

---

① 叶至善编：《叶圣陶答教师的100封信》，开明出版社，1989，第30页。

在人的发展、人的价值，在自主、健全的现代中国人的养成；他们本着民主与科学精神，把学生作为一个个具有独立人格、个性，又能平等相助，能够自觉主动地学习、发展、创造的生命主体来培养；他们面向未来"育人"，同时也就使自己成为积极地扬弃传统，参与、推动社会变革和人类进化的主体。在改革开放和现代化建设新时期，中国教师的作用，更在于培养不断适应世界和自身变化，能够终身自学、创新实践，具有自我教育、自强不息主体精神的现代中国人。教师在实际工作中体现这样的作用，可从四个方面来履行其应尽职责。

一是从教师工作的性质和过程来看，教师并非教书，而是教育学生，使之成为能够终身自学、创新实践的现代中国人。在整个教育教学过程中，教师应当致力于引导学生自主学习和发展，"一边教，一边要逐渐为'不需要教'打基础"①。

二是从教师工作的任务和目标来看，教师应当教学与教育兼任，不仅教学生学习各科知识，更重要的是要从各方面给学生好的影响，使其养成良好的品德习惯，形成向善向上、自强不息的精神动力。

三是从教师工作的途径和范围来看，教师既要以课堂教学为基本教育途径，又要将课堂教学与课外活动一起抓，并充分开发学习资源，积极协调校内外教育，更好地促进学生全面发展和个性发展。

四是从教师工作的手段和方式来看，教师不仅要引导学生读书，而且要注重运用科学直观、工具操作和信息技术等现代教育手段，培养学生的实践能力和创新精神；教师不仅要"言教"，更要以"身教"，以自身良好行为及其所体现的现代中国人人格、素质来"为人师表"，发挥自己独特的"育人"作用和优势。

2. 教师修养和素质

叶圣陶强调，"教育工作者的全部工作就是为人师表"②。因此，他一贯

---

① 中央教育科学研究所编：《叶圣陶语文教育论集》（下册），教育科学出版社，1980，第492页。

② 叶至善、叶至美、叶至诚编：《叶圣陶集》（第十一卷），江苏教育出版社，2004，第378页。

高度重视教师的修养，根据其阐述的教师作用和职责，提出了中国现代教师应当具备的基本思想道德和文化专业素质。

在思想道德素质方面，叶圣陶认为，教师应当具有正确的世界观、人生观、价值观和先进的教育理念，以此作为自觉建构新时代教育人格的思想灵魂。教师应当对祖国教育事业高度负责，乐于奉献；对学生真诚热爱，平等相待；对自己讲究修养，以身作则，以此作为新时代为人师表的道德根基。

在文化专业素质方面，叶圣陶认为，教师应当有较高的科学文化素质，除此以外，还必须具备扎实的专业基础知识和基本技能，具备现代教育教学的"真功夫"。教师要拥有所教学科的系统知识以及对所开课程的创见，掌握与"育人"任务相应的综合知识和帮助学生实现发展所必需的现代教育理论，增强现代教育教学方法和手段的运用、创造能力，提高现代教育教学内容和途径的利用、开发能力。教师还应当具有教育科研能力和自我进修能力，能够不断实现教育创新和自身的专业发展。

3.师范教育的发展

叶圣陶指出，"师范教育是推进和革新教育事业的根本"①。围绕中国现代教师的作用、职责以及素质要求，他对发展和改革我国师范教育，构建具有中国特色的职前培养与职后进修相贯通的现代教师教育体系，促进广大教师的终身学习和发展，提出了许多独到的见解。

一是师范教育的发展目标。叶圣陶提出，我国师范教育的发展，要适应教师作用转变和素质提高的时代要求，在满足教育事业发展基本需要的前提下，逐步由与高中、初中、小学和幼儿园相对应的三级师范教育，发展为具有本科及其以上学历的师范教育，造就大批具有较高综合素养和专业水平的合格现代教师。

二是师范院校的教育改革。叶圣陶主张，要着力改革师范院校的办学

---

① 叶至善、叶至美、叶至诚编：《叶圣陶集》（第十一卷），江苏教育出版社，2004，第363页。

思想及招生制度、毕业就职办法，形成培养高素质专业化现代教师的正确导向和制度保证。要深入改革师范院校的课程与教学，按照现代教师的教学任务及其知能要求改革教学专业学科课程，根据现代教师的育人作用及其素质要求拓展教育科学与实践课程，把切合实用的语言学列为师范生必修课程，加强和创新以"为人师表"为目标的政治思想道德特别是师德修养课程；教学要密切联系中小学教育实际，注重实践和实习。师范院校课程与教学改革，应当充分体现出对于中小学教育教学改革发展的超前性、示范性。

三是教师教育的体系构建。叶圣陶倡导，要把教师的职前培养和在职进修统一、连贯起来，构成教师终身教育的新体系。教师在职进修，内容上应包括思想道德和文化专业两个基本方面；方式上应实行专门机构组织与任职学校组织、集中培训与在教中学、学习与研究相结合，从而适应学校和教师的发展需要，贴近教育教学实践，有利于提高教师的自我进修和科研创新能力。

（四）语文教育论

1. 语文本质和中国现代语文教育的目的价值

叶圣陶语文教育思想，是在20世纪中国社会变革发展与中华文明现代转型历程中，基于语文教育改革实践形成的民族的科学的大众的语文教育理论，也是一门最具中国特色的"现代学科教育学"，在整个叶圣陶教育思想中占有特殊重要的地位。这一教育思想，以其高度的文化自觉、系统的科学内涵，对中华传统语文教育实现现代转型和创新发展起到了引领作用，为促进国家通用语言文字教育现代化，提高全民语言文化素养做出了卓越贡献。

叶圣陶语文教育思想最核心的内涵，就是叶圣陶在自觉投身我国社会变革发展与传统语文教育革新实践中形成的科学的语文本质观和中国现代语文教育目的价值观。

叶圣陶立足我国社会和汉语文的时代变迁，坚决批判"旧式教育的古典主义和利禄主义"[①]，历史地具体地以具有现代生命力的汉语文（包括口

---

① 中央教育科学研究所编：《叶圣陶语文教育论集》（上册），教育科学出版社，1980，第88页。

头语言和书面语言）为对象，从人民大众的角度，从发展的我国现实社会生活来考察语文的本质，认为：语文是每个现代中国人社会生活实践必需的最重要的交际工具和思维工具。"尽量运用语言文字并不是生活上一种奢侈的要求，实在是现代公民所必须具有的一种生活的能力。"[①] 在现代中国，语文既负载传统文化，更是学习、传播、创新现代科学文化和人民大众实现自身生存、发展的基本手段。语文区别于其他文化载体和文化成果的本质特点，就在于它是"人与人交流和交际的必不可缺的工具"[②]。它的所有的功能以及它本身的发展，都是在人们生产和生活使用语文这个工具的现实交流和交际中、在富有人文意蕴的语文交往实践中实现的。

正是基于对中国社会变革发展和中华文明现代转型的深切感悟，基于对语文本质的科学理解和对传统语文教育的反思与革新，叶圣陶精辟地指出：语文教育的根本目的和价值是"养成善于运用国文这一种工具来应付生活的普通公民"[③]。语文教育是现代中国人切合生活实际的"真知""真能"培养，[④] 是面向全体国民特别是广大劳动者的大众化教育。归根到底，语文教育是为每个学生的生命、生活和发展，为提高全民族素质，推进我国社会现代化，建设中华民族现代物质文明和精神文明奠定文化根基的教育。"要做到每个学生善于使用（语文）这个工具（说多数学生善于使用这个工具还不够），语文教学才算对极大地提高整个中华民族的科学文化水平尽了分内的责任，才算对实现四个现代化尽了分内的责任。"[⑤]

2. 中国现代语文教育的基本规律和原则

叶圣陶依据他所揭示的语文本质和语文教育目的价值，对语文教育中一系列基本关系做了辩证分析，深刻阐述了中国现代语文教育的基本规律和原则。

---

① 中央教育科学研究所编：《叶圣陶语文教育论集》（上册），教育科学出版社，1980，第 2 页。
② 任苏民：《教育与人生——叶圣陶教育论著选读》，上海教育出版社，2004，第 229 页。
③ 中央教育科学研究所编：《叶圣陶语文教育论集》（上册），教育科学出版社，1980，第 88 页。
④ 同上书，第 89 页。
⑤ 同上书，第 150 页。

一是正确处理白话与文言的关系。叶圣陶指出，为了适应人民大众的生活需要，解放、发展学生的思想情感和语文能力，语文教育必须以"现代的活的语言"①白话文教育为主；同时，仍有必要在较高学段适当进行文言文教育，培养现代中国人阅读文言文，批判接受传统文化经典和文学遗产的基本能力。

二是正确处理语文与文学的关系。叶圣陶指出，语文教育范围，既包括文学，又包括大量的非文学的普通文。这是由现代社会生活所决定，也是符合语文学习规律和大众教育宗旨的。语文教育当然要重视文学教育。对于全体学生来说，文学教育的基本目标应是文学作品的阅读欣赏，藉以使其受到生动形象的祖国文化、民族自信、时代精神教育，养成现代中国人需要具备的文学审美及其他有关素养。

三是阅读与写作和读、写与听、说相结合。叶圣陶指出，阅读和写作同等重要，各有目的，同时又密切联系。就其二者关系来看，阅读是写作的基础，写作是阅读的应用。"口头为'语'，书面为'文'，文本于语，不可偏指，故合言之"，因此语文教育"'听''说''读''写'宜并重"②。在日益频繁多变的现代交际中，四者越来越相互依赖、协同活动，不断进行语文信息的转化加工和交流。随着时代发展，汉语言文字的听、说、读、写必须要"跟信息传递、跟电子计算机联系起来"③，适应信息化变革趋势，提高到新的水平。

四是知识学习与能力、习惯养成相结合。叶圣陶指出，语文教育由其目的价值所决定，是一门注重语文在人们生活中的实际运用，注重养成学生运用语文的能力和习惯的学科。在语文教育中，要重视指导学生学习切合实用的语文知识，尤其是阅读、写作和听说的方法；但更重要的是要使学生将这些知识、方法化为自己的能力和习惯。为此，必须加强实践，通

① 中央教育科学研究所编：《叶圣陶语文教育论集》（上册），教育科学出版社，1980，第454页。
② 叶至善编：《叶圣陶答教师的100封信》，开明出版社，1989，第56页。
③ 叶至善、叶至美、叶至诚编：《叶圣陶集》（第十七卷），江苏教育出版社，2004，第287页。

过以教材为例子，联系现实生活，课内课外结合，科学有序地"多读多写"，来"练基本功"，来积累活的语文材料和运用语文的经验，来培养敏捷的语感，举一而反三。为此，必须充分发挥学生的主体作用，引导他们主动学习、运用语文，以学会"自能"听说读写，从而达到"不需要教"①。

五是"文"与"道"有机统一。叶圣陶指出，"文"即语文形式，"道"即思想内容，二者统一于作为整体的语文作品。在语文教育中，"文"与"道"相互依存，不可分割。"道"不仅包括政治思想，而且包括道德修养、学会做人的丰富内容，包括事物真理的探求、情感个性的陶冶，以及文化心理、人格、精神的潜移默化和建构，而这一切都是蕴涵于具体的"文"，借助于人们的听说读写实践而展开的。不能脱离"文"空讲"道"，不能以"道"冲击、取代语文学科特有的任务，而要在语文教育过程中引导学生由深入感受语文作品的语言运用、探索语文作品的思路发展而领悟和消化其内容，结合具体的听说读写实践进行思想品德修养和锻炼，达到"文"与"道"有机统一，真正发挥语文教育在育人为本，促进学生全面发展，全面提高国民素质中的重要基础作用。

六是语文教育与思维发展有机统一。叶圣陶指出，语言是思维的外壳，人的运用语文能力取决于其思维能力，语文教育必须把发展学生的思维特别是创造性思维作为根本任务。而同时，人的思维能力发展又受其运用语文能力的制约，在语文教育中思维发展更不能脱离语文训练而实现，必须"把思想语言文字三项一贯训练"②，使之相辅相成，努力取得运用语文能力和思维能力相互促进、共同发展的育人实效。

3. 中国现代语文课程

叶圣陶根据他的语文本质观和语文教育目的价值观，以及对中国现代语文教育规律的把握，在长期研究语文课程改革问题和历次拟订中小学语

① 叶至善、叶至美、叶至诚编：《叶圣陶集》（第十一卷），江苏教育出版社，2004，第263页。
② 中央教育科学研究所编：《叶圣陶语文教育论集》（上册），教育科学出版社，1980，第77页。

文新课程标准中，对以学生发展为本、以培养中国现代公民在生活中自觉运用语文及其他相关素养为目标的中国现代语文课程进行了实践探索和理论构建。

叶圣陶早在 1922 年初就从学生为本、以人化人定位语文这门课程："第一，须认定国文是儿童所需的学科……；第二，须认定国文是发展儿童心灵的学科。"[1]1949 年新中国成立之际，在他的主持下，"前此中学称'国文'，小学称'国语'，至是乃统而一之"，称作"语文"[2]，并将此后编写的课程标准和教科书统一定名"语文"，进而使这门课程更贴近现实社会生活，兼顾口头语言和书面语言的学习，更具有现代性、工具性和人文性，成为我国现代语文课程发展史上令人瞩目的里程碑。

叶圣陶认为，中国现代语文课程的基本目标，是顺应现代社会发展和学生身心发展，逐步培养学生正确理解和运用祖国语言文字的能力和习惯，主要是"养成阅读书籍的习惯，培植欣赏文学的能力，训练写作文章的技能"[3]，其内核是人文精神、思维能力和自学习惯的培养。语文课程自然要在实现基本目标的过程中，贯穿思想品德、审美情感、文化传统、创新精神教育，这也是中国现代语文课程的重要目标。为了便于实施，语文课程目标，在发展水平上，应分小学、初中、高中等若干既有区别又相衔接的层次；在基础知能上，可分识字写字、阅读、作文、听说等几个各有特点又相联系的部分。

叶圣陶认为，中国现代语文课程的基本结构，是包括阅读、作文、听说、识字写字等要素及其相互联系、相互作用的有机系统。阅读，实行精读与略读并举，读课本选文与读课外书籍结合；作文，实行课内定期作文与课外不定期笔记兼备，书面表达与口头表达联系；听说，即口语交际，大部分在阅读、作文课特别是课堂讨论中进行，演讲、辩论等重要项目可

① 叶至善、叶至美、叶至诚编:《叶圣陶集》（第十三卷），江苏教育出版社，2004，第6—7页。

② 叶至善编:《叶圣陶答教师的100封信》，开明出版社，1989，第56页。

③ 中央教育科学研究所编:《叶圣陶语文教育论集》（上册），教育科学出版社，1980，第65页。

专门设课，也可包含在阅读和作文课程中；语法、修辞、逻辑、文体等各类语文知识，以切用为原则，均结合在阅读以及作文、口语交际课中。

4. 中国现代语文教材

叶圣陶语文教育思想引领中华传统语文教育实现现代转型的一个突出体现，就是创造性地将新的语文教育理念不断转化为新编语文教材，其实质是以语文教材为载体，不断进行现代语文教育教学体系的重构与创新。叶圣陶扎实、持续推动中国现代语文教育的教科书建设，为之做出了重大贡献，并且总结丰富实践经验，提出了具有鲜明中国特色和时代特征的语文教材理论。

叶圣陶认为，中国现代语文教材的功能，一是"凭借"，语文教材是学生获取语文知识、训练语文能力、养成运用语文良好习惯和发展有关各方面素养的"凭借"，这是它的载体功能和教育功能；二是"例子"，"语文教材无非是例子"[1]，语文教材是从学生现在或将来需要读的同类读物中举出来的"例子"或"样品"，能够读懂这些篇章，学生也就能举一反三会读更多的东西，这是它的示范功能和迁移功能；三是"锁钥"，语文教材是学生由此得到激发和启迪，走进广阔的书本世界和生活世界的"锁钥"，这是它的开发功能和创新功能。

叶圣陶主张，中国现代语文教材的体系，在取材选文上，要注重人文性，顺应学生的身心发育和生活进展，关注、唤起学生学习语文的需要和兴趣，足以引导学生自学，促进学生发展；要富于教育性，内容有利于培养学生高尚的思想情感，有利于学生学会做人，并与各科相联系，开发智慧，语言朴实、精确，为学生学习和运用语文提供范本；要讲求实用性，以白话文为主，精选少量浅显、优秀的文言文，文学作品和普通文兼采，单篇文字与书本章节以至整本书并存，体裁应包括一般人在生活上所触及的各类文字。

---

[1] 中央教育科学研究所编:《叶圣陶语文教育论集》(上册)，教育科学出版社，1980，第 152 页。

中国现代语文教材的体系，在内容结构上，要探索"科学性"[①]，一扫语文教学从来玄妙笼统的观念，以语文学和心理学为基础，通过调查研究，找出科学的语文教学目标和学习任务序列，组成相对独立、自成系统而又相互关联、形成系列的教学单元，据以编制教材；要具有开放性，除了语文课本，还应广泛地把我国其他的语言文字作品作为可供教学之用的材料，包括选用优秀传统文化经典，包括"读整本的书"[②]，包括采取跨学科的和日常生活中应用性的文本，充分开发课程资源，形成大语文教材体系；要增强创新性，以先进的语文教育思想为指导，适应时代发展，不断革新，不断吸收、整合现代语文和语文教育的最新成果。

5. 中国现代语文教学

叶圣陶结合现代语文课程、教材改革与建设，在不断探索解决我国语文教育教学现实问题过程中，积极借鉴外国先进教学理论，深刻总结"五四"以来我国教育和语文教学改革以至我国古代优秀教育的思想经验，形成了充分体现"教是为了不教"教育理念的中国现代语文教学论。

在阅读方面，叶圣陶详细阐述了自读、活读、多读、恒读的基本教学思路和方式，即尝试自学，了解揣摩，质疑讨论，诵读感悟，练习应用，拓展养成。其中精读，强调指导学生预习、讨论、诵读、复习等；略读，强调指导学生自己阅读、研究、做笔记、报告和讨论等。"学生从精读而略读，譬如孩子学走路，起初由大人扶着牵着，渐渐的大人把手放了……其目的唯在学生习惯养成，能够自由阅读。"[③]

在作文方面，叶圣陶详细阐述了为人生、写真话、重创造、贵自能的基本教学思路和方式，即作文目标，为了人生，重在创造；作文内容，源于生活，发乎心灵；作文语言，修辞立诚，学习写话；作文过程，引导主动，自作自改。"学生须能读书，须能作文，故特设语文课以训练之。最

---

① 叶至善、叶至美、叶至诚编：《叶圣陶集》（第十六卷），江苏教育出版社，2004，第 173 页。

② 同上书，第 57 页。

③ 中央教育科学研究所编：《叶圣陶语文教育论集》（上册），教育科学出版社，1980，第 20 页。

终目的为：自能读书，不待老师讲；自能作文，不待老师改。老师之训练必作到此两点，乃为教学之成功。"①

除此以外，在听说方面，叶圣陶还具体论述了诱导自觉、创设环境、锻炼习惯的基本教学思路和方式，即明确目标要求，启发自觉听说；创设良好环境，教师示范熏染；课内课外结合，提供朗读、讨论、演讲、辩论等各种实践机会，督促认真锻炼，养成良好习惯。

从"五四"新文化运动兴起到新中国成立以至改革开放和现代化建设新时期，叶圣陶对中国现代语文教育基本问题、基本规律和语文课程、教材、教学、学习进行了长期、深入的改革探索，在此基础上，以他的大量论著、教材、书信、作品，构建了一个引领中华传统语文教育实现现代转型和创新发展的民族的科学的大众的语文教育思想体系，并为后人留下了一批弥足珍贵的中国现代语文教育经典性文献资料。

综上所述，叶圣陶教育思想实质上蕴涵着一部相当系统、完整的，历史逻辑、理论逻辑、实践逻辑有机统一的"中国教育学"。时至今日，在新时代的背景和视野下，深入研究并读懂叶圣陶教育思想里的"中国教育学"，继承发展中国特色现代教育的这份原创性理论成果，必将有助于我国进一步深化教育改革，落实立德树人根本任务，加快教育现代化，办好人民满意的教育，为实现中华民族伟大复兴奠定基础；必将有助于我们"坚持文化自信"②，大力弘扬"中国特有的教育家精神"③，加快构建中国教育学自主知识体系，让"中国教育"走向世界教育前沿，走向人类教育未来。

---

① 中央教育科学研究所编：《叶圣陶语文教育论集》（下册），教育科学出版社，1980，第 717 页。

② 霍小光、张晓松：《习近平在北京市八一学校考察时强调　全面贯彻落实党的教育方针　努力把我国基础教育越办越好》，《人民日报》2016 年 9 月 10 日，第 1 版。

③ 习近平：《习近平致全国优秀教师代表的信》，《人民日报》2023 年 9 月 10 日，第 1 版。

第二章
立德树人背景下叶圣陶德育思想时代内涵探析

　　新时代，我国素质教育得到了根本性发展和提升。这就是在中国特色社会主义的教育旗帜上明确写上了"立德树人"四个大字。"立德树人"，是习近平新时代中国特色社会主义思想关于教育的重要观点，也已经成为我国新时代各级各类教育的根本任务。在"立德树人"的新的历史背景下，重温我国著名教育家叶圣陶的德育思想，深度挖掘其时代内涵，非常具有现实意义。

　　当下党和国家倡导要弘扬中华优秀传统文化，其中很重要的是中华优秀传统教育思想。中华优秀传统教育思想，不同于西方教育思想的一个根本特点，就是注重以德育人。西方哲学的鼻祖苏格拉底有句名言——"美德即知识"，可见西方从一开始就把什么问题都归结于人对客观世界的认识，这就形成了他们重知识的教育传统。但是中国先贤走的是另外一条路线，就是把人与世界的问题、人与人的问题、人自身的问题，都归结到根本上是人之为人的问题，因此强调教育要育人为本、以德育人。正如习近平总书记《在北京大学师生座谈会上的讲话》指出的，我们的教育是育人和育才相统一的过程，"而育人是本，人无德不立，育人的根本在于立德"①。就在这篇讲话里，他在阐述坚持办学正确政治方向这一根本问题时，首先

---

① 习近平：《在北京大学师生座谈会上的讲话》，《人民日报》2018年5月3日，第2版。

引用了《礼记·大学》开头的话："大学之道，在明明德，在亲民，在止于至善。"[1] 根据朱熹的注解，这一段话是孔子说的。所谓"大学"，相对"小学"而言，指的是对做人做事道理的学习，也就是成人之学。这种学问是人一生的立身处世之本。那么"大学"的道理，它的根本宗旨是什么呢？"在明明德"，就是使学习者自己内在的光明德性得以彰明；"在亲（新）民"，进而推己及人，让民众在道德上弃旧自新；"在止于至善"，以至于使人和整个社会达到最完善的境界。这段话是儒家教育思想和实践的总纲。习近平总书记在讲话里用它来引出对新时代办学方向和教育使命的阐述，也正是创新性地弘扬了中华优秀传统教育思想的精华。

用这样的根本视角和观点来看叶圣陶的德育思想，我们就会发现，叶圣陶德育思想不仅是叶圣陶教育思想的重要组成部分，而且深刻体现了整个叶圣陶教育思想基于中国现代教育实践，继承发展中华优秀传统教育思想，坚持育人为本、以德育人的文化精神和本质特征。叶圣陶教育思想因之而成为一个超越一般现代教育理论的充满德性光芒和魅力的中国特色现代教育思想。

叶圣陶在他长达 70 多年的教育生涯里，始终高度重视德育在现代中国人的发展与教育中的根本地位和作用，不仅写下了许多专论德育和直接面向青少年儿童进行思想品德教育的文章，还在其他大量的教育和教学著作中常常论及相关的德育问题，更在他立身处世的行为中时时践履自己的思想主张，其高尚的道德风范堪称现代中国人的师表。

叶圣陶德育思想明显地继承、弘扬了孔子以来中华民族优秀的传统道德文化和教育思想，同时又具有极鲜明的时代性、现实性和创新性，与习近平总书记关于教育以立德树人为根本任务的重要论述相契合，深刻总结了我国现代德育实践经验和智慧，揭示了中国特色现代德育的本质和规律，为新时代教育工作者落实立德树人根本任务，深化教育改革，加强和创新德育工作，引导受教育者自觉主动地成长为社会主义建设者和接班

---

[1] 胡平生、张萌译注：《礼记》（下册），中华书局，2017，第 1161 页。

人，提供了宝贵的启示和借鉴。

一、"做人"为根本：德育的意义和目的

叶圣陶不是一般地谈论德育的重要性，而是从中国现代社会变革与人的发展对教育整体的要求出发，在论述整个教育意义和目的时，把以德育人、引导学生自觉"做人"，做现代中国合格公民和社会主义建设人才，作为教育的核心价值和根本任务。

（一）适应中国现代社会与人的发展对整个教育的要求，坚持把以德育人、自觉"做人"作为根本

早在"五四"时期，叶圣陶就指出："人之所以可贵，并不在他既已为人，乃在他将进而为更高尚的人。"[1]中国现代社会所要求于学校教育的，正是"以种种知识为基础，立于真实的人生观上的教育；便是'怎样做人'的教育"[2]。其后，他又明确指出：学校教育"各种功课有个总目标，那就是'教育'——造成健全的公民"[3]。20世纪80年代，在新的时代条件下，他针对教育界和社会上普遍存在的一种不正确观念，进一步指出："学生上学，随俗地说是去读书，正确地说可不是去读书，是去受教育"。"受教育的意义和目的是做人，做社会的够格的成员，做国家的够格的公民。"[4]在社会主义社会，"必须使我国每个人成为社会主义社会合格的公民"[5]。

叶圣陶认为，中国现代德育的意义和目的，就是教人学会"做人"，培养学生成为中国现代以至社会主义社会的合格公民。这同中国现代社会变革与人的发展对教育的整体要求，同整个中国特色现代教育的价值和目的是完全一致的。教育的根本是育人为本、以德育人，引导学生自觉"做

---

① 叶至善、叶至美、叶至诚编：《叶圣陶集》（第十一卷），江苏教育出版社，2004，第9页。

② 同上书，第21页。

③ 同上书，第135页。

④ 同上书，第350页。

⑤ 杜草甬、商金林编：《叶圣陶教育文集》，河南教育出版社，1989，第328页。

人"。"做人"的教育，包括对学生德、智、体、美、劳各方面的全面培养。而其中，德育无疑是占据主导地位，具有核心价值的。

（二）面对当代科技革命和经济社会变革对人的发展的挑战，主张教育更需要加强"做人"的道德修养

在当今和未来新科技革命和经济社会的加速变革中，人的发展与培养面临种种挑战，德育相对知识学习来说，是否还那么具有根本性，甚至显得更加至关重要？对这个问题，其实叶圣陶早已作出了正确的回答。20世纪40年代末，世界处于"二战"结束、现代社会加速发展，我国即将迎来新中国诞生的伟大历史转变之中，他就指出："一切知识的根本就是道德。"在现代，"追求知识固然重要，尤其重要的却是问清楚追求的目标，必须使追求的结果增加德行的分量才好"[1]。在他看来，一切知识的学习，无不受到学习者价值观的支配，受到学习者道德修养的制约。"学习不能没有中心；换句话说，学习这个，学习那个，要明白何所为。将趋向'封建时代的权威主义和资本主义时代的个人主义'呢，还是趋向'使人类的劳动力无限发展的集体主义'？对这个问题不作决定，学习就像盲人骑瞎马。"[2] 教育只有高度重视学生的思想道德修养特别是正确价值观养成，才能培养出造福人民大众、推动社会进步、有灵魂、有德行的知识享用者和创造者。

到了20世纪80年代初，叶圣陶又进一步强调，在改革开放和社会主义现代化建设中，每个人"不仅靠科技知能的高明，也得靠思想品德的纯洁，意志操行的坚强"[3]。新时期教育更需要使学生加强"做人"的修养和自律。1989年，邓小平同志在谈到改革开放的十年时指出："我们最近十年的发展是很好的。我们最大的失误是在教育方面。"[4] 其中的"教育"，是

---

① 叶至善、叶至美、叶至诚编：《叶圣陶集》（第十二卷），江苏教育出版社，2004，第288—289页。

② 同上书，第20页。

③ 叶至善、叶至美、叶至诚编：《叶圣陶集》（第十一卷），江苏教育出版社，2004，第288页。

④ 中共中央文献编辑委员会编辑：《邓小平文选》（第三卷），人民出版社，1993，第290页。

指思想政治和道德教育。这实际上也说明了叶圣陶对我国社会主义现代化建设中德育的重要性是有先见之明的。

历史证明，叶圣陶的这些论述不仅在当时是有深刻见地的，就是在今天看来也颇具前瞻意义。有学者指出："大数据、云计算、互联网、物联网和人工智能时代的到来，正在深刻地改变着人类教育的形态。在人类知识共享时代到来的背景下，知识的学习和掌握必将让位于人类德性的成长，道德教育必将重新回到人类学校教育舞台的中心。"[①]

（三）遵循中国现代教育的内在规律，阐明让德育更好地发挥对学生健康成长和全面发展的决定作用

叶圣陶还在许多著作中，从中国现代教育的内在规律上，从教育实践中德育与其他各育的有机结合上，论述了德育在人的全面发展和培养中的决定性影响。他指出，德育要对人的智育、体育、美育、劳动教育以至整个教育，更好地起到价值导向、心灵自觉、精神动力、环境熏陶、品质提升等重要作用。

习近平总书记在党的十九大报告中指出："要全面贯彻党的教育方针，落实立德树人根本任务。"[②]之后他又在北京大学师生座谈会上的讲话中深刻阐述："《礼记·大学》说：'大学之道，在明明德，在亲民，在止于至善。'……人才培养一定是育人和育才相统一的过程，而育人是本。人无德不立，育人的根本在于立德。"[③]他谆谆嘱咐青年学生："要修德，加强道德修养，注重道德实践。'德者，本也。'蔡元培先生说过：'若无德，则虽体魄智力发达，适足助其为恶'。道德之于个人、之于社会，都具有基础性意义。"[④]可以说，叶圣陶的德育意义和目的论，放在今天来看，是完全符合习近平总书记的有关重要论述，非常切合教育以立德树人为根本的新

---

① 张志勇：《立德树人是党的教育方针的重大理论创新》，《教育研究》2019 年第 3 期。
② 习近平：《决胜全面建成小康社会 夺取新时代中国特色社会主义伟大胜利——在中国共产党第十九次全国代表大会上的报告》，《人民日报》2017 年 10 月 28 日，第 4 版。
③ 习近平：《在北京大学师生座谈会上的讲话》，《人民日报》2018 年 5 月 3 日，第 2 版。
④ 中共中央文献研究室编：《十八大以来重要文献选编》（中册），中央文献出版社，2016，第 7 页。

时代要求和中华优秀文化传统的。

二、"人生"为主题：德育的内容和核心

叶圣陶根据"做人"即"培养合格的现代中国公民"的教育总目标，从我国现代社会变革要求和青少年儿童发展实际出发，以"人生"为主题，抓住"人己一体"伦理精神这个核心，从政治、思想、道德三个层面，提出和构建了中国现代德育内容体系的基本框架。

（一）以爱国立场、民主责任为要义的政治教育

20 世纪，从新民主主义革命到社会主义革命和建设，以至改革开放和社会主义现代化建设，在整个中国现当代历史进程中，"爱国立场"和"民主责任"，是叶圣陶在政治教育层面非常强调的基本内容。

一是"爱国立场"的教育，也即爱国情怀、民族精神的培养。叶圣陶充分肯定这个教育内容对于确立现代中国人的基本政治立场的极端重要性。他主张，进行"爱国立场"的教育，不仅要在特定情况下组织学生参加社会上的爱国进步运动，激发其爱国精神；还必须将之贯穿在学校的平时教育和各科教学中，贯穿在学生的整个生活中，养成其爱国习惯。

二是"民主责任"的教育。叶圣陶认为，这个教育应是贯穿我国现代社会尤其是社会主义社会的又一项根本性德育内容。"民主责任"教育，最主要的是要培养每个学生具有国家主人翁的精神和社会责任心，积极参加、推动、管理国家、社会和集体的事，自觉自律遵纪守法。叶圣陶指出："民主精神的重要意义，就在乎扩大个己到大群，个己在大群之中，个己与大群融为一体而不可分，所以公众的事非管不可，并且要放在个己的私事的前面。"[①] 在现代，离开民主，"徒讲圣贤的修养"是有害的，"不着重

---

① 叶至善、叶至美、叶至诚编：《叶圣陶集》（第十二卷），江苏教育出版社，2004，第 207 页。

民主也就不成其为修养，也无所谓德行"①。他认为，这一教育内容更具有赋予中国人的道德修养以现代性以至社会主义本质特征的时代意涵。

（二）以人生价值、理想追求为重点的思想教育

叶圣陶认为，对学生的思想教育，主要是要为学生奠定人生观，即人生价值、人生理想等的思想基础。其中，首先是要引导学生逐步树立正确的人生价值取向，同时要根据儿童和青少年的特点注重对他们进行人生理想教育。他指出："人不能没有理想"。"理想的内容，人人可以不同。但是在今日，咱们有个共同的基本的理想。"② 在当时，"共同的基本的理想"就是"抗战必胜，建国必成"，这也是反映中国现代历史发展必然趋势的每个中国人应有的"共同理想"。

叶圣陶以孔子弟子颜渊为例教导学生："从前颜渊一箪食，一瓢饮，居陋巷，人不堪其忧，而他不改其乐。"③ 他主张要在思想教育中，将高尚的社会理想同学生的现实生活结合起来，化为每个学生乐观向上的理想信念，激发他们的成长动力，增强他们的奋斗精神，提升他们的人生境界。

（三）以行为准则、习惯养成为基础的道德教育

道德教育，是把社会进步的道德理想和合理的道德规范转化为个体的思想行为，并使之养成品德习惯的教育。叶圣陶一直把它看作是造就现代中国合格公民以至理想人格的最基本的修养和训练。他强调："无论处于什么时代，修养都是需要的。遇到社会大转变的时代，修养尤其不能马虎。不然就不能适应，不能在大群之中尽个人的本分。"④

道德教育涉及每个人生活和行为的方方面面。叶圣陶认为，道德教育，要指导学生学习社会的道德理想和道德规范，让他们在听讲中自动地动脑筋，将种种行为进行比较、分辨，同时在生活里凭自己的观察、思索

---

① 叶至善、叶至美、叶至诚编：《叶圣陶集》（第十二卷），江苏教育出版社，2004，第 289 页。
② 同上书，第 153 页。
③ 同上书，第 157 页。
④ 同上书，第 288 页。

和体验加以领悟，形成正确的道德认知；更必须从学生日常的具体行为入手，进而由正确认知上升为行动信念，在生活的各方面自觉实践这些理想、规范，并且在持之以恒的实践修炼中"养成良好习惯"，从而实现社会道德的个体化、实践化和个体人格的社会化、理想化。

道德行为习惯养成，立足于基本的"为人之道"，强调从小从早抓起，但并不是仅限于儿童阶段，而应该成为每个现代中国人或者社会主义社会成员从儿童开始，到整个学生时代，以至终身发展必需的基本教育内容。

叶圣陶从政治、思想、道德等多个层面，构建了德育内容体系的基本框架。这一基本框架，包含了中国现代德育的多种功能和"做人"的全面要求，既弘扬优秀传统，又反映时代精神，并且针对受教育者实际，注重基础性、现实性、生活性。这一基本框架贯穿其中的核心，就是"人己一体"①。"人己一体"，是叶圣陶对现代中国人面临的道德根本问题即个人与社会关系问题的富有哲学意蕴的回答，是叶圣陶对适应中国现代社会与人的发展根本要求的伦理精神和价值原理的概括。其本质内涵是：在现代世界，每个人与社会命运与共，密不可分。个人要"把一己融合在大群里头，与大群共同呼吸，共同生活"②，努力做有益于社会、有益于人民的事，甚至可以"舍小我为大我"；同时，每个人又有其主体生命和自身价值，个人在融入大群、贡献社会中越能发挥主体作用，实现自身价值，就越有利于人类的发展和社会的进步。

马克思、恩格斯在《共产党宣言》中指出："代替那存在着阶级和阶级对立的资产阶级旧社会的，将是这样一个联合体，在那里，每个人的自由发展是一切人的自由发展的条件。"③习近平总书记在十九大报告最后一段，引用了《礼记·礼运》中的话"大道之行，天下为公"，来激励全党全国

---

① 叶至善、叶至美、叶至诚编：《叶圣陶集》（第十二卷），江苏教育出版社，2004，第232页。

② 同上。

③ 中共中央马克思恩格斯列宁斯大林著作编译局编译：《马克思恩格斯选集》（第一卷），人民出版社，1972，第273页。

各族人民为实现中国梦继续奋斗。①由此可见，"人己一体"的伦理精神，也是符合科学社会主义和中国古代圣贤对人类社会的美好理想的。

三、"人本"为遵循：德育的原则和方法

叶圣陶根据他所阐明的中国现代德育的意义、目的、内容和核心，总结我国德育和自身修养的丰富经验，提出并深入论述了中国现代德育"以人为本"的四条实践原则以及相应的一整套方法。

（一）以主体德性发展为中国现代德育的本旨

叶圣陶认为，中国现代德育应当以主体德性发展为本旨，尊重受教育者的主体地位，充分发挥他们的主体作用，着力于思想道德主体的构建。

以主体德性发展为本旨，首先要尊重受教育者的主体地位。在现代中国，每个儿童或青少年学生都具有向善向上的天性和本能，即内在的德性，关键在于正确引导。因此，教育者对受教育者一定要真正尊重，平等相待。要深入研究、了解受教育者的身心特点，针对他们的生活和成长实际进行正确引导，充分激发每个受教育者的内在德性，发挥他们在自己思想道德成长中的主体作用。具体来说，应当努力做到：一是想方设法，创设真实、生动的教育教学情境，启发受教育者对好思想好品德的学习自觉和正确认知；二是对受教育者的活动本能、思想意识和个性心理，坚持正面教育为主，因势利导，促其健康成长；三是注重情感熏陶，潜移默化，让好思想好品德在受教育者的心灵里引起"共鸣"，唤醒德性，"使之自化"②。

以主体德性发展为本旨，集中体现在培养目的上，就是要致力于构建思想道德主体。诚然，受教育者是学习主体，但并非一开始就是思想道德

---

① 习近平：《决胜全面建成小康社会　夺取新时代中国特色社会主义伟大胜利——在中国共产党第十九次全国代表大会上的报告》，《人民日报》2017年10月28日，第5版。
② 杜草甬、商金林编：《叶圣陶教育文集》，河南教育出版社，1989，第38页。

的主体。而对学生来说，在越来越开放多元的现代社会，他们无论是在校学习时，还是将来踏上社会，都要独立地面对这个世界纷纭复杂的思想文化激荡和挑战，做出是非善恶等各种道德判断和行为选择，增强不断适应时代自我革新、自我完善的修养本领。因此，叶圣陶主张，德育必须致力于思想道德主体的构建，注重培养受教育者是非辨别和自我教育这两种关键能力。

是非辨别能力，作为一个人自觉分辨是非善恶、正确选择价值行为的理性力量，是受教育者面对环境成长为思想道德主体的关键能力。叶圣陶主张，培养这种能力，对于青年来说，可以较多采用自由阅读、对话讨论等方式，引导他们在开放的社会生活情境中锻炼形成正确的价值观和识别力。而对于中小学生来说，"还是应该以正面教育为主，着力培养他们辨明是非和美丑的能力"[①]。

自我教育能力，作为一个人在思想道德上自觉适应社会发展和终身发展要求自我修养、自我革新、自我完善的内在力量，是受教育者面对自我成长为思想道德主体的关键能力。叶圣陶一直十分重视这种能力的培养，他指出：学校教育要引导学生"把依赖性的'受教育'转变为主动性的'自我教育'"，即使在不利的环境中也能够"反求诸己""严格自律"[②]。所谓"自我教育"，就是不去依傍他人的力量，自己来养成好思想、好习惯。这种自我教育能力，是学生一辈子"做人"所需要不断修炼的。上述两种关键能力内外结合，相得益彰，构成了受教育者成长为思想道德主体的完整基础。

（二）以人的道德实践为中国现代德育的本体

叶圣陶认为，中国现代德育应当以人的道德实践为本体，坚持知行合一、注重实践，引导受教育者自觉地持之以恒地实践，以生活实践为检

---

① 叶至善、叶至美、叶至诚编：《叶圣陶集》（第十一卷），江苏教育出版社，2004，第359—360页。

② 叶至善、叶至美、叶至诚编：《叶圣陶集》（第十二卷），江苏教育出版社，2004，第154页。

验、评价德育效果的根本标准。

学校德育，特别是思想政治课、思想品德课，让学生学习基本的政治、思想、道德、法治理论知识，对学生思想品德成长形成正确的理论导向，是十分必要的。但更重要的是，要引导他们知行合一，自觉践行这些理论。在深刻的实践探究和体验中把这些理论转化为他们自己的"真知""真能"，以至内化为他们的信念，才能真正促进他们思想品德的形成和发展。所以，针对学校德育长期存在的理论脱离实践、抽象说教、夸夸其谈、言行不一、形式主义的现象，叶圣陶一再强调："品德教育重在实做，不在于能说会道。"[1]

以人的道德实践为本体，要在整个教育过程中，始终做到知行合一，注重引导受教育者自觉地持之以恒地实践。既要组织受教育者结合所学的理论知识，参加一些轰轰烈烈的社会实践活动，更要引导他们在日常生活、学习和工作中，自觉地将获得的正确政治、思想、道德、法治认识实实在在地付诸行动；既要在一定的时间段，根据实际需要相对集中开展某些主题系列的实践活动，更要抓住政治、思想、道德、法治上那些基本的精要的东西，引导受教育者在日常生活、学习和工作中经常地持之以恒地实践，养成良好的习惯。

以人的道德实践为本体，关键体现在教育评价上，就是要以受教育者的生活实践作为检验、评价德育效果的根本标准。叶圣陶指出：要结合实际对学生进行思想政治教育。"而考察其成效如何，不仅在学生之能否领悟，尤贵在学生之能否实践"[2]。作为检验、评价德育效果根本标准的"实践"，不仅是指学校组织的或有老师、家长督促的学生实践活动，更不是"只表演一两回"的所谓"实践"，而是摒除形式主义的学生真实、自然的实践，学生在日常生活中思想、态度、行动、言谈相统一的本真实践。作为检验、评价德育效果根本标准的"实践"，也是摒除急功近利，在学生思想品德以至整个人的成长过程中具有渐进性、浸润性、深刻性、持久性

---

[1] 叶圣陶：《叶圣陶散文乙集》，生活·读书·新知三联书店，1984，第639页。
[2] 叶至善编：《叶圣陶答教师的100封信》，开明出版社，1989，第77页。

的育人实践。

（三）以整体生命培育为中国现代德育的本位

叶圣陶认为，中国现代德育应当以整体生命培育为本位，从教育系统的整体上，结合智育、体育、美育、劳动教育等其他各育，寓于各学科、各课程之中，通过学校、家庭、社会各方面及其通力协作，来进行实施。

叶圣陶一贯坚持这样的观点："受教育的每一个学生都是一个不可分割的整体。"[①] 因此，尽管"学校为了教和学的方便，定了各门课程分别教授，分别训练，但是教育仍然是不可分割的整体"[②]。在教育的整体系统中，德育必然要同智育、体育、美育、劳动教育等其他各育有机结合，才能实现生命成长，达到育人目的。

以整体生命培育为本位，在教育实践中，就是要把德育寓于各学科、各课程之中。叶圣陶指出，不单是思想品德课，"课内的所有知识课和技术课，课外的种种校内校外活动，实际上都有培养好思想好品德的作用"。"思想政治寓于各种功课和各种课外活动之中。"[③] "一定要在教学中体现教育"[④]，根据各学科、各课程的特点，系统地挖掘、利用、组织其中的德育内涵、因素、资源、条件，使各学科、各课程共同发挥德育的作用，实现育人的价值。

以整体生命培育为本位，在教育主体上，就要求学校里每个教育工作者特别是全体教师都要从整体着想，把德育作为自己的根本职责。叶圣陶强调："各科教师均负熏陶之责，不以教某科为限。"[⑤] "教师无论教什么，都得从整体着想，互相配合，步调一致，才能把每一个学生都培养成为对社会主义建设有用的公民。"[⑥] 而且，从学生生活的更大范围来看，不仅是

---

① 叶至善、叶至美、叶至诚编：《叶圣陶集》（第十一卷），江苏教育出版社，2004，第 332 页。

② 同上书，第 331 页。

③ 同上书，第 339 页。

④ 杜草甬、商金林编：《叶圣陶教育文集》，河南教育出版社，1989，第 328 页。

⑤ 叶至善编：《叶圣陶答教师的 100 封信》，开明出版社，1989，第 129 页。

⑥ 叶至善、叶至美、叶至诚编：《叶圣陶集》（第十一卷），江苏教育出版社，2004，第 332 页。

学校教师，包括家庭、社会各方面教育力量，都要通力协作，共同来实施对受教育者的思想品德教育，才能有效促进其健康成长。

以整体生命培育为本位，表明德育要通过整个教育系统各个层次、要素、环节及其联系才能充分有效实施，同时也就意味着这个系统不管整体上或是哪方面出现偏差或脱节，都会对德育产生负面影响。叶圣陶曾经指出，学校以及家庭、社会，在办学或上学目的上为功名、谋私利，在教学上单纯应付考试、加重学生负担，在教育活动上搞形式主义和弄虚作假等等，都会给德育、给受教育者健康成长造成严重损害，是必须高度重视并坚决改变的。

习近平总书记指出："要把立德树人融入思想道德教育、文化知识教育、社会实践教育各环节，贯穿基础教育、职业教育、高等教育各领域。学科体系、教学体系、教材体系、管理体系要围绕这个目标来设计，教师要围绕这个目标来教，学生要围绕这个目标来学。凡是不利于实现这个目标的做法都要坚决改过来。"[1] 由此可见，叶圣陶关于以整体生命培育为本位的德育主张，与习近平总书记关于新时代落实立德树人的教育体系的重要论述是完全一致的。

（四）以教育者的身教为中国现代德育的本源

叶圣陶认为，中国现代德育应当以教育者的身教为本源，教育者首先要加强自身的思想道德修养，并在教育中做到"身教"与"言教"一致而更注重身教，以此作为德育感染力和实效性的根本保证。

叶圣陶一贯特别重视教师在教育工作中的身教示范作用。他指出：引导学生学习成长，"老师的示范作用和熏染作用极关重要。在一切教育工作中，老师以身作则总归是主要的原则，而且是最易见效的方法"[2]。正是

---

① 吴昌、胡浩：《习近平在全国教育大会上强调　坚持中国特色社会主义教育发展道路　培养德智体美劳全面发展的社会主义建设者和接班人》，《人民日报》2018 年 9 月 11 日，第 1 版。

② 叶至善、叶至美、叶至诚编：《叶圣陶集》（第十三卷），江苏教育出版社，2004，第 164—165 页。

在这个意义上，他提出"教育工作者的全部工作就是为人师表"[1]，揭示了教育工作者全部工作特别是德育工作以身教为本的人格力量和"行不言之教"[2]的教育智慧。

以教育者的身教为本源，必然要求教育者要先受教育，加强自身的思想道德修养。叶圣陶指出：教育者"既然做教育工作，自己必须先受教育，而且要身体力行，才有可能使工作收到预期的效果"[3]。他鲜明主张："教育者要明是非，辨善恶，有见必言，有言必践：即以此立身，同时也以此为教。"[4] 教师以及家长和社会各方面担负教育责任的人们要帮助学生养成好思想好品德，自己就得首先养成并且在帮助学生的过程中继续不断地养成这些好思想好品德。

以教育者的身教为本源，叶圣陶不仅把注重"身教""为人师表"作为中国现代教育特别是德育的一个基本原则，而且在他自己的一生中始终身体力行，为实践这一原则树立了崇高的典范。他很早就引用《礼记·大学》里的古训指出："我认为自己与学生是同样的人，我所过的是与学生同样的生活；凡希望学生去实践的，我自己一定实践；凡劝戒学生不要做的，我自己一定不做……为什么要如此？无非实做两句老话，叫做'有诸己而后求诸人，无诸己而后非诸人'。"[5] 一直到1987年6月9日民进全国代表会议上，叶圣陶抱病看望大家，作"最后一次演讲"时，他仍然坚决表示："'有诸己而后求诸人，无诸己而后非诸人。'我愿意到死之前实践这两句话。"[6] 他教育学生要坚守爱国立场、担当社会责任，他自己从"五四"新文化运动以来就一直自觉站在反帝反封建斗争前列，并且为祖国社会主义建设事业特别是教育改革发展做出了卓越贡献；他教育学生要树立正确人

---

[1] 叶至善、叶至美、叶至诚编：《叶圣陶集》（第十一卷），江苏教育出版社，2004，第378页。

[2] 汤漳平、王朝华译注：《老子》，中华书局，2014，第8页。

[3] 商金林编著：《叶圣陶年谱长编》（第四卷），人民教育出版社，2005，第607页。

[4] 杜草甬、商金林编：《叶圣陶教育文集》，河南教育出版社，1989，第219页。

[5] 叶至善、叶至美、叶至诚编：《叶圣陶集》（第十一卷），江苏教育出版社，2004，第134页。

[6] 商金林：《叶圣陶全传》（第三卷），人民教育出版社，2014，第514页。

生观，为美好理想奋斗，他自己一生满腔热情地为人民、为新一代成长服务，不懈追求奠基中华民族伟大复兴的教育梦，埋头苦干、积沙成塔，在平凡的工作中创造出了极不平凡的业绩；他教育学生要笃行道德规范，养成良好习惯，他自己不断弘扬优秀传统，加强道德修养，时时处处严格自律、以身作则，成为臻于"至善"境界的一代师表。叶圣陶的高尚精神风范和人格影响，也正是对德育乃至整个教育以教育者身教为本源这一教育至理的生动诠释。

习近平总书记指出："古人说：'师者，人之模范也。'……要坚持教育者先受教育，让教师更好担当起学生健康成长指导者和引路人的责任。""要引导教师把教书育人和自我修养结合起来，做到以德立身、以德立学、以德施教。"①可见叶圣陶提出的以身教为本源的德育原则，既是弘扬了我国教育的优秀传统，又是新时代教育落实立德树人的重要基础和根本条件。

当今时代，从世界百年未有之大变局和人类文明进步要求来看，如何加强和创新德育，越来越成为各国教育共同面临的严峻挑战。对我国来说，在全面建设社会主义现代化强国、全面推进中华民族伟大复兴的新征程上，如何坚定文化自信、守正创新，坚持以人为本、以德治国，在整个教育中贯彻落实立德树人根本任务，努力提高全民族特别是新一代人的思想道德素质和文明发展水平，并为构建人类命运共同体做出"中国贡献"，更是一个重大的历史使命。深入研究叶圣陶德育思想，对于我们解决好新时代的德育问题，无疑是能得到深刻启示和教益的。

---

① 习近平：《在北京大学师生座谈会上的讲话》,《人民日报》2018年5月3日，第2版。

第三章

叶圣陶"养成良好习惯"教育思想的创新探索

人类抗击新冠病毒的实践一再证明，各国要赢得这场斗争的胜利，使经济社会和人民生活步入新的健康发展轨道，不仅要靠医学科学技术的发展和公共卫生机制的增强，而且在根本上取决于整个国家制度、国家治理体系和治理能力，同时也在很大程度上得力于构成其深厚历史根源和广泛社会基础的国民文明素质，特别是个人和社会良好习惯的养成。这就更加凸显了教育"养成良好习惯"的时代价值。

实际上，在人类文明史上，自古以来就有"习惯养成"的教育主张。20世纪，我国著名教育家叶圣陶在其一生的教育改革探索中，不断适应中国现代社会变革与人的发展要求，继承优秀传统教育思想，总结教育实践经验和人生修养体悟，把这一主张创造性地转化并发展成为了比较完整、系统的，具有中国特色、富有科学内涵的"养成良好习惯"现代教育思想。这一教育思想，堪称是一种"中国教育学"[①]的理论和话语，为我国素质教育发展和国民素质提高提供了宝贵借鉴。在新时代以立德树人为根本任务的中国特色社会主义教育发展中，特别是在我国2035年远景目标中提出

---

① 任苏民：《读懂叶圣陶教育思想里的"中国教育学"》，《中国教育报》2016年9月8日（教育科学版）。

实现"国民素质和社会文明程度达到新高度"①的背景下，"养成良好习惯"教育思想进一步彰显其时代价值和深远意义，并且需要我们更加努力地去创新实践与发展。

一、"养成良好习惯"教育思想的历史生成

马克思的历史唯物主义哲学观认为，对任何一种"现实的哲学"或思想，都不能抽象地去分析，而必须从现实的社会历史条件出发，从其产生的历史根源和时代背景中去考察和解释。②要对"养成良好习惯"教育思想进行科学研究，自然也不能例外。

"习惯养成"作为一种教育主张，在中外文明发展历史进程中都曾很早就为人们所提倡。据《尚书·商书·太甲上》记载，早在公元前 1600 年前，夏末商初政治家、思想家伊尹就曾训导商汤嫡孙太甲："兹乃不义，习与性成。"他认为，习惯决定性格，一个人的行为习惯怎样，就会形成怎样的性格，这对于将要继承王位的太甲来说，关系尤其重大。春秋时期，以道德修养为根本、培养君子为目的的大教育家孔子更是重视习惯养成。他指出："性相近也，习相远也。"③人的天性本来是相近的，只是因为后天养成的习惯不同而使人与人产生很大的差异。因此，他主张从小就要培养人的良好习惯。《大戴礼记·保傅》引用其语："少成若天性，习贯之为常。"一个人年少时候养成的好习惯会像他的天性一样，成为其生命自然。这种主张，一直为中国优秀的传统教育所奉行，并在《三字经》《弟子规》等许多蒙学经典中得到具体、生动的体现。

放眼世界，公元前330年，古希腊思想家亚里士多德在为城邦公民撰写的《尼各马可伦理学》一书中也曾指出："道德成自于习惯。"要"从年

---

① 《中华人民共和国国民经济和社会发展第十四个五年规划和 2035 年远景目标纲要》，《人民日报》2021 年 3 月 13 日，第 1 版。

② 刘福森：《马克思实现的哲学观革命》，《江海学刊》2014 年第 2 期。

③ 徐志刚：《论语通译》，人民文学出版社，1997，第 220 页。

少时代就以某一种方法起风习作用",培养合德性的行为与有德性的人。17 世纪,英国教育家洛克在为刚夺取政权的资产阶级和新贵族描画"绅士教育"时,把"使学生养成良好的习惯,怀抱德行与智慧的原则"看作是"导师的重大的工作之一"①。20 世纪初,美国哲学家、教育家杜威在阐述他的民主主义教育理论时,提出"教育的目的是要养成配做社会的良好分子的公民"②。其中包括:一是"须养成智能的个性",二是"须养成共同活动的观念和习惯"③。

由此可见,"习惯养成"的教育主张在中外都可谓源远流长。无论是在东方的"君子培养"中,还是在西方的"公民教育"里,这一主张都是跟文明的传统,同时跟特定时代的教育使命相联系,具有德性的本质特点的。

20 世纪初新文化运动兴起后,中国教育开始自觉参与社会变革,以"新民救国"为使命,以"造成健全的公民"为目标,向着适合本国需要的现代教育转型。在这一历史进程中,"习惯养成"的传统教育主张,被许多进步教育家同中国现代教育的使命和目标联系起来,赋予了新的价值和内涵。例如,陶行知倡导"生活教育",就很注重让学生从小在生活中养成各种好的习惯。他指出:"凡人生之态度,习惯,倾向,皆可在幼稚时代立一适当基础。"④杨贤江发表多篇文章专论人的习惯养成。他认为"学生时代是最好、最适当的养成种种善良习惯的时代",提出了养成教育的一些规律和原则⑤。而在这些教育家中,最早自觉从培养现代中国人的新的时代要求和高度深刻阐述,并在其后整个教育生涯中一直坚持、不断发展、系统形成"养成良好习惯"的现代教育思想的,是叶圣陶。

---

①［英］洛克:《教育漫话》,傅任敢译,人民教育出版社,1985,第 97 页。

② 王天一、夏之莲、朱美玉编著:《外国教育史》(下册),北京师范大学出版社,1985,第 153 页。

③ 涂诗万、张斌贤:《〈民主主义与教育〉在中国的早期传播》,《教育研究》2016 年第 6 期。

④ 陶行知:《陶行知文集》,江苏教育出版社,1991,第 111 页。

⑤ 叶圣陶研究会编:《叶圣陶研究论文集》,开明出版社,1991,第 79 页。

二、"养成良好习惯"教育思想的科学内涵

翻开叶圣陶的教育著作，从1916年发表的《我校之少年书报社》，到1984年发表的《教育工作者的全部工作就是为人师表》，关于"养成良好习惯"，几乎在他所有重要的教育和教学专论、文章、讲话、书信中都有论述。将这大量论述作为一个历史生成而又具有内在逻辑的整体系统来解读，就会发现，叶圣陶"养成良好习惯"教育思想，涉及中国现代教育的目的和价值、本质和主体、目标和内容、范式和方法等一系列基本问题、概念、范畴、要义，从而在一定意义上构建了一种"养成良好习惯"的"中国教育学"理论和话语。

（一）"养成良好习惯"的教育目的和价值

叶圣陶1919年在《新潮》杂志发表的《小学教育的改造》这篇教育改革宣言式的论文，第一次将"养成良好习惯"作为中国现代教育目的和价值的基本内涵来加以阐述。他指出："小学教育的意义，概括的说来，便是使儿童在行为上得到新的人生观。要达到这个目的，须承认人生必须是自觉的，自动的，发展的，创造的，社会的，而以教育做手段，使学生养成这种种品德和习惯，以至于达到最高的高度。那玄虚的、抽象、仿效、克制、被动的人生观，当然不是现代人所应当具有的，当然不能拘守着作为教育的出发点。"[1] 这段论述明确告诉我们，中国现代教育的目的和价值就在于培养"现代人"，小学教育必须为之奠定根基，"使儿童在行为上得到新的人生观"，也即要使学生对"自觉的，自动的，发展的，创造的，社会的"新人生观，通过自己的践行而内化和内生，从而"养成这种种品德和习惯，以至于达到最高的高度"。这里"最高的高度"，可以理解为

---

① 叶至善、叶至美、叶至诚编：《叶圣陶集》（第十一卷），江苏教育出版社，2004，第37页。

"止于至善"①的境界,"习惯成自然"的境界。叶圣陶认为,养成"现代人"的基本品德和习惯,正是中国现代小学教育目的和价值的真谛所在。

当然,养成"现代人"的良好品德和习惯,不限于小学教育,在整个基础教育阶段,以至高等教育阶段,都是必须努力实现的教育目的和价值。叶圣陶指出:"教育就是养成好习惯","普通教育的目标是养成一般人当公民的好习惯,高等教育的目标是养成一些人做专门人才的好习惯。"②

"养成良好习惯"作为教育目的和价值,既对"现代人"的培养与成长具有基础性,又对"现代人"的修养与发展具有终身性。20世纪40年代中期,在"二战"结束、现代社会加速发展的新形势下,叶圣陶进一步强调了这一观点。他在《习惯成自然》等文章中指出:"养成习惯,换个说法,就是教育。""我们在学校里受教育,目的在养成习惯,增强能力。我们离开了学校,仍然要从种种方面受教育,并且要自我教育,目的还是在养成习惯,增强能力。"③这里已经颇有把"养成良好习惯"与"终身教育"联系起来,对"终身教育"形成一种独到见解的意味。

值得注意的是,在此期间,叶圣陶还将习惯的养成与政治人物和世界发展联系起来。他指出:"推广开来说,凡是为非作歹的人,他们为非作歹的原因固然有许多,也可以用一句话来概括,他们的病根在养成了妨害他人的习惯。""一切习惯偏向妨害他人的方面,他们就成了恶人。如希特勒、墨索里尼、日本军阀,是头等的恶人……这些恶人向来为人们所痛恨,今后的世界上尤其不容许他们立足。谁要立足在今后的世界上,谁就得深切记住,不要养成妨害他人的习惯。"④很显然,叶圣陶对"养成良好习惯"之于人民民主和福祉增进、之于人类向善和文明进步的内在关联与根本意义,在新的时代条件下尤其具有超越先贤之深刻见地。

---

① 胡平生、张萌译注:《礼记》(下册),中华书局,2017,第1161页。
② 叶至善、叶至美、叶至诚编:《叶圣陶集》(第十一卷),江苏教育出版社,2004,第149页。
③ 叶至善、叶至美、叶至诚编:《叶圣陶集》(第十二卷),江苏教育出版社,2004,第315页。
④ 同上书,第318页。

自 20 世纪 70 年代末开始，中国进入改革开放和社会主义现代化建设新时期。面临新时期我国社会变革与人的发展趋势，叶圣陶对"养成良好习惯"教育目的和价值做了进一步思考。他在《读书和受教育》等论著中指出："受教育的意义和目的是做人，做社会的够格的成员，做国家的够格的公民。想到'做'字，就可以悟出光记住些什么是远远不够的。必得把某些精要的东西化为自身的血肉，养成永久的习惯，终身以之，永远实践，这才对于做人真有用处。"① 从这些论著中可以看到，叶圣陶既深化了"养成良好习惯"作为教育目的的一贯思想，又凸显了终身自学、改革创新等"养成良好习惯"教育新的价值内涵，使他的"养成良好习惯"教育目的和价值论有了与时俱进的发展。

（二）"养成良好习惯"的教育本质和主体

一定时代教育的本质，是由反映该时代社会与人的发展根本要求的教育目的和价值这个核心确定的。正是在以养成"现代人"品德习惯为教育目的和价值的思想前提下，叶圣陶在《如果我当教师》一文中，面向广大教师，既通俗又精辟地阐释了中国现代教育的本质。他指出："我想'教育'这个词儿，往精深的方面说，一些专家可以写成巨大的著作，可是就粗浅方面说，'养成好习惯'一句话也就说明了它的含义。无论怎样好的行为，如果只表演一两回，而不能终身以之，那是扮戏；无论怎样有价值的知识，如果只挂在口头说说，而不能彻底消化，举一反三，那是语言的游戏；都必须化为习惯，才可以一辈子受用。"② 他认为，在现代中国，"教育"这个总概念的含义，简而言之可以用"养成好习惯"一句话说明。教育的本质，不只是授与学生"好的行为"和"有价值的知识"，而在于引导学生将"好的行为"反复实践，终身以之；将"有价值的知识"彻底消化，举一反三，也就是都"化为习惯"，使之"一辈子受用"。

---

① 叶至善、叶至美、叶至诚编：《叶圣陶集》（第十一卷），江苏教育出版社，2004，第 350 页。

② 同上书，第 129 页。

以后，叶圣陶又面对青年学生，阐述了他对教育本质的这一理解。他指出："原来'教育'这个词儿，如果解释得繁复，几本书未必说得完；简单的解释，一句话就可以说尽，就是'养成好习惯'。怎样的习惯才算好？能使才性充量发展的是好习惯，能把事情做得妥善的是好习惯，能使公众得到福利的是好习惯，大概也不过如此而已。"①在他看来，教育所要养成的"好习惯"，应当既是符合个体才性充分发展需要的，又是能把事情做好的，更是有利于公众福祉的。这也即确立了做己、做事、做人三维统一的"好习惯"基本价值尺度。

我国进入改革开放和社会主义现代化建设新时期，针对教育界和社会上出现的"应试教育"倾向，叶圣陶进一步重申并发展了"教育即养成良好习惯"的观点。他指出："教育是什么？往简单方面说，只须一句话，就是要养成良好的习惯。""咱们社会主义社会的教育，就是要使学生养成在社会主义社会里生活的一切良好习惯。"②

叶圣陶的相关论述表明，所谓"良好习惯"，是指人的体现优良传统与时代精神和个体健康发展需要的相对稳定的价值取向、人生态度和行为方式。"养成良好习惯"，就是要引导受教育者自觉地持之以恒地在学习和实践中，将"现代人"或"社会主义社会成员"应有的正确价值取向、人生态度和行为方式转化为自己的习惯，终身受用，并使他人和社会受益。这也正是中国现代教育的本质。

"养成良好习惯"的教育目的和本质，必须要由教育的主体之一——教师来实现。这就赋予了中国现代教师以基本的任务职责。叶圣陶曾在写给一位乡村教师的信中指出："依我想，从小学老师到大学教授，他们的任务就是帮助学生养成良好习惯，帮助学生养成政治方面文化科学方面的良好习惯。而教师要完成这个重大任务，自己就得继续不断地养成这些良好

---

① 叶至善、叶至美、叶至诚编：《叶圣陶集》（第十二卷），江苏教育出版社，2004，第154页。

② 叶至善、叶至美、叶至诚编：《叶圣陶集》（第十一卷），江苏教育出版社，2004，第264页。

习惯。"① 他主张，教师作为教育主体的基本任务，就是帮助学生养成良好习惯。而要完成这个"重大任务"，"言教"必不可少，"身教"尤其重要。教师不仅自己首先要养成，而且在"帮助学生"的过程中要继续不断地养成这些良好习惯。1984 年，面对新科技革命与社会变革，叶圣陶进一步发展了自己的这一观点，指出："教育工作者的全部工作就是为人师表。""教育工作者必须为当前的受教育者着想，将来攀登新高峰窥见新奥秘的正是他们，非趁早给他们打基础不可，基础怎么打？还是身教为要。事事不马虎，样样问个为什么，受教育者看在眼里，印在心里，自然而然会养成钻研探索的良好习惯。"②

"养成良好习惯"本质上也是一种自我教育。因此，叶圣陶在许多文章中同时十分强调发挥学生的主体作用。他指出：要"把依赖性的'受教育'转变为主动性的'自我教育'"。"所谓'自我教育'，就是不去依傍他人的力量，自己来养成这些好习惯。"③ 他谆谆教导学生："同学们一定要努力学会自学的本领，养成自学的习惯。""学会了自学的本领，养成了自学的习惯，将来离开了学校，才能在工作和生活中不断地自我充实，自我修养，成为有益于人民的人，有益于社会的人。"④ 显而易见，叶圣陶关于"养成良好习惯"的教育思想，同他"教是为了不教"的教育思想精髓是相贯通的。"不教"，也可以说就是学生在教师的引导、帮助和示范下，由"受教育"而学会"自我教育"，成为自己教育自己的主体，自己来养成终身受用的好习惯。

（三）"养成良好习惯"的教育目标和内容

教育主体为实现"养成良好习惯"的教育目的和本质，就要在实践中

---

① 叶至善编：《叶圣陶答教师的 100 封信》，开明出版社，1989，第 86 页。

② 叶至善、叶至美、叶至诚编：《叶圣陶集》（第十一卷），江苏教育出版社，2004，第 378—379 页。

③ 叶至善、叶至美、叶至诚编：《叶圣陶集》（第十二卷），江苏教育出版社，2004，第 154 页。

④ 叶至善、叶至美、叶至诚编：《叶圣陶集》（第十一卷），江苏教育出版社，2004，第 347 页。

根据实际情况制定"养成良好习惯"的教育目标和内容。1958 年，叶圣陶在给新任教师的外甥女的一封信中叮嘱："你在大学学的是凯洛夫教育学，那是苏联的教育学，不是中国的教育学。因此在实践中必须根据我们中国的实际……灵活适当地运用。"紧接着，他就教师的教育目标和内容提出了自己的意见。他指出："我想教师工作的最终目的，无非是培养学生具有各种良好的社会习惯。诸如热爱国家关心他人的习惯，礼貌诚笃的习惯，虚心自强的习惯，阅读书写的习惯，勤劳操作的习惯，求实研索的习惯等等。"[①] 这段论述，立足教师实践，根据中国实际，在关于"教育学"的思考中，从家国情怀、为人态度、自学精神、语文修养、劳动品质、探索创造等方面，提出了"培养学生具有各种良好的社会习惯"的教育目标和内容主要框架。

之后，叶圣陶又站在全面贯彻党的教育方针的高度，从德、智、体全面发展的教育实践出发，对"养成良好习惯"的教育目标和内容做了阐述。他指出："所谓教育，无非是从各方各面给学生好的影响，使学生在修养品德、锻炼思想、充实知识、提高能力、加强健康各方各面养成好的习惯。"[②]"德育方面，要养成待人接物和对待工作的良好习惯；智育方面，要养成寻求知识和熟悉技能的良好习惯；体育方面，要养成保护健康和促进健康的良好习惯。"[③] 这些目标和内容阐述，看似用语平淡，实质意蕴深刻。例如在体育方面提出要养成保护和促进健康的良好习惯，叶圣陶就曾针对学校教育现状，指明其中尤为重要的是要让学生养成卫生习惯。他强调："比起竞技运动来，卫生习惯是根本的，所以尤其紧要。"[④]

除此以外，叶圣陶还从人的终身发展视角，对作为自我教育主体的学生提出恳切要求。他指出："凡是好的态度和好的方法，都要使它化为习

---

① 叶至善编：《叶圣陶答教师的 100 封信》，开明出版社，1989，第 1 页。

② 叶至善、叶至美、叶至诚编：《叶圣陶集》（第十一卷），江苏教育出版社，2004，第 258 页。

③ 同上书，第 264 页。

④ 叶至善、叶至美、叶至诚编：《叶圣陶集》（第十二卷），江苏教育出版社，2004，第 58 页。

惯，包括日常生活方面的，待人接物方面的，求知识方面的，干工作方面的。只有熟练得成了习惯，好的态度才能随时随地表现，好的方法才能随时随地应用，好像出于本能，一辈子受用不尽。"①

叶圣陶的这些论述，坚持根据中国实际，基于教育实践，将时代发展要求与中华传统美德相结合，将贯彻全面发展的教育方针与学生终身发展的人生需要相统一，为具体制定"养成良好习惯"的教育目标和内容提供了正确依据。

当然，叶圣陶论"养成良好习惯"教育目标和内容，不仅有总体的概括，而且在教育活动和学科教学层面亦有具体的展开，给教育实践以更多启示。例如，在《中学生守则》《小学生守则》颁布后，他指出：必须让学生"实践《守则》各条"。如"热爱祖国""要在日常的思想、态度、行动、言谈中习惯于爱国，自然而然地爱国，那才见得你真能热爱祖国。"《守则》里的具体的话和抽象的话，都要化为生活里的习惯才行。"②在关于"辅导少先队员们读书"的谈话中，他指出：辅导员"要跟孩子们共同读书，共同联系实际。读一本讲天文的书，就跟他们共同看星星；读一本讲植物的书，就跟他们共同种植些什么。这样就容易使他们养成爱好读书的习惯，养成读书联系实际的习惯，养成好动手爱钻研的习惯"③。

叶圣陶对"养成良好习惯"教育目标和内容的论述，更具体更系统的莫过于是在其语文教学著作中。他早就明确指出：语文教学"必须讲求方法"，"必须使种种方法成为学生终身以之的习惯"④，"得到阅读和写作的知识，从而养成阅读和写作的习惯，就是学习国文的目标"⑤。以后他又指出，听说读写并重，听说训练要"养成学生自觉地说话的好习惯"⑥。语言文字

---

① 叶至善、叶至美、叶至诚编：《叶圣陶集》（第十一卷），江苏教育出版社，2004，第271页。

② 同上书，第275页。

③ 同上书，第332页。

④ 叶至善、叶至美、叶至诚编：《叶圣陶集》（第十三卷），江苏教育出版社，2004，第43页。

⑤ 同上书，第94页。

⑥ 同上书，第163页。

结合，写字练习要使学生"心到手到""认认真真地写""久而久之，成为习惯"①。"语言的好习惯也就是思想的好习惯。"②"学习语文还可以养成想得精密的习惯""还有培养品德的好处"③。在这些方面论述中，最典型的是对语文教学第一目标和内容"养成阅读书籍的习惯"的分析。叶圣陶将之分为精读和略读两部分，指出：在精读教学中，要培养学生预习教材的习惯，讨论听讲的习惯，诵读感悟的习惯，练习应用的习惯等；在略读指导中，要培养学生自主阅读的习惯，质疑研究的习惯，讨论报告的习惯，速读增效的习惯等。而这些习惯，又都分别包含了更多的具体内容要点。与此同时，叶圣陶还指出，这两部分在教学中又是相互联系、前后贯通的："学生从精读而略读，譬如孩子学走路……其目的唯在学生习惯养成，能够自由阅读。"④

（四）"养成良好习惯"的教育范式和方法

教育主体要真正实现"养成良好习惯"的教育目的和本质，不仅要根据实际具体制定正确的教育目标和内容，而且要从实践中探索总结有效的教育范式和方法。叶圣陶指出："养成良好习惯，直到终身由之的程度，是一条规律。"⑤"养成良好习惯"教育范式和方法，必须遵循其自身的教育规律，体现其实现"养成良好习惯"教育目的和本质的必然要求。

关于"养成良好习惯"的教育范式，叶圣陶大多是在探讨教育和教学实践中有所论及，比较集中的阐述首先可见于《两种习惯养成不得》一文。在这篇主要面向少年朋友专谈养成习惯的文章中，他指出：哪怕是最起码的良好习惯，也"不是一会儿就会有的，也得逐渐养成。在没有养成的时

---

① 叶至善、叶至美、叶至诚编：《叶圣陶集》（第十三卷），江苏教育出版社，2004，第195—197页。

② 叶至善、叶至美、叶至诚编：《叶圣陶集》（第十一卷），江苏教育出版社，2004，第130页。

③ 叶至善、叶至美、叶至诚编：《叶圣陶集》（第十三卷），江苏教育出版社，2004，第181页。

④ 叶至善、叶至美、叶至诚编：《叶圣陶集》（第十四卷），江苏教育出版社，2004，第162页。

⑤ 杜草甬、商金林编：《叶圣陶教育文集》，河南教育出版社，1989，第360页。

候，多少要用一些强制功夫，自己随时警觉，坐硬是要端正，站硬是要挺直，每天硬是要洗脸漱口，每事硬是要有头有尾。直到'习惯成自然'，不待强制与警觉，也能行所无事的做去，这些就是终身受用的习惯了"①。

叶圣陶认为，"养成良好习惯"的教育，不同于以认知为主要目的的知识教学，也不同于简单从外部施加的规范训练，而是主体从具体行为入手，将自己对有关好的价值取向、人生态度和行为方式的认识转化为自觉实践的过程；是主体在实践中依靠自身情感驱动特别是意志努力，坚持将有关好的价值取向、人生态度和行为方式付诸自己行动的过程；是主体在持之以恒的实践中不断修养历练，直到使有关好的价值取向、人生态度和行为方式在自己身上"习惯成自然"的过程。对有关好的价值取向、人生态度和行为方式，从自觉实践，到自强行动，以至自然养成，这就是叶圣陶初步总结的"养成良好习惯"的教育范式。

1982 年，叶圣陶发表的《关于思想品德课》一文对他上述总结有了新的重要发展。他在这篇文章中指出："要有好思想好品德不仅是听人讲讲就够了的事……在听讲的同时还必须自动地动脑筋，把有关的种种关系辨认得一清二楚，这才不仅知道，而且确信；由于确信，就咬定非如此如彼不可，积久而习惯成自然。"这样，好思想好品德就可以"成为终身的伙伴"了。②这段话，是在新时期学校增设思想品德课的情境下，论述如何使学生将好思想好品德养成习惯的。文中用"听讲""自动地动脑筋""辨认""知道""确信""咬定""积久""习惯成自然"等一系列关键词，从引导受教育者自主发展着眼，进一步展开了学生在接受教育的同时自我教育、自觉实践的过程，对"养成良好习惯"教育范式的基本结构做了新的概括。尤其值得注意的是，这里揭示了作为学生实践养成基础的主体内在自觉的形成机制，突出了使学生由正确认知上升为行动信念这一最关键环

---

① 叶至善、叶至美、叶至诚编:《叶圣陶集》(第十二卷)，江苏教育出版社，2004，第 317 页。

② 叶至善、叶至美、叶至诚编:《叶圣陶集》(第十一卷)，江苏教育出版社，2004，第 338 页。

节。在一定意义上可以说，这也是基于教育实践对作为"中国教育学"哲学基础之一的辩证唯物主义认识论的丰富。除此以外，叶圣陶在这篇文章中还探讨了在新时期学校教育大环境中，由思想品德课到各门课程，由思想品德课教师到全校教师，由学校到家庭、学校、社会各方面，通力协作培养学生好思想好品德的"养成良好习惯"教育范式的宏观系统。《礼记·中庸》早就有对道德教育范式"五步法"的经典性概括："博学之，审问之，慎思之，明辨之，笃行之。"① 叶圣陶关于"养成良好习惯"教育范式的论述，很显然既有对优秀传统的继承，又是根据新的时代条件和教育实践，遵循其本身的教育规律，对前人相关思想的创新性发展。

叶圣陶在实践中不但探索概括了"养成良好习惯"的教育过程和范式，而且总结形成了一套"养成良好习惯"的教育原则和方法。

1. 正确引导，彰明德性。《礼记·大学》指出，教育的道理，首要的是在"明明德"②。叶圣陶认为，在中国现代社会，每个儿童或青少年学生都具有向善的天性和本能，即内在的德性。关键在于正确引导。"儿童的某一本能倘若有善的倾向，便应该设法使他们尽量发展，渐渐成为有意识的习惯；倘若有恶的倾向，便应该设法引导他们转向积极，不使造成恶的结果。"③ 由此可见，所谓"正确引导"，当然要用正确的社会价值、人生态度和行为方式来引导，同时又要适应学生的生命自然和发展需要因势利导。学生是"有生机的种子，本身具有萌发生长的机能，只要给以适宜的培育和护理，就能自然而然地长成佳谷、美蔬、好树、好花"④。因此，"养成良好习惯"的教育，首先就要以将上述二者辩证统一的教育目标、教育内容和教育方法来引导学生，唤醒和激发他们内在的德性，并使之在自觉实践中得以彰显和升华。要让学生在接受教育的同时自我教育，"自明"

---

① 胡平生、张萌译注：《礼记》（下册），中华书局，2017，第1026页。
② 同上书，第1161页。
③ 叶至善、叶至美、叶至诚编：《叶圣陶集》（第十一卷），江苏教育出版社，2004，第39页。
④ 杜草甬、商金林编：《叶圣陶教育文集》，河南教育出版社，1989，第331页。

明德①，自强不息，自能生长，自己来养成好习惯；"让他们自己衷心乐意向求真崇善爱美的道路昂首前进"②。

2. 知行合一，注重实践。 叶圣陶自提出"养成良好习惯"之初就十分推崇我国古代著名思想家王阳明的"知行合一"说（1927年商务印书馆出版的王阳明《传习录》叶圣陶校注版，至今仍被学界视为上选读本），将其作为最基本的教育原则和方法之一。他认为，要养成良好习惯，必须引导学生知行合一。而这"知"，并非仅仅听老师讲授得来，而主要是从学生亲身的"行"（包括对实际事务接触、操作、体验）中来。"真要收到知行合一的好结果，必须使儿童从实际中获得知识。"③ 并且，获得的有关知识，包括道理、方法，又必须付诸实践。"使儿童从事物中寻求真知识，并用真知识来支配他们的行动……他们在生活中就有了一个新趋向……这才是怎样做人的根本方法。"④ 因此，在叶圣陶的"知行合一"主张中，是更注重实践，更注重实践对人内心的唤醒、启示、革新和塑造的。他强调："养成好习惯必须实践。换一句话说，那不仅是知识方面的事，心里知道怎样怎样，未必就能养成好习惯，必须怎样怎样做去，才可以养成好习惯。"⑤ 譬如拿卫生习惯养成来说，"不只是限于学校里的事情，要随时随地加以注意，躬行实践，成为习惯，才能收到相当的效果"⑥。不仅做人和生活方面的习惯养成，而且学习等方面的习惯养成也一样。"一定要把知识跟实践结合起来，实践越多就知道得越真切，知道得越真切就越能起指导实践的作用。不断学，不断练，才能养成好习惯，才能真正学到本领。"⑦

---

① 胡平生、张萌译注：《礼记》（下册），中华书局，2017，第1165页。
② 叶至善、叶至美、叶至诚编：《叶圣陶集》（第十一卷），江苏教育出版社，2004，第348页。
③ 同上书，第33页。
④ 同上书，第39页。
⑤ 叶至善、叶至美、叶至诚编：《叶圣陶集》（第十三卷），江苏教育出版社，2004，第137页。
⑥ 叶至善、叶至美、叶至诚编：《叶圣陶集》（第十二卷），江苏教育出版社，2004，第58页。
⑦ 叶至善、叶至美、叶至诚编：《叶圣陶集》（第十三卷），江苏教育出版社，2004，第182—183页。

3. **情境熏陶，身教示范**。新文学创作与教育改革探索的结合，使叶圣陶从一开始就非常重视"情境"这一中国优秀传统文艺思想在养成儿童良好习惯中的运用，并使之更有了深刻的教育意蕴。他在 1921 年《晨报副刊》上发表的《文艺谈》中就曾指出："果真要养成他们（指儿童）良好的习惯，最重要的是顺应他们的心情，在起居饮食嬉游说笑各方面造成良好的环境，使他们潜移默化。"① 不久，叶圣陶就将这一重要原则和方法推广到整个教育和学科教学，指出："教育所以可贵，乃在能为儿童特设境遇使他们发生需求，努力学习。"②"为国文教授的奏功着想，也当特设一种相当的境遇。"③ 他所说的"环境"或"境遇"，显然指的不只是一般的学校物质和制度环境，而是能够充分体现教育特性的顺应儿童心情，有利于他们良好习惯养成的校园和课堂生活等育人情境。他认为，这种育人情境，具有"教训"所没有的对学生的情感熏陶，引起"共鸣"，唤醒德性，"使之自化"的力量。④ 而在其中，叶圣陶又特别强调了创设和构成这种"环境"的主要因素，即教育者的身教示范。他指出："造成这样的环境，老师的示范作用和熏染作用极关重要。在一切教育工作中，老师以身作则总归是主要的原则，而且是最易见效的方法。"⑤《礼记·大学》写道："君子有诸己而后求诸人，无诸己而后非诸人。"⑥ 要使学生养成各方面的良好习惯，教师以及父母等其他教育者自己就要以身作则，首先养成这些好习惯。

4. **从小做起，奠定基础**。叶圣陶认为，养成良好习惯，作为伴随人一生成长和发展的教育过程，其起点应该是从小做起，从年幼开始，并且根据儿童身心特点和生活实际，从最细微最切近的事物入手。他指出："我将特别注意，养成小朋友的好习惯……养成小朋友的好习惯，我将从最

---

① 杜草甬、商金林编：《叶圣陶教育文集》，河南教育出版社，1989，第 37 页。

② 叶至善、叶至美、叶至诚编：《叶圣陶集》（第十三卷），江苏教育出版社，2004，第 6 页。

③ 同上书，第 7 页。

④ 杜草甬、商金林编：《叶圣陶教育文集》，河南教育出版社，1989，第 38 页。

⑤ 叶至善、叶至美、叶至诚编：《叶圣陶集》（第十三卷），江苏教育出版社，2004，第 164—165 页。

⑥ 胡平生、张萌译注：《礼记》（下册），中华书局，2017，第 1169 页。

细微最切近的事物入手；但硬是要养成，决不马虎了事。"①譬如门窗的开关，要教他们轻轻地，"砰"的一声固然要不得，足以扰动人家心思的"咿呀"声也不宜发出；直到他们随时随地开关门窗总是轻轻的，才认为一种好习惯养成了。这样的好习惯，不仅对于某一事物本身是好的行为习惯，而且由于内蕴着正确的价值取向和人生态度，可以由此及彼、由小及大推广到其他事物其他行为方面去，从而为学生健康成长，为他们在更多以至更重要的做人做事方面养成良好习惯奠定基础。叶圣陶曾经就"为公"这一大德即核心价值观养成，运用日常生活中不拿公家信封信笺写私信等等例子教导学生："为公决不能只是口头跟笔下的道德教条，而必须是从今以后人人必须终身以之的行为习惯。""说到养成行为习惯，必须在最微细最平常的场合入手，积渐功深，遇到不微细不平常的场合也自然而然能够为公。"②在他看来，即便是"大道之行"③、至善之德，也往往是从一件一件小事做起，最终成就的。这也是体现"养成良好习惯"本身规律的一个重要教育原则和方法。

5. **持之以恒，不断积累。**叶圣陶强调，养成良好习惯，不仅要引导学生自觉实践，而且不同于一般的实践活动，必须使学生持之以恒地实践，反复历练巩固，方能有效。他曾经批评有些训育老师试图通过"仁爱周""和平周"之类活动来养成学生相关习惯的做法，指出："养成良好习惯必须持之以恒，现在想在一个什么周内养成什么习惯，过了那个周就丢开不管，试问能不能收到实效？……做一个人，确乎需要各种好习惯，好习惯累积得越多，其人的生活越上进，越充实，像上面说的'一暴十寒'轮流串演的办法，却说不上养成习惯，更说不上累积习惯。"④实践证明，这样做还容易流于形式，以致产生弄虚作假等负面影响。由此可见，

---

① 叶至善、叶至美、叶至诚编：《叶圣陶集》（第十一卷），江苏教育出版社，2004，第129—130页。

② 叶至善、叶至美、叶至诚编：《叶圣陶集》（第六卷），江苏教育出版社，2004，第48—49页。

③ 胡平生、张萌译注：《礼记》（上册），中华书局，2017，第419页。

④ 叶至善、叶至美、叶至诚编：《叶圣陶集》（第十一卷），江苏教育出版社，2004，第166页。

持之以恒地实践历练，由长期坚持而不断积累，也是"养成良好习惯"体现本身规律，取得真实功效的一个重要教育原则和方法。运用这一原则和方法，当然要依靠学生自己的努力，而教育者尽到督促之责尤为关键。叶圣陶指出："就老师的方面说，采用种种有效的办法，循序渐进地教导学生练，固然极为重要，而督促学生认真练，经常练，尤其是奏功收效的关键……必须督促学生循规蹈矩地练，积日累月地练，练到非常纯熟，再也丢不了了，学生身上才真正有了这项能力。"[1]《荀子·劝学》说："不积跬步，无以致千里；不积小流，无以成江海。"[2] 不断积累还有一层意思，就是知道一点做一点，知道几点做几点，积累起来，逐步在各方面都养成好习惯。这也是对一个人全面发展和终身发展切实有效的教育方法。

6. 科学评价，追求自然。考察养成良好习惯的教育实效，其根本标准应该是"习惯成自然"。以"习惯成自然"为根本标准的评价，也是一种让教育返璞归真，更符合教育本质和基本规律的科学评价。叶圣陶曾经指出，要结合实际对学生进行思想政治教育。"而考察其成效如何，不仅在学生之能否领悟，尤贵在学生之能否实践。"[3] 衡量养成良好习惯教育成效，首先要看学生能否实践。而这里的"实践"，不是指学校组织的或有老师、家长督促的学生实践活动，更不是指"只表演一两回"的所谓"实践"，而是指学生在真实生活中自然而然表现的做人做事具体行为。这种"实践"，"必将通过日常的思想、态度、行动、言谈才行。譬如说，要在日常的思想、态度、行动、言谈中都表现真正爱国，才够说得上能够实践热爱祖国"[4]。"习惯成自然"的评价，不仅强调养成良好习惯的教育实效，在于摒除形式主义的学生真实、自然的实践，日常生活中思想、态度、行动、言谈相统一的本真实践；而且注重评估这种教育实效根本区别于急功

---

① 叶至善、叶至美、叶至诚编：《叶圣陶集》（第十三卷），江苏教育出版社，2004，第165页。

② 张晚林导读注译：《荀子》，岳麓书社，2019，第6页。

③ 叶至善编：《叶圣陶答教师的100封信》，开明出版社，1989，第77页。

④ 叶至善、叶至美、叶至诚编：《叶圣陶集》（第十一卷），江苏教育出版社，2004，第275页。

近利的渐进性、浸润性、深刻性、持久性。叶圣陶指出："就作用的方面说，进步的教育偏重在熏陶。熏陶就是在潜移默化之中，渐渐地养成好思想，好习惯。见效虽不怎么快，可是它的影响是深刻的，持久的。"① 这样的评价，才能促进学生不断向"习惯成自然"的人生境界健康成长，才能促进教育和教育者遵循"道法自然"② 的根本法则健康发展。

三、"养成良好习惯"教育思想的创新发展

叶圣陶"养成良好习惯"教育思想作为一种"中国教育学"的理论和话语，为中国特色现代教育特别是素质教育发展，提供了宝贵的思想借鉴和智慧启迪，在我国教育工作者中产生了广泛、深远的影响。

自 20 世纪 90 年代初以来，在全国教育科学规划重点课题"叶圣陶教育思想的文化底蕴和当代价值"等项目实施中，作者认真研究叶圣陶"养成良好习惯"教育思想，并组织叶圣陶先生母校江苏省苏州第一中学和苏州叶圣陶实验小学等一大批中小学校以及幼儿园，进行了持续不断的实践探索。其理论成果《论"养成良好习惯"——叶圣陶先生的一个重要教育思想》《叶圣陶德育思想研究》《中国道德教育：发展趋势与体系创新》《立德树人背景下叶圣陶德育思想时代内涵探析》《叶圣陶"养成良好习惯"教育思想新探》等论文先后在《教育研究》《中国教育学刊》《人民教育》等国家级核心期刊上发表；其育人实效在一届又一届高中、初中、小学毕业生素质提高，历次师德师风模范评比和全国、省级文明单位创建中均有验证。

时代不断在跃上新的征程，教育不断在进行新的变革。新时代以立德树人为根本任务的中国特色社会主义教育，"国民素质和社会文明程度达到新高度"的国家教育等事业 2035 年远景目标，进一步彰显了"养成良好习惯"教育思想的时代价值和深远意义，并且为这一教育思想创新实践

---

① 杜草甬、商金林编：《叶圣陶教育文集》，河南教育出版社，1989，第 238 页。
② 汤漳平、王朝华译注：《老子》，中华书局，2014，第 95 页。

与发展开辟了广阔的前景。

正是在认真学习习近平新时代中国特色社会主义思想中不断增强历史自觉和文化自信，作者进一步深入研究"养成良好习惯"教育思想。一方面，结合当代中国和世界教育面临的重大现实课题，寻求新的理论突破；另一方面，组织本土更多中小学校以及幼儿园，乃至在自己任教的苏州大学教育学院，进行新的实践探索，努力推动新时代"养成良好习惯"教育思想理论与实践相结合创新发展。

（一）"养成良好习惯"教育目的和价值的创新

"养成良好习惯"教育思想的创新探索与发展，最根本的是要把这一教育思想及其实践置于中国特色社会主义新时代这一全新的时代背景和视野下，与立德树人这一新时代教育使命紧密联系起来，使之实现教育目的和价值的创新。

习近平总书记在党的十九大报告中提出，新时代教育，"要全面贯彻党的教育方针，落实立德树人根本任务"。不久，他进一步指出："《礼记·大学》说：'大学之道，在明明德，在亲民，在止于至善。'……人才培养一定是育人和育才相统一的过程，而育人是本。人无德不立，育人的根本在于立德。"[①] 在立德树人根本任务的落实中，习近平总书记特别强调"培育和践行社会主义核心价值观"这一基本要求，高度重视养成教育。他指出："少成若天性，习惯之为常。"培育和弘扬社会主义核心价值观必须从小抓起，从学校抓起。"青年的价值取向决定了未来整个社会的价值取向，而青年又处在价值观形成和确立的时期，抓好这一时期的价值观养成十分重要。这就像穿衣服扣扣子一样，如果第一粒扣子扣错了，剩余的扣子都会扣错。人生的扣子从一开始就要扣好。"[②] 对于少年儿童来说，养成教育尤其重要。"养小德才能成大德"，要"从小做起，就是要从自己做起、从身

---

① 习近平：《在北京大学师生座谈会上的讲话》，《人民日报》2018年5月3日，第2版。
② 中共中央文献研究室编：《十八大以来重要文献选编》（中册），中央文献出版社，2016，第6页。

边做起、从小事做起，一点一滴积累，养成好思想、好品德"①。

按照习近平总书记的重要论述，立德树人，培育社会主义核心价值观，必须从小抓起，从学校抓起，从人生与教育的起点抓起，引导学生在知行合一、自觉养成中落到实处，取得实效。因此，"养成良好习惯"教育思想实践，可以说为新时代落实立德树人，遵循教育规律，培养社会主义建设者和接班人提供了切实有效的现实途径；而落实立德树人，为培养社会主义建设者和接班人奠定坚实的基础，也正是新时代"养成良好习惯"教育思想实践的根本目的和价值所在。

近年来，不少学校探索"养成良好习惯"教育思想的创新实践，一个最显著的共同点，就在于认真学习领悟习近平总书记关于教育的重要论述，自觉地赋予其思想实践以立德树人的时代价值和本质内涵，引导和帮助学生正确认知，从小做起，在自己的行为里，从而也在自己的内心里，播下社会主义核心价值观的种子，使其萌芽生长，通过自觉地持之以恒地实践，逐步在思想品德及其他各方面养成良好习惯，为他们未来成长为社会主义建设者和接班人、成长为能够担当民族复兴大任的时代新人厚植根基。

（二）"养成良好习惯"教育目标和内容的创新

"养成良好习惯"教育思想的创新探索与发展，必须紧紧围绕立德树人根本任务，同发展素质教育，构建德智体美劳全面培养的教育体系有机结合起来，使之实现教育目标和内容的创新。

习近平总书记在全国教育大会上指出，落实立德树人根本任务，"要努力构建德智体美劳全面培养的教育体系。""要把立德树人融入思想道德教育、文化知识教育、社会实践教育各环节……健全立德树人落实机制"，促进学生以德为本，全面发展。② 这一重要论述启示我们，新时代"养成良好习惯"教育思想实践，必须围绕立德树人根本任务，有机融入德智体

---

① 习近平：《从小积极培育和践行社会主义核心价值观——在北京市海淀区民族小学主持召开座谈会时的讲话》，《人民日报》2014年5月3日，第2版。
② 吴昌、胡浩：《习近平在全国教育大会上强调　坚持中国特色社会主义教育发展道路　培养德智体美劳全面发展的社会主义建设者和接班人》，《人民日报》2018年9月11日，第1版。

美劳全面培养的教育体系构建之中，创新形成德智体美劳全面养成良好习惯的教育目标和内容。

正是根据这样的思路，我们在"小学生好习惯养成的实践探索"这项江苏省"中小学生品格提升工程"中，对教育目标和内容做了如此设计：全面贯彻教育方针，坚持落实立德树人，立足基础，把握精要，针对当代学生成长与教育现实问题，构建涵盖德智体美劳全面发展，贯穿小学六个年级螺旋上升的"养成良好习惯"教育目标和内容。其基本框架，一是品德好习惯，包括爱国、诚信、友善等；二是学习好习惯，包括好学、善思、探究等；三是健康好习惯，包括卫生、运动、乐观等；四是审美好习惯，包括尚美、鉴赏、表现等；五是劳动好习惯，包括自理、勤劳、创造等。上述每一方面基本的良好习惯，都是体现新时代要求与优秀传统文化和个体健康发展需要的，相对稳定的正确价值取向、人生态度和行为方式的有机统一，都各包含了若干项具体的习惯养成内容，并且要求与各年级学生特点和教育内容相结合，与各校实际相结合，细化为多套各具特色、切实可行的"养成良好习惯"教育目标和内容。当然，这些还只是初步的设计。"养成良好习惯"教育目标和内容需要在学校教育教学与管理的具体实践中不断调整完善、创新发展。

（三）"养成良好习惯"教育路径和形态的创新

"养成良好习惯"教育思想的创新探索与发展，必须紧紧围绕立德树人根本任务，同深化教育教学改革和广大学校、教师丰富多彩的教育创新实践有机结合起来，使之实现教育路径和形态的创新。

习近平总书记指出，要以立德树人为根本目标深化教育教学改革。"学科体系、教学体系、教材体系、管理体系要围绕这个目标来设计，教师要围绕这个目标来教，学生要围绕这个目标来学。凡是不利于实现这个目标的做法都要坚决改过来。"[①] 要把社会主义核心价值观的基本内容和要求渗

---

① 吴昌、胡浩：《习近平在全国教育大会上强调　坚持中国特色社会主义教育发展道路　培养德智体美劳全面发展的社会主义建设者和接班人》，《人民日报》2018 年 9 月 11 日，第 1 版。

透到学校教育教学之中，体现在学校日常管理之中，做到进教材、进课堂、进头脑。这一重要论述启示我们，新时代"养成良好习惯"教育思想实践，必须围绕立德树人根本任务，密切结合深化教育教学改革包括课程改革、教材改革、教学改革、管理改革，渗透到学校教育教学和日常管理之中，充分发挥学校、教师和学生及其家长的养成教育积极性、主动性、创造性，不断探索"养成良好习惯"，发展核心素养，落实立德树人的教育新路径、新形态。

正是基于这样的自觉，我们以理论研究创新为引领，组织中小学探索实践"三结合"的"养成良好习惯"教育新路径。一是以道德与法治课或思想政治课为核心，整合其他课程以及课外相关资源实施的好习惯养成主题教育；二是学科教学各单元实施的好习惯养成综合学习；三是渗透学生生活、家校合作实施的好习惯养成自我修炼。将这三类课程结合起来，构成中小学"养成良好习惯"的教育实践创新系统。例如昆山玉峰实验学校，从学校课程、环境、网络以及家庭和社区全方位开发教育资源，初步构建聚焦好习惯养成目标，开展好习惯主题活动，并且将教育内容和要求融入学生日常生活、课程学习、校外实践的"养成良好习惯"教育新体系。在此过程中，该校教育集团所属信义小学，还充分利用悦丰岛有机农场的校本资源，开发富有特色的田园劳动课程，弘扬优秀农耕文化，综合培养小学生德智体美劳各方面的良好习惯，探索创建了"养成良好习惯"教育的一种新模式。

正是本着这样的追求，我们以省级专项课题实施为抓手，组织幼儿园探索实践"园本化"的"养成良好习惯"教育新形态。有的秉持"养成良好习惯"本于生命自然、走向人化自然的"绿色教育"理念，构建以绿色家园、绿色目标、绿色活动、绿色生活等为要素培养幼儿良好习惯的绿色生长课程；有的从"养成良好习惯"与中华优秀传统文化和乡土文化的血脉相通中，构建以"家乡之灯""水乡之桥""戏乡之昆曲"等为主题培养幼儿良好习惯的人文熏陶课程；有的将传统美德融进"养成良好习惯"教育，构建培养幼儿孝敬父母、文明礼貌、勤劳节俭、友善互助等良好习惯的美德修身课程；有的以因地制宜、富有童趣的沙艺游戏为切入点，构建培养幼儿热爱劳动、追求创新、合作共享、保护环境等良好习惯的创意劳作课程。将这些探索综合起来，形成幼儿园"养成良好习惯"的教育实践创新图谱。

可以肯定，"养成良好习惯"教育思想的创新探索与发展，必将有助于新时代教育工作者更好地遵循教育规律，落实立德树人，为培养德智体美劳全面发展的社会主义建设者和接班人，为实现"国民素质和社会文明程度达到新高度"的国家教育等事业 2035 年远景目标做出重要贡献；同时也必将会推动这种"中国教育学"的理论和话语本身更加完善，走向世界，走向未来，为人类健康发展、和平幸福和文明进步提供教育智慧。从历史发展的长河和高度来看，"养成良好习惯"教育也正是推进"中国式现代化"，创造"人类文明新形态"①的题中应有之义。

---

① 习近平：《高举中国特色社会主义伟大旗帜　为全面建设社会主义现代化国家而团结奋斗——在中国共产党第二十次全国代表大会上的报告》，《人民日报》2022 年 10 月 26 日，第 1 版。

第四章

新时代"养成良好习惯"教育思想的实践发展

在人类文明史上，自古以来就有"习惯养成"的教育主张。20世纪，我国著名教育家叶圣陶在其一生教育改革探索中，把这一主张创造性地转化并发展成为了比较完整、系统的，具有中国特色、富有科学内涵的"养成良好习惯"现代教育思想。

翻开叶圣陶教育著作，从"五四"时期发表的《小学教育的改造》提出使学生养成"现代人"的"种种品德和习惯"①，到改革开放初期撰写的《当前教育工作中的几个问题》指出要从德智体等各方面"使学生养成在社会主义社会里生活的一切良好习惯"②，关于"养成良好习惯"，几乎在他所有重要的教育和教学专论、文章、讲话、书信中都有论述。将这大量论述作为一个历史生成而又具有内在逻辑的整体系统来解读，就会发现，叶圣陶"养成良好习惯"教育思想，涉及中国现代教育的目的和价值、本质和主体、目标和内容、范式和方法等一系列基本问题、概念、范畴、要义，从而在一定意义上构建了一种"养成良好习惯"的"中国教育学"理论和话语。

作为一种"中国教育学"的理论和话语，叶圣陶"养成良好习惯"教育思想，为我国素质教育发展和国民素质提高提供了宝贵的思想借鉴与智

---

① 叶至善、叶至美、叶至诚编:《叶圣陶集》(第十一卷)，江苏教育出版社，2004，第37页。

② 同上书，第264页。

慧启迪，在广大教育工作者中产生了深远的影响。自 20 世纪 90 年代初以来，作者在主持全国教育科学规划有关课题过程中，结合素质教育兴起和推进中的现实问题，认真研究叶圣陶"养成良好习惯"教育思想，并组织一大批中小学校进行了持续不断的实践探索。其理论成果在《教育研究》等国家级核心刊物上发表，其教育实效在学生素质提高和学校文明建设中见证。

时代在前进，教育在变革。新时代以立德树人为根本任务的中国特色社会主义教育，更加凸显了"养成良好习惯"教育思想的重要现实意义，并且为这一教育思想的创新实践和发展开辟了广阔的前景。

正是在学习习近平新时代中国特色社会主义思想包括关于教育重要论述中不断增强的思想自觉和文化自信，使作者进一步深入研究"养成良好习惯"教育思想，在结合当代中国和世界教育面临的重大现实问题寻求新的理论突破同时，组织本土更多中小学校及幼儿园进行新的实践探索，指导"养成良好习惯"教育思想作为发展素质教育的重要研究内容，列入江苏省教育科学"十二五""十三五"规划叶圣陶教育思想研究专项课题；"小学生好习惯养成的实践探索"作为培育核心素养的重要实施项目，列入江苏省教育厅"中小学生品格提升工程"重点项目，努力推动新时代"养成良好习惯"教育思想在落实立德树人根本任务中实现理论与实践相结合的创新发展。

一、中学"养成良好习惯"的教育新实践

苏州市吴中区甪直中学：

新时代"养成良好习惯"教育思想的校本实践

叶圣陶指出："教育是什么？往简单方面说，只须一句话，就是要养成良好的习惯。"[1]"养成良好习惯""既对'现代人'的培养与成长具有基础

---

[1] 叶至善、叶至美、叶至诚编：《叶圣陶集》（第十一卷），江苏教育出版社，2004，第 264 页。

性，又对'现代人'的修养与发展具有终身性"。[①] 引导和帮助学生养成良好习惯，是基础教育的重要任务，也是新时代中学落实立德树人根本任务的有效途径。在作者指导下，甪直中学秉承叶圣陶教育思想，着眼于学生的健康成长和终身发展，大力推进"养成良好习惯"校本实践，帮助学生养成良好习惯，成就美好人生。

1.中学"养成良好习惯"校本实践的时代背景和历史传承

（1）"养成良好习惯"是发展学生核心素养的有效途径。

党的十八大报告把"立德树人"明确作为教育的根本任务。2014年，教育部印发《关于全面深化课程改革落实立德树人根本任务的意见》，并组织研究学生发展核心素养体系。2016年，《中国学生发展核心素养》研究报告发布。这一报告，从我国新时代立德树人根本任务和教育实际出发，围绕培养"全面发展的人"，将核心素养包括文化基础、自主发展、社会参与三个方面，分为人文底蕴等六大素养，列出国家认同等十八个基本要点，对"核心素养"做出了中国表达。

那么，如何让学生核心素养发展在学校落地生根？教师又该通过哪些途径来培养学生核心素养呢？学校根据农村中学实际，提出了让"养成良好习惯"融入全部教育工作，以"养成教育"发展学生核心素养的教育实践与研究主课题。

（2）"养成良好习惯"是传承叶圣陶教育思想的实践之路。

甪直是叶圣陶在"五四"时期工作和生活的地方。在这里，叶圣陶从教育改革探索中萌发了诸多重要的教育思想，"教育就是要养成良好习惯"就是其中之一。

叶圣陶亲切地把甪直称为"第二故乡"，特别是新中国成立后一直与甪直的师生保持着书信交流，还手书墨宝"吴县甪直中学"赠予学校制作校牌，对学校发展产生深远影响。进入新时代，甪直中学一以贯之地将"践行叶圣陶教育思想，办好人民满意的教育"作为办学理念，并把"养

---

① 任苏民：《叶圣陶"养成良好习惯"教育思想新探》，《人民教育》2020年第15—16期。

成良好习惯"立为校训,着力推进农村中学生的"养成教育",以此传承叶圣陶教育思想,为培养合格公民和时代新人扎实奠基。

2. 中学"养成良好习惯"校本实践的培养目标和教育内容

叶圣陶指出,"养成良好习惯"必须从小、从早抓起,在人生的每一方面、成长的每一环节展开。那么,农村中学又该从哪些方面进行"养成教育"呢?根据学生的年龄、来源和发展现状以及学校所处地域特点,从落实立德树人的根本任务出发,甪直中学尤其注重引导学生在以下五个方面养成良好习惯。

(1)养成爱生活、能自律的"健康人"。

养成爱生活、能自律的生活方式和健康习惯,对中学生特别是农村中学住校生的成长具有基础性意义。学校将此作为"养成良好习惯"的第一目标。其教育内容,既包括通常的合理膳食、坚持锻炼、充足睡眠、规律作息等,还包括远离或摆脱网瘾、社交恐惧、学习焦虑等负面影响,保持热爱生活、积极阳光的生活态度。除了面向全体学生的养成教育,针对少数学生由于残疾、家庭、经济等因素在生活上遇到一些困难,或者由于学习任务重、升学竞争激烈等出现心理压力过大并深陷烟酒、游戏、色情等成长泥潭,学校专门成立了"学生发展指导中心",由思政课和心理专业教师重点帮助这些学生解困纠错,并构建以班主任和学科教师正面管教为主,体育教师和心理教师干预纠正为辅,生活指导教师和后勤团队尽责配合为保障的教育与管理机制,以期把每个学生培养成为爱生活、能自律的"健康人"。

(2)养成爱文明、守礼仪的"文明人"。

我国自古是礼仪之邦。在社会主义社会,爱文明、守礼仪的良好习惯是一个合格公民应有的基本素养。学校将使学生养成爱文明、守礼仪的良好习惯,作为落实立德树人、培养合格公民的一项基础工程来抓。根据教育部制定的《中小学文明礼仪教育指导纲要》,结合农村中学生文明素养发展现实,以培养社会生活和个人、集体成长中的基本礼仪习惯为目标。其教育内容包括个人仪表、言谈举止、待人接物、观赏游览等方面,以及国旗下讲话、入团仪式、成人仪式等场合的文明行为规范。处于青春期的中学生，容易接受新鲜事物，也容易受到不良习气影响。学校在教育引导的同时，还开展一日常规考评、月度文明班级评选、学生积分入团等活动来激励督促，从而使文明礼仪养成教育落实落细，以期把学生培养成为爱文明、守礼仪的"文明人"。

（3）养成爱学习、求发展的"上进人"。

学习是学生在校活动的主要内容，叶圣陶提出："务以养成其自力研修之习惯"[1]，"教是为了达到不需要教"[2]。能自力研修的学生首先是热爱学习的学生。因此，根据义务教育和高中课程标准，针对农村中学生的学习现状，学校把激发学习兴趣、树立发展志向、自主学习进步作为培养中学生良好习惯的重要目标。同时，围绕这一目标，加强批判性阅读与写作、理科实验操作、科技创新活动、劳动教育、生涯规划指导等丰富多彩的课程开发，并在教学中尊重学生个体差异，积极探索多元评价，让学生在课内外学习活动中自觉动脑动手，扬长补短，生动活泼主动地发展，以期把学生培养成为爱学习、求发展的"上进人"。

（4）养成爱社会、有担当的"社会人"。

叶圣陶指出："受教育的意义和目的是做人，做社会的够格的成员，做国家的够格的公民。"[3]根据《中国学生发展核心素养》的相关要求，针对农村中学生既已具有一定社会理性又在实际生活中还比较自我散漫的特点，学校在重视学生学习习惯养成的同时，十分注重培养学生参与社会、担当责任的自觉意识和良好习惯。其教育内容包括处理好自我与集体、社会的关系，适应集体生活和社会生活，养成现代公民所必须遵守的公共道德行为规范，增强社会责任感，积极参与社会实践和公益劳动，等等。学校从细处着手，帮助学生学会与家长、老师、同学和睦相处，处理好自我

---

① 叶至善、叶至美、叶至诚编:《叶圣陶集》（第十一卷），江苏教育出版社，2004，第5页。

② 同上书，第356页。

③ 同上书，第350页。

与他人的关系；培养学生自觉勤俭节约、厉行光盘行动，主动参与垃圾分类、参与志愿者服务；组织学生参观工厂，走进田野，开展劳动实践，逐步学会处理自我与社会、人与自然的关系，以期把学生培养成为爱社会、有担当的"社会人"。

（5）养成爱祖国、察世界的"中国人"。

叶圣陶曾在1979年中小学生守则颁布后指出：必须让学生"实践《守则》各条"。如第一条"热爱祖国"："要在日常的思想、态度、行动、言谈中习惯于爱国，自然而然地爱国，那才见得你真能热爱祖国。"[①]2015年修订版《中小学生守则（2015年修订）》开头一条也正是"爱党爱国爱人民"，《中国学生发展核心素养》十八个基本要点将国家认同和国际理解放在突出位置。可见教育学生认识国情、了解历史，增强民族自信和文化自信，认同国民身份，是关系到"培养什么人""为谁培养人"的根本问题。学校在"养成良好习惯"校本实践中，明确把爱国思想情感和行为习惯养成目标放在首位，在完成国家课程基础上，挖掘本地非物质文化遗产资源开展乡土教育，让学生从热爱脚下的土地开始，热爱家乡，热爱祖国，树立为中华民族伟大复兴而奋斗的理想信念。同时，学校又从建设中国特色社会主义现代化强国出发，注意培养学生"具有全球意识和开放的心态"，创造条件开展对外交流项目，使学生放眼世界。高中除英语之外，还开设日语、西班牙语等小语种文化课，让学生体验多元文化，参与跨文化交流，以期把学生培养成为爱祖国、察世界的"中国人"。

3. 中学"养成良好习惯"校本实践的实施路径和教育方法

中学生良好习惯的养成，既需要学生自觉努力，又需要学校创设良好的育人环境，更离不开教师的言传身教。甪直中学经过多年探索，逐步形成了一套"养成良好习惯"校本实践的实施路径和教育方法。

（1）注重价值理解与理念认同。

价值理解是指学生理解良好习惯内蕴的正确社会价值以及对人生存、成

---

① 叶至善、叶至美、叶至诚编：《叶圣陶集》（第十一卷），江苏教育出版社，2004，第275页。

长、发展的教育价值。中学是引导学生健康成长，帮助学生养成良好习惯的关键期。学校认为，中学生身心发展加速，自我意识增强，在心理和行为上都有明显的自主性。因此，在"养成良好习惯"的校本实践中，应当首先引导学生认知和理解有关良好习惯的重要价值。例如，在应对新冠疫情过程中，先让学生明白养成公共场所戴口罩、打喷嚏时要掩面等卫生习惯的价值意义，于是形成了对行为的正确导向，校园里随地吐痰、乱丢垃圾等陋习也大为减少。在新生报到时，学校先抓住入学教育、军训、开学典礼等环节，组织学生学习《好习惯手册》、进行好习惯主题宣讲、交流好习惯养成经验，让学生充分理解好习惯能让人受益终身，坏习惯必须尽快改变。学校并把每年的9月定为"养成教育月"，开展系列主题教育活动。

理念认同是指教师对学校办学理念的认同。学校将"养成良好习惯"立为校训后，以此为核心进行校园文化建设，整体设计和建设校园环境。组织教师学习叶圣陶教育思想，研读《叶圣陶集》相关著作，定期邀请省、市叶圣陶教育思想研究专家和叶圣陶后人来校讲学，务求让每一位教师把"教育就是要养成良好习惯"的办学理念内化于心，外化于行。学校特别重视对青年教师的培养，每年组织新入职教师参观叶圣陶纪念馆，研修叶圣陶"养成良好习惯"教育思想，撰写学习心得，使之融入学校文化，加快自身成长。

（2）注重学科育人与活动育人。

叶圣陶指出：思想品德教育"寓于各种功课和各种课外活动之中"[1]。各学科都具有独特的育人价值，对学生良好习惯养成起到深刻的不可替代的作用。例如，语言类学科培养学生听说读写的习惯，数理类学科培养学生探究思考的习惯。学校十分注重将养成教育寓于各学科，在学科教学中引导和锻炼学生养成各种良好习惯，特别是良好的学习习惯，充分发挥各种学科在培养学生良好习惯中的重要教育功能。

同时，学校还针对高中生的发展特点，大力开发校本教育资源，组织开展丰富多彩的课外活动，让学生通过各种跨学科学习、劳动教育、综合

---

[1] 叶至善、叶至美、叶至诚编：《叶圣陶集》（第十一卷），江苏教育出版社，2004，第339页。

实践和社团活动等,拓展自我教育、自主发展,养成良好习惯的广阔天地和生命体验,在德智体美劳各方面有效地培养学生良好习惯,发展学生核心素养。

（3）注重教师示范与榜样引领。

叶圣陶指出:"教育工作者的全部工作就是为人师表。"[1] 教师在教育教学和日常生活中的言行举止对学生都产生着潜移默化的影响。这种影响不仅体现在知识的学习和积累上,而且能深入到思想行为、处事态度、求知精神、思维方法等方面。因此,"养成良好习惯"的校本实践,强调教师必须首先加强自我修养,身教示范,时时处处带头养成良好习惯。比如在仪容仪表方面,禁止学生穿奇装异服,教师首先应自觉做到,从着装风格到发型饰物都高度符合职业身份、端庄大方、整洁得体。要求学生养成守时惜时的好习惯,教师首先应严格遵守学校的作息时间安排。根据寄宿制中学生学习时间长的实际情况,学校安排每间教室从早读到晚自习都有班主任或任课老师陪伴学生,这样不仅使学生更有效地学习,而且老师的思想行为、工作态度和敬业精神也深深感动和影响着学生。

高中生所处的年龄段容易出现叛逆心理等现象,同伴引领作用有时比师长的教育更为奏效,因此,"养成良好习惯"校本实践同时也非常重视在学生中树立好的同伴榜样。首先,学校在学生评优评先、入团推荐、奖学金发放等工作中,把习惯养成作为重要的考查指标;在班级常规考核评比中,把班级集体的习惯表现作为重要依据,让习惯好的同学和班级成为全校学习的榜样。其次,在树立榜样方面,注重宣传途径的多元化,表彰形式的多样化。除了借助传统的橱窗张榜、电子屏显示公布,还利用学校广播电视、校报校刊等多渠道宣传,更借助校园网站、微信公众号等新媒介传播。

（4）注重服务管理与家校共育。

学生良好习惯的养成需要全面的引导和管理。"养成良好习惯"的校本

---

[1] 叶至善、叶至美、叶至诚编:《叶圣陶集》(第十一卷),江苏教育出版社,2004,第378页。

实践，除了将教学区域列为工作重点，还十分重视学生宿舍和食堂的管理。校内的学生宿舍和食堂均由校总务处直接管理，坚持零利润服务师生，发挥生活教育、管理育人功能。学校加强硬件建设，为学生养成良好习惯提供物质条件；组织党员干部、青年教师轮流值班，与学生同吃同住，帮助学生养成按时作息、文明就餐、自理劳动、公共卫生等良好习惯。

学校还积极搭建家委会等家校沟通平台，通过钉钉群等渠道与学生家长密切配合，力求形成教育合力，共促学生养成良好习惯。寒暑假期间，学校借助苏州线上教育中心、吴中教育智慧云平台等网络资源指导学生的假期学习和生活，培养学生自主安排、自觉学习的好习惯。面临高考升学之际，学校邀请专家通过家长会、网络直播等途径加强与家长交流，缓解家长精神压力、提升家庭教育能力，共同帮助学生养成好习惯、改掉坏习惯。针对高中生学习成绩分化明显的现象，学校积极发展多元育人模式，因材施教，利用校内外资源，为英语薄弱同学开设日语、西班牙语等小语种选课；通过人才引进方式，特招信息学奥赛教练，帮助特长生专项发展；参与国际教育交流项目，积极拓宽学生升学渠道。在家长的理解和支持下，多元育人的模式增强了学生的学习信心，帮助学生防止人生消极堕落，养成终身受用的积极向上、发奋努力好习惯。

二、小学"养成良好习惯"的教育新路径

（一）昆山市玉峰实验学校：
小学生好习惯养成的实践路径与体系探索

玉峰实验学校是昆山市于21世纪初创办的一所走在教育改革前列的新型实验小学。自2014年以来，在作者组织和指导下，苏州市一大批中小学及幼儿园开启了新时代叶圣陶教育思想的实践研究与创新。玉峰实验学校教育集团的研究项目是"小学生好习惯养成的实践探索"。该项目首先在玉峰实验学校开展研究，被列为江苏省教育厅"中小学生品格提升工

程"重点项目，后又在整个教育集团推广研究，被列为江苏省教育科学"十三五"规划 2020 年度叶圣陶教育思想研究专项课题。

"小学生好习惯养成的实践探索"，旨在新时代背景下，以立德树人为根本任务，对叶圣陶"养成良好习惯"教育思想进行实践研究和创新，通过学校、家庭、社会的协同努力，结合学生发展核心素养和义务教育新课程，对小学生必须养成的一生有用的基本的好习惯进行体系化梳理，探索遵循养成良好习惯教育规律，形成可复制、可迁移、可推广的好习惯养成有效路径，使小学生"养成良好习惯"更好地落到实处，从而让小学教育立德树人走深走实，取得切实成效。

1. 构建小学生好习惯养成的目标内容

叶圣陶曾经指出："教育是什么？往简单方面说，只须一句话，就是要养成良好的习惯。德育方面，要养成待人接物和对待工作的良好习惯；智育方面，要养成寻求知识和熟习技能的良好习惯；体育方面，要养成保护健康和促进健康的良好习惯。咱们社会主义社会的教育，就是要使学生养成在社会主义社会里生活的一切良好习惯。"[1]

习近平总书记在谈到立德树人时，强调"养小德才能成大德"，少年儿童要"从小做起……养成好思想、好品德"[2]。"养成良好习惯"也正是新时代小学落实立德树人的重要现实途径。

小学生好习惯养成目标内容的构建既要继承传统，又要与时俱进，反映新时代社会与教育变革要求，着眼为小学生全面发展和终身发展初步奠基。为此，学校对新时代"小学生好习惯养成"深入思考，梳理出层次化、细目化的好习惯养成教育目标和内容。这就是：以立德树人为根本任务，以德智体美劳全面发展为基本框架，以核心价值观和核心素养为主要内涵，引导小学生养成五大好习惯：一是品德好习惯，包括爱国、诚信、友

---

① 叶至善、叶至美、叶至诚编：《叶圣陶集》（第十一卷），江苏教育出版社，2004，第 264—265 页。

② 习近平：《从小积极培育和践行社会主义核心价值观——在北京市海淀区民族小学主持召开座谈会时的讲话》，《人民日报》2014 年 5 月 30 日，第 2 版。

善等；二是学习好习惯，包括好学、善思、探究等；三是健康好习惯，包括卫生、运动、乐观等；四是审美好习惯，包括尚美、鉴赏、表现等；五是劳动好习惯，包括自理、勤劳、创造等。

上述每一方面好习惯养成目标，都各包含了若干项习惯养成内容要点。学校并进一步结合各年级学生特点和教育基本要求，梳理出适合具体教育对象，循序渐进、螺旋上升的"养成良好习惯"教育目标内容，使小学生好习惯持续不断培养有了明确的实践方向和依据。

2. 开发小学生好习惯养成的教育资源

学校根据学生的生活场域即学校、家庭、社会，从四个方面开发小学生好习惯养成的教育资源：一是学科资源，以《道德与法治》相关内容系列为核心，结合语文等其他学科课程教材，自编好习惯养成的校本课程《好习惯养成主题活动设计》，以及晨会课程《故事晨会》《诵读晨会》等；二是活动资源，包括常规活动、专题活动、特色活动；三是环境资源，包括校园环境、班级环境、网络环境；四是家庭与社区资源，包括校家沟通、家庭教育、社会实践。

例如围绕"友善好习惯——敬长"习惯养成，学校进行一系列教育资源开发。在学科资源方面，首先，梳理《道德与法治》相关课文形成系列。一年级是《我的一家》《在爸爸妈妈关心下成长》；二年级是《我送老师一朵花》《我的成长与学校》；三年级是《我和我的同学》《我的邻里生活》；四年级是《我的成长与他人》《大家的"朋友"》；五年级是《我们的班级》《怎样与人相处》；六年级是《可爱的地球公公》《地球在"发低烧"》。其次，开发校本特色课程。如在晨会上使用自编读本《小敏校长讲习惯》，在敬长月的每周二 7：50—8：00 分别播出《我是家人的"小棉袄"》《教师节　中秋节　养成敬长好习惯》《我与集体共成长》《爱伟大祖国　立远大志向》，从对家人的孝顺、对老师的尊敬，对集体的感恩，上升到对祖国的热爱。再有，开发其他学科相关资源并与之融合。以语文为例，将以下课文整合为敬长主题融合课：《师恩难忘》《掌声》《高尔基和他的儿子》《我的外公》《孟母教子》《我们爱你啊，中国》《爱之链》《第一次抱母亲》。在活动资源方面，利用校内外相关资源举办敬长专题"企业家公益"年级活动、"敬长书信大赛"全校特色活动等。在环境资源方面，设置敬长绘本墙、敬长卡片小报展、敬长板报、"活力玉峰"公众号敬长专题微信推送等。在家庭与社区资源方面，协调各方力量举办新父母大讲堂、亲子共读、敬长书籍交流会等。

除此以外，根据小学生身心发展规律和不同的教育资源特点，学校还改变传统的单一课时制度，分别按照微型课（晨会15分钟）、小课时（心理健康辅导30分钟）、中课时（班队会45分钟）和大课时（综合实践活动60分钟）等不同课型用时，实施了长短课时有机结合的弹性化养成教育活动制度，编进课表，以保证课时资源的有效利用。

3. 拓展小学生好习惯养成的实施路径

围绕小学生好习惯养成，学校着力构建体现养成教育规律和学生主体作用的育人课堂，以及适合小学生好习惯养成需要和特点的校内外活动与学校、家庭、社会合作的育人方式。主要路径有四条：

（1）强化主题引导养成好习惯。

学校采取一个月重点聚焦一个好习惯养成主题，从五个环节做好教育过程设计，在师生活动中，在家校合作中，着力引导学生自觉养成良好习惯。这五个环节如下：一是主题要求——为好习惯养成明确目标。每个月的习惯养成，各年级根据细化的目标，结合调查统计的学生习惯现状，确定养成要求、训练要点等。主题要求为孩子的习惯养成明确了目标，引导好习惯养成有效实施。二是主题发布——让好习惯养成形成氛围。每个好习惯养成开启的第一天，通过《小敏校长讲习惯》微课播放，组织全校学生收看，并发家长群转播。全校师生和家长周知某一个好习惯养成的重要性、学校安排、课程设计、评价要点等，形成好习惯养成全覆盖的教育氛围。三是主题阅读——让好习惯养成根植心灵。选择与主题相关的诗词、美文等，按年段进行阶梯式编排，建立"晨诵、午读"的长效机制，借助阅读为孩子的习惯养成奠定知识和情感基础，让良好习惯眼到、口到、耳到、行到，根植心灵。四是主题课程——让好习惯养成浸润课堂。每个月所有班级课表中的德育课程和学科课程以及家校合作实践课程均着重围绕该月主题，在各具特色的德育课程中得到浸润，在学科渗透中使学生的习惯培养融入生命，在实践活动中让好习惯天天历练。五是主题展示——让好习惯养成随处呈现。将培养良好习惯过程中的学生实践活动照片、画作、小报、卡片、实物作品等成果采用丰富多彩的形式展示，让良好习惯随处生动呈现。

（2）注重课程教学养成好习惯。

学校系统挖掘课程教学的育人价值，深入推进学生好习惯养成在课程学习中的落实。一方面，组织教师着重挖掘各学科国家课程中好习惯养成的要素，尤其是聚焦道德与法治课程教材，梳理好习惯养成的主要内容和发展线索，开展每一单元蕴涵好习惯养成的综合性学习；另一方面，发动教师扎实推进校本课程建设，开发好习惯养成的校本读本，优化晨会、班队会等常规课程，从而使教师能够对学生进行扎实、深入的好习惯养成教育，有效激发小学生自觉主动投入课程学习、养成良好习惯的内在动力。

（3）融入日常生活养成好习惯。

叶圣陶指出：要"把依赖性的'受教育'转变为主动性的'自我教育'"[1]。所谓"自我教育"，就是不去依傍他人的力量，自己来养成这些好习惯。好习惯养成必须融入学生日常生活才能实现自我教育，真正做到习惯成自然。

例如劳动习惯养成，学校按一至六年级阶梯式设计实践性活动，为学生提供多样化的体验平台（见表4-1）。同时，进一步整合学校日常规范、主题活动、特色课程、家校合作项目等，使劳动习惯养成教育与学生劳动实践、班级生活、校园生活、家庭生活、社区生活等融为一体，让学生天天得到好习惯自我修炼。

---

① 叶至善、叶至美、叶至诚编：《叶圣陶集》（第十二卷），江苏教育出版社，2004，第154页。

表 4-1 各年段劳动习惯养成自我教育实践内容表

年级	养成内容
一	1.自己背书包上学,对于长辈提出的合理的倒水、拿拖鞋等事情要立刻完成。
	2.学会自己穿衣、戴红领巾、系鞋带,整理自己的书包、书桌,知晓自己经常使用物品的放置处并且用完归位。
	3.在家一周至少倒三次垃圾、给植物浇一次水。
	4.在校明确值日内容,学会扫地,排课桌椅。
	5.参加《小鸡蛋大舞台》课程学习,感受劳动是一种创造。
二	1.学会洗自己的红领巾、袜子等小物件。
	2.在家长的指导下,学会收叠衣服、会自己铺床。
	3.学会摆放碗筷、端菜、擦餐桌;学会自己梳头、洗漱、洗澡。
	4.在老师指导下,完成黑板报的出版以及学习园地的布置。
	5.参加《劳动与种植》课程学习,收获劳动创造财富的幸福。
三	1.知道家中电饭锅等电器的安全使用方法,并在家长的指导下成功使用。
	2.在厨房观摩一次做饭过程,认识油盐酱醋等调料,并学会磕鸡蛋及搅拌鸡蛋等做饭小技能。
	3.学会整理自己的衣橱和小房间,学着为爸妈做事来表达孝心。
	4.独立完成黑板报的出版以及学习园地的布置,达到美观、具有教育意义的要求。
	5.制作蛋壳贴画,体会劳动与方法的关系。
四	1.在父母的指导下,学会拌冷菜以及简单的烹饪,如煎荷包蛋等。
	2.能独立整理干净书柜,擦拭干净玻璃、墙壁等地方,美化书房。
	3.研学活动准备过程能够自我计划,购买、收拾物品。
	4.主动承担班级劳动任务,不怕脏,不怕累,认真负责。
	5.和父母一起列出家务清单,并主动领取一份,尽职尽责。
	6.参加社会公益活动,如社区服务、环境保护等。
	7.在老师指导下,完成制作护绿宣传画、卡片赠送家长。
	8.参加《劳动与种植》课程学习,认识中草药的种植和价值。
	9.小组合作:制作一个物品或发明一个新产品,并为大家讲解劳动成果的创造过程。
五	1.学会洗衣服,减轻父母压力。学会去菜市场买菜,能做到荤素搭配。
	2.参加基地活动,能守纪律地独立生活。
	3.学会照顾年老长辈的生活,如送饭等,知道孝顺长辈是基本教养。
	4.熟练一项家务,每天帮助父母做这项家务,如拖地等。
	5.做班级生活的主人,认真完成班级值日工作。
	6.制作一份礼物送给父母,能做到有创意,有心意,表达感恩之情。
	7.种植并养护一盆植物,精心呵护。

年级	养成内容
六	1. 能独立准备饭菜，独立完成家庭卫生打扫，做到收拾有条有序。
	2. 能关注自己的仪容仪表，完成简单衣物的清洗，做到衣着整洁。
	3. 对自己的零花钱有所规划，合理花销，不乱花不多花。
	4. 主动为低年级的小朋友进行劳动方面的指导，如大扫除、出板报等。
	5. 走出课堂，走进社区，打扫公共社区，清理城市"牛皮癣"。
	6. 能承担相应的班级事务，做事有始有终；树立职业平等观，尊重每一种工作、每一份职业。
	7. 参加《劳动与美食》课程学习，明白劳动提升生活品质。
	8. 平时关注生活小技巧，善于发现、创造生活小技能。

（4）利用假期时光养成好习惯。

学校除了每年两个学期规划实施系列好习惯养成教育，还设计推行了小学生寒暑假好习惯养成的"三健作业"，即培养"健康的阅读习惯、健康的生活习惯、健康的锻炼习惯"的校本寒暑假作业。其主要内容安排，一是班级备忘：每个班级都由教师和学生、家长一起讨论确定的假期好习惯养成要求。在阅读习惯养成方面，要求有亲子共读，画一画喜欢的书中人物，亲子观影，写一写自己的观后感，家长填写评价记录表；在生活习惯养成方面，要求有亲子厨房（我做的菜名、指导老师、制作过程、我的感受）、亲子游学（我们要去的地方、出行方式、旅游预算、景点介绍、我的旅游感受、我对旅游景点的推荐、家人对我的旅游评价）、亲子创新（我了解的中国制造、我和家人一起创新）、亲子公益（我们参与的公益项目、参与过程、我的收获）；在锻炼习惯养成方面，要求有绳毽类（1分钟单跳绳100次或双飞30次、1分钟单踢毽80次或盘踢30次等）、仰卧起坐、纵叉横叉、立卧撑或俯卧撑、俯卧背起、自选动作、我带爸爸妈妈做运动等。最后一个版面是"亲亲我的宝贝"：听听家长对你完成"三健作业"的评价。该校本"寒暑假作业"深受每一个学生和家长的喜欢。每逢假期，学生和家长一起阅读、活动、锻炼，收获着好习惯带来的幸福而完整的教育生活。

4. 建设小学生好习惯养成的导师队伍

学校以玉峰实验学校教育集团为拓展实验基地，成立了"小学生好习惯养成研究中心",以立德树人为根本任务,深入研究叶圣陶"养成良好习惯"教育思想,进而构建专家名师学术引领,苏州市小学品德名师平台成员学校和昆山市德育名师工作室成员学校共同参与,各有任务分工和创新特色的项目学校联盟。参与研究与实践的教师在工作过程中各显其能,智慧碰撞,资源共享,经验交流,逐步形成了一支规模较大的善于引导督促和身教示范的小学生好习惯养成导师队伍,为培养大批"有德行、爱学习、健身心、会审美、勤劳动"的新时代小学生提供了有力保证。

(二)昆山市玉山镇第三中心小学:
在主题教育和实践活动中培养小学生良好习惯

昆山市玉山镇第三中心小学作为昆山市玉峰实验学校教育集团所属的城区学校,在参与"小学生好习惯养成的实践探索"项目中,经过多年努力,探索出了一条具有鲜明特色的在主题教育和实践活动中培养小学生良好习惯的有效路径。

学校根据小学德育目标和学生身心发展特点,结合学校、家庭和社会生活实际,总结提炼出 12 个良好习惯养成主题,围绕这些主题为小学生设计了好习惯养成教育和实践系列活动,即一年 12 个月,每个月围绕一个主题开展教育和实践活动。其活动的基本程序:一是组织阅读活动,对学生"动之以情、晓之以理、导之以行";二是创设实践活动,让学生"知行结合、历练体验";三是指导反思评价,使学生"增强自觉、化为习惯"。由此循环往复,螺旋上升。在教育实践中,学校逐步形成了一套符合养成教育规律和学生成长规律的实施策略,确保活动取得育人实效。

1. 培养好习惯,切实从"早"抓起

叶圣陶认为,养成好习惯,必须从"早"抓起。从"早"抓起,就是强调要抓"开端",抓习惯养成起始的第一步。他指出:"大凡一辈子需用的事最需养成好习惯。在习惯没有养成之前,取个正当适宜的开端,集中心力,勉强而行之。渐渐的不大觉着勉强了,渐渐的习惯成自然,可以行所无事了。这就是好习惯已经养成,足够一辈子受用。如果开端不怎么正当适宜，到后来就成了坏习惯。"①

例如，学校1月份的理想主题教育，开启"养成好习惯，要从早抓起"的新年学习旅程，利用早读课、课前两分钟、午读课和主题诵读课等多种形式，开展有关理想的阅读活动。如组织一年级的孩子用表演唱的形式诵读《我的理想》《放飞梦想》《追逐梦想》等儿歌，配上古筝、二胡曲阅读《塞下曲》《望岳》《夏日绝句》等古诗；用接龙朗读的形式欣赏《莱特兄弟的飞翔之梦》《坚持自己的理想》《做最好的自己》等故事美文，从而使孩子们逐步形成树立美好理想，养成良好习惯的自觉。

再如，学校2月份的节约主题实践，采用了以下做法。

一是"润物有声，水到渠成"。寒假中，为小学生设计了"勤俭节约过新年"系列活动。一年级：合理使用压岁钱（给自己买一本童书，给长辈送一份礼物或是自己存好作学费等）；二年级：自己动手剪贴福字（制作有创意、有特色的"福"字）；三年级：自己动手剪窗花（剪出或繁杂、或精致、或可爱的窗花）；四年级：自己动手画年画（可以是自己家过年的情景，也可以是祖国各地过年情景等）；五年级：自己动手写春联（书写一派浓浓春节景，表达一份深深中国情）；六年级：制作"节俭过年新主张"活动计划（用A4纸自制，并精心装饰）。自己动手，取材传统文化，营造过年气氛。通过这些活动，让小学生从我做起，培养了节约、环保的好习惯，又让他们体验到春节洋溢的浓浓中华文化情。

二是"明晓意义，躬行实践"。开学之初，让孩子们和老师、同学讨论分享自己是如何节俭过大年的。其间，有的说："我们家年夜饭八菜一汤，十个人吃，在家也实行了'光盘行动'呢！"有的说："今年的压岁钱我没有乱花哦，我给妈妈买了围巾，给自己买了课外书呢！"有的说："我坚决不让爸爸买烟花爆竹，也向亲戚朋友倡议不燃放鞭炮，减少'雾霾围城'，享受'一片纯净天空'的美丽。"有的说："我们今年回老家乘高铁，不开私家车了，又节约又环保。"有的说："过年我们家没有用空调，省电

---

① 叶至善、叶至美、叶至诚编:《叶圣陶集》(第十三卷)，江苏教育出版社，2004，第136页。

又环保!"有的说:"我家到饭店吃饭,我把没吃完的饭菜全部打包回家了!"……孩子们在交流中更加深刻地感悟到节俭就是"常将有日思无日,莫待无时思有时"的道理,更加切实地体验到躬行节俭并让节俭成为生活新时尚的快乐。

三是"回眸实践,深化主题"。节约主题活动结束,学校及时组织师生进行反思总结、拓展收获。其一,孩子们会不会认为只有在过年时才要注意节俭?反思结果是:这一主题活动让大家明白了节俭应该是每一天的生活习惯。其二,孩子们会不会把节俭的内容局限于过节花钱了?反思结果是:这一主题活动让每个人体会到节俭应体现在生活的方方面面。其三,孩子们会不会认为勤俭仅仅是个人的事情?反思结果是:这一主题活动让大家谨记着节俭是每一个人和全体公民的共同责任,因为"历览前贤国与家,成由勤俭破由奢"。

最后,学校对这一主题活动做了这样的总结:新时代全社会都在大兴"节约光荣,浪费可耻"的新风,校家社应该齐心协力,引导孩子们从小从早自觉践行,努力做"勤俭节约"的小达人,让"俭以养德"铭刻在心里,习惯成自然。

2.培养好习惯,注重躬行实践

叶圣陶在培养习惯上十分强调身体力行。他认为,要养成好习惯,必须随时随地躬行实践。"要有观察的能力,必须真个用心去观察。要有劳动的能力,必须真个动手去劳动。要有读书的能力,必须真个把书本打开,认认真真去读。要有做好公民的能力,必须真个把公民应做的一切事认认真真去做。"[1]这样,我们的"所知"才能逐渐化为我们的习惯,成为相应的能力和素质。"习惯是从实践里养成的,知道一点做一点,知道几点做几点,积累起来,各方面都养成习惯,而且全是好习惯,就差不多了……一定要把知识跟实践结合起来,实践越多就知道得越真切,知道得越真切就越能起指导实践的作用。不断学,不断练,才能养成好习惯,才

---

① 叶至善、叶至美、叶至诚编:《叶圣陶集》(第十二卷),江苏教育出版社,2004,第315页。

能真正学到本领。"①

　　7月正值暑假期间，学校养成好习惯教育和实践活动的主题是"交往"。孩子们离开了校园，回到家庭，来到社区，来到更广阔的生活世界和人际交往中，这正是培养他们在同这个世界、同更多人接触中学习交往，养成喜欢、真诚和善于交往习惯的好时机。学校组织低年级学生开展"我是小主人"的活动，孩子们在家里得到父母支持，自觉当小主人，邀请同学或者亲友的孩子到家里做客；中年级学生开展"我是小棉袄"的活动，主动与父母沟通，汇报在校学习情况，并了解父母的工作情况以及对自己的期望和苦心，学会倾诉爱意，使家庭更加和谐、温馨；高年级学生开展"我是小记者"的活动，深入社区走访交流，询问社区工作人员，采访小区居民，了解最近发生在本社区的有意义的事件，并把获得的信息记录下来，完成一份社区生活调研报告。

　　通过这些实践，孩子们既学会了如何与人交往，又锻炼了胆量，丰富了生活经验，养成关心他人、关心社会的好习惯。例如，高年级有的学生通过询问居委会主任，激发了环保自觉性，写道："现在人类已进入了21世纪，我们的家园发生了翻天覆地的变化，汽车的尾气破坏了臭氧、大气层……我们要保护环境，保护我们美好的家园。"有的学生通过采访社区保安大叔，增强了社会责任感，写道："保安工作看似平凡却很重要。任何一个职业都负有重要的社会责任。作为小学生的我们，应该好好学习、天天向上，将来踏上社会，才能把所学的知识用到工作中去，为国家和社会尽到自己的职责。"

　　3. 培养好习惯，讲究方法指导

　　"授人以鱼不如授人以渔。"叶圣陶指出："教是为了达到不需要教。""达到不需要教，就是要教给学生自己学习的本领，让他们自己学习一辈子。"②而对于如何引导学生自己学习，当年他在阅读、说话、写字、

---

①　叶至善、叶至美、叶至诚编：《叶圣陶集》（第十三卷），江苏教育出版社，2004，第182—183页。

②　叶至善、叶至美、叶至诚编：《叶圣陶集》（第十一卷），江苏教育出版社，2004，第356—357页。

作文、计算、劳动等方面都曾提出过具体的措施与方法。学校认真学习叶圣陶这些教育思想经验，在良好习惯养成主题活动中十分讲究对学生各方面学习和行为的方法指导，努力取得更好的教育实效。

例如，学校9月份的规则主题活动，在课堂常规习惯的养成方面对学生进行了行之有效的方法指导。

一是说清要求，指点方法。首先提示学生上课前要把书本笔盒准备好，并按要求将书本摆放在书桌左上角，铅笔盒放在右边。刚入学的孩子有的是连左右都分不清楚的，这就需要教师进行示范，同时训练孩子拿着自己的书本用具进行正确摆放。这样引导孩子模仿练习，几次下来他们就会分清楚，摆整齐。

二是口令辅助，强化效果。在训练孩子的摆放后还配有课堂口令，比如在下课时会有一则口令："课间四件事，一换书本，二整书桌，三喝水，四方便。"这就提醒孩子们先把本节课的用品收好，再把下节课要用到的书本用具提前准备好。

三是时常督促，持之以恒。例如课前准备，一开始有孩子不能坚持按要求去做，就让学生自己推荐两名监督员，专门检查谁的用具摆放整齐，谁还没有，及时提醒。一个好习惯的养成需要持之以恒地自觉努力，反复历练。经过一段时间的督促和训练，做好课前准备成为了小学生的一种习惯。每节课前，他们都会按课程表主动把有关的书本用具整理摆放好，只等铃声一响，就会端坐在自己的座位上，安静等待老师的到来，使课堂学习有了良好开端。

实践证明，培养好习惯非短时可速成。小学生要将日常行为规范变为良好习惯，需要教师像滴水穿石一样不断地引导和督促，需要他们自己不断地学习和修炼，方能久久为功。

玉山镇第三中心小学的培养良好习惯主题教育和实践活动，在新时代背景下，借鉴叶圣陶"养成良好习惯"教育思想，经过多年实践探索，形成了富有创意、特色鲜明的校本课程，在引导学生养成良好品德习惯，促进学生核心素养发展方面取得了显著成效。

（三）昆山市信义小学：
构建田园劳动课程　培养小学生良好习惯

信义小学是昆山市玉峰实验学校教育集团所属的一所乡村小学，坐落在阳澄湖畔的昆山市巴城镇黄泥山村。该校两千多名学生中有 88.6% 是属于外市及外省户口，大多数的家长来自农村，亲近土地，熟习农耕，现又从事社会各行各业的技术工种，如木匠、水电工、泥瓦工、磨具修理工、快递包装工、厨师、烘焙师傅、婴儿保健师……多年来，学校把这些学生家长看作是丰富、宝贵的劳动教育人才资源，在参与集团"小学生好习惯养成的实践探索"省级项目和课题过程中，以立德树人为根本，借鉴叶圣陶"养成良好习惯"教育思想，外租悦丰岛有机农场，内辟新校园农耕基地，加强学校与家庭、社区合作机制，探索构建田园劳动校本课程，培养小学生良好习惯，取得了显著的育人实效。

1. 开发以田园劳动培养好习惯的课程基地

学校依托水乡的地域优势和农耕文化，整合学科教学与综合实践、课内与课外、学校与家庭和社区各方面相关资源，开发了多样化的以田园劳动实践促进小学生好习惯养成的课程基地。

（1）农具大观园。

以"走进传统农具感悟水乡文化"为主题，创设"农具大观园"教育情境。学校定期组织学生参观大唐生态园，通过观察、触摸、使用，让孩子们亲近认识各种种植工具，学会使用简单种植工具，不仅对巴城水乡的农业生产历史和文化习俗有了深刻认知，也激发了学生跃跃欲试体验农耕劳动的浓厚兴趣。

（2）种子书院。

学校建立"种子书院"，开设种子成长课程，让五年级 154 名学生陪伴水稻走过 155 天的生命历程，从浸种、育秧、插秧、田间管理，到收割、碾米、做成食品等，每个重要的节点都开展相应的活动，使学生们通过劳动锻炼，获得了书本上没有的农业知识，更继承了艰苦奋斗、勤俭节约的传统美德，养成了良好习惯。

（3）叶子学院。

学校以校园草木为主要考察对象，带领学生寻访四季之叶，咏颂绿叶之美，探寻那些潜藏在叶间的小精灵的灵动之美和生命气息，促进学生养成亲近自然、热爱绿色、探究学习的好习惯。

（4）花卉世界。

学校组织学生躬耕田园，亲手栽种薰衣草等花卉，学习插花，制作干花标本和香包，熬制桂花酱，制作菊花糕，培养学生以勤劳双手创造美丽、与同伴分享劳动成果的好习惯。

（5）果蔬课堂。

学校设立果蔬课堂，教学生学会对不同形状、颜色等的果蔬运用插接和切挖的方法，进行有趣的组合；灵活运用雕刻手法，对果蔬的根、茎、果进行艺术加工，形成各种造型，培养学生充分发挥想象力，把劳动当作艺术创造的生活情趣和习惯。

（6）营养工坊。

学校牵手杜克大学营养学专家，让学生观察探讨小小豌豆的奇妙变化特性，并通过亲手烤豌豆，制作彩色饭团、蔬菜沙拉，获取科学的营养知识，培养健康的膳食习惯。

2. 实施以田园劳动培养好习惯的课程模式

学校从构建习近平总书记提出的"五育并举"教育体系出发，多年来设计并实施了"半塘田园"校本课程方案，以班级农场、农耕社团、亲子菜园、家庭田园等多种劳动课程模式，促进学生各方面良好习惯的养成。

（1）班级农场乐育模式。

学校以整班每周一次的"耕读课程"，安排悦丰岛的农学专家进校指导，与教师一同带领学生播种、培育和收获。在班级农场中引导孩子们观察种子发芽、长大、缠藤、开花、挂果、成熟或是凋零，体验大自然的奇妙变化和小小植物的顽强生命，从而有效地培养学生热爱劳动、珍爱生命、自强不息的品德和习惯。

（2）农耕社团合作模式。

学校组织学生农耕项目社团，让不同年级孩子根据自己的劳动兴趣选择参加社团活动，开展跨班级交流和跨年级合作，初步培养学生自主劳动、互助合作、共创共享的良好习惯。

（3）亲子菜园自理模式。

学校创建"一米亲子菜园"，通过竞标让学生及其父母获得菜园种植权，开展亲子共同种植活动，在劳动中拉近父母与孩子的距离，实现亲子的教学相长，更好地培养学生尊敬父母、勤劳自理等好习惯。

（4）家庭田园探究模式。

学校倡导有条件的学生家庭开辟出自己的"家庭田园"，让学生在校外生活和父母参与中延伸劳动课程，丰富劳动实践，深化习惯养成。

下面以水稻种植课程为例，具体展示校本田园劳动课程中的良好习惯养成育人模式。

信义小学作为一所发达地区乡村小学，近几年来，随着生源的剧增和家庭经济条件的改善，学生在食堂用餐时出现了不少浪费现象，常常看到有的孩子饭吃了几口就直接倒掉，完全不懂得《悯农》中所写"粒粒皆辛苦"的道理，这与他们脱离劳动实践有很大的关系。针对这一现象，学校设计了贯穿一粒米成长历程的水稻课程，让五年级154名学生陪伴一株水稻走过155天的生命历程，从浸种、育秧、插秧、田间管理到收割、碾米、做成食物，每个重要的节点都有相应的课程设计和实施。

5月21日，小满落谷，找寻未来。

正逢小满时节，学校组织孩子们阅读绘本《盘中餐》，认识农具；观看台湾纪录片《谷子、谷子》，了解水稻浸种知识，让劳动的意识慢慢传递到每个孩子的心头。在农场师傅为孩子们讲解、演示水稻的浸种后，重头戏落谷就来了：稻谷在孩子的手中翻飞，落入土地，到达生根发芽的所在。落谷，不只让孩子们见证了水稻生命的开始，看到一粒谷子的孕育萌芽，想象和寻找它未来的意义，同时也将劳动习惯播撒到孩子的心间。

6 月 21 日，夏至莳秧，播种希望。

秧田是最好的游乐场，泥巴是孩子们最爱的玩具。夏至来临，学校组织农场师傅和教师在稻作体验田里带领学生同泥土亲密接触。孩子们分工合作，弯下腰来，蜻蜓点水，满绿成行。莳秧是力气活，更是技术活，需要眼明手快，注重两只手的配合，一不小心就会摔个四脚朝天。莳秧更不简单，要求横竖一条线、拔秧要小心，退步即向前……每一步都蕴含着农人的劳动经验和智慧，值得每个人学习。莳秧是劳作，又是一个人与土地连接的仪式。夏至莳秧，孩子们细嫩的双手不止莳下秧苗，也将希望的绿苗插入自己的心田。

9 月 7 日，白露观稻，开启探索。

时至白露，秋高气爽，稻子们开始进入扬花、灌浆期。学校组织孩子们来到悦丰岛的青澄空间，进入了作为全年水稻课程重要环节的自然观察课程。每个孩子都接到一张田间"小侦探"的任务书，让他们了解水稻及稻田与其他生物的生态关系，并学习田间管理，认识和处理杂草与昆虫。经过引导，孩子们奔走田间，用不同的方式探索，摸、看、闻、尝，全身心投入其中。户外观察阶段结束，即组织学生开展小组讨论，分享各自的探索经历和所得。孩子们的童真、好奇心、创造力得到焕发，良好学习习惯也得到了锻炼和培养。

11 月 7 日，立冬开镰，致敬生命。

经过了白露、寒露时节雾气的浸润，站在田头放眼望去，连片的水稻与天相接，金风袭来，稻浪滚滚，沉甸甸的谷穗被风吹得弯下了腰。立冬来临，学校组织教师带领孩子们挥舞起镰刀，收获自己亲手种植的水稻，并在田间地头举办了稻田音乐会和田野运动会，热热闹闹共庆丰收。经过大半年的劳作时光，孩子们真正体会到了粮食的来之不易，勤劳节俭的品德习惯在小学生的心灵里和行动上潜移默化，渐渐扎根。

11 月 22 日，小雪碾米，学会感恩。

小雪到来，天气变冷，水稻课程迎来了收尾一课——学校组织孩子们参观巴城米厂，了解碾米过程。一粒米从烘干待处理、脱壳成为糙米、二次处理成为白米、剔除坏米到装袋运输这一系列流程，让身临其境的小学生感叹不已，受益匪浅。"一粥一饭当思来之不易"的道理就此深深地镌刻在他们成长旅程中。

此外，学校还组织学生走进"慢食厨房"，品尝健康、地道的风味小吃。并让他们尝试和体验石臼、竹杵、石磨、捣臼等加工食物的过程，感受亲手制作食品的甘甜和乐趣。

3. 明晰以田园劳动培养好习惯的课程意义

实践证明，信义小学开发实施的田园农耕劳动课程，有效地培养了小学生多方面的良好品德和习惯。创新实施劳动教育，养成学生良好习惯，确实是小学教育落实立德树人根本任务的重要途径。

（1）以劳立德——德的滋养，习惯为常。

孩子们动手育秧，弯腰插秧，除虫拔草，挥镰收割，这才收获了一粒粒米。耕耘土地所带来的酣畅淋漓的汗水将永远留存在他们的记忆中，而藏在一粥一饭里的深情也会成为他们珍惜粮食，学会感恩的情感积淀。这样的亲身参与远比师长的抽象说教来得有效得多。品德教育就如春风化雨般，在每一次劳作中滋养学生心灵，久而久之，良好品德习惯成为了孩子的生命自然。

（2）以劳启智——智的启迪，乐学进取。

法国思想家卢梭说，教育的核心就是归于自然——回归"自然状态"。学校田园劳动课程带来的不只是植物的生长与收获的喜悦，而且会启迪学生在植物的生生不息中体悟生命的环环相扣，紧紧相依。该课程以其亲历自然生命的完整性，开拓了师生的思维视野，激发了师生的智慧潜能。在劳动实践之中领悟生命的美好真谛，小学生乐于学习、努力进取的良好习惯也就更加易于养成了。

（3）以劳健体——体的塑造，身心舒展。

习近平总书记说："一勤天下无难事。""幸福都是奋斗出来的。"因为劳动，人类社会才不断进步发展。体育就是在劳动的过程中产生的，劳动不能代替体育锻炼，但是劳动可以促进人体消化吸收，发育生长。在育秧到收割的过程中，孩子们不仅增强了体质，使健体习惯成为了下意识的行为；而且释放了精神的压力，使身心得到充分舒展，个性在集体劳作的融洽氛围中获得健康、和谐发展。

（4）以劳育美——美的流淌，自我实现。

在田园劳动课程中，学生零距离接触自然，欣赏四季更迭的景色，观察大自然的一草一木，一花一石，用他们的视觉、听觉、嗅觉和触觉，感受着世界的新奇与美丽，体验着"采菊东篱下，悠然见南山"的那份自在。孩子们对美的感受力越来越强，有了创作的冲动和灵感，一幅幅逼真清新的画作，一件件创意十足的摆件由此产生，孩子们崇尚美、鉴赏美、创造美的意识和能力日益发展，良好的审美习惯逐渐养成。

人的良好习惯养成是一个自觉实践、不断历练、持之以恒的教育和自我教育过程。在这样一个漫长的过程中，如何让学生良好习惯的培养行之有效，使学生核心素养的发展落地生根？昆山市信义小学借鉴叶圣陶"养成良好习惯"教育思想，以创造性构建和实施田园劳动校本课程培养小学生良好习惯，实现在现代农耕劳动教育中师生教学相长，使我们想起了100多年前叶圣陶先生在吴县第五高等小学开辟的"生生农场"，让我们看到了未来生生不息的"希望的田野"。

三、幼儿园"养成良好习惯"的教育新形态

（一）苏州高新区文星幼儿园：
幼儿园"养成良好习惯"绿色课程构建

叶圣陶的"养成良好习惯"教育思想，实质上与新时代绿色发展新理

念有着内在的一致性，可谓是一种本于生命自然，走向人化自然的绿色教育思想。这一教育思想，科学地揭示了现代基础教育特别是儿童教育的本质、目的、规律和路径，为新时代绿色发展新理念下深化幼儿教育改革提供了教育理论的引领和依据。

在作者的指导下，苏州高新区文星幼儿园基于多年教育改革探索，进行了江苏省教育科学"十三五"规划2018年度叶圣陶教育思想研究专项重点课题"绿色发展新理念下旨在'养成良好习惯'的幼儿园绿色课程构建"研究。该课题在新时代背景下研究叶圣陶"养成良好习惯"教育思想，针对幼儿园教育特别是课程改革中存在的问题和困惑，努力构建绿色发展新理念下幼儿园教育顺应幼儿生命自然，培养幼儿良好习惯，实现幼儿健康成长的绿色生长课程体系，探索幼儿园"养成良好习惯"的教育新形态，形成幼儿园落实立德树人的有效新路径。

1. 养成幼儿良好习惯：绿色课程目标构建

（1）养成幼儿良好习惯绿色生长课程目标基本框架的形成。

养成良好习惯，对于幼儿来讲，就是本于生命自然，走向人化自然。3—6岁是儿童成长的重要阶段，在此阶段，幼儿的身心、语言、情感、认知、生活技能和社会性等会有较大发展，正是他们在各方面养成良好习惯的最佳时期。为此，幼儿园结合《3—6岁儿童学习与发展指南》的要求，把课程目标细化在幼儿主题活动中，细化在各种游戏体验中，确立了帮助幼儿在活动和生活中养成良好的生活习惯、健康习惯、做人习惯、学习习惯的绿色课程目标基本框架（见表4-2）。根据这一框架，编写了包含一、二、三级指标的小、中、大班《绿色课程四大习惯养成基本目标手册》，以此培训教师，指导实践，让教师在课程教学实践中创造性地贯彻落实这些目标，为幼儿健康成长奠定基础。

表 4-2　养成幼儿良好习惯绿色课程目标

基本目标	小班养成目标	中班养成目标	大班养成目标
生活习惯	初步养成良好的如厕、洗手等卫生习惯；学习并掌握生活自理的基本方法，如穿脱衣服；学会对玩具进行简单的收拾和整理；具备基本的安全意识和自我保护能力	有良好的个人卫生习惯，知道爱护五官、保护牙齿；有良好的饮食习惯，不偏食、挑食，不暴饮暴食；有基本的生活自理能力和劳动习惯，能自己穿脱衣服、鞋袜，能扣纽扣，能整理自己的物品；有良好的生活作息习惯；具有基本的安全知识和自我保护能力	保持有规律的生活，具有良好的作息习惯；认识食物的营养价值，具有良好的饮食、卫生习惯；有较强的生活自理能力，自己的事情自己做；具有较强的安全意识和自我保护能力
健康习惯	能在成人的安抚下逐渐平复不良情绪，适应新环境；认识五官及其作用；具有走、跑、跳、钻、爬、平衡的基本能力；注意正确的体态，形成正确的姿势	在提醒下能保持正确的站、坐和行走姿势；情绪安定愉快，愿意把自己的情绪告诉亲近的人，以分享快乐或求得安慰；有积极参与体育活动的习惯；提高适应季节气候变化和生活环境变化的能力	经常保持愉快情绪；具有较强的身心适应能力；具有较强的身体平衡能力和动作协调能力；具有较强的力量和耐力
做人习惯	在活动中，能大方、主动介绍自己的名字；愿意和小朋友一起游戏；有初步的分享意识；在集体生活中，有初步的安全感和信任感	有文明表达和文明倾听的习惯；尊重他人，乐意与人友好相处，喜欢并适应群体生活；有一定的规则意识，诚实守信，能遵守基本的行为规范	具有较强的交往能力和良好的合作习惯；积极向上，关心尊重他人；自觉遵守基本的行为规范；有初步的归属感和集体荣誉感
学习习惯	喜欢接触大自然，对周围的现象感兴趣；在成人的指导下，使用恰当的礼貌用语；初步养成良好的倾听习惯；知道图书上的文字是用来表达画面意义的	具有好奇心和求知欲，学习有主动性；能在学习中初步表现出一定的坚持性和创造力；具有初步的问题解决能力和反思能力	具有较浓的学习兴趣，主动参与各种活动，积极与同伴合作，并有一定的坚持性和反思力；具有探究欲望和一定的发现、解决问题的能力；具有良好的倾听和表达习惯；具有初步的阅读和书写习惯；具有一定的欣赏和创造习惯

（2）基本目标在不同课程中的落实和具体课程目标的构建。

在建立绿色课程目标基本框架的基础上，幼儿园结合实际，组织教师将之内化到健康、语言、科学、社会、艺术五大领域课程之中，细化为主题活动、一日生活、节日游戏、亲子互动的具体教育目标。例如，中班绿色课程养成做人习惯的教育目标，包含二级目标 3 条，三级目标 18 条，都有相应的课程活动来落实，并在幼儿行为上得到体现。家长们反映："孩子自从做了礼仪小天使，碰到人会主动打招呼了。""我家宝宝现在回家会边唱歌边给奶奶敲敲背呢！"……当然，好习惯的养成不是一朝一夕就可以实现的，需要持之以恒地引导和培养，尤其是教师和家长首先要以身作则，带头养成好习惯。因此，与上述幼儿良好习惯养成目标相配套，幼儿园又制定了教师和家长带头养成良好习惯的自我教育公约。

2. 顺应幼儿生命自然：绿色课程生态构建

绿色课程生态，是指符合受教育者生命成长需要与养成教育规律的全面、和谐、健康、美好的生态化的课程内容和课程结构。

（1）适应幼儿生命成长需要的基础课程与特色课程结合。

幼儿园总结课程改革经验，首先努力构建适应幼儿生命成长需要的基础课程与特色课程相结合的绿色课程。课程针对幼儿身心特点，以游戏为基本活动形式，引导幼儿养成各方面良好习惯。例如，在每日午餐中，该园以"餐点自助"游戏形式，让孩子自己安排吃点心、吃午饭、自主取用饭菜、收拾桌子，自己动手剥坚果、榨果汁做辅餐，养成自主、健康的饮食习惯。又如，把幼儿自理劳动与值日服务列入日常基础课程，让孩子从关注自己走向关注他人，从自我服务走向为集体服务，养成热爱劳动、人己一体的品德习惯。

幼儿园立足幼儿在园一日生活，努力开展扎实的养成教育基础课程；同时又根据幼儿成长需要，创意设置"春之韵——绿色科技节""夏之梦——心理关爱节""秋之旅——文明礼仪节""冬之恋——感恩亲子节"等"四大节日"以及"十大室场"探究与建构活动等特色课程，并将二者有机结合，构成幼儿在丰富多彩的生命体验中养成良好习惯的课程生态。例如，在"冬之恋——感恩亲子节"中，教师引导孩子们开展"爱要大声说出来"系列活动：从提出倡议，到收集爱的方式、发放邀请函、现场互动感恩蓝丝带，以至分享我家感恩小故事，培养幼儿感恩生命、敬爱父母的情感和行为；开展"热爱大自然"系列活动，从走进大自然，到绿的爱意、观赏美景、小手护绿、节约用水，培养幼儿亲近自然、保护环境的情感和行为，从而更好满足幼儿的成长需要，引导他们养成良好的做人习惯和生活习惯。

（2）遵循幼儿生命成长规律的主题课程与生活课程联接。

儿童有如种子般自动生长的潜能和节律。叶圣陶的"儿童种子观"是其教育思想的基石。幼儿园遵循这一科学的儿童观，根据幼儿生命成长规律，在幼儿成长的特定阶段，有针对性地实施主题课程，同时又将主题课程的内容延伸到日常生活中，开发并实施生活课程，让幼儿反复实践体验，从而"习惯成自然"。例如，在"我们在春天里"主题活动中，教师带领幼儿走出教室去找春天，孩子们发现园内的桑树有的吐出了嫩芽，有的长出了新叶，不禁说道："哇，我们是不是马上可以养蚕宝宝了啊，蚕宝宝要吃桑叶的。"当孩子们产生这一联想时，养蚕宝宝的课程开始生成了。他们显得特别兴奋："蚕宝宝会结白色的茧。""谁说的，我见过黄色的茧的。""蚕宝宝还可以变蝴蝶哦。""不对，不对，是变飞蛾吧？"孩子们七嘴八舌地交流着自己的经验和猜想，教师适时加以引导："桑叶是蚕宝宝的食物，但要养蚕宝宝，我们可需要知道更多关于蚕宝宝的知识啊。"越是幼儿需要的知识，越能激发他们内在的学习动机。很多家长反映，孩子回家后催着爸妈一起查阅关于蚕宝宝的资料。过后的几天，各班纷纷养起了蚕宝宝，不少孩子还养得特别好。他们知道了蚕宝宝要按时适量喂桑叶，不能吃湿的桑叶；他们仔细观察蚕宝宝生长过程，饶有兴趣地描述它们时而慢慢蠕动，时而昂起头来的憨态；蚕宝宝渐渐长大，快结茧了，他们及时帮蚕宝宝搭建"小屋"；……孩子由自发到自觉、自主的学习探究行为和过程，为养成良好的学习习惯奠定了基础。

叶圣陶指出：教育为儿童生活生长着想，"固当特设一种相当的境遇"。"儿童既处于特设的境遇里，一切需要，都从内心发出。"[1] 这便是一种最

----

① 叶至善、叶至美、叶至诚编：《叶圣陶集》第十三卷，江苏教育出版社，2004，第7页。

好的学习状态，也最有利于他们生命健康成长，养成良好习惯了。类似的主题活动，例如"亲近自然"特色课程里的"和红薯交朋友"，从种红薯，到观红薯、挖红薯、洗红薯、煮红薯、尝红薯等等，都收到了既开发幼儿活动潜能，又养成多种良好习惯的真实效果。

（3）贯通幼儿生命成长时空的园境课程与家庭课程互补。

幼儿园生活和家庭生活几乎贯穿幼儿生命成长全部时间和空间。园境课程，是指在幼儿园教育情境中教师组织幼儿开展的活动。家庭课程，是指在家庭生活环境中家长配合幼儿园教育引导幼儿进行的活动。幼儿园将这两类课程都作为整个幼儿园绿色课程体系的有机组成部分，通过走出去"送教上门"和请进来"家长助教"，通过家长观课、亲子活动、园家热线、家园共建等，在幼儿园和家庭之间、教师和父母之间建立亲密的合作伙伴关系，构建园境课程与家庭课程相贯通相协调的幼儿生命活动和成长时空，更加有效地培养幼儿良好习惯。

幼儿园与家长、孩子一起积极创设园内幼儿活动的绿色环境，例如教师在家长支持、配合下，带领幼儿一起创建凸显"绿色教育"的"童趣小镇"户外游戏区、童话葡萄园、开心农场蔬菜种植基地、文星娃户外野战区、空中梦幻美术室、绿野仙踪花园等；同时，幼儿园又指导、帮助家长和孩子开发与幼儿园课程相协调而又因户制宜、各具特色的家庭课程，如下厨烹饪、盆栽养殖、读书画画、玩具制作、互动游戏、探究实验，以及走出户外亲子田野赏春、携手登山望秋等。这些活动，让孩子无论在幼儿园，还是在家庭里，都能生活于潜移默化的绿色环境之中，得到无处不有的情感体验和生活历练，健康、快乐地成长，渐渐养成良好习惯，形成健全人格。

3. 实现幼儿健康成长：绿色课程活动构建

叶圣陶指出："教师之为教，不在全盘授予，而在相机诱导。必令学生运其才智，勤其练习，领悟之源广开，纯熟之功弥深，乃为善教者也。"[①]幼儿园遵循叶圣陶的教导，在绿色课程构建中，注重课程教学方式

---

① 叶至善编：《叶圣陶答教师的 100 封信》，开明出版社，1989，第 30 页。

的变革，不断探索建构引导幼儿自主学习成长，养成良好习惯的绿色课程活动。

这种绿色课程活动，具体来说，就是教师围绕绿色课程目标，依托绿色课程生态，精心创设适合幼儿、生动活泼的自主活动情境，唤起童心，激发童趣，以循循善诱的"言教"和为人师表的"身教"，引导幼儿运用自己的感官、大脑和手脚，对学习对象及内容、学习过程与方法进行自主探索、体验、历练，从而使之逐步达到自我教育，自己来养成各种好习惯。

例如，在"和红薯交朋友"课程活动中，孩子们发现地里的红薯成熟了，都想挖出来看看，于是就提出问题："我们怎么去挖？""可以使用哪些工具？"教师并没有直接告诉答案，而是让孩子们自己动脑筋，将所见到或想象中的工具画一画，并且将真的工具找来，让孩子们去试试怎么挖，从而得到了挖红薯的经验，学会了挖红薯的方法。正如叶圣陶所指出的，儿童是注重事实，喜欢自己去做的。"他们在当前的环境中有所需求，自然会自己去研究，寻求出道理和办法来，还会自己去试验这些道理和办法是否切合实用，来证实它们的价值。经过这样的研究和试验，他们得到的便是真的知识。"[①]

再如每周的"伴绿同行，筑梦成长"收集活动，教师引导幼儿在一系列自主行动中养成保护环境、节约资源的意识和习惯。活动前期，教师带领幼儿参观绿色环保倡议展板，感知自然环境和资源与自己的生活息息相关；接着，发动家长和孩子一起收集可以加工再利用的废旧物品。每逢周一至周四早上，幼儿园大厅里的"蛋壳收集站"前，孩子们就会排起长长的队伍，把红酒木盒、纸芯、布角、绒线、蛋托、搪瓷杯、纸盒等从家里和周边搜集来的废旧材料整理入库。然后，幼儿在教师的组织和指导下，个个动脑动手，把废旧材料做成各种奇妙的"玩具"，有的用于创作美术

---

① 叶至善、叶至美、叶至诚编：《叶圣陶集》（第十一卷），江苏教育出版社，2004，第38页。

作品，有的用于丰富体育游戏，有的用于布置区域环境，有的用于进行科学探究，有的用于装点节日活动……在这些具有创造性的绿色课程活动中，孩子自然而然地收获了成长的喜悦，增强了劳动意识、环保意识、创新意识、合作意识，养成多种良好习惯。

除此以外，幼儿园还把引导幼儿自我教育的课程活动延伸和拓展到家庭、社区，以至田野山川、繁华都市，让孩子在充满生命绿色的自主活动中，学会正确地感知世界、体验人生、建构自我，养成良好习惯。

实践证明，引导幼儿自主学习实践的绿色课程活动，也正是符合幼儿生命成长、习惯养成内在规律的课程活动基本方式。在这样的活动过程中，幼儿园课程不再是由教师主宰的注入式、训诫式活动，而是"把依赖性的'受教育'转变为主动性的'自我教育'"[1]，在教师引导下，让幼儿基于自己的天性和本能，自主学习、自我教育，"自己来养成这些好习惯"，从而真正促进了幼儿健康成长，也才真正实现了绿色课程构建。

（二）张家港市实验幼儿园：
以游戏化创造性劳动培养幼儿良好习惯

劳动教育是全面贯彻党的教育方针、落实立德树人根本任务的重要内容和途径。习近平总书记在全国教育大会上指出："要努力构建德智体美劳全面培养的教育体系，形成更高水平的人才培养体系。""要在学生中弘扬劳动精神，教育引导学生崇尚劳动、尊重劳动，懂得劳动最光荣、劳动最崇高、劳动最伟大、劳动最美丽的道理，长大后能够辛勤劳动、诚实劳动、创造性劳动。"[2]

劳动教育应当从小、从早抓起。要在幼儿园教育中具体、有效地实施劳动教育，落实立德树人，就必须要在培养幼儿的良好习惯上下功夫。我

---

① 叶至善、叶至美、叶至诚编：《叶圣陶集》（第十二卷），江苏教育出版社，2004，第154页。

② 吴昌、胡浩：《习近平在全国教育大会上强调　坚持中国特色社会主义教育发展道路　培养德智体美劳全面发展的社会主义建设者和接班人》，《人民日报》2018年9月11日，第1版。

国著名教育家叶圣陶指出："教育是什么？往简单方面说，只须一句话，就是要养成良好的习惯。"[①] 苏霍姆林斯基说过："儿童高尚的心灵是在劳动中培养起来的，关键是要使儿童从小就参加劳动，使劳动成为人的天性和习惯。"[②]

在作者的指导下，张家港市实验幼儿园承担了江苏省教育科学"十三五"规划2016年度叶圣陶教育思想研究专项重点课题"叶圣陶教育思想指导下幼儿良好习惯养成的实践研究"。该课题研究，在新时代的背景下学习借鉴叶圣陶"养成良好习惯"教育思想，顺应幼儿的天性和本能，依托张家港江沙资源丰富的得天独厚地理条件，开发和实施沙艺游戏这一富有童趣性、艺术性、创造性的劳动课程，努力培养幼儿热爱劳动的情感以及动手探究、追求创新、合作共享、保护环境等良好习惯，形成了新时代幼儿园立德树人、劳动育人的教育新形态。

1. 沙艺游戏课程的建构

（1）沙艺游戏课程的特征。

3—6岁的幼儿活泼好动，喜欢模仿和探索，并且"固有文艺家的宇宙观""以直觉、情感、想象为其生命的泉源"[③]。根据幼儿的这些身心特点，幼儿园开发的沙艺游戏劳动教育课程以沙为载体，以游戏为主要方式，引导幼儿通过与沙的积极互动，凭着自己的奇思妙想，进行探究性、创造性的劳动学习和实践，帮助幼儿主动建构知识与经验，养成良好的习惯。

沙艺游戏课程有三个主要特征：第一，游戏性。玩沙本身就是游戏，在自由、自主、快乐的氛围中和江沙亲密接触，开展一系列劳动操作，幼儿毫无压力和负担，相反更觉得好玩和有趣。第二，艺术性。玩沙游戏中幼儿借助沙子及辅助材料进行艺术造型和创意建构，进行艺术审美劳动，从中能感受美、欣赏美、创造美，润泽和丰富自己幼小的心灵。第三，创

[①] 叶至善、叶至美、叶至诚编：《叶圣陶集》（第十一卷），江苏教育出版社，2004，第264页。

[②] 蔡汀、王义高、祖晶编：《苏霍姆林斯基选集》（第三卷），教育科学出版社，2001，第632页。

[③] 杜草甬、商金林编：《叶圣陶教育文集》，河南教育出版社，1989，第40页。

造性。沙子随物赋形，千变万化，幼儿的每一次劳动都是凭借自己的直觉，展开想象的翅膀，尝试进行着自由自在的创造。除此以外，沙艺游戏还具有知识性、合作性和愉悦性等特点。因此，这一课程可以更好地发挥培养幼儿劳动习惯以及其他多方面良好习惯的育人功能。

（2）沙艺游戏课程的建构。

其一，课程理念。沙艺游戏课程理念主要包括四个方面：一是自主。沙艺游戏中的幼儿是一个独立、积极、主动的活动者和学习者，沙艺游戏鼓励幼儿做活动的主人、学习的主人。二是探究。指沙艺游戏中幼儿主要通过观察、想象、操作、评价来开展劳动，获得知识经验，是一种探究式、做中学的学习。三是创造。沙艺游戏鼓励幼儿创生新的想法、玩法和做法，而非一成不变地进行重复劳动。四是合作。沙艺游戏不仅是个人的劳动，更是幼儿与同伴、教师相互协商、分享、互助的过程，往往需要借助集体的智慧和力量。

其二，课程目标。沙艺游戏课程重在探索促进幼儿热爱劳动、勤于动手、追求创新、合作共享等良好习惯养成的教育目标、内容和方法；注重引导幼儿感受不同沙艺游戏的乐趣，体验劳动的快乐和创作的愉悦；注重引导幼儿在与材料、环境的互动中，在与老师、伙伴和父母的合作中收获劳动成果，养成良好习惯。

其三，课程内容。一是沙画创作游戏。幼儿以灯箱沙画台为纸，以沙为墨，创造性地进行自主作画。二是沙雕建构游戏。幼儿借助沙子、水及一些辅助材料进行创意建构和塑形。三是沙池探秘游戏。幼儿借助沙子、水、管子等辅助材料进行沙的科学探究实验。四是沙箱故事游戏。幼儿借助沙子及各种插塑玩具进行故事场景建构，讲述和创编故事。不同的课程内容在不同年龄段培养的习惯有所不同。比如，小班幼儿的沙画创作游戏主要以趣味性沙画为主，在借助树枝、贝壳等自然材料的过程中激发探究兴趣，养成动手又动脑的劳动习惯。又如，大班沙雕建构游戏主要以合作性建构为主，幼儿通过合作建构养成与同伴计划、分工、协商等良好的社会化的劳动习惯。

其四，课程实施。沙艺游戏课程实施主要包括五个步骤：一是创设情境，激发劳动兴趣。教师主要借助实物、图片、视频等多种形式创设情境，引起幼儿的劳动兴趣，激发幼儿的劳动愿望。二是自主探索，探究劳动内容。幼儿根据已有经验自主操作、探索，通过与材料互动，初步感知劳动内容，形成粗浅的学习经验。三是支持引导，创新劳动方法。幼儿相互分享自主探索的方法，教师针对幼儿需求提供支持，引导幼儿尝试新方法，积累新经验。四是展示交流，体验劳动成果。幼儿展示、欣赏、分享与交流劳动的过程和收获，体验劳动的快乐，形成热爱劳动的积极情感。五是清洗收拾，整理劳动工具。活动结束后，幼儿与同伴分工合作，自主收拾整理，如分类清洗、归位摆放，养成保护环境、保持个人清洁卫生的良好习惯。

其五，课程评价。沙艺游戏课程的评价主要在幼儿劳动的过程中自然进行。由教师、幼儿、同伴、家长对幼儿在不同年龄段、不同沙艺游戏中的积极主动性、探究性、创造性、合作性及劳动习惯进行描述和评价。

2.在沙艺游戏课程活动中培养幼儿良好习惯

沙艺游戏课程本质上是幼儿的劳动课程。在课程实施的过程中，幼儿园不仅要对幼儿进行劳动教育，还需要培养幼儿在劳动过程中的良好习惯。具体指向四个方面：

（1）动手探究的习惯。

探究是幼儿了解事物的开始，没有探究就没有发现，没有思考。幼儿劳动主要借助工具或材料进行，这是劳动的初始阶段。不同的沙艺游戏都建立在幼儿动手探究的基础之上。幼儿在与材料的互动操作中需要养成不怕苦累、积极尝试、细致观察、勤于思考等习惯，在探究的过程中养成专注、坚持、不畏困难等良好品质。

（2）追求创新的习惯。

沙艺游戏给了幼儿大胆想象和创新创造的空间，它本质上是一种创造性劳动。创作不同的沙画作品、讲述不同的沙画故事、建构不同造型的沙雕等，都需要幼儿有创新的思维、创新的实践，有与众不同的想法和做法。因此，教师不仅要帮助幼儿习得基本的劳动技能，更要培养幼儿追求创新的劳动习惯。

（3）分工合作的习惯。

合作是人类社会化生产劳动的基本形式，也是新时代建设者必须具备的劳动习惯。幼儿的劳动往往需要同伴的协作和帮助，教师要鼓励幼儿在沙艺游戏中与同伴进行合作性的劳动，包括：活动中能与同伴友好相处；学会共同使用劳动工具和材料；能够围绕共同的任务进行分工合作；遇到困难能协商协力解决；活动结束时能与同伴分享自己的劳动成果与方法，体验与同伴共同劳动的快乐，等等。

（4）保护环境的习惯。

良好的环境是人类生产劳动可持续的重要条件。在沙艺游戏的过程中，一方面要引导幼儿养成保护环境、节约资源的习惯，比如不随意抛撒沙子，保持活动场地及周围环境的清洁卫生；爱惜工具和材料，等等。另一方面，在活动结束时要鼓励幼儿养成收拾整理的习惯，比如清洗游戏工具和材料；将各类物品有序摆放，物归原处，等等。让幼儿成为保护环境、绿色劳动的小主人。

3. 沙艺游戏课程养成幼儿良好习惯的方法

幼儿园在沙艺游戏中应该如何帮助幼儿养成良好的习惯？下面以该园中班沙雕建构游戏"好吃的'蛋糕'"为例，叙述沙雕建构游戏中幼儿良好习惯养成的具体路径和方法。

首先，教师创设丰富的活动情境，通过演唱生日歌曲、欣赏不同造型的生日蛋糕，激发幼儿用沙子为妈妈制作"生日蛋糕"的兴趣；接着，幼儿两两合作探索"蛋糕"的制作。一开始，孩子们尝试用沙子探索不同形状的"蛋糕"，但在塑形过程中发现湿沙难以成形，即使成形也不够光滑和平整。面对幼儿的困惑，教师引导幼儿去"材料超市"寻找材料。结果，幼儿发现不同形状的糖果盒、饼干盒等可以帮助塑形。于是，他们将盒子当作"蛋糕"模具再次探索，结果不仅成功塑形，且制作的"蛋糕"光滑平整。可是黄黄的沙子"蛋糕"不够漂亮，怎样才能让蛋糕变得更加美观呢？幼儿便开动脑筋，与同伴一起寻找各种材料进行"蛋糕"装饰。有的找来彩泥捏出了一只只小动物，做成了"动物乐园"蛋糕；有的找来小树枝、不同颜色的树叶把"蛋糕"装饰成"热带丛林"；有的找来贝壳、鹅卵石等装饰物，使"蛋糕"具有"海洋风"……每一个"蛋糕"都成了一件独一无二的艺术品。作品创作完成后，教师鼓励幼儿相互欣赏作品并分享交流自己的创作过程和创作主题，孩子们畅所欲言，十分愉快。活动结束时，教师带领幼儿分工合作，收拾整理。男孩负责清洗工具，女孩收拾整理桌面材料，清洗后同时将各种工具、材料归位，摆放整齐。

上述活动，让人们不仅看到了幼儿劳动的过程，更看到了幼儿在劳动中逐渐养成良好习惯的过程。在活动开始阶段，教师提供了不同造型的蛋糕给幼儿欣赏，不仅让幼儿欣赏了蛋糕的美，更引发了幼儿劳动的兴趣和愿望。在自主探索阶段，当孩子发现湿沙难以成形并且制作不够光滑和平整时，在老师的建议下，他们学习选择适合的材料和工具再次探索。在整个制作过程中，幼儿与同伴相互合作，积极探究，专注操作，极大地提高了幼儿动手操作、解决问题的能力。在装饰蛋糕的过程中，幼儿积极动脑，与同伴合作寻找各种材料进行创意装饰，充分发挥了自己的想象力和创造力，幼儿的劳动成果精彩纷呈，各具特色，体现了沙艺游戏创造性劳动的特点，更让幼儿体验了"小小蛋糕师"角色的成功感与自豪感。在活动结束阶段，幼儿还与同伴一起合作清洗、收拾整理各种工具和材料，体现了幼儿的合作意识，更培养了幼儿自主收拾整理、保护环境的绿色劳动意识和习惯。

幼儿热爱劳动的美好情感和良好的劳动习惯，在沙艺游戏课程中得到了潜移默化、切实有效的培养。正如叶圣陶所说："只有熟练得成了习惯，好的态度才能随时随地表现，好的方法才能随时随地应用，好像出于本能，一辈子受用不尽。"[1]张家港市实验幼儿园为了更好地落实立德树人、

① 叶至善、叶至美、叶至诚编：《叶圣陶集》（第十一卷），江苏教育出版社，2004，第271页。

劳动育人，将不断优化沙艺游戏这门园本劳动教育课程，努力让孩子们养成终身受用的良好习惯。

（三）昆山市千灯镇淞南幼儿园：
实践以文化人　养成良好习惯

中华民族自古以来形成了许多优秀的传统文化，并且在祖国不同地域创造出丰富多样、各具特色的文化形态，对中国人的发展尤其是道德习惯养成起到深刻的教化作用。习近平总书记提出，教育要"以文化人、以德育人"[1]，把立德树人根本任务落到实处。

在作者的指导下，昆山市千灯镇淞南幼儿园承担了江苏省教育科学"十二五"规划2015年度叶圣陶教育思想研究专项课题"叶圣陶课程思想与本土文化主题课程开发的实践研究"。幼儿园在设计和实施该课题过程中，认真学习习近平总书记关于教育的重要论述，研究叶圣陶"养成良好习惯"教育思想，深刻认识到：幼儿园教育的目的，就是要落实立德树人，引导和帮助幼儿养成良好习惯，为他们的道德成长以至一辈子做人打好基础。而要达到这一目的，就要注重以文化人、以德育人，除了国家规定的五大领域基础课程外，还需要充分发掘和利用本土优秀的传统文化资源，开发出适合幼儿特点，能够对他们良好习惯养成起到教化作用的文化主题课程。

为此，幼儿园集中汲取本土文化资源中体现中华优秀传统文化精华的内容，将千灯古镇三宝——灯、桥、昆曲的文化元素融入幼儿园教育中，以幼儿生活为切入点，在小、中、大班三个阶段，分别开发和实施了以"家乡之灯""水乡之桥""戏乡之昆曲"为主题的文化课程活动，逐步使幼儿得到潜移默化的心灵熏陶和体验自觉规范的行为实践，养成亲和共享的伦理习惯、勤劳变通的生活习惯、尚美求精的创造习惯等多方面良好习惯，为他们健康成长成人奠定基础。

---

[1] 习近平：《在北京大学师生座谈会上的讲话》，《人民日报》2018年5月3日，第2版。

1."家乡之灯"文化主题课程：培养幼儿亲和共享的伦理习惯

千灯古镇得名于"千家之灯"，镇中建有"千灯馆"。"家"是我们民族世世代代每个人赖以生存的以血缘为纽带的生命共同体；"灯"象征着家给予个体生命的光明和温暖。在千盏"灯"下，千家人孝老爱亲、和睦相助、同甘共苦、共享天伦，构成了古镇最基本的文化意蕴。据此，幼儿园在教育起点——小班发掘这一文化资源，开发并实施"家乡之灯"主题课程，培养幼儿爱家爱亲人的情感和亲和共享的伦理习惯。

首先，教师和幼儿一起讲述关于灯的种种传说，发调查表发动家长帮助幼儿提供和记录有关古镇之"灯"的童谣、故事、歌曲、谜语、知识等，让孩子们将自己收集到的资料展示在园内主题墙上，进行交流分享。随后，教师整理收集到的资料，组织幼儿开展"万家灯火""千灯人家"等系列活动；讲述自己听到的关于千灯之"灯"的历史起源、变化、种类、样子、作用等等，参观千灯名胜延福寺、秦峰塔、千灯草堂等；由"灯"引出"人家"，描绘一家人在灯下共同生活的情景和故事，体会家庭的光明、温暖、美好，培养幼儿敬老爱亲、待人友善、乐于分享的良好习惯。在建构游戏"灯塔"中，孩子们拿起了雪花片和积木尝试各种拼搭，有的拼出了圆形的大灯，有的搭建了灯塔的底座。当发现自己积木不够时，有的孩子就与同伴商量道："你能借我一个雪花片吗？""让我们来共同完成这个灯塔吧！"教师及时鼓励和表扬小伙伴出手相助，引导幼儿养成对他人亲和乐助的良好习惯。手工活动"七彩灯笼"，需要把刮画纸卷成圆筒，对边粘贴做成灯笼的"身体"，这对于小班的幼儿来说是一个挑战。活动中，有些动手能力强的幼儿会帮助有困难的同伴："我来帮你一起卷。""谢谢你。"于是，他们各人拿起刮画纸的一边，共同卷出圆筒……一会儿，一盏盏七彩的灯笼展现在孩子面前，映红了他们的笑脸。在此过程中，幼儿不仅感受到了灯笼团团圆圆的美好寓意，而且体会到了自己与小伙伴之间的亲密关系，从而有利于培养他们友善相助的良好习惯。

"家乡之灯"的文化主题，更突出显现在元宵节幼儿园组织的亲子"猜灯谜"活动中。元宵节到来时，老师们经过精心设计，将一个个造型各异、趣味盎然的灯谜悬挂在幼儿园大厅内，让父母和孩子结伴共同挑选、解答，共享亲情、快乐。小朋友大朋友个个踊跃参加，孩子们纷纷把自己解谜得到的小礼物献给父母，嘴里还甜甜地叫着喊着："妈妈元宵节快乐！""爸爸元宵节快乐！"就在这样的一系列活动和每一天生活中，爱家爱亲人的情感和亲和共享的伦理习惯在幼儿的心田里、行为里播下了种子，逐步萌芽生长。

2."水乡之桥"文化主题课程：培养幼儿勤劳变通的生活习惯

千灯古镇地处典型的江南水乡，"人家尽枕河"。逢山开路，遇水架桥，生动体现出"穷则变，变则通，通则久"（《周易·系辞》）的中华民族优秀传统。因此，古镇大大小小、各种各样的桥，便是乡亲们世代生活勤劳奔忙的见证和变通智慧的创造。为此，幼儿园在中班发掘这一文化资源，开发并实施"水乡之桥"主题课程，围绕千灯的桥，培养幼儿爱家乡爱劳动人民的情感和勤劳变通的生活习惯。

在活动开展之前，教师精心设计了主题调查表，组织幼儿在老师和家长带领下巡游，走遍古镇所有的桥，看一看这些桥各具特色的风姿，听一听这些桥古往今来的故事，想象一下造桥工匠们的勤劳智慧和过往劳动者的八方奔波，使孩子们对爱家乡和爱家乡劳动人民的感情油然而生。并且，在这过程中，引发了幼儿对桥的好奇和探究。于是，教师发动家长与幼儿一起设计制作桥的模型。模型用材多种多样，如玻璃、筷子、木头、水钻、竹签、硬卡纸等；作品追求创意，类型丰富，不仅有别致的古代石桥，还有大气的现代桥梁，如长江大桥、跨海大桥、立交桥等。通过桥的模型制作，培养了幼儿乐于思考、勤于动手的良好习惯。

幼儿园将这些亲子作品"桥"陈列在墙壁展板上，地面摆放了师幼共同制作的河流、小船、荷花、游人等景观，将小桥布置其中，营造出"人在画中游"的情境。在制作中，孩子们体验到动手的乐趣，感受到劳动的快乐。遇到困难时他们互相帮助、友情合作，"请""谢谢""不用谢"等礼貌用语在活动室中此起彼伏。制作结束后，孩子们又主动整理收拾材料，养成了良好的劳动习惯。

　　幼儿园整理"水乡之桥"的文化资料，结合相关领域课程和区域游戏，开发和实施了"千灯的桥""桥的秘密""桥的风景"等系列活动。社会领域开展"我们身边的桥"活动，引导幼儿观察家乡的桥的外形特征，讲述千灯桥的古往今来；美术领域开展"三桥邀月"活动，指导幼儿用自己的眼睛欣赏这一千灯胜景，鼓励他们用自己的画笔创作出一幅幅充满童趣的"三桥邀月"；科学领域开展"纸桥"活动，用卡纸做桥面，用积木做桥墩，用雪花片做承重件，让幼儿在这一活动中获得有关纸桥承重力的感性经验。在语言区，教师给幼儿带来了《鹊桥》，投放了牛郎、七仙女、王母娘娘等故事中的人物图片，搭建"手偶剧场"，让幼儿绘声绘色说故事；在美工区，指导幼儿利用电筒、纸箱、白布、彩纸等废旧材料制作"皮影舞台"，配音表演《鹊桥》皮影戏。这些丰富多彩的"水乡之桥"文化课程活动，潜移默化地培养了幼儿热爱家乡、热爱劳动人民的美好感情和勤于动脑动手、乐于尝试变通的生活习惯。

　　3. "戏乡之昆曲"文化主题课程：培养幼儿尚美求精的创造习惯

　　具有两千五百多年历史的千灯古镇，文化艺术传统深厚，是"百戏之祖"昆曲的发源地。一曲曲宛转悠扬、委婉动人的水磨腔，一句句抑扬顿挫、节奏分明的唱词念白，时而回荡在古镇的石板街上，萦绕于孩子们的耳边，给人以精美、典雅的艺术享受。为此，幼儿园在大班努力弘扬这一文化传统，开发并实施"戏乡之昆曲"主题课程，培养幼儿爱祖国爱文化艺术的情感和尚美求精的创造习惯。

　　根据幼儿的身心发展和学习特点，幼儿园开设了以"走进昆曲""体验昆曲"两大系列为主的"戏乡之昆曲"主题课程。兴趣是最好的老师。幼儿园着力在高雅的传统戏曲与低龄的儿童活动之间搭建教育之桥，为幼儿创设轻松愉快的观赏学习氛围，抓住幼儿的好奇心，以奇激趣，鼓励幼儿积极主动参与昆曲的探索活动。首先，在幼儿园的环境创设中，教师将昆曲娃娃"粉粉"和"墨墨"的卡通形象布置在幼儿园内，让孩子们时刻都与昆曲中的卡通形象亲密接触，不知不觉唤起想象，进入昆曲的艺术世界。同时，教师还带着幼儿参观千灯老街的昆曲馆、欣赏古戏台上专业演员的昆曲演绎，由此带给孩子们最直观的感受，使他们陶醉于美轮美奂的昆曲表演之中，被昆曲的独特魅力深深吸引。欣赏完昆曲，教师组织幼儿近距离与演员交流，孩子们迫不及待地说出自己的感想。"阿姨，你头上戴的是什么？真好看！""哇，为什么袖子是长长的？""我觉得昆曲和我们平时听的歌不一样"……面对幼儿问不完的问题和渴望求知的眼神，演员耐心地一一解答，并让孩子们穿上真正的戏服，教他们甩一甩水袖、走一走圆场步。通过这种贴近儿童、亲身体验的观赏活动，孩子们对昆曲产生了浓厚的兴趣。随后，教师还向幼儿讲述昆曲创始人顾坚的生平和创作故事；播放纪录片《昆曲六百年》片段，让幼儿了解昆曲的前世今生，感受中国传统艺术之美，不仅开阔了幼儿的文化眼界，也发展了幼儿的艺术素养。

当幼儿对昆曲的兴趣和美感被唤起后，就要进一步引导和鼓励他们主动探索昆曲，体验昆曲。幼儿园以幼儿为主体，将集体活动与区域游戏相结合，为其创造主动探索、积极体验昆曲的机会和条件，组织他们开展欣赏、想象、表达、模仿、交流等一系列活动。幼儿园将昆曲的文化艺术教育内容融入基础课程中。例如，在美术活动"美丽的昆曲头饰"中，教师首先引导幼儿通过欣赏头饰中正凤和偏凤的不同造型，体验昆曲饰品艺术的精美；接着，加入幼儿创作表现的环节，指导幼儿制作昆曲人物头饰，利用毛根凹出正凤和偏凤的不同造型，并以毛毡球、亮片、羽毛加以装饰；然后，再让幼儿戴上自己做的头饰演一演有关角色，调动幼儿参与活动的积极性，使孩子们完全沉浸在自由创作的成功体验中。又如，在美术活动"装饰昆曲脸谱"中，教师指导幼儿细心描绘昆曲角色中的生、旦、净、末、丑等不同人物的脸部特征。活动中，孩子们充满了兴趣，认真而专注地用画笔勾勒出线条，感受中国传统戏曲的生动表情。当脸谱图案描绘完成后，他们会不由自主地拿起毛毡球、亮片装点在发饰部位，让脸谱更加精美、形象。

幼儿园还将昆曲文化艺术教育与幼儿各类游戏活动有机结合，使幼儿在自主探究、自由愉快的活动中获得对昆曲艺术的实践体验。例如，在表演区游戏中，教师创设"小戏台"，让幼儿穿上自制的昆曲服饰，甩起水袖，摆出造型，咿咿呀呀的曲调从孩子们稚嫩的口中唱出，他们的脸上洋溢着欢喜；在美工区游戏中，教师提供了脸谱模型、颜料画笔、装饰材料，让孩子动手创作昆曲的脸谱、头饰及其他昆曲艺术作品，初步培养幼儿表现昆曲美的情趣和技能；在户外区域游戏中，教师让幼儿模仿武生走矮子步、弓箭步等，在运动锻炼中融进简单易学的昆曲元素。这些游戏的创造性表现，让幼儿体验到了自信与快乐，感受到了昆曲的优雅，自然而然地增强了对祖国传统戏曲艺术的热爱之情。

　　通过以上这一系列"戏乡之昆曲"主题文化课程开发和实施，在教师帮助下，淞南幼儿园的孩子们更好地感悟了祖国传统文化艺术——昆曲尚美求精的艺术精神，并在生动活泼的实践体验中初步养成了尚美求精的创造习惯。

第五章

叶圣陶中国现代教师思想与新时代教师发展

　　叶圣陶自 1912 年初担任教师起，终身从事文化教育工作，不断进行教育改革探索。在这整个历程中，对中国现代教师及其发展问题的关注和思考，贯穿于叶圣陶教育思想从产生、形成到发展的全过程。由此，构成了这一教育思想所特有的教师的基本视角和师道的核心内涵，并且形成了这一教育思想的重要组成部分——叶圣陶中国现代教师思想。本章抓住叶圣陶中国现代教师思想与新时代教师发展这一主题，首先从其产生和发展历史中，概括论述了叶圣陶中国现代教师思想的主要内涵，以及这一思想给予当代中国教育和教师发展的深刻启示；接着就如何借鉴叶圣陶中国现代教师思想，自觉响应习近平总书记号召做新时代"四有"好老师，以至"大力弘扬教育家精神"①，展开了具体、深入的探讨；最后进一步分析阐明了在当今落实立德树人的新课程新教材改革中，教师应当如何继承弘扬叶圣陶中国现代教师思想和教育家精神，加快进行自我革新，推动课程教材改革、教学改革和教师自身发展实现新的互动共进。

一、叶圣陶中国现代教师思想及其对当代教师发展的启示

　　叶圣陶教育思想自叶圣陶 1912 年担任教师工作起孕育而萌发，在他

---

① 习近平：《习近平致全国优秀教师代表的信》，《人民日报》2023 年 9 月 10 日，第 1 版。

作为一名教师自觉推动中国现代教育的兴起和改革发展中形成并发展。其间，也正是中国现代教师逐渐成长和走向专业化发展的过程。因此，对中国现代教师及其发展问题的关注和思考，自然贯穿于整个叶圣陶教育思想。叶圣陶本人一生教师生涯所秉持的中国特色现代教育精神和丰富、深刻的实践体验，无不渗透于他教育思想的各个方面。从而构成了叶圣陶教育思想所特有的教师的基本视角和师道的核心内涵，并且形成了这一教育思想的重要组成部分——叶圣陶中国现代教师思想，使之对当代中国教育尤其是教师的发展具有更加亲切、深远的指导意义。

（一）叶圣陶中国现代教师思想的产生和发展

早在辛亥革命刚爆发不到两个月，叶圣陶就在自己的日记里写道："此身定当从事于社会教育，以改革我同胞之心，庶不有疚于我心焉。"[1]他热情接受辛亥革命和进步思潮的影响，将教师看作是当时最有利于救国救民的大众的启蒙者和社会的改革家。1912年初，他听从自己内心的召唤，毅然走上了从教之路。

"国将兴，必贵师而重傅。"在此后10年的教师生涯中，叶圣陶越来越深刻地认识到兴国必先兴教、兴教必先兴师的道理。他在1922年面向师范学校和师范生发表的《教师问题》一文中指出："普及教育的办法有多端，我想，我现在要说的教师问题应该是其中的重要一项。没有教师，教育无从实施；没有教师，受教育者无从向人去受教育……教师问题，不单讲有没有，还该讲好不好，能不能胜任。教师是好的，胜任的，我们才可以说有了教师。否则，即每城每乡每村都有学校，学校里都不缺少教师，我们只能说没有教师，普及教育的目的仍然很渺茫。"[2]他不仅从现代中国教育普及的要求和受教育者的需要两方面充分肯定了教师的重要地位，而且强调了要真正实现普及教育、新民救国的目的，不但要培养数量足够的教师，更关键取决于教师的质量，即一定要有大批好的、胜任的教师。

---

[1] 商金林：《叶圣陶传论》，安徽教育出版社，1995，第74页。
[2] 叶至善、叶至美、叶至诚编：《叶圣陶集》（第十一卷），江苏教育出版社，2004，第43页。

　　何谓好的、胜任的教师？时隔19年，叶圣陶总结自己的深入思考和丰富体验，以《如果我当教师》一文给出了明确的回答。他在这篇文章里，通过自叙如何当好小学教师、如何当好中学教师、如何当好大学教师，全面论述了他的中国现代教师观。他认为，在当今时代，无论当哪一级学校的教师，都要真诚热爱每一个学生，平等地与学生为友；都要以培养每一个学生成为"健全的公民""把国家民族推向前进"作为自己的根本职责，尽心尽力帮助学生"养成好习惯"，帮助学生"得到做人做事的经验"，并在学习中"处于主动的地位"，帮助学生"为学"，引导他们有所创新；都要视"自己是与学生同样的人"，并且更加注重自我修养，以身作则。①

　　在我国社会走向现代化的漫长历程中，叶圣陶一直高度重视教师的地位和作用，从教育发展以至社会进步、人民素质提高的高度，主张大力提高教师的地位和待遇，维护他们的应有权利，在全社会形成尊师爱生的良好风尚。他指出："在教育方面，什么学制、课程、训导纲要、教科书籍，比起教师来，都居于次要地位。……我们就社会的进步着想，不能不特别看重教育，尤其在大众亟需养成民主习惯的此刻。特别看重教育就不能不特别看重教师。"②他认为，在教育的所有要素和所有资源中，教师是最重要的和第一位的。"看重"教师，最基本的必须体现在国家对教师权利与待遇的应有保障和改善上。而对于教师本身来说，他指出："自己的权利不容不争取，自己的立场不容不恪守，这才是现代人——尤其是教育工作者——应有的风度。"③中国现代教师理应自觉坚守教育立场，义不容辞地肩负起人民解放、社会进步、国家发展和民族振兴赋予自己的使命职责。

　　新中国成立后，在迎来社会主义建设第一个五年计划制定并实施之际，叶圣陶专门写了《教师怎样尽责任》等文章，指出："实现五年计划的

---

　　① 叶至善、叶至美、叶至诚编：《叶圣陶集》（第十一卷），江苏教育出版社，2004，第129—140页。

　　② 叶至善、叶至美、叶至诚编：《叶圣陶集》（第十二卷），江苏教育出版社，2004，第235页。

　　③ 同上书，第235—236页。

是人，第一个计划之后还有第二个第三个，实现这些计划直到建成社会主义社会的是人，而教师就是培养这大批大批的人的，所以教师非常光荣，可是担当的责任也很不轻。"①他认为，要适应社会主义建设对人的培养的迫切需要，教师必须自觉地担当起时代赋予的重任。其中最主要的是：首先，教师要"认识他所教的学生"，即认识他们将做什么样的人，他们处在什么样的社会，他们在这个社会里将起什么样的作用，以及他们成长的规律。这些认识是根本，是源头。其次，教师要"让学生把学到的种种东西运用到实践里去"，包括学科教学要与实际生活结合，让学生把学到的知识运用于实践；品德教育要与实际生活联系，让学生将道德标准和行为规范自觉地付诸于实践。这就要求教师工作较过去时代有一个根本性的改变。叶圣陶勉励教师，要努力做到这两点，"在这伟大的时代尽分内的责任"②。

进入改革开放和社会主义现代化建设新时期，叶圣陶更加重视教师在整个社会发展中的基础地位和作用。针对当时《人民日报》报道的小学教师受某地宾馆工作人员轻慢和虐待事件，叶圣陶和吕叔湘、苏步青等一起写信给报社，表示"感到十分痛心"，指出："现在我们国家要实现四个现代化，根本在教育，而教育的根本在小学。小学教师不为名，不为利，辛勤劳动，做出重大贡献，理应得到全社会的尊重。"③他呼吁，务必要共同努力，把党中央"尊师爱生"的号召变为全社会成员的实践，"大家实践了，一种社会新风气就形成了"④。1983年5月，他又和周建人共同署名写信给中共中央办公厅，希望党中央责成有关部门，对重庆长寿县发生的毒打侮辱女教师事件"作出公开严肃处理，对于肇事的暴徒要绳之以法，并采取有效措施，保护教师的正当权益"⑤。1985年1月，最初由民进界别的19名

---

① 叶至善、叶至美、叶至诚编：《叶圣陶集》（第十一卷），江苏教育出版社，2004，第221页。

② 同上书，第221—224页。

③ 陈辽：《叶圣陶传记》，江苏教育出版社，1986，第243页。

④ 叶至善、叶至美、叶至诚编：《叶圣陶集》（第十一卷），江苏教育出版社，2004，第299页。

⑤ 刘立德：《一代师表叶圣陶与教师节》，《叶圣陶研究年刊（2024年）》，开明出版社，2024，第200页。

政协委员提出的恢复教师节案，正是根据叶圣陶的建议，经国务院总理提案，在第六届全国人大常委会第九次会议上通过决议，正式确定每年的 9 月 10 日为我国教师节。

在此期间，叶圣陶还从新时期我国社会主义教育事业特别是基础教育改革发展的长远大计出发，发表了《关于师范教育》《先做学生》《教育工作者的全部工作就是为人师表》等文章，对构建具有中国特色的高水平教师培养和在职教师继续学习提高相统一的现代教师教育作了探索。他提出："师范教育是推进和革新教育事业的根本"①，要大力发展和改革师范教育，打破"所受师范教育的高低与所教学校的级别相适应"的传统模式，借鉴发达国家的经验，建立类似"大学毕业 + 教育专业训练"的本科以上高学历教师培养体系，进一步提升中小学教师的专业地位和水平。同时，他又把在职教师的继续学习提高摆在十分重要的位置，指出："只有做学生的学生才能做学生的先生"，即使是师范大学毕业的教师也要"先做学生"，继续学习。② 在国家现代化建设加快发展、受教育者迅速成长的新形势下，所有教育工作者都要"考虑该怎样'自处'"，怎样不断学习，自我革新，"为人师表"③。

作为曾经担任小学、中学、大学和师范学校教师，一生与教师职业结下不解之缘的教育家，叶圣陶始终把实现教育现代化，促进人的发展、国家富强和民族振兴的希望更多地寄托于广大教师，始终把教师本身看作是教师发展的主体。他热情引导和鼓励教师们要自觉适应我国社会变革发展和教育改革发展的要求，不断加强自我修养，实现自身思想道德和专业能力的转变与提升，更好地担当时代使命，创造人生价值，并且一贯坚持以身作则，为广大教师树立了崇高的典范。

（二）叶圣陶中国现代教师思想对当代教师发展的启示

当代中国经济社会和教育正在全面建成小康的基础上，迈上了进一步

---

① 叶至善、叶至美、叶至诚编:《叶圣陶集》(第十一卷)，江苏教育出版社，2004，第 363 页。

② 同上书，第 361—362 页。

③ 同上书，第 378—379 页。

改革开放、创新发展，为全面建设社会主义现代化强国奠基的新征程。教师对于教育以至经济社会改革发展的作用与使命越来越重要，教师自身的转变与提高越来越迫切。

叶圣陶教育思想特别是关于中国现代教师的思想，为当代中国教师的发展提供了怎样的启示呢？

1. 中国现代教师首要的是要对国家和民族、对人生、对自己的事业，具有一种思想和精神的"自觉"

20 世纪初叶，身处半殖民地半封建旧中国，受到辛亥革命特别是后来"五四"新文化运动激励的青年叶圣陶，同当时中国一批首先觉醒的进步知识分子一样，心系国家、民族和人民命运，怀着"改革我同胞之心"，即培养合格的现代中国人的志向走上了教师岗位。叶圣陶基于教育改革探索实践，在 1919 年 2 月写的《今日中国的小学教育》中呼唤："教育事业原是教师做的，教师不能只等旁人来'觉我'，要靠自己觉悟。……若是从'自觉'得来的，便灵心澈悟，即知即行。我是个小学教师，所以我要'自觉'！我希望小学教育收到真实的功效，所以要请许多小学教师一同'自觉'。"[①]

这种"自觉"，是教师顺应时代变迁和人的发展，对教育价值与目的、对自身作用与使命的观念转变和"灵心澈悟"。叶圣陶指出："教育是有最终的目的和价值的准绳的，教育者的义务便是使儿童得到合理的系统的知识，确定他们的新人生观。"[②] 养成"自觉的，自动的，发展的，创造的，社会的"现代人、现代公民。[③] 他再三强调，中国现代教师应当清醒地认识到，现代教师与传统教师具有本质的区别：传统教师只须教学生读死书，能够去应考试取功名，对学生的人生是不负责任的；而现代教师却"要使学生能做人，能做事，成为健全的公民"[④]。

这种"自觉"，具体体现为教师对自己工作的理想追求、高度负责、认真谨严和满意体验的"即知即行"。叶圣陶曾经这样现身说法：无论当小学

---

① 叶至善、叶至美、叶至诚编:《叶圣陶集》(第十一卷)，江苏教育出版社，2004，第 20 页。

② 同上书，第 41 页。

③ 同上书，第 37 页。

④ 同上书，第 133 页。

中学或大学的教师，都要时时记着，在我面前的学生都是准备参加建国事业的人。"而要建国成功，必须参加各种事业的人个个够格，真个能够干他的事业。因此，当一班学生毕业的时候，我要逐个逐个的审量一下：甲够格吗？乙够格吗？丙够格吗？……如果答案全是肯定的，我才对自己感到满意：因为我帮助学生总算没有错儿，我对于建国事业也贡献了我的心力。"①

这种"自觉"，归根到底是一种文化的自觉，教育精神的自觉，是师道之精髓，师魂之所在。叶圣陶提出，面临新的时代，"教育者自当精进不懈，努力尽他们的责任"②。要为受教育者着想，为国家和民族着想，坚决革除让人读死书应考试，追求功名利禄的传统教育精神；要以国民的身份，对国家尽责任，明是非、辨善恶，以此立身，同时以此为教；要为人民服务，不只为某些个人或某些集团服务，不只为自己谋取名利，在"为人也为己"③，促进人的发展与自身发展的统一中充分体现教育的真义；要以"为万世开太平"为终极目标，立足教师工作岗位，脚踏实地，为实现人类美好理想"开其端，立其基"④。

2. 中国现代教师要不断加强师德修养，努力做到"为人师表"

叶圣陶在中国现代教师及其发展问题上，继承和发展了我国道德文化包括师德师风的优秀传统。他一贯强调："当教师的人应当讲究修养。"⑤"教育工作者的全部工作就是为人师表。"⑥师德修养永远是教师工作和发展的基础。"遇到社会大转变的时代，修养尤其不能马虎。"⑦他认为，这也正是中国现代教师所应当具有的道德自觉。

师德修养，最重要的是要对学生怀着一颗真诚的爱心。叶圣陶认为，

---

①　叶至善、叶至美、叶至诚编：《叶圣陶集》（第十一卷），江苏教育出版社，2004，第140页。

②　杜草甬、商金林编：《叶圣陶教育文集》，河南教育出版社，1989，第218页。

③　同上书，第219页。

④　同上书，第220页。

⑤　叶至善、叶至美、叶至诚编：《叶圣陶集》（第十一卷），江苏教育出版社，2004，第60页。

⑥　同上书，第378页。

⑦　叶至善、叶至美、叶至诚编：《叶圣陶集》（第十二卷），江苏教育出版社，2004，第288页。

教师首先要"胸中有学生"，无论遇到什么事情都坚持"学生第一"，以自己的道德良知抵制各种不良影响与诱惑，保护和促进学生健康成长；教师要对每一个学生平等相待、真心热爱，"无论聪明的，愚蠢的，干净的，肮脏的，我都要称他们为'小朋友'"，"小朋友的成长和进步是我的欢快；小朋友的羸弱和拙钝是我的忧虑"①，无论怎样不行的材质，总得不放手地加功夫上去；教师还要尊重学生的主体地位，充分了解和信任学生，引导学生自主学习、全面发展。

师德修养，关键在于教师日常工作和生活中道德行为的自律。叶圣陶曾经深刻指出："学生没有一种特别的本领，使自己只从算学教师那里学算学，而不起一毫别的关系，如思想的影响和性情的感染之类……所以算学教师的第一个条件固然在于能教算学，而将影响及学生感染及学生的所谓人品，务求其属于积极方面，这不能说是次要，至少要与能教算学同占第一条的位置。"②"一个教宋词研究或工程设计的教师，他的行为如果不正当的话，其给予学生的影响虽是无形的，却是深刻的；我不能不估计它的深刻程度。"③为此，叶圣陶谆谆告诫，教师在日常工作和生活中，一定要时时处处都注意道德修养，做到以身则。"以身作则，这四个字可以说是教师终身的座右铭。"④要使学生有一种真实明确的人生观，教师"自己就不可不先有一种真实明确的人生观"；要帮助学生养成各种良好习惯，教师"自己就得继续不断地养成这些良好习惯"。哪怕是一件细小的事情、一个具体的行为，都要"有诸己而后求诸人，无诸己而后非诸人"⑤。"教师以身作则，教师本身的行为就是标准和规范，也是一种极有效的'不言之教'。"⑥

师德修养，要与时俱进，在教育实践中不断学习、反思、提高。叶圣陶指出，在当今时代，教师要经常"就当前国家的形势，就受教育者的前

---

① 叶至善、叶至美、叶至诚编：《叶圣陶集》（第十一卷），江苏教育出版社，2004，第129页。

② 同上书，第56—57页。

③ 同上书，第140页。

④ 同上书，第258—259页。

⑤ 胡平生、张萌译注：《礼记》（下册），中华书局，2017，第1169页。

⑥ 叶至善、叶至美、叶至诚编：《叶圣陶集》（第十一卷），江苏教育出版社，2004，第224页。

途，考虑该怎样'自处'"，自觉适应社会与教育发展的新形势新要求，进一步做到"德才兼备，知能日新，一心为公，实事求是"；为学生和国家将来着想，进一步树立好学上进、探索创新的榜样。[①]

3. 中国现代教师要善于引导学生自学，实现"教是为了不教"

叶圣陶基于长期对我国教育教学改革的理性思考和经验总结，提出了"教是为了不教"的教育思想。他在给教师的一封信中精辟地指出："尝谓教师教各种学科，其最终目的在达到不复需教，而学生能自为研索，自求解决。故教师之为教，不在全盘授与，而在相机诱导。必令学生运其才智，勤其练习，领悟之源广开，纯熟之功弥深，乃为善教者也。"[②] 他认为，这也正是中国现代教师所应当具有的专业自觉。

由中国现代教育和教学的价值、目的所决定，教师的作用发生了根本性转变。教师的专业发展越来越集中体现在教师追求"教是为了不教"，善于引导学生自学的教育教学素养、智慧和能力的发展上。这样的专业发展，才能使教师真正尽好自己的职责，培养出"自觉的，自动的，发展的，创造的，社会的"现代中国人，[③] 培养出"疑难能自决，是非能自辨，斗争能自奋，高精能自探"[④] 的合格公民和创新人才，为人的发展和社会进步，为国家富强和民族振兴做出创造性贡献。因此，叶圣陶一再勉励教师："学生要学到一辈子自学的本领，教师的作用极关重要。教师不仅要授予学生以各科知识，尤其重要的在于启发学生，熏陶学生，让他们自己衷心乐意向求真崇善爱美的道路昂首前进。这是教师应尽的职责，也是教师伟大的功绩。"[⑤]

---

① 叶至善、叶至美、叶至诚编：《叶圣陶集》（第十一卷），江苏教育出版社，2004，第378—379页。

② 叶至善编：《叶圣陶答教师的100封信》，开明出版社，1989，第30页。

③ 叶至善、叶至美、叶至诚编：《叶圣陶集》（第十一卷），江苏教育出版社，2004，第37页。

④ 任苏民编著：《教育与人生——叶圣陶教育论著选读》，上海教育出版社，2004，第327页。

⑤ 叶至善、叶至美、叶至诚编：《叶圣陶集》（第十一卷），江苏教育出版社，2004，第348页。

教师是否能够引导学生善于自学，实现"教是为了不教"，也是中国现代教师的专业水平是否真正得到提高，教师是否真正成为教育家的重要标志。一段时期以来，人们都在热议教师专业化水平的进一步提升，即要成长和造就一大批"教育家"，或"教育家型"的校长、教师。叶圣陶认为，在当代，"唯有能这样做（即引导学生善于自学，实现'教是为了不教'）的教师才够得上称为名副其实的教育家"[①]。这无疑给当代中国教师专业发展指明了正确的方向。

二、借鉴叶圣陶中国现代教师思想做新时代"四有"好老师

2014年，习近平总书记在我国第三十个教师节同北京师范大学师生代表座谈时，发表了《做党和人民满意的好老师》的重要讲话。他提出："国家繁荣、民族振兴、教育发展，需要我们大力培养造就一支师德高尚、业务精湛、结构合理、充满活力的高素质专业化教师队伍，需要涌现一大批好老师。"那么，怎样才能成为好老师呢？正是在这篇讲话中，他深刻阐述了新时代"好老师"的"一些共同的、必不可少的特质"："第一，做好老师，要有理想信念""第二，做好老师，要有道德情操""第三，做好老师，要有扎实学识""第四，做好老师，要有仁爱之心"。[②] 这"四有"，是习近平总书记对好老师特质的高度概括，为广大教师努力成为新时代的好老师指明了奋斗目标。同时，这"四有"，也是习近平总书记对我国优秀传统教育思想和为师之道继承和创新，为广大教师从中汲取成长的思想营养和精神力量提供了深刻启示。

我国历史上以至近现代以来，具有极其深厚的教育思想和为师之道的优秀传统。这些优秀传统，集中体现在历代杰出教育家的教育实践和教育

---

① 叶至善、叶至美、叶至诚编：《叶圣陶集》（第十一卷），江苏教育出版社，2004，第351页。

② 习近平：《做党和人民满意的好老师——同北京师范大学师生代表座谈时的讲话》，《人民教育》2014年第19期。

思想包括教师思想中。我国现代文化教育一代宗师叶圣陶的教育实践和教育思想就是其典型之一。叶圣陶，诚如温家宝所说，是中国现当代教育史上"毕生都投入了教育事业"，并且做出卓越贡献的"大教育家"[①]。他终身从事教育工作，构成了他的教育思想所特有的教师的基本视角和师道的核心内涵，形成了他整个教育思想的重要组成部分——叶圣陶中国现代教师思想。

叶圣陶中国现代教师思想内涵丰富、深刻，既传承了中华优秀传统教育思想和为师之道，又体现了中国现代教师的时代精神和发展要求。这一思想，特别是其核心要义，即中国现代教师适应时代变革、弘扬优秀传统、担当新的使命的四个"自觉"，对广大教师响应习近平总书记号召，努力做新时代"四有"好老师，具有宝贵的借鉴价值。

（一）以思想精神自觉，树立好老师应有的理想信念

习近平总书记指出："做好老师，要有理想信念。""正确理想信念是教书育人、播种未来的指路明灯。""好老师心中要有国家和民族，要明确意识到肩负的国家使命和社会责任。"[②] 这也是古往今来特别是"五四"以来我国"好老师"的精神特质。

早在五四新文化运动前后，叶圣陶就敏锐觉察时代变迁对教育改革和教师转型的必然要求，深感自己当时作为小学教师肩负的使命责任。他在《新潮》杂志上发表了《今日中国的小学教育》《小学教育的改造》等文章，指出："无论什么事业，我们去做它，必须先把这项事业的价值理解明白。"[③]"小学教育的意义，概括的说来，便是使儿童在行为上得到新的人生观。要达到这个目的，须承认人生必须是自觉的，自动的，发展的，创造的，社会的，而以教育做手段，使学生养成这种种品德和习惯，以至于达

---

① 《温家宝谈教育》编辑组编：《温家宝谈教育》，人民出版社、人民教育出版社，2013，第 114 页。

② 习近平：《做党和人民满意的好老师——同北京师范大学师生代表座谈时的讲话》，《人民教育》2014 年第 19 期。

③ 叶至善、叶至美、叶至诚编：《叶圣陶集》（第十一卷），江苏教育出版社，2004，第 8 页。

到最高的高度。"[1]"教育者的义务便是使儿童得到合理的系统的知识，确定他们的新人生观。"[2] 为此，他呼唤："教育事业原是教师做的，教师不能只等旁人来'觉我'，要靠自己觉悟。……我是个小学教师，所以我要'自觉'！我希望小学教育收到真实的功效，所以要请许多小学教师一同'自觉'。"[3] 正是由于有了这样一种思想和精神的"自觉"，许多中国教师才会在社会与教育变革发展中转变和成长为具有正确理想信念的现代教师。

在新民主主义革命时期，叶圣陶先后发表《如果我当教师》《如果教育者发表〈精神独立宣言〉》等文章，指出：教师无论担任哪一门功课，都不能忘记"有个总目标，那就是'教育'——造成健全的公民。每一种功课犹如车轮上的一根'辐'，许多的辐必须集中在'教育'的'轴'上，才能成为把国家民族推向前进的整个'轮子'"[4]。在民主革命加快进程的新形势下，"教育者自当精进不懈，努力尽他们的责任"[5]。要为受教育者着想，坚决革除让人读死书应考试、追求功名利禄的传统教育精神；要对国家尽责，明是非、辨善恶，以此立身为教；要为人民服务，不只为某些个人或集团服务，在促进人的发展与自身发展的统一中充分体现教育的真义；要像中国古代思想家张载所说的"为天地立心，为生民立命，为往圣继绝学，为万世开太平"[6]，志存高远，在教育岗位上用自己"一点一滴的实干"，为实现人类美好理想开端立基。

在新中国成立后进入社会主义建设时期，叶圣陶发表了《教师怎样尽责任》等文章，指出：实现一个又一个五年计划直到建成社会主义社会的是人，"而教师就是培养这大批大批的人的，所以教师非常光荣，可是担当的责任也很不轻。"[7]"教师们为了在这伟大的时代尽分内的责任，一定乐

---

① 叶至善、叶至美、叶至诚编：《叶圣陶集》（第十一卷），江苏教育出版社，2004，第 37 页。

② 同上书，第 41 页。

③ 同上书，第 20 页。

④ 同上书，第 135 页。

⑤ 杜草甬、商金林编：《叶圣陶教育文集》，河南教育出版社，1989，第 218 页。

⑥ 张载：《张载集》，中华书局，1978，第 320 页。

⑦ 叶至善、叶至美、叶至诚编：《叶圣陶集》（第十一卷），江苏教育出版社，2004，第 221 页。

于付出无量的心思和劳动。"①

在改革开放和社会主义现代化建设新时期，叶圣陶指出："四个现代化，科学技术现代化是基础。"但是研究和利用现代科学技术的是千千万万活生生的人。"这千千万万的人要研究得精，利用得好，不仅靠科技知能的高明，也得靠思想品德的纯正，意志操行的坚强，还有扎实的基础知能的训练也是断然不可缺的。"这些"全都是教育的分内事"，也是新时期教师的职责所在。教师要"加强自己的责任感"，"尽心竭力，不辜负党和人民的要求"②。面对我国现代化建设的加快推进，面对世界与人的变化发展，叶圣陶强调教师要担当好自己的使命，就要努力实现"教是为了不教"。他指出："学生要学到一辈子自学的本领，教师的作用极关重要。教师不仅要授予学生各科知识，尤其重要的在于启发学生，熏陶学生，让他们自己衷心乐意向求真崇善爱美的道路昂首前进。这是教师应尽的职责，也是教师伟大的功绩。"③

叶圣陶关于中国现代教师思想精神自觉的论述和身教，为新时代教师树立理想信念提供了有益借鉴。

新时代教师以思想精神自觉树立理想信念，就要主动适应新时代社会变革发展与人的变化发展要求，自觉实现对教育价值与目的的观念更新，实现对自身使命与责任的"灵心澈悟"。要认真学习领悟习近平新时代中国特色社会主义思想包括关于教育的重要论述，树立"为人民服务、为中国特色社会主义服务、为改革开放和社会主义现代化建设服务"④，"落实立德树人根本任务，培养德智体美劳全面发展的社会主义建设者和接班人"⑤，为中华民族伟大复兴奠定基础的教育理想和职业信念，并且积极

---

① 叶至善、叶至美、叶至诚编：《叶圣陶集》（第十一卷），江苏教育出版社，2004，第 224 页。

② 同上书，第 288—289 页。

③ 同上书，第 348 页。

④ 习近平：《做党和人民满意的好老师——同北京师范大学师生代表座谈时的讲话》，《人民教育》2014 年第 19 期。

⑤ 习近平：《高举中国特色社会主义伟大旗帜 为全面建设社会主义现代化国家而团结奋斗——在中国共产党第二十次全国代表大会上的报告》，人民出版社，2022，第 34 页。

投身教育改革创新，把自己的理想信念充分体现在教书育人的本职工作之中。

新时代教师以思想精神自觉树立理想信念，就要对国家、对社会、对下一代尽责任，明是非、辨善恶，带头践行和倡导社会主义核心价值观。要用好课堂讲坛，用好校园阵地，用自己的行动，引导和帮助学生树立正确的世界观、历史观、人生观和价值观，"用自己的学识、阅历、经验点燃学生对真善美的向往"[1]。使社会主义核心价值观和崇高人生理想润物细无声地浸润学生心田，转化为他们的行为，成为他们人生道路的指路明灯，成为他们成长成才的精神动力。

（二）以道德修养自觉，陶冶好老师应有的道德情操

习近平总书记指出："做好老师，要有道德情操。""教师的职业特性决定了教师必须是道德高尚的人群。""好老师首先应该是以德施教、以德立身的楷模。""好老师的道德情操最终要体现到对所从事职业的忠诚和热爱上来。"[2] 这也是古往今来特别是"五四"以来我国"好老师"的道德特质。

叶圣陶在其整个教育生涯中，始终高度重视并身体力行师德修养。早在"五四"时期，他就指出：教师要适应新的时代要求，加强自我修养。"如今小学教师的缺点，就在欠修养功夫。"而"小学教师是栽培小学生的，如今要使小学生有一种真实明确的人生观，要用种种方法去陶冶他们，自己就不可不先有一种真实明确的人生观"[3]。不久，他专门发表了《教师的修养》一文，强调："当教师的人应当讲究修养"，要将教师的道德行为修养放在其合格条件的第一位。[4]

叶圣陶认为，师德修养，首先是教师要加强对自己道德行为的自我反思、自我修养。因为学生没有一种特别的本领，只从某一学科教师那里学

---

① 习近平：《做党和人民满意的好老师——同北京师范大学师生代表座谈时的讲话》，《人民教育》2014年第19期。

② 同上。

③ 叶至善、叶至美、叶至诚编：《叶圣陶集》（第十一卷），江苏教育出版社，2004，第8—9页。

④ 同上书，第60页。

某一学科，教育教学中影响、感染学生更加深刻更加重要的，往往是教师的人品和行为。教师必须自觉做到"一言一行都没有消极的影响，一饮一啄都要有正当的意义""这虽是最正常的，也是最根本的"①。在此基础上，进而实现先贤所说的"有诸己而后求诸人，无诸己而后非诸人"②，在教育教学和日常生活中，以自己的道德行为修养发挥对受教育者潜移默化的感染和示范作用，打好他们人生的底色。

师德修养，还突出体现为教师对教育教学工作的高度自觉、认真负责、敬业奉献。叶圣陶曾经现身说法："我与从前书房里的老先生其实是大有分别的：他们只须教学生把书读通，能够去应考试，取功名，此外没有他们的事儿；而我呢，却要使学生能做人，能做事，成为健全的公民。"③无论当小学中学或大学的教师，我要时时记着，在我面前的学生都是准备参加建国事业的人。只有当我教的这班学生毕业时候全都是够格的，"我才对自己感到满意：因为我帮助学生总算没有错儿，我对于建国事业也贡献了我的心力"④。

新中国成立后以至改革开放和现代化建设新时期，叶圣陶先后发表《教师必须以身作则》《身教和言教》《教育工作者的全部工作就是为人师表》等文章，就教师如何弘扬我国优秀师德传统，加强自我修养做了进一步论述。他指出，为了培养学生成为社会主义的合格公民和建设人才，教师就要不负国家和人民的重托，立足自己岗位干好工作，干出乐趣，立志终身从教。要干好教育工作，教师不仅要"言教"，更必须实行"身教"。"我国自古以来有'言教'和'身教'的说法，还说'身教'胜于'言教'。'身教'就是'以身作则'，教育者自己作出榜样来，让受教育者自动仿效，收到的效果当然比光凭口说深切得多。"⑤叶圣陶强调：就其本质而言，"教

---

① 叶至善、叶至美、叶至诚编：《叶圣陶集》（第十一卷），江苏教育出版社，2004，第59页。
② 胡平生、张萌译注：《礼记》（下册），中华书局，2017，第1169页。
③ 叶至善、叶至美、叶至诚编：《叶圣陶集》（第十一卷），江苏教育出版社，2004，第133页。
④ 同上书，第140页。
⑤ 同上书，第328页。

育工作者的全部工作就是为人师表"。面对我国现代化建设和受教育者成长的新形势新要求，教育者必须要自觉地在"德才兼备，知能日新，一心为公，实事求是"等方面提高修养，足以为受教育者的模范，从而更好地尽己职责，为人师表。①

叶圣陶关于中国现代教师道德修养自觉的论述和身教，为新时代教师陶冶道德情操提供了有益借鉴。

新时代教师以道德修养自觉陶冶道德情操，首先要深刻认识教师职业的育人本质和道德特性。古人说："师也者，教之以事而喻诸德者也。"② 教师无论教什么学科，都担负着立德树人的使命，因此都必须首先加强自己的道德修养。新时代教师更应该具有这种道德修养的自觉，正如习近平总书记所指出的：要"把教书育人和自我修养结合起来，做到以德立身、以德立学、以德施教"③。好老师不仅要在讲台上旗帜鲜明地传授社会主义核心价值观和道德行为准则，更要注重从自己教育教学工作以至日常生活的一言一行做起，力求言为士则、行为世范，不断提高自身道德修养，以模范行为影响和带动学生，"做学生为学、为事、为人的大先生"④。

新时代教师以道德修养自觉陶冶道德情操，突出体现在教师对自己所从事职业的那份高尚的教育情怀和执着的敬业奉献。我国自近现代以来，教师队伍中一直不乏有优秀者自觉担当思想启蒙者和教育改革家的角色，更有许多教师热爱教育工作，为培养后人默默奉献一生。新时代教师应当大力弘扬历史上中国优秀教师的这种教育情怀和敬业精神，自觉地将自己的本职工作同强国建设、民族复兴的伟大事业联系起来，"牢记为党育人、为国育才的初心使命"⑤，向黄大年、张桂梅等时代楷模学习，像他们那样

---

① 叶至善、叶至美、叶至诚编:《叶圣陶集》(第十一卷)，江苏教育出版社，2004，第378—379页。

② 胡平生、张萌译注:《礼记》(上册)，中华书局，2017，第403页。

③ 习近平:《在北京大学师生座谈会上的讲话》，《人民日报》2018年5月3日，第2版。

④《习近平在中国人民大学考察时强调　坚持党的领导传承红色基因扎根中国大地　走出一条建设中国特色世界一流大学新路》，《人民日报》2022年4月26日，第1版。

⑤《习近平在北京育英学校考察时强调　争当德智体美劳全面发展的新时代好儿童》，《人民日报》2023年6月1日，第1版。

心有大我、至诚报国，教书育人、敢为人先，淡泊名利、甘于奉献，点燃希望、不懈奋进。教师"要有'衣带渐宽终不悔，为伊消得人憔悴'的精神，兢兢业业做好工作"①，从而培养一代又一代学子成人成才，收获桃李满天下。

（三）以专业研修自觉，涵养好老师应有的扎实学识

习近平总书记指出："做好老师，要有扎实学识。""扎实的知识功底、过硬的教学能力、勤勉的教学态度、科学的教学方法是老师的基本素质，其中知识是根本基础。""在信息时代做好老师，自己所知道的必须大大超过要教给学生的范围。不仅要有胜任教学的专业知识，还要有广博的通用知识和宽广的胸怀视野。"② 这也是古往今来特别是"五四"以来我国"好老师"的文化特质。

早在新文化运动兴起之时，叶圣陶就以"欲运我灵思与世界学术接触"③ 的开阔视野，学习研究西方先进思想文化包括早期现代教育理论，寻求救国之道和改革之鉴。他在《今日中国的小学教育》中指出：教师要使儿童养成新人生观，成为现代中国人，就"先要把这等问题的各门科学，如生物学、人类学、心理学、社会学、伦理学、论理学、哲学等等，下一番切实的研究功夫"④。教师不仅要具备教育的科学知识，还要在教学实践中不断长进和创造自己工作所需的经验学识。"教师对儿童自然要担负帮助和指导的责任，但是教师自身也随时长进经验，随时有所创作有所进步。"⑤

叶圣陶认为，中国现代教师要担当起自己的使命责任，必须具有扎实的专业知识和技能。其一，要熟习所教的学科，"所谓熟习，意思是不仅

　　① 习近平：《做党和人民满意的好老师——同北京师范大学师生代表座谈时的讲话》，《人民教育》2014年第19期。
　　② 同上。
　　③ 商金林：《叶圣陶传论》，安徽教育出版社，1995，第185页。
　　④ 叶至善、叶至美、叶至诚编：《叶圣陶集》（第十一卷），江苏教育出版社，2004，第11页。
　　⑤ 同上书，第42页。

记住那些学科的内容，而要把那些内容消化了，随时随处都能拿出来运用"[1]；其二，"还必须懂得该学科与其他学科的关联，还必须懂得该学科与思想品德教育的关联"[2]；其三，"开一门课程，对于那门课程的整个系统或研究方法，至少要有一点儿我自己的东西，以通常说法就是所谓'心得'""我不但把我的一点儿给与他们（学生），还要诱导他们帮助他们各自得到他们的一点儿；唯有如此，文化的总和才会越积越多，文化的质地才会今胜于古，明日超过今日"[3]；其四，对于通用的教育理论知识"生理学、心理学、教育学之类非钻研不可。钻研这些学科越深，认识学生身心越真，教起来就越有把握"[4]。这些论述，突破了传统的"教书"和"学科"本位，而立足于中国现代教师的文化使命来构筑教师的"专业"和"专业知识"，因此更加注重教师对所教学科知识的真正消化和善于运用，注重教师与其"育人"任务相应的广博而整体性的专业知识结构，注重教师对所开课程的独立钻研和创见，注重教师对于帮助学生发展这种独立性、创造性所必需的现代教育理论的掌握。除此以外，教师还必须练就过硬的专业技能。叶圣陶指出：就语文教学而言，"教师增加本钱，最为切要。所谓本钱，一为善读，二为善写，二者实相关而不可剖分。"[5]"唯有老师善读善写，乃能导引学生渐进于善读善写"[6]。

叶圣陶强调，中国现代教师的知识学问，不仅来自书本，更来自实践，要基于本土实践，理论结合实际，努力钻研，灵活运用，有所创新，才能形成自己的教育真知。1958年，他在给刚从河北大学教育系毕业前往山东惠民师范学校任教的外甥女江亦多的信中写道："你是教育系的毕业生，教育理论当然学了不少，但是在教学和班级工作的实践上，你是个

---

[1] 叶至善、叶至美、叶至诚编：《叶圣陶集》（第十一卷），江苏教育出版社，2004，第257页。

[2] 叶至善编：《叶圣陶答教师的100封信》，开明出版社，1989，第156页。

[3] 叶至善、叶至美、叶至诚编：《叶圣陶集》（第十一卷），江苏教育出版社，2004，第138页。

[4] 同上书，第222页。

[5] 叶至善编：《叶圣陶答教师的100封信》，开明出版社，1989，第27页。

[6] 同上书，第28页。

新手，你还没有真知。所以我要提醒你，不要有架子，要虚心地向有经验的同志学习请教，多动脑筋钻研教学和了解学生，不断努力才能够真正懂得实践出真知的道理。"①"你在大学学的是凯洛夫教育学，那是苏联的教育学，不是中国的教育学。因此在实践中必须根据我们中国的实际，山东的实际，你们学校和学生的实际，灵活适当地运用，才能有所得益。"在他看来，教师的教育真知，都是要通过教师在教育教学实践中理论与实际相结合的学习和研究，通过对教育教学现实问题的探索和解决来获得的。

不但如此，叶圣陶还指出，社会与教育的发展无止境，教师的知识学问也无止境。教师一定要与时俱进，主动适应时代发展和工作需要，在教育教学实践中继续不断地学习和研究，提升引导学生自主学习、走向未来的知识和本领，为尽好自己的责任打下更加坚实的专业基础。

叶圣陶关于中国现代教师专业研修自觉的论述和身教，为新时代教师涵养扎实学识提供了有益借鉴。

新时代教师以专业研修自觉涵养扎实学识，首先要从立德树人、培养新人的教育使命高度，适应信息时代科技创新和中国式现代化的发展趋势，坚持终身学习，努力使自己始终处于学习状态，站在知识发展前沿，刻苦钻研、严谨笃学，不断充实自己的学科专业知识；拓展视野、探索新知，不断提升自己的科学文化素养。"问渠那得清如许？为有源头活水来。"好老师要给学生打下知识基础的"一碗水"，自己就要具备从其科技文化创新和社会生活变化的源头活水中汲取的"一潭水"。

新时代教师以专业研修自觉涵养扎实学识，必须要基于本土实践，理论联系实际，在自己的教育教学实践与研究中学习进修。好老师应当围绕自己所教学生和学科，紧密结合学生成长和课程教材，提出并针对教育教学的现实问题，认真、深入开展研修，努力把握和运用新的学科知识体系和教育教学规律，构建有效引导和帮助学生自主学习成长的教育教学目标、内容、路径、方法，既授人以鱼，又授人以渔，不断在教育教学实践

① 叶至善编：《叶圣陶答教师的100封信》，开明出版社，1989，第1页。

探索与创新中丰富自己的教育经验，增进自己的教育真知，成为"智慧型的老师"①。

（四）以育人实践自觉，怀抱好老师应有的仁爱之心

习近平总书记指出："做好老师，要有仁爱之心。""好老师对学生的教育和引导应该是充满爱心和信任的。""有爱才有责任。好老师应该懂得，选择当老师就选择了责任，就要尽到教书育人、立德树人的责任。""老师还要具有尊重学生、理解学生、宽容学生的品质。"②这也是古往今来特别是"五四"以来我国"好老师"的人格特质。

叶圣陶一生从事教育工作，无论是当小学、中学、大学和师范学校教师，还是编写各级学校语文课程教材，以至撰写学生指导文章、进行儿童文学创作，自始至终都倾注了他对儿童、对学生的热爱，寄托了他对祖国未来的希望。他深情地把学生比作"种子"，指出："一棵花，一棵草，它那发荣滋长的可能性，在一粒种子的时候早已具备了。"③教师要"把学生看成有生机的种子，本身具有萌发生长的机能，只要给以适宜的培育和护理，就能自然而然的长成佳谷、美蔬、好树、好花"④。

叶圣陶认为，教师对学生的教育要充满爱心和信任，必须基于对他们的真切了解。他指出：儿童都有其本能、欲望和兴趣。"如果能引导，没有一种本能，没有积极的倾向，不过有的比较容易陶铸成良好的品德，有的比较难一些罢了"；"儿童的活动逾越常规，就因为他们对环境感到新奇，非常羡慕，于是引起了求知求行求享受的欲望"，应该"引导他们满足欲望，归结到合理而有系统的道路上去"；"兴趣是我们的生命所寄托的"，"今后的教育要着力扩充儿童兴趣所及的范围，并使他们养成终身的习惯"⑤。

---

① 习近平：《做党和人民满意的好老师——同北京师范大学师生代表座谈时的讲话》，《人民教育》2014年第19期。
② 同上。
③ 叶至善、叶至美、叶至诚编：《叶圣陶集》（第十一卷），江苏教育出版社，2004，第8页。
④ 杜草甬、商金林编：《叶圣陶教育文集》，河南教育出版社，1989，第331—332页。
⑤ 叶至善、叶至美、叶至诚编：《叶圣陶集》（第十一卷），江苏教育出版社，2004，第39—40页。

　　教师对学生的爱心，突出体现在教育实践中亲近和尊重学生，平等对待每一个学生，真心诚意做学生的良师益友。叶圣陶曾以自己为例指出："我要做学生的朋友，我要学生做我的朋友。""无论聪明的，愚蠢的，干净的，肮脏的，我都要称他们为'小朋友'。""小朋友的成长和进步是我的欢快；小朋友的羸弱和拙钝是我的忧虑。有了欢快，我将永远保持它；有了忧虑，我将设法消除它。"[①] 教师还应该自觉地把自己看作是与学生同样的人，并且在做人、做事和为学各方面乃至细小的行为上以身作则，尽好帮助学生健康成长的责任。

　　鉴于长期以来应试教育弊端给学生成长带来的不良影响，叶圣陶一再呼吁，要深化教育改革，坚决纠正应试倾向，切实减轻学业负担，保护和促进学生健康成长。他强调，教师一定要为学生和国家民族的未来着想，努力使自己的工作达到"教是为了不教"的境界。"教任何功课，最终目的都在于达到不需要教。假如学生进入这样一种境界，能够自己去探索，自己去辨析，自己去历练，从而获得正确的知识和熟练的能力，岂不是就不需要教了吗？而学生所以要学要练，就为要进入这样的境。"[②] "达到不需要教，就是要教给学生自己学习的本领，让他们自己学习一辈子。"[③] "一辈子坚持自学的人也就是一辈子自强不息的人。不难想象，这样的人不断增多，社会和国家将达到何等繁荣昌盛的境界。"[④] 他的言行，无不充分体现了对学生的真爱和大爱，对祖国未来的期望和憧憬。

　　叶圣陶关于中国现代教师育人实践自觉的论述和身教，为新时代教师怀抱仁爱之心提供了有益借鉴。

　　新时代教师以育人实践自觉怀抱仁爱之心，就要真切地了解学生，使自己对学生的教育和引导充满爱心和信任，遵循学生身心发展规律和学习心理特点，创设师生共同生活、亲密互动、教学相长的育人情境，使自己

---

　　① 叶至善、叶至美、叶至诚编：《叶圣陶集》（第十一卷），江苏教育出版社，2004，第129页。

　　② 同上书，第263页。

　　③ 同上书，第356—357页。

　　④ 同上书，第351页。

成为学生信赖的好朋友和贴心人。好老师应该秉持公平正义之道，把自己的温暖和情感倾注到每一个学生身上，无论其家庭背景和天赋条件如何，平等对待每一个学生，尊重学生的个性，理解学生的情感，包容学生的缺点和不足，善于发现每一个学生的长处和闪光点，让所有学生都能充满自信，享受成功的喜悦；让所有学生都能获得发展，成长为有用之才。

新时代教师以育人实践自觉怀抱仁爱之心，就要真心面向学生和国家民族的未来，自觉投身教育教学改革，勇于担起落实立德树人、发展素质教育的历史责任，坚决抵制教育界和社会上的功利化等不良倾向，切实减轻学生作业负担和课外培训负担，保护和促进学生健康成长。好老师应该坚持以学生为中心，主动适应新时代学生发展的新特点和课程改革的新要求，努力转变和更新教育观念，改进和创新教学方法，发展学生核心素养，全面提高教育质量，以教育者的大爱，为学生终身发展、终身幸福奠定基础，为造就"强国建设、民族复兴伟业的接班人和未来主力军"①尽心尽责。

2023年，在第三十九个教师节到来之际，习近平总书记向全国优秀教师代表致信指出："教师群体中涌现出一批教育家和优秀教师，他们具有心有大我、至诚报国的理想信念，言为士则、行为世范的道德情操，启智润心、因材施教的育人智慧，勤学笃行、求是创新的躬耕态度，乐教爱生、甘于奉献的仁爱之心，胸怀天下、以文化人的弘道追求，展现了中国特有的教育家精神。"②这就在做"四有"好老师等教师队伍建设重要论述的基础上，进一步提炼和概括了中国教育家和优秀教师特有的精神品质，为新时代广大教师成长和发展树立了更高标杆。深入研究借鉴叶圣陶中国现代教师思想和为人师表精神风范，特别是其核心要义——四个"自觉"，必将有裨益于新时代广大教师不辜负习近平总书记的殷切希望，"以教育家为榜样，大力弘扬教育家精神""为强国建设、民族复兴伟业作出新的更

---

① 《习近平在北京育英学校考察时强调 争当德智体美劳全面发展的新时代好儿童》，《人民日报》2023年6月1日，第1版。

② 习近平：《习近平致全国优秀教师代表的信》，《人民日报》2023年9月10日，第1版。

大贡献"①。

三、在新课程新教材改革中实现教师自我革新

在新时代我国经济社会发展新阶段，基础教育迫切需要深入推进新课程新教材改革，在落实立德树人根本任务上迈出更加坚实、有效的步伐。而解决这一任务，关键在于广大教师能否主动适应社会与教育新的历史性变革，加快进行自我革新，从而实现教育改革与教师发展互动共进。这在一定意义上也是对叶圣陶中国现代教师思想的继承和弘扬。

（一）新时代立德树人根本任务的确立，推动了新一轮课程教材改革

习近平总书记在党的十九大报告中指出：新时代教育，"要全面贯彻党的教育方针，落实立德树人根本任务，发展素质教育，推进教育公平，培养德智体美全面发展的社会主义建设者和接班人"②。在 2018 年 9 月 10 日全国教育大会上，他又进一步指出："要努力构建德智体美劳全面培养的教育体系，形成更高水平的人才培养体系。要把立德树人融入思想道德教育、文化知识教育、社会实践教育各环节，贯穿基础教育、职业教育、高等教育各领域。学科体系、教学体系、教材体系、管理体系要围绕这个目标来设计，教师要围绕这个目标来教，学生要围绕这个目标来学。凡是不利于实现这个目标的做法都要坚决改过来。"③ 习近平总书记关于立德树人的重要论述，为新时代我国教育改革发展指明了方向。

新时代确立的教育以立德树人为根本任务，将之全面、系统、深入地贯彻落实到教育体系构建和教育教学实践中，就推动了新一轮基础教育课程教材改革。首先是在 2017 年，经过"五年磨一剑"的国家统编义务教

---

① 习近平：《习近平致全国优秀教师代表的信》，《人民日报》2023 年 9 月 10 日，第 1 版。
② 习近平：《决胜全面建成小康社会　夺取新时代中国特色社会主义伟大胜利——在中国共产党第十九次全国代表大会上的报告》，《人民日报》2017 年 10 月 28 日，第 4 版。
③ 吴昌、胡浩：《习近平在全国教育大会上强调　坚持中国特色社会主义教育发展道路　培养德智体美劳全面发展的社会主义建设者和接班人》，《人民日报》2018 年 9 月 11 日，第 1 版。

育道德与法治、语文、历史三科教材正式启用；紧接着在 2018 年，普通高中新课程新教材开始实施。自 2022 年秋季起，教育部又基于多年精心研制试验，进一步在全国范围内推出义务教育新课程方案和新课程标准，并且与之相应的整套新教材开始在 2024 年秋季出版使用。

落实立德树人的基础教育新课程新教材具有鲜明的时代特征和深刻的本质内涵。它力求结合义务教育和高中学科教学特点，把立德树人的根本任务具体化为聚焦发展核心素养、全面提高教育质量的课程目标；遵循教育教学规律，适应学生学习心理，构建科学、生动、有效地引导学生自主学习、健康成长的教材体系，富有"教是为了不教"的素质教育思想意蕴（温家宝曾指出："素质教育可以用 6 个字概括——教是为了不教。这就是教育思想。"[①]），以期更好地实现培养德智体美劳全面发展的社会主义建设者和接班人、培养能够担当强国建设、民族复兴光荣使命的时代新人的教育目的。

（二）落实立德树人的新课程新教材要取得育人实效，关键在教师

落实立德树人的基础教育新课程新教材要付诸教学实践，取得育人实效，关键在于教师。我国基础教育课程改革的历史经验证明，尽管课程和教材适应时代发展与人才培养要求不断改革创新，但是决定其能否真正在学校和课堂落地，通过教学成功地转化为学生学习成长的教育质量、教育效益，最直接最主要的还是靠教师。教师对实施新课程新教材，落实立德树人负有十分重要的主体责任。

叶圣陶曾经在《关于〈国文百八课〉》一文中指出："本书问世以来，颇得好评。至于缺点，当然难免。……本书每课有一目标，为求目标与目标间的系统完整，有时把变化兴味牺牲亦在所不惜。所望使用者一方面认识本书的长处，一方面在可能的时候设法弥补本书的短处。（如临时提供

---

① 张旭东：《"政府工作的中心是民生"——温家宝总理就政府工作报告征求教科文卫体界人士意见座谈会侧记》，《人民日报》2012 年 2 月 14 日，第 1 版。

别的新材料等。)"① 这段论述深刻启示我们，课程教材与作为实际使用者和深度开发者的教师之间有着相互依存、相辅相成的辩证关系。《国文百八课》是 20 世纪 30 年代叶圣陶和夏丏尊合作编写的一部旨在"给与国文以科学性"②，至今仍具重要借鉴价值的现代语文教材范本。但即便这样的经典教材，优点突出，也往往难免有随之相生的"缺点"或局限。叶圣陶殷切希望广大教师在教学实践中认真履行自己的职责，自觉对课程教材扬长补短，创造性地加以实施，在实施中进一步开发，使其更好地发挥育人功效。

（三）教师要担当实施新课程新教材的主体责任，必须自我革新

为要自觉地担当起自己的主体责任，在教育教学实践中主动适应并有效实施新课程新教材，实现其落实立德树人的育人价值，达到其"教是为了不教"的教学功效，教师必须打破以往习惯的教育和教学思维定式，在新课程新教材的教学实践中"先受教育"③，自我革新。

这种与新课程新教材改革相适应的教师自我革新，大致包括三个层面。

一是思想精神的自觉。坚持教育者与时俱进。教师要在我国社会与教育新的历史性变革中，认真学习习近平总书记关于教育的重要论述，自觉转变与新时代教育改革包括课程教材改革和教学改革创新不相适应的思想观念、精神状态，对立德树人的时代使命和课程教学改革的正确方向，努力做到"灵心澈悟，即知即行"④，也就是要再一次实现教育思想和教学实践的自我觉醒、自我超越，正确认知，坚定信念，主动进取，笃实践行。

二是自我教育的先行。坚持教育者先受教育。教师在道德上，首先要加强自我修养。"把教书育人和自我修养结合起来，做到以德立身、以德

---

① 叶至善、叶至美、叶至诚编：《叶圣陶集》（第十六卷），江苏教育出版社，2004，第 35 页。

② 同上书，第 173 页。

③ 商金林编著：《叶圣陶年谱长编》（第四卷），人民教育出版社，2005，第 607 页。

④ 叶至善、叶至美、叶至诚编：《叶圣陶集》（第十一卷），江苏教育出版社，2004，第 20 页。

立学、以德施教"。[①]将社会主义核心价值观和优良师德师风，具体、细致地贯彻在新课程新教材育人价值的正确开掘与努力实现中，体现在引导和帮助学生学习成长的"言教"和"不言之教"[②]中。教师在专业上，首先要加强自我研修。围绕新课程新教材不断拓展自己的科学文化知识和教育理论思维，并且结合学生实际扎实开展教学研究，准确、深入、系统地把握新课程新教材，在解决新的教学现实问题的同时，实现自身专业素养和技能的修炼、更新和提升。叶圣陶曾经在谈到教师钻研课程教材、设计课堂教学时指出："看看参考资料，只能起辅助的作用。真的自力更生，还在于自己教育自己，培养真功夫。"[③]教师不断磨砺和提高这样的"真功夫"，才能为新课程新教材有效教学提供有力的专业支撑。

三是善教善导的实践。坚持教育者实践创新。教师要在新课程新教材的有效教学研究中不断进行实践探索，总结新经验，生成新智慧，努力做到对学生的自主学习、健康成长善教善导。善于优化课堂，创造性地构建适应新课程新教材，有机贯穿立德树人根本任务的教学实践；善于引导学生，创造性地形成运用新课程新教材，生动体现"教是为了不教"教育思想的自我教育，从而实现师生教学相长，共同发展。

（四）教师的自我革新要在新课程新教材教学实践与研究中进行

与新课程新教材改革相适应的教师自我革新，不光要靠专门培训，最主要最有效的是要在教师自己的新课程新教材教学实践与研究中深入进行。

下面想通过两个实例来具体分析说明这一观点，并进一步强调教师自我革新对于正确、有效实施新课程新教材和实现教师自身发展的重要性和迫切性。

例一：某中学教师运用国编新教材上的一节语文课。这节课教的是义

---

① 习近平：《在北京大学师生座谈会上的讲话》，《人民日报》2018 年 5 月 3 日，第 2 版。
② 汤漳平、王朝华译注：《老子》，中华书局，2014，第 8 页。
③ 叶至善编：《叶圣陶答教师的 100 封信》，开明出版社，1989，第 28 页。

务教育语文新教材七年级上册第六单元第19课《皇帝的新装》。

《皇帝的新装》是丹麦作家安徒生写于1837年的童话代表作之一。这篇作品，也是我国初中语文长期沿用的经典课文，但是编入新教材，又有其新的意义、作用和教学视角、要求。课文以奇特的想象，叙述了皇帝让两个骗子织造根本不存在的美丽新装，并穿上这衣服去举行游行大典，最后被一个小孩揭穿真相的故事。作者借这个荒诞离奇、自欺欺人的讽刺喜剧，通过皇帝以及骗子和一众大臣、百姓等人物描写，揭露了当时丹麦在君主专制统治下充满欺骗和愚昧的黑暗社会现实，表现出自己对真善美社会理想的向往，并寄希望于新一代以及民众的觉醒。

这篇课文是本单元的首篇"教读"课文。单元导语提示"本单元课文有童话、诗歌、神话和寓言等，都富于想象力"；要求"学习快速阅读，力争每分钟不少于400字（注：这一点除了本文，其他课文似不太适合）"，"还要调动自己的体验，发挥联想和想象，把握作者的思路，深入理解课文"。课文"思考探究"第一点提出速读全文和复述故事进行语文素养训练，并为理解课文打基础；第二、三点抓住关键问题回答和语句揣摩引导把握作者思路，理解课文深意，对应单元导语中的要求。本课文的研究以及教学设计与实施应该不难，然而实际教学却出现了这些问题：

1.上课一开始，教师未经指导学生速读全文、复述故事，就仓促让学生上台表演课本剧，结果难免使教学流于形式，学生因尚未真正进入故事情境而表现尴尬，没有收到培养学生阅读能力及其他语文素养的效果。

2.对课文的探究，教师没有逐步引导学生思考讨论"所谓的'新装'根本不存在，但人们都不敢说自己看不见，这是为什么"等主要问题，没有引导学生仔细揣摩课文中人们说"有一个小孩子说他并没有穿什么衣服啊"等三段关键语句，就在屏幕上显示了本文的写作时代背景，以现成知识的讲解代替了学生自己对课文意涵的理解和体会。

3.在整个教学过程中，教师对课文的主题思想和人文价值出现了误读。先是让学生把故事当作一起主要矛头指向两个骗子的"刑事案件"来读；以后多次在屏幕上显示某位文艺理论家对这篇童话"以没有个性的共同心理奥秘取胜"的评价，并总结归纳"安徒生通过作品讽刺的是人性共同点——虚伪自私"，以抽象的人性批判取代了作品对君主专制黑暗王国的现实批判以及对真实美好社会的理想追求，在一定程度上对学生正确理解课文以至形成正确的价值认知造成了负面影响。

之所以出现上述问题，很显然，主要是由于执教者对新课程新教材尚缺乏思想精神自觉和道德专业准备，没有能够深入研修和准确把握，并进行正确、有效的教学设计和实施，反映出其价值观念、语文素养和教学功夫亟待提高。

例二：某小学组织的一次新课程教学省级课题研讨。这项课题的名称是"叶圣陶语文教育思想指导下培养小学生思维能力的实践研究"。

课题的提出，最初源于高中语文新课程标准中提出的语文学科核心素养之二"思维发展与提升"，旨在研究这一核心素养发展在小学语文教学中如何打下基础，并用叶圣陶语文教育思想作指导。课题很有价值，研究方案也作了具体设计，但在研讨中还是发现有这些问题：

1.研究方案中将"小学生的思维能力"这一核心概念，界定为"思维能力包括理解力、分析力、综合力、比较力、概括力、抽象力、推理力、论证力、判断力等能力"。设计者给出这个界定，可能参考了一些理论资料，但肯定没有研究语文新课程标准。即使是 2017 年版的普通高中语文课程标准也已写得很明确："思维发展与提升是指学生在语文学习过程中，通过语言运用，获得直觉思维、形象思维、逻辑思维、辩证思维和创造思维的发展，促进深刻性、敏捷性、灵活性、批判性和独创性等思维品质的提升。"[①]2022 年版的义务教育语文课程标准则针对小学生和初中生语文学习，将"思维能力"作为"核心素养内涵"之三进一步阐明："思维能力是指学生在语文学习过程中的联想想象、分析比较、归纳判断等认知表现，

---

① 中华人民共和国教育部制定：《普通高中语文课程标准》（2017 年版），人民教育出版社，2018，第 4 页。

主要包括直觉思维、形象思维、逻辑思维、辩证思维和创造思维。思维具有一定的敏捷性、灵活性、深刻性、独创性、批判性。有好奇心、求知欲，崇尚真知，勇于探索创新，养成积极思考的习惯。"[1] 显而易见，这两个语文新课标在作为语文学科核心素养的"思维能力"内涵表述上是基本一致的，只不过义务教育语文新课标在与思维有机结合的情感、态度和习惯等方面做了必要的补充，更突出了小学生和初中生语文学习中的思维特点。而上述课题研究方案，却将"思维能力"的界定大大窄化，用逻辑思维能力解释人的整个思维能力，忽略了尤其是在语文学习与运用中非常重要有时往往起主导作用的直觉思维、形象思维、创造思维等思维能力，以及灵活性、批判性、独创性等思维品质。爱因斯坦在《论科学》中开篇第一句话就说："我相信直觉和灵感。"并指出"想象力是科学研究中的实在因素"[2]。可见这些思维能力在科学研究中的重要地位。在语文学习与运用中更是如此。这个界定也肯定没有研究"小学生的思维能力"。小学生即儿童思维具有与成人不同的特点，基于直观经验的感知、体验、情感、想象、直觉、灵感等是其非常重要而宝贵的组成部分。叶圣陶曾经指出，儿童"固有文艺家的宇宙观""以直觉、情感、想象为其生命的泉源"[3]。在语文教学中培养小学生思维能力，一方面诚如皮亚杰所说，要使学生由直观形象思维逐步发展到抽象逻辑思维；另一方面更必须使儿童的形象思维和直觉、情感、想象等能力得到保护和培养，并使之逐步提升到高级的形象思维、创造思维能力水平。

2. 这项课题研究标明是在"叶圣陶语文教育思想指导下"的，但对叶圣陶语文教育思想特别是培养学生思维能力论述的研读还很不够，需要下功夫。事实上，叶圣陶语文教育思想在相关方面确有许多重要论述。例如，关于语文的本质和语文与思维的辩证关系，关于儿童思维的特点和在

---

① 中华人民共和国教育部制定：《义务教育语文课程标准》（2022 年版），北京师范大学出版社，2022，第 5 页。

② ［美］爱因斯坦：《爱因斯坦文集》（第一卷），商务印书馆，1976，第 284 页。

③ 杜草甬、商金林编：《叶圣陶教育文集》，河南教育出版社，1989，第 40 页。

语文学习与实践中儿童思维的发展，关于将培养学生思维能力特别是创造性思维能力作为语文学科的重要任务，关于在语文教学中如何将培养学生思维能力与培养学生语文能力有机结合，使之相辅相成协同发展，等等。结合课题研究与教学实践，对叶圣陶的这些论述系统研修，必将有助于课题研究深入开展，取得实效。

3. 本课题属"实践研究"，但在研究目标和内容设计上，却脱离语文新课程新教材的具体现实背景和基础，只是像目前教学研究中常见的那样，探讨一些抽象的阅读教学、写作教学方法和策略。而照例，这项课题的研究目标应该主要是：基于语文新课程新教材，探索构建有效培养小学生思维能力的具体教学目标和路径。研究内容包括：研读相关原著，深入发掘叶圣陶语文教育思想对当代培养小学生思维能力具有指导意义的教育理论和智慧；梳理课程教材，系统构建语文学科培养小学生思维能力的教学目标和任务；开展行动研究，探索总结语文教学包括阅读、写作以及口语交际教学有效培养小学生思维能力的教学路径和方法；立足课堂实践，积累形成语文教学包括阅读、写作以及口语交际教学有效培养小学生思维能力的教学设计和课例，等等。

上述问题的存在，说明要取得新课程新教材教学研究应有成果，老师们必须改变形式主义的研究方式，树立求真务实的科学态度，加强思想自觉和理论修养，加强对新课程新教材相关目标和内容的系统梳理、深入研究，并且在教学实践中不断探索总结。

这些实例，深刻反映出当前基层学校新课程新教材教学实践与研究中比较普遍存在的现实问题，启示广大教育工作者必须高度重视、加快进行自我革新。

（五）让教师自我革新与课程教材教学改革相互促进，实现立德树人

马克思说过："革命的实践"，应当而且只能合理地理解为"环境的改变和人的活动或自我改变的一致"。① 说到底，教师的自我革新，本来就应

---

① 中共中央马克思恩格斯列宁斯大林著作编译局编译：《马克思恩格斯选集》（第一卷），人民出版社，1995，第2版，第55页。

当是与课程教材改革和教学改革相一致、相同步、相作用、相促进，同属于新时代落实立德树人根本任务的教育整体改革发展的题中应有之义的。

只有让广大教师彻悟这一道理，自觉以习近平总书记关于教育的重要论述为指导，继承弘扬叶圣陶中国现代教师思想及其所秉持的教育精神，清醒地意识到自己肩负的立德树人使命职责，知变、应变、求变，加快进行自我革新，才能推动新一轮基础教育课程教材改革、教学改革和教师自身发展共同取得成功，才能使立德树人根本任务真正落到实处，实现新时代新阶段基础教育的高质量发展。

下　　编

第六章
叶圣陶"教是为了不教"教育思想的
历史起源和辩证发展

　　马克思的历史唯物主义哲学观告诉我们，不能从抽象的哲学本质出发，而必须从现实的社会历史条件出发，即历史地观察和解释任何一种"现实的哲学"[①]。德国哲学家杜勒鲁奇有一句名言："从起源中理解事物，就是从本质上理解事物。"[②]就现有资料看，"教是为了不教"这句话的明确的文字表述，首次公开出现于叶圣陶 1962 年 4 月 10 日在《文汇报》上发表的《阅读是写作的基础》一文。然而实际上，作为用这句话高度概括的教育思想，其源头可以追溯到 20 世纪初叶中国社会变革和叶圣陶早期的教育改革探索中。并且，此后历经时代变迁和叶圣陶一生教育实践，这一教育思想一以贯之，而又不断发展，以至系统形成。历史地辩证地从其起源和发展过程深入考察叶圣陶"教是为了不教"教育思想，才能真正理解和科学把握其现实的思想本质，从而使之起到推动新时代中国深化教育改革、发展中国特色现代教育理论即"中国教育学"的重要作用。

---

　　① 刘福森：《马克思实现的哲学观革命》，《江海学刊》2014 年第 2 期。
　　② 薄洁萍等：《大历史：在宇宙演化中书写世界史》，《光明日报》2012 年 3 月 29 日，第 11 版。

一、"教是为了不教"教育思想的深刻萌发

20世纪初中国面临救亡图存亟待社会变革之际，特别是在投身"五四"新文化运动中，叶圣陶的现代人生觉醒和教育改革探索，深刻萌发了"教是为了不教"教育思想。

20世纪初的中国危机丛生，变革潮涌，"先进的中国人"苦苦探寻救国救民道路。[①]受到辛亥革命和进步思潮影响的青年叶圣陶，立志"此身定当从事于社会教育，以改革我同胞之心"[②]。从担任教师第一天起，他就尝试"导儿童于'乐为研习之境'"[③]。1915年4月，叶圣陶到上海商务印书馆附设的尚公学校任教。五个月后，以《新青年》(初名《青年杂志》)在上海创刊为标志的新文化运动勃然兴起。这场中国历史上空前的思想文化大变革，从一开始就把批判矛头指向几千年封建思想文化对"人"的束缚和扼杀，高高标举"自主的而非奴隶的"等旨在追求中国人的解放和中华民族复兴的革新旗帜，[④]使叶圣陶受到极大的感召。孕育在他心里的新人生观、儿童观、教育观，日益萌发。

1916年，叶圣陶结合自己教育改革实践写的《我校之少年书报社》一文，即初现了他的教育思想的萌芽。他在这篇文章中开宗明义地指出："儿童求学，爱来学校；学校应其求，乃授之以课程。知勉强注入之徒劳也，知利用儿童求知心之事半功倍也，故教授方法采用自学辅导主义，课前令之豫备，课后复令温习，务以养成其自力研修之习惯。"不但如此，从儿童的主体性发展这一"教育之本旨"出发，他们的"自学"还应当在课外进一步拓展。"唯是学校课程范围有限，而儿童之求知心曾无涯涘，以有限应无涯，难乎其无违教育之本旨矣。我校有鉴于此，爱有少年书报社

---

① 中共中央文献编辑委员会编辑：《毛泽东选集》(第四卷)，人民出版社，1991，第2版，第1469页。
② 商金林：《叶圣陶传论》，安徽教育出版社，1995，第74页。
③ 同上书，第86页。
④ 陈独秀：《敬告青年》，《青年杂志》1915年第1卷第1号。

之设，其旨趣有二端：一、增进学生课外之智识，二、养成学生自学之基础。"①

　　1917年春，叶圣陶应邀到甪直"五高"（吴县第五高等小学）执教。随着他对新文化运动的深入参与和教育改革探索的全面展开，叶圣陶更加深刻地领悟了中国社会变革和人的解放，必然要求以教育目的和价值为核心的整个学校教育的根本转变。他在1919年发表于《新潮》杂志的《小学教育的改造》这篇教育改革宣言式的论著中指出，教育的意义和目的，决不是把传统道德和前人知识强制传授给儿童，而是要使儿童在行为上得到"人生必须是自觉的，自动的，发展的，创造的，社会的"新人生观，"养成这种种品德和习惯"，成为能够自主学习、发展、创造，共同推动社会进步的"现代人"②。那么，如何使儿童成为这样的人呢？叶圣陶基于普遍的人生经验，第一次以孩子学步为喻，揭示了儿童生命之于人类知识的本质关系和儿童求知与成长的过程规律。他指出："孩子看见人步行，非常艳羡，于是本着他的足的本能，努力学步，后来竟自己能走了。只有自己能走了，才可以算知道了走的意义，具备了走的知识。其实任何知识的获得，都与孩子学走一样。"③这也正是学校和教师引导儿童自己学习、成长，使之成为自主的"现代人"所要遵循的本质规律。从此，"导儿学步"成为了叶圣陶一再用来形象地概括他的教育思想精髓的经典性譬喻。

　　叶圣陶在投身"五四"新文化运动和教育改革探索中，依据他的新人生观、教育价值观、儿童观、知识观，深入批判当时学校教育盛行的以中国传统教育价值为"体"、以西方传统教学理论为"用"的陈旧观念、制度和模式，初步形成了学校和教师要以尊重儿童的主体性为前提，以养成自主的现代人为目的，创设适合儿童成长的环境，引导学生自主学习、实践和发展的教育思想。很显然，这里已经蕴涵了后来称之为"教是为了不

①叶至善、叶至美、叶至诚编：《叶圣陶集》（第十一卷），江苏教育出版社，2004，第5页。
　　②同上书，第37页。
　　③同上书，第31—32页。

教"教育思想的深刻的本质内涵和基本的理论框架。

二、"教是为了不教"教育思想的坚实奠基

"五四"时期至新中国成立前夕，叶圣陶深入进行教育改革特别是语文课程、教材、教学改革实践与思考并取得丰富成果，坚实奠基了"教是为了不教"教育思想。

"五四"时期，叶圣陶在整体探索学校教育改革、孕育形成自己教育思想的过程中，就已经把语文教学改革作为其重要依托和体现。他在1919年1月1日《新潮》创刊号上发表的《对于小学作文教授之意见》，提出了引领我国作文教学改革的新见解，即作文教学的目的，在练成学生生活中"最能切实应用之作文能力"，发展学生独立思考和情感个性；作文的命题及读物选择，须"以学生为本位"；作文的作法、过程及批改，要引导启发学生"自求得之"[①]。他在1922年初发表的《小学国文教授的诸问题》，更从语文教学整体上发挥自己的教育思想，针对以往和现实国文教授的"病根"，基于对儿童自主学习语文、发展情思的内在需要与心灵潜能的充分肯定，提出了"国文是儿童所需要的学科"和"国文是发展儿童的心灵的学科"两个"新观念"，以及相应的课程、教材、教法改革一系列主张。[②]

1923年春，叶圣陶到上海商务印书馆国文部担任编辑，参加了中国现代教育史上第一个新学制（壬戌学制）的课程标准拟订工作。自此，也开始了他以编辑为主要职业、教师为经常兼职，以具有最深厚文化根基和最迫切革新意义的语文学科为重点领域的新的教育改革探索历程。

叶圣陶先后起草了三个语文课程标准。第一个就是1923年为民国政

---

① 中央教育科学研究所编：《叶圣陶语文教育论集》（下册），教育科学出版社，1980，第344页。

② 叶至善、叶至美、叶至诚编：《叶圣陶集》（第十三卷），江苏教育出版社，2004，第3页。

府起草的新学制《初级中学国语课程纲要》。这个纲要，贯注了他"五四"时期初步形成的教育思想。在"目的"中，第一次将"使学生有自由发展思想的能力"（这也是语文教学以学生自主学习发展为教育目的的最重要内涵）列为首项，并明确了发展学生语文能力和文学兴趣的目标；在"内容"中，重视语体文基础，"读书"分为"详细诵读研摩""课内直接讨论"的"精读"和"大半由学生自修"的"略读"，"作文"包括"定期的作文""无定期的作文和笔记"以及定期的"文法讨论""演说辩论"，"习字"包括书法赏鉴和写字练习，都一一落实到"本科学分分配"。为让每个学生有自主学习自由发展的空间，这个纲要还特意规定了"毕业最低限度标准"[①]。第二个是抗日战争期间的1940年国民政府教育部颁布的《六年一贯制中学国文课程标准》。这个《标准》，总结多年来我国包括抗战大后方的语文教学改革成果，在课程目标、教材内容、教学方法等方面都有了较大发展。特别是在课程主要组成部分精读与略读的教材、教法上，系统地提出了引导学生自主学习发展、增强民族意识的具体要求和建议。[②]第三个是1949年新中国即将成立之际他主持华北人民政府教科书编审委员会时写的《中学语文科课程标准（草稿）》。这个《标准（草稿）》，反映新的时代要求，体现了作者的一贯思想。第一次将这门学科由原来在中小学分别称"国语"和"国文""统而一之"，定名为"语文"[③]。强调课程目标在于通过语文学习，培养学生适应我国新社会生活的情操意志和"凭我国语言文字吸收经验表达情意的知能"，尤其是要使学生能够"自由阅读""自由发表"；教材是"样品"；教学要"使学生尽量自求了解"，运用预习和讨论等方式，加强听说读写结合和课外阅读实践。[④]

叶圣陶先后编写了《开明国语课本》《国文百八课》《精读指导举隅》

---

① 叶至善、叶至美、叶至诚编：《叶圣陶集》（第十六卷），江苏教育出版社，2004，第3页。

② 同上书，第36页。

③ 叶至善编：《叶圣陶答教师的100封信》，开明出版社，1989，第56页。

④ 叶至善、叶至美、叶至诚编：《叶圣陶集》（第十六卷），江苏教育出版社，2004，第3、36页。

《略读指导举隅》等一系列现代语文新教材，撰写了《作文论》《文心》《中学国文学习法》等一系列学习指导新著作，特别是抗战前后在其创办的《中学生》等杂志上发表了大量指导、鼓励学生"自学"，使之积极投身民族解放和民主革命斗争的文章。这些教材、著作和文章，不仅具体、生动地贯彻了他的教育思想和新课程标准，而且在我国特定历史条件下创造性地实现了其教育思想向课程教材教学和学习的转化，构建了直接面向中国广大师生的具有科学性和可操作性的引导学生自主学习发展课程教材教法学法体系，生成了"教是为了不教"教育思想的极其丰富的历史和实践内涵。

在这期间，叶圣陶发表了《国文教学的两种基本观念》《认识国文教学》《论中学国文课程的改订》《论国文精读指导不只是逐句讲解》《论写作教学》，以及《如果我当教师》《改善生活方式》《革除传统的教育精神》《生活教育——怀念陶行知先生》《如果教育者发表〈精神独立宣言〉》等大量语文教学和教育论著。这些论著，在新民主主义革命的历史大背景下，深刻总结我国教育改革尤其是语文教学改革的实践和思考，批判奉行古典主义、利禄主义，否定人民大众为本位、扼杀学生主体性的传统教育痼疾，从语文学科性质、教育目的、课程教材、教学方式，以至整个教育精神和教育教学的改革、教育者的使命责任和终极目标等诸多重要问题上，提出了一系列新观点、新见解，大大发展和深化了他"五四"时期初创的教育思想。

三、"教是为了不教"教育思想的明确确立

新中国成立后，叶圣陶在调查研究基础上对传统教育教学包括凯洛夫模式弊端的反思批判，以及对"五四"以来教育教学改革以至我国古代优秀教育思想经验的总结概括，明确确立了"教是为了不教"教育思想。

新中国成立，开辟了我国教育发展的新时代。叶圣陶先后任国家出版总署副署长、人民教育出版社社长兼总编辑、教育部副部长，参与领导教

育工作，主管课程教材建设，并且带头躬行对广大干部、教师及其他专业人员和工农大众的语文教育和教学实践。面对社会主义建设高潮的到来，他最关心的仍然是教育要培养什么样的人、怎样培养人的根本问题。他指出，学校和教师要适应时代要求，提高教育质量，"必须贯彻全面发展的教育方针"[①]"目的在培养全面发展的新人""培养社会的成员使他们的个性得到全面的发展"[②]；必须"改进教学""决不应当加重学生的负担"，提高教材和教学的质量。[③]

我国在社会主义建设初期，曾经出现了"全面学苏"的倾向。教育领域毫不例外地也搬用了当时在苏联占统治地位的凯洛夫教育学。凯洛夫教育学，特别是以课本、教师、课堂为中心的教学论和以分科知识系统讲授为主线的教学模式，[④]同我国长期存在的传统教育目的价值和注入式教学本质相通，二者结合，变本加厉地对我国教育教学实践，对广大学生的健康成长和主动发展造成了不良影响。

作为我国现代教育教学改革的开拓者和坚持者，叶圣陶早就觉察到这个问题。他通过到各地视察教育工作的机会，通过建立联系学校包括北京景山学校、二龙路中心小学、丰盛胡同小学等教改试验点，通过同各地教师书信往来，对教育教学现实进行了广泛、深入的调查研究。在此基础上，他发表了《教师怎样尽责任》《排除"空瓶子观点"》《"瓶子观点"》《给少年儿童更多的课外读物》《怎样教语文课》《语文教学二十韵》《阅读是写作的基础》《授与和启发》《评改〈最近半年工作情况汇报〉》等一系列文章和讲话，反思批判"把学生看成空瓶子"的传统教育观念和模式包括凯洛夫教育学的弊端，总结阐述"五四"以来教育教学改革以至我国古代优秀教育的思想经验。

---

① 叶至善、叶至美、叶至诚编：《叶圣陶集》（第十一卷），江苏教育出版社，2004，第215页。

② 同上书，第216页。

③ 同上书，第219页。

④ 黄济、王晓燕：《历史经验与教学改革——兼评凯洛夫〈教育学〉的教学论》，《教育研究》2011年第4期。

就在这批判和总结之中,一种对我国教育教学改革和古代优秀教育思想经验,特别是叶圣陶本人教育思想经验精辟、独到的概括,逐渐明晰起来。1959 年,叶圣陶发表于《光明日报》的《给少年儿童更多的课外读物》指出:"教育虽然着重在'教'字,最终目的却在受教育者'自求得之'。"[①]1961 年,他在跟语文老师作《怎样教语文课》的讲话中指出:"总之,讲的目的,在于达到不需要讲。"[②]

1962 年,他发表于《文汇报》的《阅读是写作的基础》明确指出:"在课堂里教语文,最终目的在达到'不需要教'","因此,一边教,一边要逐渐为'不需要教'打基础"[③]。1963 年,他发表的《评改〈最近半年工作情况汇报〉》则又进一步指出:"……像教孩子走路,一面要留心扶着他,一面要准备放手,先是放一点,到末了完全放手。各科教学工作和整个教育工作都如此。总括一句话,尽心尽力地教,目的在达到不需要教。学生真正不需要教了,这才是教学工作和教育工作的大成功。"[④]此一论断,以及同时他在答教师的许多信中"我近来常以一语语人,凡为教,目的在达到不需要教"[⑤]等表述,标志着叶圣陶"教是为了不教"的教育思想瓜熟蒂落,明确确立。

四、"教是为了不教"教育思想的创新发展

改革开放和现代化建设新时期,叶圣陶面对当代世界变革发展与人的变化发展提出的教育改革观点和主张,创新发展了"教是为了不教"教育思想。

---

① 叶至善、叶至美、叶至诚编:《叶圣陶集》(第十一卷),江苏教育出版社,2004,第 253 页。

② 叶至善、叶至美、叶至诚编:《叶圣陶集》(第十三卷),江苏教育出版社,2004,第 172 页。

③ 中央教育科学研究所编:《叶圣陶语文教育论集》(下册),教育科学出版社,1980,第 492 页。

④ 同上书,第 536 页。

⑤ 叶至善编:《叶圣陶答教师的 100 封信》,开明出版社,1989,第 28 页。

　　1977 年 5 月，中国正处于改革开放前夜。叶圣陶重访苏州甪直小学（原吴县第五高等小学），60 年前在此处投身"五四"新文化运动和教育改革探索的情景历历在目。他深深感到，中国社会包括教育如同当年，正在酝酿一场新的变革。"教是为了不教"的命题和思想，对未来教育改革意义非同寻常。是年 8 月，他在刚复刊的《人民教育》上发出了他"文革"后在教育上的第一声"呐喊"——《自力二十二韵》："所贵乎教者，自力之锻炼。诱导与启发，讲义并示范，其道固多端，终的乃一贯，譬引儿学步，独行所切盼。独行将若何？诸般咸自办。疑难能自决，是非能自辨，斗争能自奋，高精能自探。"[1]

　　继而，他又为武汉师院《中学语文》写下《为了达到不需要教》的题词："教任何功课，最终目的都在于达到不需要教。假如学生进入这样一种境界，能够自己去探索，自己去辨析，自己去历练，从而获得正确的知识和熟练的能力，岂不是就不需要教了吗？而学生所以要学要练，就为要进入这样的境界。"[2]翌年 3 月，他出席北京地区语言学科规划座谈会，作了《大力研究语文教学　尽快改进语文教学》的长篇发言，对即将到来的新时期语文教学改革进行全面论述，其中的核心观点也正是："教师教任何功课（不限于语文），'讲'都是为了达到用不着'讲'，换个说法，'教'都是为了达到用不着'教'。"[3]这些文章，连同不久后《教育研究》连载的叶圣陶的《语文教育书简》，教育科学出版社出版的《叶圣陶语文教育论集》，在新形势下总结"五四"以来我国教育改革包括语文教学改革的思想经验，进一步阐述了"教是为了不教"的教育思想，对新时期教育教学改革起到了先导作用。

　　自 1977 年冬恢复高考起，我国教育随着整个社会由拨乱反正迈向改

　　① 任苏民编著：《教育与人生——叶圣陶教育论著选读》，上海教育出版社，2004，第 327 页。

　　② 叶至善、叶至美、叶至诚编：《叶圣陶集》（第十一卷），江苏教育出版社，2004，第 263 页。

　　③ 中央教育科学研究所编：《叶圣陶语文教育论集》（上册），教育科学出版社，1980，第 152 页。

革开放和现代化建设新时期。新时期教育，适应经济建设迫切需要，得到空前振兴。但同时，它一开始就面临着未竟改革接续和新的时代变革双重挑战。高考竞争加剧及其与各方利益挂钩，传统教育价值和模式在恢复教学秩序中的悄悄"恢复"，使得片面追求升学率的现象迅速露头、蔓延开来，我国现代教育史上一直未能革除的"应试教育"演出了"历史的新场面"。这种教育精神和模式，不仅在根本上不能适应改革开放和现代化建设对人才培养的需要，而且完全违背了"五四"以来我国教育改革所孜孜追求的现代教育价值和理想，严重影响了中小学生的健康成长，对整个教育教学体系和过程起到侵蚀、扭曲和异化的作用。而另一方面，相比20世纪五六十年代，世界已在发生新的根本性变化。新科技革命特别是信息技术革命的崛起，市场经济的高度发展，以及知识爆炸和社会的学习化，迫使教育重新思考培养什么样的人、怎样培养、谁来培养的根本问题，并进行积极有效的回应。

叶圣陶是最早洞察并且及时提出应对新时期教育所面临的这两大挑战的教育家。他在先后担任教育部顾问、中央文史馆馆长、全国人大常委会委员和全国政协副主席等职期间，以高度的历史责任感，接连发表了《当前教育工作中的几个问题》《学习不光为了高考》《晴窗随笔》《关于探讨教材教法的几点想法》《全国特级教师经验选·序言》《立志自学》《我呼吁》《吕叔湘先生说的比喻》《"鼓励自学成才"及其他》《读书和受教育》《教育杂谈》《教育工作者的全部工作就是为人师表》等许多重要论著和谈话。这些论著和谈话，针对教育现实问题，前瞻时代变化趋势，聚焦人的发展核心，对我国新时期教育改革提出了一系列精辟的观点和主张，赋予了"教是为了不教"教育思想新的时代内涵和深远意蕴。其中最突出的有以下几点。

一是在我国改革开放和社会主义现代化建设新时期，在世界科技、经济和社会变革新时代，教育的目的和价值，是引导受教育者自主学习成长为主动、全面发展的人，社会主义国家合格的公民，现代化建设各方面的人才，其最基本最核心的素养是人的自我教育即自学的主体精神和能力，能够离开教者，超越教者，终身学习、自强不息，适应变化、创新实践，"自己衷心乐意向求真崇善爱美的道路昂首前进"①。这也是受教育者发展核心素养以至未来人的整个成长的内在根基和"引擎"。这就使"教是为了不教"教育思想具有了鲜明的当代性和未来性。

二是"教是为了不教"作为教育的本质、目的、过程、规律，不仅对于"教语文"是这样，"教任何功课"也是这样；也不仅对于中小学教育是这样，而且包括从各级各类学校以及相关机构组织教育到学习者自我教育在内的学习化社会整个教育体系都是如此。"所有各级各类学校以及补习、进修的机构的主要职能，全都在引导来学的人向自学方面不断进展。"② 这就使"教是为了不教"教育思想具有了更高的普适性和体系性。

三是新时代教育者的作用与使命，"主要不在于传授知识，而在于引导学生自己去求得知识，也就是引导学生自己去发现问题，自己去解决问题"③。在这过程中，不仅要用"言教"，最根本的要靠"身教"，要善于行"不言之教"④或"不教之教"⑤。因此，教育者首先应当是学习者、自我教育者，同时是受教育者自学、创新的引导者、为人师表者，⑥ 从而成为引导受教育者走向国家民族和人类未来的"名副其实的教育家"⑦。这就使"教是为了不教"教育思想具有了自觉的主体性和超越性。

"教是为了不教"教育思想的创新发展，使之成为了对我国新时期深化教育改革、推进素质教育具有重要指导意义的教育思想。

"教是为了不教"教育思想，自20世纪初叶圣陶参与"五四"新文化运动、进行教育改革探索中孕育产生，直到新时期叶圣陶针对教育现实问

---

① 叶至善、叶至美、叶至诚编:《叶圣陶集》(第十一卷)，江苏教育出版社，2004，第 348 页。
② 同上书，第 351 页。
③ 同上书，第 316—317 页。
④ 汤漳平、王朝华译注:《老子》，中华书局，2014，第 8 页。
⑤ 张双棣等:《吕氏春秋译注》，北京大学出版社，2011，第 540 页。
⑥ 叶至善、叶至美、叶至诚编:《叶圣陶集》(第十一卷)，江苏教育出版社，2004，第 378 页。
⑦ 同上书，第 351 页。

题、前瞻时代变化趋势进行教育改革指导中创新发展，历经中国社会和教育变革转型，批判扬弃传统教育思想，一以贯之而又与时俱进，其科学内涵和文化意蕴不断丰富、深厚，其阐述概括和气象境界愈加精辟、高远，最终成为一个具有中国特色和独创风格的现代教育教学理论体系。

注：作者在本章后特意附上以时间为顺序整理的《叶圣陶关于"教是为了不教"的主要论著》，以方便读者参考。

本章附录：

叶圣陶关于"教是为了不教"的主要论著

（按时间顺序排列）

1916—1919 年

1. 我校之少年书报社

2. 对于小学作文教授之意见

3. 今日中国的小学教育

4. 敬告创办义务学校诸君

5.《中国体育史》序

6. 小学教育的改造

1921—1924 年

7. 成功的喜悦

8. 关于儿童的想象和感情（《文艺谈》之七、八、十）

9. 小学国文教授的诸问题

10. 初中国语课程纲要——新学制初级中学课程纲要（草案）

11. 诚实的自己的话（《作文论》之二）

12. 源头（《作文论》之三）

1931—1938 年

13.《中学生各科学习法》序

14. 何所为而学习

15.“失学”与“自学”

16. 暑假期中

17. 小学初级学生用《开明国语课本》编辑要旨

18. 新课程标准与中学生

19. 唯一的教学方法——演讲

20. 教育与人生

21. 小学高级学生用《开明国语课本》编辑要旨

22. 中学生课外读物的商讨——教育播音演讲稿

23. 受教育跟处理生活

24. 读教科书不是最后目的

25. 关于《国文百八课》

1940—1949 年

26. 国文教学的两个基本观念

27. 精读的指导——《精读指导举隅》前言

28. 论精读指导不只是逐句讲解

29. 略读的指导——《略读指导举隅》前言

30. 六年一贯制中学国文课程标准

31. 变相的语文教学

32. 如果我当教师

33. 论写作教学

34. 论国文课程的改订

35. 改善生活方式

36. 认识国文教学——《国文杂志》发刊词

37. 德目与实践

38.“为己”

39. "学习"不只是"记诵"

40. 新年致辞

41. 革除传统的教育精神

42. 受教育的与改革教育

43. 谈语文教本——《笔记文选读》序

44. "习惯成自然"

45. 讲解

46. "生活教育"——怀念陶行知先生

47. 枯坐听讲

48. 不应当受这样的教育

49. 中学国文学习法

50. 我们的宗旨与态度

51. 关于《我要向青年说的》笔谈会（后记）

52. 中学语文科课程标准（草稿）

1955—1963 年

53. 新的学年

54. 教师怎样尽责任

55. 排除"空瓶子观点"

56. "瓶子观点"

57. 给少年儿童更多的课外读物

58. 怎样教语文课——在呼和浩特跟语文教师的讲话

59. 语文教学二十韵

60. "教师下水"

61. 阅读是写作的基础

62. 答梁伯行（1962 年 7 月 23 日）

63. 答林适存（1962 年 11 月 7 日）

64. 授与和启发——跟北京市语文教师讲话的提纲

65. 评改《最近半年工作情况汇报》

1977—1984 年

66. 自力二十二韵

67. 为了达到不需要教

68. 大力研究语文教学　尽快改进语文教学

69. 当前教育工作中的几个问题

70. 学习不光为了高考

71. 讲和教（《晴窗随笔》之四）

72. 再谈考试（《晴窗随笔》之六）

73. 读书二首

74. 关于探讨教材教法的几点想法

75. 《全国特级教师经验选·序言》

76. 从出题到批改——《中学作文指导实例》序

77. 立志自学

78. 我呼吁

79. 关于思想品德课

80. 吕叔湘先生说的比喻

81. 自学

82. “鼓励自学成才”及其他

83. 读书和受教育

84. 教育杂谈——在民进外地来京参观教师茶话会上的讲话

85. 关于反对精神污染

86. 先做学生

87. 恳请各工厂给中小学生出力

88. 教育工作者的全部工作就是为人师表

第七章

叶圣陶"教是为了不教"教育思想的

科学内涵和理论体系

"教是为了不教"教育思想，是我国著名教育家叶圣陶创立的具有鲜明中国特色和丰富科学内涵的现代教育思想。这一教育思想，在 20 世纪中国社会与教育变革进程中，自孕育产生、坚实奠基、明确确立到创新发展，像一根红线贯穿、体现于叶圣陶一生教育实践和各类教育著作，是整个叶圣陶教育思想的精髓和核心。运用历史唯物主义基本观点和科学方法，从理论上系统分析总结，这一教育思想主要提出并深刻阐明了以下四个问题：一是"教是为了不教"这个命题的合理性的逻辑前提和科学基础在哪里；二是作为"教是为了不教"的核心理念，"不教"这一教育目的和价值的本质内涵是什么；三是实现"不教"这一教育目的和价值，具体有着怎样的教育规律和实践路径；四是"教是为了不教"寄寓了对教育者文化自觉和责任担当何等的历史厚望。

一、"教是为了不教"教育思想的科学基石

以对现实人的本质的肯定，对儿童具有自主学习、发展、创造需要与潜能的肯定为前提和起点，构成了"教是为了不教"教育思想的科学的人学和儿童学基石。

　　马克思在《1844年经济学哲学手稿》和《德意志意识形态》等著作中，对人的本质作了科学的揭示。他指出："一个种的整体特性、种的类特性就在于生命活动的性质，而人的类特性恰恰就是自由的自觉的活动。"① 他特别强调，对于现实的作为个体的人来说，人的自由自觉的本质是在其"自主活动"中获得生成和表征的。② 所谓"自主活动"，即是人的内在的自我决定的实践活动。只有"自主活动"才能体现人的本质。但是，资本主义社会把工人本来应该是"自主活动"的劳动变成了"被迫的强制性劳动"，导致了劳动的异化和人的本质的丧失。因此，马克思提出了"人的解放"即人的"自主活动"及其所体现的人的本质全面实现或复归的历史任务。

　　"教是为了不教"教育思想，正是以肯定现实人的"自主活动"及其所体现的人的自由自觉本质，以肯定人能够自主学习、发展、创造为前提的。叶圣陶在提出和阐述这一教育思想时，不但首先包含了对人的这种本质的肯定，而且基于教育实践，把这种肯定具体体现在对儿童具有自主学习、发展、创造需要与潜能的分析中。

　　叶圣陶指出，儿童作为现实社会中处于个体生长初始阶段的人，是自身学习和成长的生命主体。儿童自有求知求行、活动创造的本能、欲望和兴趣，"他们在当前的环境中有所需求，自然会自己去研究，寻求出道理和办法来，还会自己去试验这些道理和办法是否切合实用，来证实它们的价值。经过这样的研究和试验，他们得到的便是真的知识"③。同时，儿童又"固有文艺家的宇宙观""以直觉、情感、想象为其生命的泉源"④。从人的生命本质和成长规律来看，儿童是"有生机的种子""本身具有萌发生长的机能，只要给以适宜的培育和护理，就能自然而然地长成佳谷、美蔬、好树、好花"⑤。

----

　　① 中共中央马克思恩格斯列宁斯大林著作编译局编译：《马克思恩格斯全集》（第四十二卷），人民出版社，1979，第1版，第96页。
　　② 何中华：《马克思语境中的"自主活动"》，《新华文摘》2012年第16期。
　　③ 叶至善、叶至美、叶至诚编：《叶圣陶集》（第十一卷），江苏教育出版社，2004，第38页。
　　④ 杜草甬、商金林编：《叶圣陶教育文集》，河南教育出版社，1989，第40页。
　　⑤ 同上书，第331—332页。

　　儿童无疑具有人类在历史活动进化中生成的自由自觉"类特性"的遗传，他们是有生机、能生长的"种子"。当然，人的"类特性"在儿童身上还是一种潜在的或处于萌芽状态的意识和能力，需要在适宜的环境特别是教育的引导和帮助下，在儿童自己逐步展开的"自主活动"即自主学习和实践中萌发生长，变为现实。

　　正因为如此，所以叶圣陶对儿童主体性的肯定，不只是对人的本质的抽象意义上的肯定，而总是从儿童的具体特点出发，并且着眼于儿童成长做人所处的现实和未来社会环境，同教育的使命与责任紧紧联系在一起。

　　"五四"时期，面对人的解放和社会变革环境，叶圣陶具体分析和肯定了儿童"自主活动"的天性和本能，把顺应儿童的天性和本能，使之在活动中养成"现代人"所必须具有的"自觉的，自动的，发展的，创造的，社会的"品德和习惯，作为"教育的出发点"[①]。他并指出，要着眼儿童成长做人的未来，"不能只教给他们以往的成法和科学的结果""最要紧的是引导他们练成能处置未来，进而使自己成为更高尚的人的动力"[②]。这也是充分肯定了现代儿童主体性中潜在的最为可贵的较于以往人类的超越性。教育"最要紧的"正在于"引导"儿童自己去实现这种超越性。

　　新中国成立后，面对时代转变和新社会建设环境，叶圣陶注重认识和肯定了儿童在自身成长和未来社会中的主体作用。他指出："排列在教师面前的学生将做什么样的人""学生目前处在什么样的社会里，这个社会将过渡到什么样的社会，他们在这里头将起什么样的作用"；学生身体发展的情形是怎样的，他们获得知识和掌握技能的过程是怎样的，他们道德践行和思想感情形成的途径是怎样的，对学生的这些认识是教育的"根本"和"源头"。"不抓住根本，不探到源头，培养工作就成无本之木，无源之水，结果必然是培养不好，徒劳无功。"[③]

---

　　① 叶至善、叶至美、叶至诚编：《叶圣陶集》（第十一卷），江苏教育出版社，2004，第37页。
　　② 同上书，第16页。
　　③ 同上书，第221—222页。

新时期，面对改革开放和信息化知识化学习化社会环境，叶圣陶特别强调和肯定了儿童自学、创新主体精神和能力的发展。他指出："所有做人的必需的东西非常之多，教不尽的，各种教育机构只能取其重要的作为例子来教""执一不二，光知守而不知变，不求变，不善变，是极不适宜于做人之道的，尤其是在多变激变的20世纪80年代"。由此，也就决定了引导来学的人特别是代表国家、民族以至人类未来的儿童能够举一反三，终身自学，能够知变求变，改革创新，是教育"必须担当的任务"[①]。

对现实人的本质的肯定，对儿童主体性充满生命意蕴和教育情怀的现实的、具体的而又是未来的、发展的肯定，构成了"教是为了不教"的根本前提和逻辑起点，为"教是为了不教"教育思想奠定了科学的人学和儿童学基石。

二、"教是为了不教"教育思想的核心理念

以"不教"，也即使学生养成自主全面发展，能够离开教者、超越教者，终身自学、创新实践的现代中国人为目的和价值，构成了"教是为了不教"的本质内涵和核心理念。

"教是为了不教"教育思想的产生，最初就是始于叶圣陶在"五四"新文化运动和教育改革探索中，对传统教育目的和价值的质疑、反思和批判。正是在此基础上，他准确、深刻地把握了"养成自主的现代中国人"这一事关国民精神改变、中华民族复兴的我国现代教育教学根本方向和使命，独创性地提出了他后来概括为"不教"的教育目的和价值。

叶圣陶指出，教育的目的和价值，是要使儿童在行为上得到"人生必须是自觉的，自动的，发展的，创造的，社会的"新人生观，"而以教育做手段，使学生养成这种种品德和习惯，以至于达到最高的高度"，成为

---

① 叶至善、叶至美、叶至诚编:《叶圣陶集》(第十一卷)，江苏教育出版社，2004，第351页。

自主的"现代人"①。这里所说"自觉的"和"自动的",是自主的"现代人"的基本特质。"自觉"是人的内在的自我觉醒和意识;"自动"是人的内在的自我意识推动的主动行为和活动,二者互为表里,相互生成。"发展的"和"创造的",是自主的"现代人"的能力特征。"发展"是人在自觉自动活动中获得自身的成长进步;"创造"是人在自觉自动活动中改造世界而实现自己的对象化,二者涵盖主客,相互建构。"社会的",是自主的"现代人"的关系特性也即道德特性。马克思强调:"人的本质并不是单个人所固有的抽象物。在其现实性上,它是一切社会关系的总和。"②叶圣陶在论述所要使儿童得到的新人生观时,特别指出:"我们的生活离不开社会""社会和个人的关系密切,不可分割",每个人"应该根据自己的才知和能力,做那直接有益于社会的事",并且我和他人"彼此相助,力量就愈大,收效就愈宏",社会才能进步,个人才能发展。③因此,自主的"现代人"不是抽象的孤立的抱着一己之私的个体自我,而是处在现实的自我与他人、个体与社会的积极互动关系中,具有互主体或主体共同体的社会特性,具有社会责任担当和互助合作精神的道德特性。五个"必须",基于对现实人的本质的肯定,全面构建了中国现代教育要使儿童养成的自主的"现代人"的人格框架,集中反映了"五四"人的解放和人的现代化潮流对教育目的和价值的变革要求。

叶圣陶提出的教育目的和价值对于传统教育目的和价值的变革,最主要的体现在以下两点上。

一是它的为了学生成长成人和做人的人本性。中外传统教育目的和价值,都是以"书"为本,一味追求固有知识和道德的传授,把学生当作灌输知识德目的"瓶子"。而叶圣陶提出的教育目的和价值,则是以"人"

---

① 叶至善、叶至美、叶至诚编:《叶圣陶集》(第十一卷),江苏教育出版社,2004,第37页。

② 中共中央马克思恩格斯列宁斯大林著作编译局编译:《马克思恩格斯选集》(第一卷),人民出版社,1972,第18页。

③ 叶至善、叶至美、叶至诚编:《叶圣陶集》(第十一卷),江苏教育出版社,2004,第36页。

为本，根本为了学生的成长成人和做人，教育就是要引导和帮助学生自觉自主地成长成人和做人。当然，这里并没有否定知识的重要作用。知识是什么？在叶圣陶看来，知识是求知者的对象，是学生实现成长成人和做人的活动所需要的认识和实践手段。知识只有切合学生现实的人生需要，引起学生的求知动机，并且通过学生的自主学习和应用，融入他们的思维和经验，才具有真实的意义，成为学生生命有机组成部分的"真知识"。这样的"真知识"和获得"真知识"的过程，不仅是让学生学会做事、学会求知，更是他们整个成长成人和做人的"基础"。所以，教育，即使就知识教学而言，根本目的和价值也不在知识本身，不是"为知识而知识"，而在于学生成长成人和做人。①归根结底，从人的解放、发展和幸福的终极目的来说，教育本身也无非是一种"手段"。

二是它的教育辩证否定自身的超越性。传统教育目的和价值，总是旨在"复制"，把一个个具有鲜活生命和创新潜能的儿童强行复制成为依赖盲从、终身都走不出教育给定的统一模式的"器物"，教育也因此不断地绝对肯定和复制自我。而叶圣陶提出的教育目的和价值，则是旨在"超越"，教育不仅要使学生不断超越自我，成长成人，而且要使他们养成具有五个"必须"自主人格，"以至于达到最高的高度"，因而是能够离开教者、超越教者即超越传统和现实的"现代人"，教育也由此得以实现积极的自我否定、扬弃、革新和超越，成为切合这样的"现代人"学习成长需要与规律的创新的更好的"教育"。说到底，这也正是教育以至一切事物的"否定之否定"辩证法。

叶圣陶提出的教育目的和价值，在他的教育改革特别是语文教学改革实践中得到了切实、具体的坚持和体现。新中国成立后，针对传统教育观念和凯洛夫教育学影响下教育教学日甚一日对学生主体的压抑和否定，叶圣陶进一步强调了学生学习成长的自主性，以及教育在引导和帮助学生自主学习成长中实现辩证的自我否定和返璞归真，将自己主张的教育目的和

---

① 叶至善、叶至美、叶至诚编：《叶圣陶集》（第十二卷），江苏教育出版社，2004，第289页。

价值明确概括为"不教"，作出了"教是为了不教"的精辟论断。

对于"教是为了不教"之"不教"，叶圣陶不但从人格养成基础，而且从人的实践高度作了精要的阐释。他指出，教育教学如同导儿学步，最终目的乃在学生"独行"，做到"疑难能自决，是非能自辨，斗争能自奋，高精能自探"，成为"服务为人民，于国多贡献"的人才。[①]"疑难能自决"，是指对于学习、实践中的疑难问题，学生能够自求解决；"是非能自辨"，是指对于思想、道德上的是非善恶，学生能够自觉明辨；"斗争能自奋"，是指对于奋斗成长过程，学生能够自我激励；"高精能自探"，是指对于高精创造领域，学生能够自己探索。这"四自"，提炼概括了改革开放和现代化建设新时期中国教育所要培养的是能够在实践中具有独立自主精神和能力，实现"服务为人民，于国多贡献"人生理想的社会主义建设人才，使叶圣陶一贯主张的"不教"的教育目的和价值，蕴含了我国现代化建设的新的时代要求和内涵，凸显了更强的实践意义。

随着改革开放的进展，我国现代化建设越来越与世界科技、经济和社会变革的趋势相呼应相关联。20世纪80年代，叶圣陶对于"为什么而教"、对于"教是为了不教"之"不教"的思考和阐述，不但立足当前现代化建设对人才成长与培养的现实需要，更着眼世界和未来视野下每个人的终身学习、发展和幸福。他指出："教是为了达到不需要教。""世界上的事情是学不完的，无论是谁，都要学习一辈子。""世界的变化快得没法说"，"战后（指第二次世界大战以后）这三十多年的变化多么大，近几年（指我国改革开放以来）的变化多么大！一个人到某一阶段也非变不可，如果到此为止，停滞不前，就是落后——不进则退。达到不需要教，就是要教给学生自己学习的本领，让他们自己学习一辈子。"[②]"让他们自己衷心乐意向求

---

① 任苏民编著：《教育与人生——叶圣陶教育论著选读》，上海教育出版社，2004，第327页。

② 叶至善、叶至美、叶至诚编：《叶圣陶集》（第十一卷），江苏教育出版社，2004，第356—357页。

真崇善爱美的道路昂首前进。"[①] 他强调，在世界"多变激变"的时代，各种教育机构和教师"在教育来学的人的同时，要特别注意引导他们知变，求变，善变，有所改革，有所创新：这就是引导他们自学"。"一辈子坚持自学的人也就是一辈子自强不息的人。不难想象，这样的人不断增多，社会和国家将达到何等繁荣昌盛的境界。"[②] 这些论述，高瞻远瞩，语重心长，聚焦并揭示了当今和未来教育所必须培养的现代中国人的最基本最核心的素养，阐明了"教是为了不教"之"不教"，最根本的就在于使受教育的每个人都成为具有自我教育即自学的主体精神和能力，能够离开教者，超越教者，终身学习、自强不息，适应变化、创新实践，共建共享社会和国家繁荣昌盛的人。

"不教"，也即使学生成为自主全面发展，能够主动应对现实和未来世界各种挑战，终身自学、创新实践的现代中国人，这一富有中国特色和前瞻意义的教育目的和价值，构成了"教是为了不教"教育思想的本质内涵和核心理念，也是为我国现代教育教学确立了共同的理想信念。

三、"教是为了不教"教育思想的实践智慧

以"为了不教"之"教"，也即科学、生动、有效地引导学生自主学习、终身自学的教育教学体系构建为方法和路径，构成了"教是为了不教"蕴含的丰富而宝贵的实践智慧。

"教是为了不教"教育思想，不但基于科学人本观、儿童观，富有哲理地阐明了我国现代教育教学的根本目的和价值，而且在教育改革特别是语文课程教材教学改革中，不断探索实现这一教育目的价值的教育规律和实践路径，构建科学、生动、有效地引导学生自主学习、终身自学的教育教学体系。

---

① 叶至善、叶至美、叶至诚编：《叶圣陶集》（第十一卷），江苏教育出版社，2004，第 348 页。

② 同上书，第 351 页。

　　叶圣陶认为，"教是为了不教"中的"教"与"不教"，是相互依存、相互作用、相互包蕴的辩证关系。"教"即教育教学，必须以"不教"为目的、为出发点，才能实现自身的现代性变革，实现养成自主全面发展的现代中国人的育人价值。这样的"教"，本身就包含了把"不教"变为现实的性质。"不教"即学生学会了自主学习，以至能够离开教者、超越教者，终身自学、创新实践，必须以"教"为途径、为立足点，通过"为了不教"的教育教学来达到。这样的"不教"，本身也即实现了更好的"教"，或者可以说是"不教之教"[①]。"教是为了不教"中的"教"与"不教"，又是一个逐渐和不断地由前者向后者转化，体现了人的成长与教育内在本质的发展过程。"譬如孩子学走路，起初由大人扶着牵着，渐渐的大人把手放了，只在旁边遮拦着，替他规定路向，防他偶或跌交"，直到"孩子步履纯熟，能够自由走路"[②]。因此，在这过程中，"一边教，一边要逐渐为'不需要教'打基础"[③]。

　　"教是为了不教"蕴含的"教"与"不教"的辩证关系和"教"到"不教"的发展逻辑，从宏观上看，揭示了各级各类学校教育及其与社会教育（包括家庭教育）和自我教育的内在联系，成为构建现代教育体系也即终身教育体系必须遵循的教育基本规律。叶圣陶指出："无论是谁，从各级各类学校出来之后还得受教育，大学生和研究生毕了业并非受教育的终结。那时候哪儿去受教育呢？从社会各方各面都可以受教育，只要自己有要受教育的坚强意愿，这就是自我教育，简化地说就是'自学'。自学能力的强或弱根据在校时候所受教育的好或差。假如在校时候常被引导向自学方面不断前进，学生有福了，他们一辈子得到无限好的受用。而且，不但他们自己，社会和国家也得到无限大的利益。"因此，"所有各级各类学校以及补习、进修的机构的主要职能，全都在引导来学的人向自学方面不断进

---

　　① 张双棣等译注:《吕氏春秋译注》，北京大学出版社，2011，第540页。
　　② 叶至善、叶至美、叶至诚编:《叶圣陶集》（第十四卷），江苏教育出版社，2004，第162页。
　　③ 中央教育科学研究所编:《叶圣陶语文教育论集》（下册），教育科学出版社，1980，第492页。

展"①。叶圣陶的论述，着眼现代人一生发展和学习的需要，从宏观层面揭示了实现"教是为了不教"的教育基本规律，为各级各类学校及其他一切教育机构充分发挥引导学习者自学的主要职能，构建具有中国特色的，基于每个人自我教育即自学主体精神和能力的，让人民充满创造力和幸福感的终身教育体系和学习型社会、学习型国家，提供了科学思路。

"教是为了不教"蕴含的"教"与"不教"的辩证关系和"教"到"不教"的发展逻辑，从微观上看，揭示了教育教学与学生成长、知识教学与主体发展、课程教学与自主学习、课堂教学与课外自学，以至具体的一门学科、一个学段、一个单元、一堂课教学过程及其各个环节的内在联系，成为构建现代学校内部教育体系特别是课程教学体系必须遵循的教育教学规律。叶圣陶指出："无论教育和教学，都为的学生，要学生进步和成长。"②而学生决非是"空瓶子"，等着把各种知识、各种道德条目装进去，学生是活生生的社会的"生活体"，是"有生机的种子"，本身具有萌发生长的机能，具有自主学习发展的潜力。因此，教育教学本质上是以学生自主学习成长为中心的"教师与学生的共同工作"，教师的引导固然很关键，"可是主体究竟是学生"③。"各种学科的教学都一样，无非教师帮着学生学习的一串过程。"④"愤悱启发是一条规律；好比扶孩子走路，能放手时坚决放手是一条规律；养成良好习惯，直到终身由之的程度，是一条规律。"⑤

事实上，叶圣陶在探索实现"教是为了不教"的教育规律和实践路径时，经常是把宏观和微观这两种视角、两个层面结合起来的。他从宏观上对中国现代教育目的价值、基本规律和体系构建的探索，不仅出自他对社会变革发展和人的变化发展要求的总体把握，而且总是植根于他对儿童生

---

① 叶至善、叶至美、叶至诚编：《叶圣陶集》（第十一卷），江苏教育出版社，2004，第350—351页。

② 叶至善编：《叶圣陶答教师的100封信》，开明出版社，1989，第100页。

③ 叶至善、叶至美、叶至诚编：《叶圣陶集》（第十三卷），江苏教育出版社，2004，第74页。

④ 叶至善、叶至美、叶至诚编：《叶圣陶集》（第十四卷），江苏教育出版社，2004，第162页。

⑤ 杜草甬、商金林编：《叶圣陶教育文集》，河南教育出版社，1989，第359—360页。

命个体自主学习发展内在需要和教育教学内在机制的深刻理解。他从微观上对教育教学目的、规律和课程、教材以至教学过程、方式的探索，又总是以他对中国社会变革发展和教育改革发展的整体认知为背景的。当然，由于后者直接涉及广大教师的教育教学实践和每个学生的学习发展，能够解决实现“教是为了不教”的深层次、基础性、普遍性的现实问题，并且与叶圣陶本人的教育教学改革实践更加紧密关联，因此这方面很自然地成为他探索的重点。

叶圣陶在长期教育教学改革实践中，深入探索实现“教是为了不教”的教育教学规律和具体方法路径，逐步形成了一套引导学生自学的教育教学原则和模式。这些原则和模式，不仅作为理论框架蕴含和贯彻在他所构建的语文课程教材教学体系里，而且为当代构建科学、生动、有效地引导学生自主学习、终身自学，实现“教是为了不教”的教育教学体系，提供了智慧启迪。

叶圣陶所阐述和贯彻的引导学生自主学习教育教学原则，概括起来，主要有以下八条。

1.认定目标，致力于导

实现“教是为了不教”，首要的是要把这一现代教育的根本目的和价值，变为学校尤其是各学科教师自觉的教育教学目的和目标。因此，叶圣陶一再强调：“教师教各种学科，其最终目的在达到不复需教，而学生能自为研索，自求解决。”[1] 认定这一目的，并且化为具体的教育教学目标，“对于教育究竟是怎么一回事就得重新认识，对于教育的方式就得谋求改革”[2]。教师必须重新审视和定义自己的工作：“教师当然须教，而尤宜致力于‘导’。”[3] 这里的“导”，即是教师对学生自主学习成长的引导，包括创境、启发、诱导、指点、辅助、示范、熏陶、参与、合作，以及必要的讲

---

① 叶至善编：《叶圣陶答教师的100封信》，开明出版社，1989，第30页。
② 叶至善、叶至美、叶至诚编：《叶圣陶集》（第十一卷），江苏教育出版社，2004，第348—349页。
③ 叶至善编：《叶圣陶答教师的100封信》，开明出版社，1989，第26页。

解、训练、评价等等。致力于"导"，教师要着眼学生终身学习发展的需要，深入钻研、准确把握课程教材和学生实际，在此基础上明确制定引导学生自主学习的具体教育教学目标，并且围绕目标系统设计和组织教育教学活动，将"言教"与"身教"相结合，传统教育手段与现代技术手段相结合，科学、生动、有效地引导学生自主学习成长，务求使学生在取得学业进步、提高相关素质的同时，逐步养成终身受用的自学能力和习惯。致力于"导"，教师不但要改变陈旧的教育观念和教学方式，而且要努力进行专业素养、专业技术的转变和修炼，在实践中创造新的教育教学经验，生成新的教育教学智慧。只有这样，教师才能做到善于引导学生自学，朝着"不教"的目的和境界前进。

2.激发动力，发展主体

"为了不教"之"教"，必须基于对学生自主学习内在动力的激发。这是因为，在教育教学中，学习的主体是学生。"学习是学生自己的事，不调动他们的积极性，不让他们自己学，是无论如何学不好的。"[①] 激发学生自主学习的内在动力，也即激发他们自主学习的内在需要、兴趣、毅力、志向等，最主要的是要创设能够引发、激励学生自主学习内在需求和持续努力的情境。叶圣陶指出："教育所以可贵，乃在能为儿童特设境遇使他们发生需求，努力学习。"[②] 这当中包括：一要拉近学科与学生的距离。教师要根据学生生活经验和认知特点，"善于利用科学本身固有的趣味"[③]"让学生完全了解学这个功课为什么，有什么用处""让学生喜爱这个功课，觉得其乐无穷"[④]。二要尽可能让学生自己开展学习活动，教师要"在指导学习之中使学生受到鼓励"，这一点更为重要。"循循善诱，教学相长，学生如坐春风，如入胜境，自然乐于学习，勤于学习。思考问题，试作实验，

① 叶至善、叶至美、叶至诚编：《叶圣陶集》（第十一卷），江苏教育出版社，2004，第266页。
② 叶至善、叶至美、叶至诚编：《叶圣陶集》（第十三卷），江苏教育出版社，2004，第6页。
③ 杜草甬、商金林编：《叶圣陶教育文集》，河南教育出版社，1989，第268页。
④ 叶至善编：《叶圣陶答教师的100封信》，开明出版社，1989，第19页。

老师只给简要的提示，学生须作艰辛的努力才得解决；当解决的时候，学生的欢快好比爬上了峨嵋的金顶，正是继续努力的推动力。"[1] 激发学生自主学习内在动力，让学生充分体验学习的乐趣，促使学生的主体性得到发展，这不仅是为了推动学生当前的学习，更是培养学生具有一辈子自学的坚强意愿，使之达到"不需要教"的根本性长远性目标。

3. 教材为例，举一反三

引导学生自主学习，要以课程教材为凭借。教材应当编得尽可能适合学生的学习需要。但是，叶圣陶指出，"教材即使编得非常详尽，也不过是某一学科的提要，加上一些必要的范例罢了（语文课本几乎全是范例）"。认为"教"就是教师教教材，"学"就是学生学教材，如果照这样做，学生得到的益处就非常有限。"学生要学的，不光是课本上的知识，更重要的是在各科的学习中学会自己寻求知识和解决问题的本领。这是他们一辈子的工作和学习的第一需要。"[2] 况且，在科技革命、文化创新、知识爆炸、多变激变的当代社会，每个学生一生需要学习的东西，更是现有学校课程教材无法承载的。因此，就其与学生终身学习发展的关系这一本质而言，"教材无非是例子"（即使是经典作品，选作一定学段学生的课程教材，也不例外）。凭借这个"例子"进行教育教学，一定要"使学生能够举一而反三"[3]。首先，对教材，"教师就要朝着'反三'这个目标精要地'讲'，务必启发学生的能动性，引导他们尽可能自己去探索"[4]；再者，教材不是终点，"领会教材之质与文犹未已也，非最后之目的也"[5]"最要紧的是引导学生能举一反三，'一'是课文，'三'是自己阅读东西。自己能不靠老师阅读书报，得到正确的理解与体会。"[6] 这也才是正确看待教材，善于运用

① 叶至善、叶至美、叶至诚编：《叶圣陶集》（第十一卷），江苏教育出版社，2004，第 284 页。

② 同上书，第 306—307 页。

③ 中央教育科学研究所编：《叶圣陶语文教育论集》（上册），教育科学出版社，1980，第 152 页。

④ 同上书，第 152 页。

⑤ 叶至善编：《叶圣陶答教师的 100 封信》，开明出版社，1989，第 70 页。

⑥ 同上书，第 99 页。

教材，真正发挥了课程教材在实现"教是为了不教"中的重要作用。

4.愤悱启发，相机诱导

引导学生自主学习，在教法上必须坚持启发、诱导。叶圣陶一贯主张，教育教学要像孔子说的"不愤不启，不悱不发"。[①] "教师之为教，不在全盘授与，而在相机诱导。"[②] 无论教什么，都要设法"让学生先思考一番""学生自己想得通的，说得清楚的，自然不必教。想不通了，说不清楚，就是碰了壁了，其时学生心头的苦闷多么厉害，要求解决的欲望多么迫切"，这正是教师施教的极好时机。[③] 而这时候教师的"教"，并不是向学生全盘讲授，而是给予启发，"相机诱导"，主要是"领导他们共同讨论：他们如有错误，给他们纠正；他们如有遗漏，给他们补充；他们不能分析或综合，指点他们分析或综合"[④]。还要领导他们"跟事物直接接触"，共同观察，共同实践，并作示范，来进行探究。即使有时候需要较多地运用讲解，也要"精讲"，即抓住重点、难点，"挑精要的话讲"。叶圣陶指出："要说得出精要的话，全在深切体会课文，同时还设身处地，从学生方面想，怎么讲可以给他们启发，怎么讲可以增进他们的理解。"[⑤] 启发、诱导作为教法上的一个原则，决不是简单等同于某种具体的教法。例如提问法，"问这问那个不休，不一定都有启发作用"[⑥] 启发、诱导最根本的是要引导学生自己动脑筋，"自由发展思想"[⑦]，发展独立思考、创新思维和实践能力。"能引导学生自己动脑筋，自己得到真理解，这是好的教法。以为学生自己不能懂，要我教师大大小小粗粗细细讲了才会懂，这是坏的教法。为什么坏？因为这样教等于鼓励学生自己不必想心思动脑筋，因而越

---

① 徐志刚：《论语通译》，人民文学出版社，1997，第77页。
② 叶至善编：《叶圣陶答教师的100封信》，开明出版社，1989，第30页。
③ 叶至善、叶至美、叶至诚编：《叶圣陶集》（第十一卷），江苏教育出版社，2004，第279页。
④ 杜草甬、商金林编：《叶圣陶教育文集》，河南教育出版社，1989，第151页。
⑤ 叶至善编：《叶圣陶答教师的100封信》，开明出版社，1989，第20页。
⑥ 杜草甬、商金林编：《叶圣陶教育文集》，河南教育出版社，1989，第344页。
⑦ 叶至善、叶至美、叶至诚编：《叶圣陶集》（第十六卷），江苏教育出版社，2004，第3页。

学越笨。"①

5. 指点学法，逐渐放手

引导学生自主学习，目的在使学生逐渐学会自学。为此，不但要坚持启发、诱导的教法，还必须给学生指点学法。叶圣陶指出，教育教学中，"所谓训练，当然不只是教学生拿起书来读，提起笔来写，就算了事。……必须讲求方法，怎样阅读才可以明白通晓，摄其精英，怎样写作才可以清楚畅达，表其情意，都得让学生们心知其故。"②学生掌握了科学的方法，才会具备自学本领。学法，包括反映学习对象特点和学习心理规律的学习方式、程序、要领、策略、方法、技巧等，不同学科不同性质和类型的学习对象，不同的学习主体和学习要求，必然有不同的学法。叶圣陶认为，学法的指点大致有两种途径：一种是鸟瞰地讨究，即在接触某类学习对象之初，先总的指点讨究一下该对象的学法。"譬如走路，先经指导，免得东转西回""鸟瞰地讨究其学习方法，讨究有所得，再与教材体会，更有'左右逢源'的乐趣。"③还有一种是随时地点拨，尤其是让学生从教师对自己学习的引导中得到领悟并加以仿效。这就需要教师的引导既符合教的要求，又符合学法规律。这样，"学生时常听老师提问，受老师指点，亦即于不知不觉之中学会遇到任何书籍文篇，宜如何下手乃能通其义而得其要。此如扶孩子走路，虽小心扶持，而时时不忘放手也"④。学法的指点，特别要注意让学生根据对象和自身特点选择适合的学习方法，还要注意引导学生反思自己的学习，总结、推广成功的学习经验。指点学法，"好比牵着孩子的手教他学走路"⑤，正是为了"逐渐去扶翼，终酬放手愿"⑥。

---

① 叶至善编：《叶圣陶答教师的 100 封信》，开明出版社，1989，第 147 页。
② 叶至善、叶至美、叶至诚编：《叶圣陶集》（第十三卷），江苏教育出版社，2004，第 43 页。
③ 杜草甬、商金林编：《叶圣陶教育文集》，河南教育出版社，1989，第 61 页。
④ 叶至善编：《叶圣陶答教师的 100 封信》，开明出版社，1989，第 28 页。
⑤ 叶至善、叶至美、叶至诚编：《叶圣陶集》（第十一卷），江苏教育出版社，2004，第 263 页。
⑥ 任苏民编著：《教育与人生——叶圣陶教育论著选读》，上海教育出版社，2004，第 327 页。

6. 实践历练，养成习惯

引导学生自主学习，要打下学生一辈子自学的基础，仅仅让学生学一学，懂得一些知识和方法，还是远远不够的，非得使他们养成良好的自主学习习惯不可。叶圣陶强调，"必须使种种方法成为学生终身以之的习惯"[①]，这样，他们才会真正具备适应终身学习发展需要的自学能力。而"养成好习惯必须实践""心里知道该怎样怎样，未必就能养成好习惯，必须怎样怎样做去，才可以养成好习惯"。[②] 因此，在引导学生自主学习的教育教学过程中要知行合一、注重实践，加强对学生实践活动或实践学习环节的组织和指导。要通过生动多样的尝试、演示、考察、实验、练习、创造等课程学习中的实践活动，"运用种种方法，使学生能够把所学的东西化为自身的东西（这就是'有诸己'），能够'躬行实践'"，[③] 能够"学以致用"，并且反复历练，持之以恒。不光要在课内加强实践，而且要向课外拓展学生学习和实践的广阔天地。"要跟孩子们共同读书，共同联系实际。读一本讲天文的书，就跟他们共同看星星；读一本讲植物的书，就跟他们共同种植些什么。这样就容易使他们养成爱好读书的习惯，养成读书联系实际的习惯，养成好动手爱钻研的习惯。"[④]

7. 因材施教，灵活创造

引导学生自主学习，应当遵循其教育教学规律和原则，而在具体的教法上又要从实际出发，因材施教，灵活创造。叶圣陶指出，"同样的教材，可以有不同的教法，因为教的人不同，学的人也不同。总之，能收到实效的就是好教法。"[⑤] 教法，应当从引导自学的实效出发，因教师和学生不同而多样化。"任何一种教法都有优点和缺点"，再好的教法也需要依靠教师的创造性实践，使之适合特定的教育教学情境，并不断改进和优化。为了

---

① 叶至善、叶至美、叶至诚编：《叶圣陶集》（第十三卷），江苏教育出版社，2004，第43页。

② 同上书，第137页。

③ 叶至善、叶至美、叶至诚编：《叶圣陶集》（第十一卷），江苏教育出版社，2004，第236页。

④ 同上书，第332—333页。

⑤ 同上书，第307页。

改进教育教学，学习别人的先进经验和成功教法当然很必要，但是决不能生搬硬套。"无论别人的经验多么好，总该领略它的精要，结合自己的具体情况，灵活运用。"①同一种教法，因教师和学生不同，效果可能迥然相异。即使同一个教师对同一个班级的学生，也要尊重其个体差异，因材施教。在教育教学改革实践中，不少教师总结出了自己的具体教学模式，如"五环节""六步法"等，这些"大致是不错的，但是不宜拘守，拘守了就成为框框。不妨看课文如何，看班上学生的实际情况如何，或者减去一两个环节，或者移动环节的次序"②。"总之，老师讲课，必须使学生真正受用，任何时候都要记住这一点。记住了这一点，方法可以多种多样。发挥创造性，自能找到种种方法。"③

8.正确评价，促进自学

引导学生自主学习，主要是要引导学生通过自觉、主动、独立地学习和实践，"把所学的东西化为自身的东西"，并且养成终身受用的自学能力和习惯。叶圣陶认为，教育教学应当向这个目标努力，教育评价自然也应当以此为基本标准。从学的方面来说，"譬如各种学科的考试，题目出得很拘谨，只要学生照课本上说的回答就成，而学生果真能回答得一点儿不错，这时候还测验不出什么。要是换个办法，把题目出灵活些，回答的话固然没法在课本上找，可是消化了课本的学生准能回答出来（这样的题目当然不容易出，然而不是不可能出），这时候就测验得出了"④。"假如在这样的情形之下考上五分，那是真正有生命的五分。"⑤不光考试方法要正确、科学、有效，还要在实际的学习、活动和生活中，通过观察、调查、作业分析、自我评价等方法，看学生是否能够"把所学的东西真正消化"并且应用，看学生的学习态度、学习方式、自学习惯、自学能力如何等等。从

---

① 杜草甬、商金林编：《叶圣陶教育文集》，河南教育出版社，1989，第332页。
② 叶至善编：《叶圣陶答教师的100封信》，开明出版社，1989，第20页。
③ 同上。
④ 叶至善、叶至美、叶至诚编：《叶圣陶集》（第十一卷），江苏教育出版社，2004，第227—228页。
⑤ 同上书，第226页。

教的方面来说，除了看学生的成绩和发展外，还要看实际的教育教学状况，特别是课堂教学状况。"参观老师教课，要看老师是不是善于启发学生，引导学生，要看效果如何，学生是不是真有所得：所以不能光看教师唱独脚戏。"①课后评价，"彼此谈谈优点缺点，仍然着重在学生受益与否"②。这样的教育和教学评价，才能促进教师积极实行并不断改进"为了不教"之"教"，才能促进学生"向自学方面不断进展"。

以上八条原则，涵盖了教育教学系统要素和过程关键，以及主体与教法、发展与评价的关系，体现了实现"教是为了不教"的教育教学规律，包含了一整套实践"教是为了不教"的基本策略。

叶圣陶将这些教育教学原则综合运用和贯彻在语文阅读教学等典型、完整的教育教学过程中，并经过他既依托学科更超越学科的深入阐发，就构成了可概括为以尝试自学、质疑讨论、练习应用、考查改进等为主要环节的教育教学模式。

（一）尝试自学

尝试自学，叶圣陶又称为"预习"，是学生在教师引导下对新的学习内容先自己尝试了解和探究。尝试自学的内容，既包括对教材文本一般的读通、了解，又包括结合相关资源对学习内容作较深的领悟、研究；形式多种多样，可以通读课文、查阅工具书和参考资料、记笔记、提问题，或者进行活动、观察、搜集、试验等等。尝试自学，不是要学生马上把新的学习内容"弄得完全头头是道"，也不是要学生仅仅为听教师的讲解作准备，而主要是为了激发学生自主学习的内在动力，让学生个体不等待、不依赖教师的讲授，自己先学先思，获得主动尝试探究新学习内容的真实认识和体验。叶圣陶从情感、认知和意志等方面分析了尝试自学对学生主体发展和学习效果所具有的高价值。他指出，通过尝试自学（预习），"他们

---

① 叶至善、叶至美、叶至诚编：《叶圣陶集》（第十一卷），江苏教育出版社，2004，第357页。

② 叶至善编：《叶圣陶答教师的100封信》，开明出版社，1989，第100页。

动了天君，得到理解，当讨论的时候，见到自己的理解与讨论结果正相吻合，便有独创成功的快感；或者见到自己的理解与讨论结果不甚相合，就作比量短长的思索；并且预习的时候决不会没有困惑，困惑而没法解决，到讨论的时候就集中了追求解决的注意力。这种快感、思索与注意力，足以鼓动阅读的兴趣，增进阅读的效果，都有很高的价值"[①]。尝试自学，归根到底有益于学生养成终身受用的自学习惯和能力。"尝试的结果，假如果真了解了，这了解是自己的收获，印入必然较深，自己对于它的情感必然较浓。假如不能了解，也就发见了困惑所在，然后受教师的指导，就困惑所在加以解答，其时在内容的领悟和方法的运用上，都将感到恍然有得的快感；对于以后的尝试，这是有力的帮助和鼓励。无论成功与否，尝试都比不尝试有益得多；其故就在运用了一番心力，那一番心力是一辈子要运用的，除非不要读书。"[②]

尝试自学，对于教育教学来说，完全打破了教师单向灌输、学生被动接受的传统模式，要求教师正确发挥对学生学习的主导作用，从一开始就要确立和贯彻引导学生自主学习的具体教育教学目标。在这一环节，首先，教师要基于对课程教材和学生实际的深入研究认真备课，创设良好的情境，引发学生尝试自学的内在动机和自觉行为；其次，对学生尝试自学的内容和方法，"教师自当测知他们所不及"，给予必要的提示和指点；[③]还有，在学生尝试自学过程中，教师要负责检查督促，积极鼓励，对有困难者加以个别辅导。只有这样，才能使学生的学习主动性得到更好的发挥，才能使他们的尝试自学取得应有的实效。

（二）质疑讨论

质疑讨论，是教师引导学生在尝试自学基础上提出并围绕学习中的问

---

① 叶至善、叶至美、叶至诚编：《叶圣陶集》（第十四卷），江苏教育出版社，2004，第6页。

② 叶至善、叶至美、叶至诚编：《叶圣陶集》（第十六卷），江苏教育出版社，2004，第59—60页。

③ 叶至善、叶至美、叶至诚编：《叶圣陶集》（第十四卷），江苏教育出版社，2004，第5页。

题进行学生之间、师生之间多向交流切磋和合作研讨。叶圣陶指出，尝试自学（预习）之后，"上课的活动，教学上的用语称为'讨论'，预习得对不对，充分不充分，由学生与学生讨论，学生与教师讨论，求得解决"[①]。质疑讨论，最重要的是充分发挥全体学生"自为研索，自求解决"的主动性，做到人人积极有效地参与。为此，"第一要学生在预习的时候准备得充分"，即要尽量让每个学生在尝试自学中都能认真努力，发现问题，并尝试自求解决，心中有了急于交流分享的收获和自己没办法解决的困惑；"第二还得在平时养成学生讨论问题、发表意见的习惯"，这里关系到最根本的是教育教学要营造使学生能够历练养成这种习惯的自由、宽松的师生共学氛围和常态。"学生事前既有充分的准备，平时又有讨论的习惯，临到讨论才会人人发表意见，不至于老是某几个人开口；所发表的意见又都切合着问题，不至于胡扯乱说，全不着拍。""这样的讨论"，才是"名副其实的讨论"[②]。

质疑讨论，教师的角色和作用十分关键。学生经过尝试自学，现在又进行交流切磋，对许多问题已经基本解决，不需要教师从头至尾做系统、详尽地讲解。教师的主要工作是组织讨论、"相机诱导"。"这当儿，教师犹如集会中的主席，排列讨论程序的是他，归纳讨论结果的是他，不过他比主席还多负一点责任，学生预习如有错误，他得纠正，如有遗漏，他得补充，如有完全没有注意到的地方，他得指示出来，加以阐发。"[③]当然，从深层次来看，教师对质疑讨论的组织，首先要根据引导学生自主学习的具体教育教学目标，对学生提出的学习中的问题进行价值判断、筛选提炼、适当补充、有序组织，使讨论能够围绕本课必须解决的主要问题充分、有效展开。教师对质疑讨论的引导，还包括鼓励学生独立思考、大胆质疑、发抒己见，及时捕捉和肯定学生中迸发的创造性思维火花，利用生

① 叶至善、叶至美、叶至诚编：《叶圣陶集》（第十四卷），江苏教育出版社，2004，第5—6页。
② 同上书，第98—99页。
③ 同上书，第6页。

成的新的学习资源，把讨论引向深入，使之收获更多的精彩；还包括教师以身作则，平等参与其中，适时提出自己的问题和见解，与学生共同讨论，"教学相长"[①]。质疑讨论，进一步改变了教师为"主角"、学生为"配角"，教师"一味讲解"、学生"一味听讲"的师生关系和课堂教学结构，使学生真正成为课堂学习的主人，在教师引导下，在与同伴、老师的共同学习中，主动地生动活泼地实现学习的深化、知识的建构、情感和思维的发展，使教师真正成为学生学习的组织者、引导者、鼓励者和合作者。

（三）练习应用

练习应用，是学生在教师引导下自觉应用此前学习获得的知识与经验去解决相关和类似的问题甚至新问题。学生经过质疑讨论，对有关学习内容和方法基本"懂得了，说得清了"，以至"记住了"，但还不能说是完全掌握，变成自己的东西了。要达到引导学生自主学习的教育教学目标，还必须让他们练习应用。练习应用的真谛，不在于单纯训练和巩固学生对知识的记忆，而在于使学生自觉以至独立地把所学的东西应用到解决相关问题和实际生活的实践中去，并在实践中得到验证、历练、完善和拓展，从而真正"化为自身的血肉"[②]，逐步养成自学创新能力和习惯。因此，这一环节学生的学习应当更具有主体性、实践性、创造性和发展性。例如，语文阅读教学，在讨论过后让学生进行吟诵，"吟诵的时候，对于讨究所得的不仅理智地了解，而且亲切地体会，不知不觉之间，内容与理法化而为读者自己的东西了，这是最可贵的一种境界"[③]。在精读过后让学生进行略读参读，"学生从精读方面得到种种经验，应用这些经验，自己去读长篇巨著以及其他的单篇短文，不再需要教师的详细指导"[④]，而学生逐渐学

---

① 胡平生、张萌译注：《礼记》（下册），中华书局，2017，第698页。

② 叶至善、叶至美、叶至诚编：《叶圣陶集》（第十一卷），江苏教育出版社，2004，第350页。

③ 叶至善、叶至美、叶至诚编：《叶圣陶集》（第十四卷），江苏教育出版社，2004，第100页。

④ 同上书，第161页。

会为了自己的需要与兴趣"自由阅读"①。又如，各科教学，在讨论过后让学生完成相关作业，这些作业"着眼在巩固学生的记忆固然有其必要，可是尤其重要的是要考虑到如何启发学生，把所学的应用到实际生活的各方面去"②。在上课之后让学生做实验、搞创作，进行课外阅读、社会实践等等，这些活动不仅着眼学生对当前所学东西的内化和拓展，更有利于学生获得丰富的人生体验、学习智慧和精神滋养，打下终身自学、创新实践的根基。

练习应用，教师的引导仍然重要。在此之前，教师要围绕引导学生自主学习的具体教育教学目标，对学生这一环节的学习活动进行精心设计，并创设良好的基础和条件。在练习应用中，教师要给予学生适当的指导，比如略读、参读，"某种书该怎么阅读，参考些什么，可以与哪些实际联系起来，这些项目固然最好由学生自己解决，可是教师总得给他们安排一条探索的道路"③；比如作业、实验等等，教师也总得给学生一些必要的提示、鼓励和个别辅导。当然，这时的指导，一般来说，"需提纲挈领，期其自得"④。除此以外，教师自己也要积极参与练习应用的学习活动，在与学生共同学习、共同实践中加强自身修炼，发挥好示范带头、"不言之教"⑤的独特作用。练习应用，与现实教育中存在的知行脱节、死记硬背、单纯应试、强制训练等有害做法根本不同，是教育教学体现"教是为了不教"，引导学生养成自主、健全的现代人的一个关键环节。

（四）考查改进

考查改进，是教师引导学生主动参与学习成绩考查并使学与教双方通

---

① 叶至善、叶至美、叶至诚编：《叶圣陶集》（第十四卷），江苏教育出版社，2004，第 162 页。

② 中央教育科学研究所编：《叶圣陶语文教育论集》（上册），教育科学出版社，1980，第 152 页。

③ 叶至善、叶至美、叶至诚编：《叶圣陶集》（第十六卷），江苏教育出版社，2004，第 116 页。

④ 叶至善、叶至美、叶至诚编：《叶圣陶集》（第十四卷），江苏教育出版社，2004，第 162 页。

⑤ 汤漳平、王朝华译注：《老子》，中华书局，2014，第 8 页。

过考查反馈加以改进。引导学生自主学习，经过以上三个环节，基本上达到了一次循环，但对于这些环节下来学生的学习成绩究竟如何，还需要进行考查，并使师生从考查中获得反馈，对以后的教与学加以改进。考查改进，在以课为单位的教育教学微观循环中，往往可以作为练习应用的延伸，与之有机结合；而在一个单元、一个阶段的教育教学过程中，则需要作为一个相对独立的环节。作为教育教学环节的考查改进，仍然要注重发挥学生的主体作用。考查前，要让学生自觉复习，"温故而知新"[①]。叶圣陶指出："既要知新，又要温故，在学习的过程中，匀出一段时间来温理以前读过的，这是个很好的办法。""在精读几篇文章之后，且不要上新的；把以前读过的温理一下，回味那已有的了解与体会，再寻求那新生的了解与体会，效益决不会比上一篇新的来得少。"[②]温故知新，当然包括知识的复习和巩固，但绝不等于单纯的背诵记忆，而更多的是学生对已学东西的系统梳理、熟读成诵、融会贯通和新生体会。在温故知新的基础上，往往可以让学生在教师指导下或者由师生合作来选择考查的内容和形式，编制考查的命题和标准。考查中，要让学生积极主动参与，"尽其所知所能，认真应对"[③]。考查后，要让学生正确对待成绩，及时进行自我评价和改进。"分数原是备稽考的，分数多不是奖励，分数少也不是惩罚，分数少到不及格，那就是学习成绩太差，非赶紧努力不可。这一层，学生必须明白认识。否则误认努力学习只是为了分数，把切己的事情看作身外的事情，就是根本观念错误了。"[④]

考查改进，教师的主导作用不仅在于引导学生温故知新，而且在于采取科学的考查和考查之后对教育教学的改进。"不足以看出学生学习成绩的考问方法最好不要用。"[⑤]教师要根据引导学生自主学习的具体教育教学

[①] 徐志刚：《论语通译》，人民文学出版社，1997，第13页。
[②] 叶至善、叶至美、叶至诚编：《叶圣陶集》（第十四卷），江苏教育出版社，2004，第105页。
[③] 同上书，第104页。
[④] 同上。
[⑤] 同上书，第105页。

目标，在学生的参与下，制定并实施足以检测学生对所学东西实际掌握、应用，特别是发展自学能力，形式灵活多样的考查方案。考查之后，"教师记下了分数，当然不是指导的终结，而是加工的开始。对于不及格的学生，尤须设法给他们个别的帮助"①。教师对教育教学的改进，要分析并依据考查结果反馈，从此前教育教学的"加工"包括对个别成绩较差学生的"帮助"开始，直到对以后教育教学计划和行动的调整、改进。由此可见，考查改进，决非是传统意义上的考试和应试教学，而是教育教学过程中教师对自身工作反思改进和引导学生"向自学方面不断进展"的一个必要环节。

在教育教学实践中探索遵循"教是为了不教"的教育基本规律和教育教学规律，着力构建"为了不教"之"教"，也即科学、生动、有效地引导学生自主学习、终身自学的教育教学体系，指明了实现"教是为了不教"教育目的和价值的实践路径和方法，也是"教是为了不教"教育思想蕴含的宝贵智慧。

四、"教是为了不教"教育思想的主体精神

以教师自觉追求"教是为了不教"，成为自我教育者和善于引导学生自主学习、终身自学的"善教者""教育家"为关键和保证，构成了"教是为了不教"贯穿的教育者主体精神。

"教是为了不教"教育思想，不但充分肯定了儿童自主学习成长达到"不教"的生命可能性，深刻揭示了"教是为了不教"目的价值的历史必然性和教育教学的实践规律性，而且特别强调了教师在觉悟历史必然性、基于生命可能性、把握实践规律性，引导学生自学创新、实现"教是为了不教"中的教育主体作用，并深入阐述了教师应当如何自觉转变与提高，担当起时代赋予自己的使命职责。

---

① 叶至善、叶至美、叶至诚编：《叶圣陶集》（第十四卷），江苏教育出版社，2004，第104页。

　　叶圣陶指出："学生受教育，就是要学到一辈子能够坚强的自学的本领。""学生要学到一辈子自学的本领，教师的作用极关重要。教师不仅要授予学生以各科知识，尤其重要的在于启发学生，熏陶学生，让他们自己衷心乐意向求真崇善爱美的道路昂首前进。这是教师应尽的职责，也是教师伟大的功绩。"[1]教师是现代学校中体现社会发展和人的发展要求而又最为亲近学生的教育主体，是学生人生学步的扶携者和引路人。学生固然具有自主学习、发展、创造的需要与潜能，但是，适应当代世界变革发展和人的变化发展的终身自学、创新实践本领，并不等于在他们身上已经先天存在或者能够自发形成，而是必须在学校教育特别是教师的引导和帮助、启发和熏陶下，在他们自己的自主学习和实践中逐步养成。叶圣陶一向认为，在教育系统的所有要素中，教师是使整个教育获得真实生命和育人实效的最重要的主体要素。"教育是附丽于人而后显出它的作用的。"[2]"在教育方面，什么学制、课程、训导纲要、教科书籍，比起教师来，都居于次要地位。"[3]"教是为了不教"的教育根本目的和价值、教育教学体系和模式，也只有在广大教师的创造性实践中才会变成活生生的教育与学习现实。而教师果真能发挥好这样的作用，就会使"教是为了不教"的教育教学，不只是遵循了其历史必然性和实践规律性，更具有一种超越知识学习的人情的温度、人生的广度、人性的深度和人格的高度，从而让学生"自己衷心乐意向求真崇善爱美的道路昂首前进"。这也正是"教是为了不教"最深层最根本的精神内涵和价值追求。在自己的工作中努力达致这样的精神内涵，实现这样的价值追求，是教师"应尽的职责"，也是教师"伟大的功绩"。

　　为要担当起时代赋予的使命职责，让"教是为了不教"成为教育教学和学生成长的美好现实，教师首先要有思想精神的自觉。叶圣陶指出："教

---

　　① 叶至善、叶至美、叶至诚编：《叶圣陶集》（第十一卷），江苏教育出版社，2004，第348页。
　　② 同上书，第49页。
　　③ 叶至善、叶至美、叶至诚编：《叶圣陶集》（第十二卷），江苏教育出版社，2004，第235页。

育事业原是教师做的，教师不能只等旁人来'觉我'，要靠自己觉悟。……若是从'自觉'得来的，便灵心澈悟，即知即行。"① 自五四新文化运动到新中国成立，以至改革开放和现代化建设新时期，在 20 世纪的近百年时间里，世界发生了翻天覆地的变化，中国社会与人的发展经历了一系列重大变革和进步，教育事业也随之不断进行着以教育目的和价值为核心的根本性改革，这就必然不断要求教师要实现对于时代与教育使命的自我觉醒。

作为中国现代教育事业的担当者，教师理应自觉认清世界、国家、人生和教育发展大势，对"教是为了不教"的教育目的和价值、教师作用和使命"灵心澈悟"，把自己从"传道受业""教书应试"的陈旧观念束缚下解放出来，确立"教是为了不教"的新型教育观和教师观。诚如叶圣陶所说的："教育是有最终的目的和价值的准绳的，教育者的义务便是使儿童得到合理的系统的知识，确定他们的新人生观"②，养成"自觉的，自动的，发展的，创造的，社会的"现代中国人。教师的根本职责就在于引导学生自主学习实践，使之成长为在当今和未来社会中"疑难能自决，是非能自辨，斗争能自奋，高精能自探"，以至能够终身自学、创新实践，"自己衷心乐意向求真崇善爱美的道路昂首前进"的新人。

作为中国现代教育事业的担当者，教师理应自觉投身社会变革发展和教育教学改革，对"教是为了不教"的教育目的和价值、教师作用和使命"即知即行""革除传统的教育精神"③，构建"教是为了不教"的新型教育方式和学习方式。让"教是为了不教"的思想理念成为自己教育教学的实际行动，在实践中将自己由固有知识道德的传授者，真正转变为学生自主学习、终身自学的引导者和师生共同学习成长中"同情的互助的伴侣"④。

① 叶至善、叶至美、叶至诚编：《叶圣陶集》（第十一卷），江苏教育出版社，2004，第 21 页。

② 同上书，第 42 页。

③ 叶至善、叶至美、叶至诚编：《叶圣陶集》（第十二卷），江苏教育出版社，2004，第 203 页。

④ 叶至善、叶至美、叶至诚编：《叶圣陶集》（第十一卷），江苏教育出版社，2004，第 42 页。

这种思想和精神的自觉，本质上也正是中国现代教师应有的"文化自觉"。

为要担当起时代赋予的使命职责，让"教是为了不教"成为教育教学和学生成长的美好现实，教师必须要有自我教育的先行。马克思说过："教育者本人一定是受教育的。"①叶圣陶强调：教师要担负起引导和帮助学生自主学习成长的职责，"自己必须先受教育"②"先做学生"③。

教师必须首先是一个自我学习者。要引导学生得到一种真实明确的人生观，成为自主的"现代人"，教师"自己就不可不先有一种真实明确的人生观"，为此，"又先要把关于这等问题的各门科学，如生物学、人类学、心理学、社会学、伦理学、哲学等等，下一番切实的研究功夫，从各门科学中得到切合现代人生的概念；把这些概念并合起来，找出个'人之所以为人'的道理，才能立定真实明确的人生观的根基"④。要认识学生身心发展与教育教学规律，尽好自己的责任，教师就要对"生理学、心理学、教育学之类非钻研不可"⑤，尤其要虚心向自己的学生学习，钻研学习越深，认识学生越真，实践"教是为了不教"就越有把握。

教师必须首先是一个自我修养者。"当教师的人应当讲究修养"⑥"遇到社会大转变的时代，修养尤其不能马虎"⑦。因为学生没有一种特别的本领，只从某一学科教师那里学某一学科，教育教学中影响、感染学生更加深刻更加重要的，往往是教师的人品和行为。况且，本来教师引导学生自主学习成长的目的就在于"做人"，做自主的"现代人"，其中"立德"，即正确人生观价值观和现代品德习惯的自我养成是根本。因此，教师特别要注重自身的道德修养。"教育者要明是非，辨善恶，有见必言，有言必践：

① 中共中央马克思恩格斯列宁斯大林著作编译局编译：《马克思恩格斯选集》（第一卷），人民出版社，1972，第17页。

② 商金林编著：《叶圣陶年谱长编》（第四卷），人民教育出版社，2005，第607页。

③ 叶至善、叶至美、叶至诚编：《叶圣陶集》（第十一卷），江苏教育出版社，2004，第361页。

④ 同上书，第11页。

⑤ 同上书，第222页。

⑥ 同上书，第60页。

⑦ 叶至善、叶至美、叶至诚编：《叶圣陶集》（第十二卷），江苏教育出版社，2004，第288页。

即以此立身，同时也以此为教。"① 凡希望学生去实践的，自己一定先实践；凡劝戒学生不要做的，自己一定不做。在教育教学和日常生活中，时时、处处践行"有诸己而后求诸人，无诸己而后非诸人"②的古训，从而立定实践"教是为了不教"的道德之本。

教师必须首先是一个自我成长者。"教师对儿童自然要担负帮助和指导的责任，但是教师自身也随时长进经验，随时有所创作有所进步。"③ 实践"教是为了不教"，必然要求并促进教师加强自身学科素养和教学技能的修炼提高，实现专业成长。就学科而言，指导和帮助学生自主学习，"教师增加本钱，最为切要。"④ 对学科知识和课程教材，"看看参考材料，只能起辅助的作用。真的自力更生，还在于自己教育自己，培养真功夫"⑤。"唯有教师善读善写，乃能导引学生渐进于善读善写。"⑥ 从教学来说，"教学在一方面本来是一种技术"，转变思想观念和行为方式，让教师"放弃下旧有的技术，另行换一种新的，那很不容易，非他们自己下一番刻苦的修炼功夫不可"⑦。

为要担当起时代赋予的使命职责，让"教是为了不教"成为教育教学和学生成长的美好现实，教师关键要有善教善导的实践。叶圣陶指出："尝谓教师教各种学科，其最终目的在达到不复需教，而学生能自为研索，自求解决。故教师之为教，不在全盘授予，而在相机诱导。必令学生运其才智，勤其练习，领悟之源广开，纯熟之功弥深，乃为善教者也。"⑧ 构建"为了不教"之"教"，实现"教是为了不教"，包括教师自身的发展和超越，归根结底要靠教师对学生自主学习成长善教善导的实践。

---

① 杜草甬、商金林编：《叶圣陶教育文集》，河南教育出版社，1989，第219页。
② 胡平生、张萌译注：《礼记》（下册），中华书局，2017，第1169页。
③ 叶至善、叶至美、叶至诚编：《叶圣陶集》（第十一卷），江苏教育出版社，2004，第42页。
④ 叶至善编：《叶圣陶答教师的100封信》，开明出版社，1989，第27页。
⑤ 同上书，第87—88页。
⑥ 同上书，第28页。
⑦ 叶至善、叶至美、叶至诚编：《叶圣陶集》（第十二卷），江苏教育出版社，2004，第60页。
⑧ 叶至善编：《叶圣陶答教师的100封信》，开明出版社，1989，第30页。

教师善教善导的实践，首先在于教师自觉能动地将"教是为了不教"教育思想付诸自己的教学实践。教师在教学过程中，要"以教育的价值为出发点，适应着学生的天性"[①]，基于对学情和学科的把握，引导学生进行尝试自学、质疑讨论、练习应用等自主学习活动，善于运用愤悱启发、相机诱导、指点学法、从扶到放、实践历练、养成习惯等基本策略和方法，让学生充分激发内在的学习动力，发挥自己的生命潜能，主动获取基础知识技能，学会发现问题解决问题，正确领悟世界、人生和自我，不断增强自学能力。

教师善教善导的实践，还在于教师自觉能动地将"教是为了不教"教育思想付诸自己的课程实践。教师在课程开设中，要面向学生未来和相关领域发展，做到"我开一门课程，对于那门课程的整个系统或研究方法，至少要有一点是我自己的东西""我不但把我的一点儿给与他们（指学生），还要诱导他们帮助他们各自得到他们的一点儿"[②]，以自己对课程的研究与创见，更好地开发课程资源，优化课程内容，"帮助学生为学"，引导学生独立思考，走上自学创新之路。

教师善教善导的实践，从更高的意义和境界来看，就是教师全面深刻地将"教是为了不教"教育思想体现于自己的育人实践。"为了不教"之"教"，不仅包括"言教"，而且包括"不言之教"。"不言之教"是教师引导学生自主学习成长和做人更根本也是更智慧的教育方式。教师让学生在真实、直观的生活情境中，自动探究、体验和实践，"使所学东西融化在自己的思想、感情、行动里"[③]，这是一种"不言之教"；教师以身作则，"自己作出榜样来，让受教育者自动仿效"[④]，逐渐养成良好的习惯，这更是"一种极有效的'不言之教'"[⑤]。究其育人的本质，"或以言教，或不言而教，

---

① 叶至善、叶至美、叶至诚编：《叶圣陶集》（第十一卷），江苏教育出版社，2004，第16页。

② 同上书，第138页。

③ 同上书，第235页。

④ 同上书，第328页。

⑤ 同上书，第224页。

实际上都是'身教'"①。教师在整个教育教学以至日常生活中，都要"为人师表"②，以自身优良的素质和模范的行为，生动有效地运用"言教"和"不言之教"来启发学生，熏陶学生，"让他们自己衷心乐意向求真崇善爱美的道路昂首前进"，从而最终实现"教是为了不教"。

教师能否尽好自己应尽的职责，善于引导学生自主学习、终身自学，不仅关系到"教是为了不教"教育目的和价值之能否成功实现，而且关系到信息时代和学习化社会教师职业的尊严与发展、教师人生的价值与幸福。叶圣陶断言，在当今和未来，"唯有能这样做的教师才够得上称为名副其实的教育家"③。

"教是为了不教"教育思想，既是教育教学之道，又是教师发展之道。教师思想精神的自觉、自我教育的先行和善教善导的实践，是实现"教是为了不教"的关键和保证，构成了"教是为了不教"教育思想以学生为本而又高度重视教师作用与发展的主体精神。

以上四个方面科学内涵，在"教是为了不教"教育思想中整体联系、辩证统一，深刻反映了当代世界变革发展和人的变化发展对教育教学的根本要求，揭示了中国现代教育教学的本质、目的、规律以及学校和教师的主要职能，充满了心系儿童生命成长、人生幸福和国家、民族、人类未来的教育情怀，指明了教师发展、学校发展以至教育发展的正确道路。由此，使"教是为了不教"教育思想成为中国特色现代教育发展中原创的既富有哲学意蕴又充满实践智慧的现代教育教学理论体系。

半个多世纪特别是改革开放以来，"教是为了不教"教育思想在我国教育教学改革实践中产生了广泛而深远的影响。许多成功的教育教学改革先进典型，几乎无不与这一教育思想具有内在的联系，自觉实践或者生动体现了这一教育思想。在进入 21 世纪研究制定和实施《国家中长期教育改

---

① 叶至善、叶至美、叶至诚编：《叶圣陶集》（第十一卷），江苏教育出版社，2004，第 378 页。
② 同上。
③ 同上书，第 351 页。

革和发展规划纲要（2010—2020 年）》中，时任国务院总理温家宝曾经多次从我国深化教育改革、实施素质教育、培养创新人才的战略高度，推崇和倡导学习实践这一教育思想，并指出："素质教育可以用 6 个字概括——教是为了不教。这就是教育思想。"[①] 历史地、辩证地、系统地、实践地研究和发展这一教育思想，对于推动当代中国深化教育改革，建设中国特色现代教育理论，对于我们在新时代更加自觉地"坚持文化自信"[②]，让"中国教育"走向世界、开创未来，无疑具有重要的现实意义。

---

① 张旭东:《"政府工作的中心是民生"——温家宝总理就政府工作报告征求教科文卫体界人士意见座谈会侧记》,《人民日报》2012 年 2 月 14 日, 第 1 版。
② 霍小光、张晓松:《习近平在北京市八一学校考察时强调 全面贯彻落实党的教育方针 努力把我国基础教育越办越好》,《人民日报》2016 年 9 月 10 日, 第 1 版。

第八章
叶圣陶"教是为了不教"教育思想的文化底蕴和时代价值

叶圣陶"教是为了不教"教育思想是整个叶圣陶教育思想的精髓、核心和主要组成部分。这一教育思想，在 20 世纪中国社会变革发展与中华文明现代转型历程中，基于本土文化教育革新实践，不但构建了富有原创意义和科学内涵的现代教育教学理论体系，而且展现出深厚的文化底蕴和重要的时代价值。本章试图运用唯物史观和辩证法，从文化传承与创新的视角对其做进一步探索：一是叶圣陶"教是为了不教"教育思想自觉弘扬和发展"五四"新文化精神，不断开拓中国现代教育教学改革之路的中国特色、时代特征和根本意蕴；二是叶圣陶"教是为了不教"教育思想以"欲运我灵思与世界学术接触"[①] 的开阔视野和中国气派，对西方早期现代教育理论特别是杜威教育理论的本土化借鉴、创造性转化和跨时空超越；三是叶圣陶"教是为了不教"教育思想以建设民族的科学的大众的中国现代教育的文化自觉和深湛的国学造诣，对中华优秀传统教育思想的批判性继承、现代性转化和创新性发展；四是叶圣陶"教是为了不教"教育思想从新时期我国国情和教育实际出发，既积极呼应当代国际终身教育思潮，又在教育思想多个方面对其实现超越，进一步拓展了其终身学习时代内涵

① 商金林:《叶圣陶传记》,安徽教育出版社,1995,第185页。

和价值。通过对上述历史地辩证地渐次而又叠加展开的四个方面进行系统研究，深入挖掘和阐发这一教育思想的文化底蕴和时代价值，努力为新时代我国教育工作者贯彻"两个结合"，坚定文化自信，秉持开放包容，坚持守正创新，进一步深化教育改革，发展素质教育，落实立德树人根本任务，推进中国式教育现代化，构建中国教育学自主知识体系，更好担负起建设中华民族现代文明的教育使命，提供宝贵的思想、智慧和精神资源。

一、弘扬和发展"五四"新文化精神　开拓中国现代教育教学改革之路

叶圣陶"教是为了不教"教育思想具有深厚的文化底蕴和重要的时代价值。其中最根本的具有决定性意义的，就是这一教育思想在 20 世纪中国社会与文化教育不断变革的历程中，自觉弘扬和发展"五四"新文化精神，不断开拓了中国现代教育教学改革之路。

通过这方面研究，深入挖掘和阐发"教是为了不教"教育思想具有中国特色、时代特征和深远意蕴的思想精华，必将有助于新时代教育工作者增强历史自信和文化自觉，深化教育改革，坚持立德树人，发展素质教育，为建设社会主义现代化强国、实现中华民族伟大复兴而奠定基础。

（一）"教是为了不教"教育思想在"五四"新文化运动中萌发

20 世纪初叶，辛亥革命推翻了中国几千年来的封建帝制，但并没有改变我国半殖民地半封建的社会性质和严酷现实。1915 年，面对辛亥革命后帝制复辟、军阀纷争、列强侵略，封建统治者强推文化复古奴役广大民众的国家民族沉沦危局，一部分首先觉悟的知识分子发起了亘古未有的新文化运动。

新文化运动发生于 1919 年的五四运动之前，而又在思想文化上为五四运动做了必要准备，成为中国近代革命跨越到现代革命的时代先声，并且发展至五四运动之后，有了马克思主义的传播并逐渐起到主导作用这一新

的质变。所以，它与五四运动具有紧密关系，又称为"五四"新文化运动。

"五四"新文化运动，是在整个世界开始向现代急遽变革发展的背景下，中华民族面临兴衰存亡历史转折关头而自觉进行的一次伟大的思想启蒙和文化革命。它以其强烈的中华民族忧患意识和复兴梦想，放眼世界，顺应时代潮流，坚决、彻底批判封建旧思想旧道德旧文化，大力倡导民主与科学，呼唤自觉奋斗之青年成长和自主自由之人格造就，力求改变和重塑国民精神，推动人的解放发展和社会变革进步，从而为五四运动的爆发，为开启中国反帝反封建的新民主主义革命和现代史进程创造了条件，并且形成了具有鲜明时代特征、崭新思想风貌和深远历史影响的新文化精神。

"五四"新文化运动的领导者从人的解放和民族复兴的根本宗旨出发，特别寄希望于新一代的觉醒和成长，所以在发动思想革命和文学革命的同时，几乎无不从事教育事业，推进教育改革。陈独秀在自己创办的《青年杂志》（一年后即更名为《新青年》）发刊词中痛陈其主旨："惟属望新鲜活泼之青年，有以自觉而奋斗耳！"他强调青年务必"完其自主自由之人格"，提出并阐明了"自主的而非奴隶的""进步的而非保守的""进取的而非退隐的""世界的而非锁国的""实利的而非虚文的""科学的而非想象的"新青年"六义"[①]。可见他自发起新文化运动之初，就奉行现代人本主义，其思想文化革命主张实质上也是具有划时代意义的教育改革主张。鲁迅1918年5月在《新青年》发表的中国现代文学史上第一篇白话小说《狂人日记》，无情揭露了封建礼教的吃人本质，振聋发聩地喊出了"救救孩子"的时代呼声。此后不久，他在《新青年》发表的《我们现在怎样做父亲》这篇著名评论中明确指出：孩子的教育，"开宗第一，便是理解。……孩子的世界，与成人截然不同；倘不先行理解，一味蛮做，便大碍于孩子的发达。所以一切设施，都应该以孩子为本位"。"第二，便是指导。……长者须是指导者协商者，却不该是命令者"，"须用全副精神，专为他们自

---

① 陈独秀：《敬告青年》，《青年杂志》1915年第1卷第1号。

己,养成他们有耐劳作的体力,纯洁高尚的道德,广博自由能容纳新潮流的精神,也就是能在世界新潮流中游泳,不被淹没的力量"。"第三,便是解放。……应该尽教育的义务,交给他们自立的能力";"也应同时解放,全部为他们自己所有,成一个独立的人。"他进而号召:"中国觉醒的人,为想随顺长者解放幼者,便须一面清洁旧账,一面开辟新路。……这是一件极伟大的要紧的事,也是一件极困苦艰难的事。"①这些论述,深刻地表达了在我国"五四"新文化运动中产生的并作为其重要内涵的新教育理念。1919 年 4 月,胡适等邀请其导师美国著名哲学家、教育家杜威来华讲学长达两年多时间,并结合中国情况连续介绍杜威的民主主义和实验主义教育理论,这对当时正在发展的新文化运动特别是教育改革,也起到了重要的助推作用。

叶圣陶早自 1912 年年初中学毕业,就在辛亥革命的激荡中走上了从教之路。1915 年 4 月他应邀到上海商务印书馆附设的尚公学校任教。五个月后的 9 月 15 日,他见证了《新青年》(初名《青年杂志》)在上海创刊,从此对这本杂志"每期必购,每篇必读"②。正是在《新青年》的启迪下,叶圣陶很快有了更加自觉的新民救国之志和教育改革之行。尔后,叶圣陶在吴县第五高等小学执教的四年多时间里,更是与其中心已转移至北京大学的新文化运动结下深缘。他不仅担任了北大国文研究所通讯处研究员,与在北大读书的顾颉刚等昔日同窗鸿雁往来频繁,而且加入了李大钊、鲁迅支持的进步团体新潮社,在《新潮》杂志上从创刊号起发表了一系列新文学作品和教育改革论文,并将自己购买的《新青年》《新潮》等刊物陈列在他创办的学校"百览室",指导师生共读。在此期间,叶圣陶还聆听杜威、胡适等人的学术讲座,留下了深刻印象。③很显然,"五四"新文化运动对他当时的教育实践和思考,具有直接的决定性的思想文化影响。或者说,叶圣陶是在自觉响应和参与"五四"新文化运动中开始他的真正现

---

① 鲁迅(署名唐俟):《我们现在怎样做父亲》,《新青年》1919 年第 6 期。
② 商金林编:《叶圣陶年谱》,江苏教育出版社,1986,第 53 页。
③ 同上书,第 68、72 页。

代意义上的教育改革探索，在"五四"新文化精神的感召和滋养下萌发他的"教是为了不教"教育思想的（这方面的分析详见拙文《"教是为了不教"教育思想的历史起源和发展》①）。不但如此，而且历史证明，这一教育思想在其此后形成和发展的整个过程中，始终一贯地坚持和发扬了"五四"新文化精神。

（二）在弘扬"五四"新文化精神中形成"教是为了不教"本质内涵

叶圣陶"教是为了不教"教育思想，最根本的是源于从辛亥革命到新文化运动以至五四运动期间，叶圣陶对国家和民族、对社会人生和人的发展的现实忧思与梦想追求，基于叶圣陶在新文化运动和教育改革探索中增强的对儿童的挚爱情怀与未来希望，对现代儿童自主学习自由创造生命本质和成长规律的科学理解与实践体悟。

这一教育思想，从"五四"时期提出教育的目的和价值，是要"使儿童在行为上得到新的人生观"，养成"自觉的，自动的，发展的，创造的，社会的"种种品德和习惯，"以至于达到最高的高度"，成为自主、健全的"现代人""现代公民"②；到新中国成立后概括教育的目的，犹如导儿学步，要使学生能够"独行"，即做到"疑难能自决，是非能自辨，斗争能自奋，高精能自探"，成为具有独立自主品格和能力，"服务为人民，于国多贡献"的建设人才；③以至新时期聚焦教育的意义和目的，强调最根本的在于"教是为了达到不需要教"④，即在改革开放和社会主义现代化建设中，教育要引导每个人作为学习者具有自我教育即自学的主体精神和能力，能够离开教者、超越教者，终身学习、自强不息，知变求变、改革创新，成为"自

---

① 任苏民：《"教是为了不教"教育思想的历史起源和发展》，《课程·教材·教法》2017年第3期。

② 叶至善、叶至美、叶至诚编：《叶圣陶集》（第十一卷），江苏教育出版社，2004，第37页。

③ 任苏民编著：《教育与人生——叶圣陶教育论著选读》，江苏教育出版社，2004，第327页。

④ 叶至善、叶至美、叶至诚编：《叶圣陶集》（第十一卷），江苏教育出版社，2004，第356页。

己衷心乐意向求真崇善爱美的道路昂首前进"的时代新人。由此，这一教育思想形成了代表中国现代教育教学根本方向和使命的"不教"的核心理念。并且在这基础上，不断探索了实现"教是为了不教"的教育教学路径和教师发展之道。①

作为"教是为了不教"的第一要义，培养"自主的"现代中国人，无论是对于近代以来经历了几千年奴隶制和封建专制统治的中国人民的觉醒解放，抑或是对于当时饱受列强欺辱的半殖民地半封建中国争取国家独立和人民民主，还是对于新中国成立后以至改革开放新时期中国人民冲破帝国主义封锁，独立自主建设社会主义现代化强国，实现中华民族伟大复兴的中国梦，都具有超越教育发展本身的特殊重要的意义。同时，作为"教是为了不教"的本质内涵，培养"自主的"现代中国人，也深切反映了以新文化运动为先导、以五四运动为开端的这场中国历史上空前未有、持续进行的社会转型、文明转型对教育变革的必然要求。由此可见，"教是为了不教"教育思想，始终自觉弘扬"五四"新文化精神，贯穿着中国人的解放与民族复兴的根本宗旨。

叶圣陶"教是为了不教"教育思想，以"欲运我灵思与世界学术接触"的开阔视野和"贵在顺进化之理"②的时代意识，针对中国教育实际和教育现实问题，从质疑、批判中外传统教育思想、制度、模式，③批判"旧式教育的古典主义和利禄主义"④，到批判"把学生看成空瓶子"的教育教学弊端⑤，以至批判严重阻碍学生自主全面发展的"片面追求升学率"的"应试教育"顽症，先后在《中国青年》和《人民日报》上呼吁"中学生在高考

---

① 任苏民：《叶圣陶"教是为了不教"的理论意蕴与现实意义》，《教育研究》2017年第11期。

② 叶至善、叶至美、叶至诚编：《叶圣陶集》（第十一卷），江苏教育出版社，2004，第13页。

③ 同上书，第25—26页。

④ 中央教育科学研究所编：《叶圣陶语文教育论集》（上册），教育科学出版社，1980，第88页。

⑤ 叶至善、叶至美、叶至诚编：《叶圣陶集》（第十一卷），江苏教育出版社，2004，第225页。

的重压下已经喘不过气来了，解救他们已经是当前急不容缓的事"，得到党和政府以及社会各界的高度重视。① 正是在不断地批判扬弃传统教育中，叶圣陶的"教是为了不教"教育思想奋力开辟中国教育教学改革之路，促进中国现代教育思想创新发展。由此可见，"教是为了不教"教育思想，坚持传承"五四"新文化精神，体现出现代思想启蒙与批判革新的本质特征。

叶圣陶"教是为了不教"教育思想，以具有最深厚文化传统和最迫切革新意义的中国语文教育的改革为重要依托，将文学革命与教育改革、新文学创作与新教育探索、现代语文建设与现代教育发展相结合。它从中国语文的本质、功能和语文教育的目的、价值，到现代语文的学科性质、教育目标、课程教材、教学方式、学习方法、考查评价和师生课外阅读写作、口语交际，以至将语文作为每个现代公民基本素养能力的社会大众教育和终身学习实践，致力于构建旨在"教是为了不教"的民族的科学的大众的语文教育与自学体系，为我国现代文化建设和教育改革发展，提供了具有中国特色的思想智慧和实践方略。由此可见，"教是为了不教"教育思想，注重贯彻"五四"新文化精神，彰显了中华文化内涵与民主科学的基本原则。

（三）在发展"五四"新文化精神中开拓中国特色教育教学改革新路

叶圣陶"教是为了不教"教育思想，不仅自觉弘扬"五四"新文化精神，始终将之切实地贯穿、体现和彰显，而且同时不断适应现代中国社会变革与人的发展新要求，在教育思想和实践上实现对其建设性、辩证性、时代性发展，从而开拓了中国特色教育教学改革新路。

叶圣陶"教是为了不教"教育思想，不是对"五四"新文化精神一般

---

① 叶圣陶：《我呼吁》，《人民日报》1981 年 11 月 26 日，第 3 版。（原载于《中国青年》1981 年第 22 期，后又转载于《新华文摘》1982 年第 1 期。关于本文，五届人大四次会议《政府工作报告》中指出："在中学教育方面……要注意保护学生的身心健康和关心他们学业上的成长，不能片面追求升学率。最近，叶圣陶代表发表了题为《我呼吁》的文章，批评了当前中学和一部分小学片面追求升学率的错误做法，词意恳切，表达了学生、教师、家长和广大人民群众的心声。希望有关方面认真注意这个问题，切实加以改正。"）

的抽象的概念诠释和理念、口号套用，而是将"五四"新文化精神创造性地、具体地贯彻于对中国社会与教育现实问题的观察思考，贯彻于对中国教育改革的实践探索，贯彻于对中国现代教育教学体系脚踏实地、积沙成塔的建设工作，特别是上文所述旨在实现"教是为了不教"的民族的科学的大众的语文教育与自学体系建设，以至社会主义中国基础教育的整个课程体系、教材体系和教学体系建设，从而在教育方面促进对"五四"新文化精神的建设性发展，大大充实、丰富和发展了"五四"新文化运动的思想文化内涵，对中国特色现代教育特别是基础教育改革发展起到了重要的奠基作用。

叶圣陶"教是为了不教"教育思想，在对待传统的问题上，不是简单地片面地袭用"五四"新文化运动中的批判否定态度，而是体现出一种对"五四"新文化精神的辩证发展：既坚决批判一切束缚和扼杀人的自主自由发展、与现代社会不相适应的陈旧教育观念、制度、模式，坚持"革除传统的教育精神"[①]，大胆借鉴西方先进教育理论；同时又十分注重继承、吸收中国古代优秀的教育思想、文化、经验、智慧，将之创造性转化、融合于对中国现代教育思想和教育教学体系的发展之中。特别是对于"明德至善"[②]"不言之教"[③]等中华优秀传统教育思想的精髓和要义，在"五四"以后叶圣陶的教育改革探索中得到了更加自觉的继承和发展，并且以此作为一种根本性的文化基因，同新的时代与实践、借鉴外国先进教育理论等其他要素、条件相结合，共同成就了"教是为了不教"这一具有中国特色的现代教育思想。

叶圣陶"教是为了不教"教育思想，萌发于"五四"时期，而后其形成发展，历经时代变迁。直至 20 世纪 80 年代，"五四"新文化运动提出的人的解放和民族复兴的历史任务，仍须继续努力完成；"五四"新文化

---

① 叶至善、叶至美、叶至诚编：《叶圣陶集》（第十二卷），江苏教育出版社，2004，第 203 页。

② 胡平生、张萌译注：《礼记》（下册），中华书局，2017，第 1161 页。

③ 汤漳平、王朝华译注：《老子》，中华书局，2014，第 8 页。

运动揭示的中国教育的基本问题，由于其社会根源和文化土壤的存在，仍然有待于进一步解决。"很多问题表面上是新问题，骨子里还是老问题。"[①]而此时，世界和中国的发展变化已经跟"五四"时期不可同日而语。中国教育正面临着国家改革开放和社会主义现代化建设的新环境新要求，面临着世界迈向信息化全球化时代和学习型社会的新浪潮新前景。叶圣陶"教是为了不教"教育思想，正是针对教育现实问题，前瞻时代变化趋势，聚焦人的发展核心，对我国教育教学改革做了新的阐述。这一教育思想精辟指出：新时期我国教育教学必须适应改革开放和社会主义现代化建设要求，适应当代世界变革发展与人的变化发展，实现"教是为了不教"，即培养在德智体等各方面自主全面发展，养成良好习惯，既具有"科技知能的高明"，又具有"思想品德的纯正，意志操行的坚强"[②]，特别是能够终身自学、创新实践的社会主义合格公民和建设人才；为此，就要立足中国实际和人的发展需要，努力构建终身学习体系，使"所有各级各类学校以及补习、进修的机构的主要职能，全都在引导来学的人向自学方面不断进展"；就要面向"多变激变"的当今和未来，更加突出创新教育任务，各种教育机构"在教育来学的人的同时，要特别注意引导他们知变、求变、善变，有所改革，有所创新"[③]；在这过程中，每个教育者都应该自觉担当起时代赋予的使命职责，"自己必须先受教育，而且要身体力行"[④]，首先做一个终身学习者、改革创新者，同时是学生"德才兼备，知能日新"的启发诱导者、为人师表者，[⑤]从而成为引导受教育者自强不息，走向国家民族和人类未来的"名副其实的教育家"[⑥]，等等。这一系列新观点新主张，既

---

① 中央教育科学研究所编：《叶圣陶语文教育论集》（上册），教育科学出版社，1980，第1页。

② 叶至善、叶至美、叶至诚编：《叶圣陶集》（第十一卷），江苏教育出版社，2004，第288页。

③ 同上书，第351页。

④ 商金林编著：《叶圣陶年谱长编》（第四卷），人民教育出版社，2005，第607页。

⑤ 叶至善、叶至美、叶至诚编：《叶圣陶集》（第十一卷），江苏教育出版社，2004，第379页。

⑥ 同上书，第351页。

进一步弘扬"五四"新文化精神和中华优秀传统教育思想精华，又富有新的时代内涵和深远意蕴，引领我国新时期教育教学改革，推动中国特色现代教育——素质教育的思想创新。正如后来国务院总理温家宝在2012年初就政府工作报告征求教科文卫体界人士意见座谈会上所指出的："素质教育可以用6个字概括——教是为了不教。这就是教育思想。"①因此，新时期叶圣陶的"教是为了不教"教育思想，可谓与时俱进、守正创新地发展了"五四"新文化精神和自"五四"以来我国教育改革优秀传统，在教育思想上为开拓中国特色现代教育教学改革新路即素质教育的兴起和发展做出了重要贡献。

二、"教是为了不教"教育思想对西方现代教育理论的借鉴、转化和超越

叶圣陶"教是为了不教"教育思想在其产生和形成过程中，立足20世纪初以来中国社会变革与现代教育发展，自觉弘扬"五四"新文化精神，在继承和发展中华优秀传统教育思想的同时，以"欲运我灵思与世界学术接触"的开阔视野和中国气派，对西方早期现代教育理论特别是杜威的教育理论进行了本土化借鉴、创造性转化和跨时空超越。其宝贵的学术经验与思想成果，可以为新时代教育工作者增强历史自信和文化自觉，开阔国际视野，秉持开放包容，深化教育改革创新，加快构建中国特色现代教育学，提供重要的思想启示和理论资源。

（一）"运我灵思"与世界先进思想文化特别是现代教育理论接触助推"教是为了不教"教育思想萌发

20世纪初的辛亥革命特别是五四新文化运动，打开了国人眼界。人们纷纷开始自觉地借鉴西方先进思想文化，来观察思考中国之国运以及

---

① 张旭东：《"政府工作的中心是民生"——温家宝总理就政府工作报告征求教科文卫体界人士意见座谈会侧记》，《人民日报》2012年2月14日，第1版。

文化、教育等问题。

从某种意义上讲，叶圣陶也正是在西方早期现代教育理论影响下走上从教之路的。1912年1月，苏州公立第一中学堂即草桥中学校长袁希洛对即将毕业的叶圣陶等学生指出："二十世纪是竞争剧烈之世……立国之本，首在教育。只有振兴教育，养成独立、自尊、自由、平等、勤俭、武勇、绵密、活泼之国民，才能发达我中华民族的国势。"[①]袁校长的这番谆谆教诲，道出了西方现代教育理论之精要和我国兴教立国大业之切需，触动有志"改革我同胞之心"[②]的叶圣陶产生了"得一教员之职亦佳""新民之基础须是赖焉，且其中乐趣亦无有穷尽"[③]的强烈意识和向往。十多天后，在人生的十字路口，他毅然选择了做教师。而且，自到言子庙小学任教之日起，他就尝试刚刚传入我国的"实用主义教育法"，努力导儿童于"乐为研习之境"[④]。

1915年，叶圣陶应邀到上海执教尚公学校，正值袁氏复辟、民族危难之际。在《新青年》的召唤下，他更加自觉地以世界学术视野，广泛接触西方先进思想文化包括西方早期现代教育理论，将之作为"救国之道"、改革之鉴。他一边博览培根的"惟行"论、柏格森的"创造的进化"论、康德的"一己所向往"人生论、大住啸风的《新思想论》等等，乃悟得"教育之要点，当无逾养成儿童正确精新之思想能力"[⑤]等新理念；一边又将体现民主与科学思想的"儿童本位""实用主义""自学辅导主义"等教育主张和方法，具体运用于自己的教育实践，包括国文等课教学改革和教材新编，学生课外书报阅读和采访写作指导，以及修学旅行、参观工厂、到乡村捕捉昆虫制作标本等实践活动的组织。[⑥]这样的研究与实践，在1917年叶圣陶到了吴县第五高等小学后，更有了进一步拓展，从而推动了

---

① 商金林:《叶圣陶传论》，安徽教育出版社，1995，第80页。
② 同上书，第74页。
③ 同上书，第80页。
④ 同上书，第86页。
⑤ 商金林编:《叶圣陶年谱》，江苏教育出版社，1986，第55页。
⑥ 商金林:《叶圣陶传论》，安徽教育出版社，1995，第182页。

他基于本土实践而又有世界视野的教育改革探索和教育思想萌发。

在叶圣陶接触的西方先进思想文化特别是西方现代教育理论中，对其后来教育改革探索和教育思想形成具有重要影响的，自然是杜威的教育理论。

杜威的教育理论，即民主主义教育理论，又称实用主义教育理论，深刻反映 19 世纪末 20 世纪初美国等西方资本主义国家实现由近代向现代转变，以教育为基础建立一个发达的民主社会的时代要求，"把民主主义的发展与科学上的实验方法、生物学上的进化论思想以及工业的改造联系起来"[1]，对传统教育进行了颠覆性批判，提出了"儿童中心论""教育即生长、即生活、即经验改造""学校即社会""从做中学"等一整套现代教育理论。这一教育理论，因其在一定程度上也符合了当时许多国家尤其是中国反专制、反传统，以革新教育推动人的解放和社会进步的现实需要，而得到广泛传播。

如果说，叶圣陶早在从教之初就接触、效法了"实用主义教育法"[2]；那么后来，随着新文化运动进展，杜威来华讲学（叶圣陶本人曾亲聆杜威的教育演讲，留下深刻印象），[3] 特别是在叶圣陶深入进行教育改革探索，孕育产生"教是为了不教"教育思想中，他对杜威教育理论的那种接触、效法，就变成了更富有理性自觉和深度的借鉴、转化以至超越。

（二）"教是为了不教"教育思想在儿童观、教育本质观构建中对杜威教育理论的借鉴、转化和超越

叶圣陶"教是为了不教"教育思想对杜威教育理论的借鉴、转化和超越，首先体现在作为其逻辑前提和起点的中国现代儿童观、教育本质观构建中。

杜威彻底批判传统教育脱离儿童，强迫儿童接受知识灌输和道德训戒

---

[1]　王凤玉、单中惠：《世界教育学者眼中的〈民主主义与教育〉》，《教育研究》2016年第 6 期。

[2]　商金林：《叶圣陶传论》，安徽教育出版社，1995，第 86 页。

[3]　商金林编：《叶圣陶年谱》，江苏教育出版社，1986，第 68 页。

的弊病，提出了变革教育的"儿童中心论"。他指出："现在，我们教育中将引起的改变是重心的转移。这是一种变革，一种革命，是哥白尼在天文学中从地球中心转移到太阳中心一类的革命。在这里，儿童变成了太阳，教育的一切措施要围绕他们而组织起来。"① 从这一根本观点出发，杜威又运用本能论的心理学原理，分析了儿童自动求知生长的本能，进而指出现代教育的本质，即"教育不是把外面的东西强迫儿童或青年去吸收，而是须要使人类'与生俱来'的能力得以生长"②。

从《今日中国的小学教育》《小学教育的改造》以及后来的许多著作中可以看到，叶圣陶不仅很早主张并一贯坚持"儿童本位""学生主体"的观点，而且对儿童具有自主学习、发展、创造的需要与潜能，以及由此决定的现代教育本质做了具体、独到的分析和揭示。叶圣陶认为，儿童是自身学习成长的生命主体，自有适应实际生活需要求知求行、活动创造的本能、欲望和兴趣。"他们在当前的环境中有所需求，自然会自己去研究，寻求出道理和办法来，还会自己去试验这些道理和办法是否切合实用，来证实它们的价值。经过这样的研究和试验，他们得到的便是真的知识。"③ 同时，他又特别指出，儿童"固有文艺家的宇宙观""以直觉、情感、想象为其生命的泉源"④。因此，在叶圣陶看来，教育的本质就是"要以教育的价值为出发点，适应着学生的天性"，指导他们学习各种科目，"最要紧的是引导他们练成能处置未来，进而使自己成为更高尚的人的动力"⑤；"教育方面，宜将儿童所固有文艺家的宇宙观善为保留。一方固须使其获得实际生活所需的知识，一方更须以艺术的陶冶培养其直觉、感情和想象，实

---

① ［美］约翰·杜威著：《民主主义与教育》，王承绪译，人民教育出版社，2001，第15页。

② 王天一、夏之莲、朱美玉编著：《外国教育史》（下册），北京师范大学出版社，1985，第147页。

③ 叶至善、叶至美、叶至诚编：《叶圣陶集》（第十一卷），江苏教育出版社，2004，第38页。

④ 杜草甬、商金林编：《叶圣陶教育文集》，河南教育出版社，1990，第40页。

⑤ 叶至善、叶至美、叶至诚编：《叶圣陶集》（第十一卷），江苏教育出版社，2004，第16页。

际生活能和艺术生活合而为一，自然是最合理想的事"①。

后来，在我国新时期教育改革和发展中，叶圣陶在早期提出"一棵花，一棵草，它那发荣滋长的可能性，在一粒种子的时候早已具备了"②观点基础上，进一步深刻阐明：儿童是"有生机的种子""本身具有萌发生长的机能，只要给以适宜的培育和护理，就能自然而然地长成佳谷、美蔬、好树、好花"③。"教育的性质类似于农业""办教育的确跟种庄稼相仿，受教育的人的确跟种子一样，全都是有生命的，能自己发育自己成长的"，教育"最主要的就是给受教育者提供充分的合适条件""让他们能动地利用这些条件，在德智体各方面逐步发展成长，成为合格的建设社会主义的人才"④。

叶圣陶这些论述，立足我国现代社会变迁与儿童发展变化的现实，在一定程度上借鉴并转化了杜威关于儿童具有学习本能、教育即促使儿童本能生长的理论；与此同时，表明从一开始他就建立了儿童兼具求知者与文艺家生命特征、教育即将实际生活与艺术生活合而为一教书育人的更加全面的儿童观和教育本质观。时至新时期，他进而又从中华优秀传统文化中汲取精华，以其对儿童是有生机的种子、教育即给以适宜的培育和护理让其自然而能动地成长成才的科学理解，实现了对杜威儿童观和教育本质观的超越，形成了作为"教是为了不教"教育思想科学基础，具有中国特色的、深刻反映儿童生命自然与社会文化教育之历史辩证关系的现代儿童观和教育本质观。

（三）"教是为了不教"教育思想在教育目的和价值构建中对杜威教育理论的借鉴、转化和超越

叶圣陶"教是为了不教"教育思想对杜威教育理论的借鉴、转化和超

---

① 杜草甬、商金林编：《叶圣陶教育文集》，河南教育出版社，1990，第40页。
② 叶至善、叶至美、叶至诚编：《叶圣陶集》（第十一卷），江苏教育出版社，2004，第8页。
③ 杜草甬、商金林编：《叶圣陶教育文集》，河南教育出版社，1990，第331页。
④ 叶至善、叶至美、叶至诚编：《叶圣陶集》（第十一卷），江苏教育出版社，2004，第344—345页。

越，深刻体现在作为其核心内涵和理念的中国现代教育目的和价值构建中。

杜威认为，在建立既有个人自由又能共享利益的民主社会中，"教育的目的是要养成配做社会的良好分子的公民"①。其中包括两大方面：一是"须养成智能的个性"；二是"须养成共同活动的观念和习惯"。"'智能的个性'就是独立思想、独立观察、独立判断的能力"，"'共同生活'就是对于社会事业和群众关系的兴趣。"②对于这一教育目的，他又依据进化论的社会学原理指出，社会是不断发展变化的，所以，教育养成良好公民，"不但是使新生一代适应当前的环境，还要养成他们继续不停地适应那未来而迅速发展的广大世界和日新月异的民主社会"③。

叶圣陶在教育改革探索中，始终抓住"为什么而教"这一核心问题，对"教是为了不教"的中国现代教育目的和价值不断进行构建和阐述。"五四"时期，叶圣陶基于他的新人生观和儿童观，提出教育的目的和价值是顺应社会与人的"进化之理"④和未来之需，"使儿童在行为上得到新的人生观"，养成"自觉的，自动的，发展的，创造的，社会的"种种品德和习惯，"以至于达到最高的高度"，成为自主、健全的"现代人""现代公民"⑤。新中国成立后，叶圣陶概括教育的目的和价值为"不教"或"不需要教"，即要使学生"疑难能自决，是非能自辨，斗争能自奋，高精能自探"，成为具有独立自主品格和能力，能够"服务为人民，于国多贡献"的建设人才。⑥在新时期"多变激变的二十世纪八十年代"，叶圣陶进一步强调作为教育目的和价值的"不教"，最根本的是要使每个人通过接受教

①　王天一、夏之莲、朱美玉编著：《外国教育史》（下册），北京师范大学出版社，1985，第153页。
②　涂诗万、张斌贤：《〈民主主义与教育〉在中国的早期传播》，《教育研究》2016年第6期。
③　［美］约翰·杜威著：《民主主义与教育》，王承绪译，人民教育出版社，2001，第16页。
④　叶至善、叶至美、叶至诚编：《叶圣陶集》（第十一卷），江苏教育出版社，2004，第13页。
⑤　同上书，第37页。
⑥　任苏民编著：《教育与人生——叶圣陶教育论著选读》，上海教育出版社，2004，第327页。

育和自我教育，都能适应改革开放和社会主义现代化建设的需要，适应世界与自身的变化发展，成为能够终身学习、自强不息，知变求变、改革创新，共建共享社会和国家繁荣昌盛的时代新人。[①]

叶圣陶的这些论述，深刻反映我国社会变革发展特别是改革开放和社会主义现代化建设与人的变化发展对教育的根本要求，在一定程度上借鉴了杜威关于现代教育目的及其人的个性与社会性、适应性与发展性相结合价值尺度的理论，并加以本土化、时代化；同时又是基于我国"五四"以来社会与教育变革实践，继承发展中华优秀传统教育思想精髓，超越杜威的教育目的和价值论，构建了作为"教是为了不教"教育思想核心理念的具有中国特色、中国风格、中国气派的现代教育目的和价值。

（四）"教是为了不教"教育思想在教育教学体系构建中对杜威教育理论的借鉴、转化和超越

叶圣陶"教是为了不教"教育思想对杜威教育理论的借鉴、转化和超越，还具体体现在作为其实践路径和方法的中国现代教育教学体系构建中。

杜威基于他的经验论哲学和教育实践，把养成民主社会公民的教育目的和"儿童中心论""教育即生活""学校即社会"等思想贯彻于学校教育教学。他提出："学校科目的互相联系的真正中心，不是科学，不是文学……而是儿童本身的社会活动。"[②]并且创建了以"从做中学"为基本原则，以思维开展为内在逻辑的探究性活动课程与教学理论和模式。

叶圣陶在探索构建"教是为了不教"的教育教学体系中，多方面借鉴和转化了杜威的课程与教学理论。他在探索养成自主、健全的"现代人"的教育教学路径和方法时，指出："我们既然认定知识不是可以传授的，那么对于儿童，我们决不能将现成的知识装进去，而要使儿童自己做将出来……使儿童从事物中寻求真知识，并用真知识来支配他们的行动。儿

---

① 叶至善、叶至美、叶至诚编：《叶圣陶集》（第十一卷），江苏教育出版社，2004，第351页。

② ［美］约翰·杜威著：《民主主义与教育》，王承绪译，人民教育出版社，2001，第26页。

童遇到事物，发生了求知识的动机，于是亲自去观察，去试验，结果，他们对于这事物得到了一宗新知识，他们在生活中就有了一个新趋向。这种活动创造的能力，什么时候什么地方都用得着，这才是怎样做人的根本方法。学校教育能注重这一点，学生就能不断创造，以谋社会的进步。"[1] 他在探索"教是为了不教"的课程教材和教学方法时，指出：课程教材，要"以儿童生活为中心，取材从儿童周围开始，随着儿童生活的进展，逐渐拓张到广大的社会"；并且"适合儿童学习心理""尽量容纳儿童文学及日常生活上需要的各种文体"[2]，创设引导儿童自主探究、欣赏、练习、创造等活动情境，不断增强"科学性"[3] 和趣味性。教学方面，叶圣陶十分注重学生思维的发展。他强调："训练思想，就学校课程方面说，是各科共同的任务"；语文教学更要"把思想语言文字三项一贯训练"[4]。在《作文论》中，叶圣陶还专门引用了杜威关于思维顺序五个步骤的论述，来探究学生思维活动的开展；[5] 与此同时，他又基于自己的新文学创作和作文教学实践，特别指出了学生的思维发展，要以生活为源泉，充实学生的生活经验；[6] 要以情感为动力，培养学生的情感能力，并且使这三者互为因果、有机结合，才能取得相得益彰的实效。[7] 他立足我国语文课程、教材、教学尤其是阅读和写作教学改革实践，深入研究并进一步提出了适合中国教育实际和语文学科特点、将语言训练与思维训练有机结合的发展学生思维特别是创造性思维的理论和主张，[8] 从而对杜威的思维与教学理论实现了多方面的超越。叶圣陶还依托语文学科而又超越语文学科，总结实现"教是为

---

① 叶至善、叶至美、叶至诚编：《叶圣陶集》（第十一卷），江苏教育出版社，2004，第39页。

② 叶至善、叶至美、叶至诚编：《叶圣陶集》（第十六卷），江苏教育出版社，2004，第11页。

③ 同上书，第173页。

④ 同上书，第53页。

⑤ 叶至善、叶至美、叶至诚编：《叶圣陶集》（第十五卷），江苏教育出版社，2004，第21—22页。

⑥ 同上书，第20页。

⑦ 同上书，第23—24页。

⑧ 任苏民：《民族的科学的大众的语文教育观——叶圣陶语文教育观探析》，《教育研究》1999年第8期。

了不教"的教育教学规律和路径，形成了具有一定普遍意义的引导学生自主学习教学基本原则，以及贯彻这些原则的以尝试自学、质疑讨论、练习应用、考查改进等为主要环节的引导学生自主学习教学基本模式。①

叶圣陶关于教育教学的观点和建树，既是借鉴和转化了杜威的教育教学理论，更主要的越到后来越突出的，还是从发展中国现代教育教学实践与理论出发，总结提炼了我国"五四"以来包括他本人的教育教学改革实践经验，并且继承发展了中华优秀传统教育思想智慧。因此，叶圣陶"教是为了不教"教育思想在吸取杜威教育理论有益成分的同时，又能够克服其忽视间接经验即理论知识学习、语文阅读教学和传统文化传承，忽视教师引导和帮助学生自主学习成长以及教师本身修养发展的重要作用等缺陷，更加适合中国特色现代教育发展需要，更加具有长久的现实生命力和有效的实践指导意义。

总的来看，叶圣陶"教是为了不教"教育思想在其现代观念和教育学理构建方面，一定程度上是得益于叶圣陶在教育改革实践中对杜威教育理论等西方现代教育理论的本土化借鉴、创造性转化和跨时空超越的。正因为如此，所以叶圣陶"教是为了不教"教育思想基于本土教育改革实践，一方面吸收了大量中国古代优秀的教育思想、经验、智慧、话语，具有鲜明的中国特色；另一方面则又显示出前所未有的崭新的学术视野、批判精神和时代风貌。

更重要的是，叶圣陶"教是为了不教"教育思想对杜威教育理论等西方现代教育理论的借鉴、转化和超越，深刻启示我们：中国特色现代教育思想以至我们当今所要加快构建的中国特色现代教育学，既不可能封闭式地从中国传统教育思想中自然产生，也不可能教条式地从外国现代教育理论中直接搬来。只有基于中国现当代社会与教育变革实践，在正确的指导思想下，以深邃的历史思维和开阔的世界视野，将继承中华优秀传统教育思想同借鉴外国先进教育理论相结合，并努力进行创造性转化和创新性发

---

① 任苏民：《叶圣陶"教是为了不教"的理论意蕴与现实意义》，《教育研究》2017年第11期。

展，才能真正形成中国特色现代教育思想以至它的科学理论形态和自主知识体系——中国特色现代教育学。

三、"教是为了不教"教育思想对中华优秀传统教育思想的继承、转化和发展

叶圣陶"教是为了不教"教育思想具有深厚的文化底蕴和重要的时代价值。其主要根脉和突出体现，就在于这一教育思想是基于20世纪中国社会变革发展和文化教育革新实践，对中华优秀传统教育思想的继承、转化和发展。

习近平总书记指出："中华民族有着深厚文化传统，形成了富有特色的思想体系。""要加强对中华优秀传统文化的挖掘和阐发，使中华民族最基本的文化基因与当代文化相适应，与现代社会相协调，把跨越时空、超越国界、富有永恒魅力、具有当代价值的文化精神弘扬起来。"[1]

中华优秀传统教育思想，作为中华优秀传统文化的重要组成部分，与其整体及其他各部分有机联系，是我国古代一脉相承的蕴涵中华民族最基本文化基因，体现中华民族符合历史进步要求的精神理想、价值观念、思维方式、经验智慧、话语风格的优秀教育思想。

中华优秀传统教育思想源于先秦，主要是春秋战国时期。春秋战国时期是中国历史上由奴隶制向封建制转变的重大变革时期。在这一时期，伴随着社会生产力的质的提升，以土地私有制为基础的封建经济及其政治上层建筑迅速发展，导致"天子失官，学在四夷"[2]，文化学术下移，各地私学兴起，诸子百家争鸣，推动了中华民族思想文化的第一次大觉醒和学习力的第一次大解放。一部《论语》，首篇即是《学而》，全书直接言"学"和涉及学习的"问""闻""见""习""思""省""知""行"等语比比皆

---

① 习近平：《在哲学社会科学工作座谈会上的讲话》，《人民日报》2016年5月19日，第6版。
② 郭齐家：《中国教育思想史》，教育科学出版社，1987，第2页。

是。在对以往思想文化包括教育思想经验的总结承继和改革创新中，在当时新的学习与教育实践中，以孔子为代表的儒家和以老子为代表的道家形成了各具特色、优势互补的经典教育思想，为中华优秀传统教育思想开了先河，立了根本。从此，中华优秀传统教育思想中经汉唐，直到两宋，以至明清，随着古代社会与教育实践变更和演进不断得到传承发展。

自"五四"以来，叶圣陶以建设民族的科学的大众的中国现代教育的文化自觉和深湛的国学造诣，在不断开拓中国现代教育教学改革之路进程中，坚决批判传统文化教育弊端，而又自觉继承中华优秀传统文化包括优秀传统教育思想。典型事例，如他 1927 年在商务印书馆出版叶绍钧点注的王阳明《传习录》，[1] 该书直到 2017 年多次再版；1934 年、1936 年先后在开明书店出版和再版，又于 1957 年、1959 年和 1983 年在中华书局重印和修订再版《十三经索引》；[2] 新中国成立后参与整理出版《史记》等诸多重要古籍，[3] 等等。尤其值得注意的是，他在自己一生撰写的大量教育著作中对传统文化经典的运用、化用和活用。

叶圣陶在对中华优秀传统教育思想的批判性继承中，注重把握其精髓，吸取其精要，弘扬其精神，并且将之不断进行现代性转化和创新性发展。这就使得他的教育思想特别是"教是为了不教"教育思想既富有时代精神和科学内涵，又具有更加深厚的文化根基和鲜明的中国特色，从而为新时代中国教育工作者增强文化自信，坚持守正创新，进一步弘扬和发展中华优秀传统教育思想，积极主动推进中国式教育现代化，加快构建中国教育学自主知识体系，更好地担负起建设中华民族现代文明的教育使命，提供了宝贵的思想、智慧和精神资源。

（一）"教是为了不教"教育思想对中华优秀传统教育思想中教育目的和价值精髓的继承和创新

中华优秀传统教育思想的精髓，在于集中体现中国历史进步要求和中

---

① 商金林编：《叶圣陶年谱》，江苏教育出版社，1986，第 123 页。
② 同上书，第 166 页。
③ 同上书，第 432 页。

华文明发展特点的教育目的和价值。

关于教育目的和价值，儒家最经典的概括就是孔子说的："大学之道，在明明德，在亲民，在止于至善。"[①] "大学"是大人之学，做人做事道理的学习。大学的道理，在于使学习者自己内在的光明德性得以彰明，进而推己及人使民众弃旧自新，以至使人的道德达到最完善的境界。这里集中阐明的儒家的教育目的宗旨，既显示了与其道德理想、人生理想、政治理想、社会理想融为一体的以立德树人为根本的价值取向，又贯穿着本质上是"自明"其明德，[②] 即做人道德自我觉醒、自我修养、自我践行、自我革新、自我完善的主体精神。

如果说，儒家注重的是伦理之"德"的修为和理想；那么，道家更追求自然之"道"的教化和境界。

关于教育目的和价值，道家最经典的阐述就是老子说的："人法地，地法天，天法道，道法自然。"[③] "是以圣人处无为之事，行不言之教。"[④] "道"是宇宙万物的本源和运行规律。人效法地，地效法天，天效法道，道效法自然，即它自在的本然，或者说本来面目。遵循"道"的自然法则，因此，圣人就要从事无勉强人为的事业，实行不依赖言诏的教化，从而达到"无为而无不为"、受教育者"自化"的境界。[⑤] 这里精辟揭示的道家的教育目的境界，既表达了与其"道"的宇宙本体论、辩证法和治国理政观念密不可分的哲学思想，又蕴涵着遵循自然之"道"对于作为生命主体的"人"不言而教，使之自我生长、自我化育的教育智慧。

儒、道两家的思想观点虽有所不同，但又彼此相通、互为补充，尤其是在精神实质上共同开创了中华教育思想的优秀传统。孔子为《周易》撰写《象传》曰："天行健，君子以自强不息。"[⑥] "地势坤，君子以厚德载

---

① 胡平生、张萌译注：《礼记》（下册），中华书局，2017，第 1161 页。
② 同上书，第 1165 页。
③ 汤漳平、王朝华译注：《老子》，中华书局，2014，第 95 页。
④ 同上书，第 8 页。
⑤ 同上书，第 137 页。
⑥ 杨天才、张善文译注：《周易》，中华书局，2011，第 8 页。

物。"① 可见儒家并不拘泥于伦常日用，在做人道德中亦具有胸怀天地、超越现实的崇高精神。老子在《道德经》中曰："道生之，德畜之……是以万物莫不尊道而贵德。"②"上善若水，水善利万物而不争。……居善地，心善渊，与善仁，言善信，政善治，事善能，动善时。"③ 可见道家并不止步于坐而论道，在崇尚自然中亦倡导尊道贵德、践仁行善的做人品格。以道家理论为基础、儒家学说为主干，熔诸子百家思想于一炉的《吕氏春秋》写道："故曰天无形，而万物以成；至精无象，而万物以化；大圣无事，而千官尽能。此乃谓不教之教，无言之诏。"④ 实现做人的自我修养、自我教化本来就是儒、道两家教育价值的共性所在。战国末期，"不教之教"更成为各学派对教育目的的共同追求。

20 世纪中国在与整个世界的互动中经历了新的较之春秋战国时期更加伟大的社会变革。产生于这一历史时期文化教育革新中的叶圣陶"教是为了不教"教育思想，在其教育目的和价值的构建与阐述中，自觉继承了上述中华优秀传统教育思想的精髓，并且使之得到了适应新的时代与实践的创新性发展。

1919 年，叶圣陶在《新潮》杂志发表的《小学教育的改造》中指出："小学教育的意义，概括的说来便是使儿童在行为上得到新的人生观。要达到这个目的，须承认人生必须是自觉的，自动的，发展的，创造的，社会的，而以教育做手段，使学生养成这种种品德和习惯，以至于达到最高的高度。那玄虚的、抽象、仿效、克制、被动的人生观，当然不是现代人所应当具有的，当然不能拘守着作为教育的出发点。"⑤ 关于新的时代的教育目的和价值，叶圣陶先前已有"新民立国"之思和"做人教育"之说，但是更明白更深刻的表达是在这段论述中。其一，首先把教育的意义概括为"使儿童在行

---

① 杨天才、张善文译注：《周易》，中华书局，2011，第 29 页。
② 汤漳平、王朝华译注：《老子》，中华书局，2014，第 205 页。
③ 同上书，第 30 页。
④ 张双棣译注：《吕氏春秋译注》，北京大学出版社，2011，第 540 页。
⑤ 叶至善、叶至美、叶至诚编：《叶圣陶集》（第十一卷），江苏教育出版社，2004，第 37 页。

为上得到新的人生观"，显然是继承了中华优秀传统教育思想为了人生、旨在做人的根本精神。"新的人生观"，即适应新的时代的人生观，是现代人生的灵魂、"新民立国"的基础；"在行为上得到"，表明它不是一种抽象观念，是要使儿童在做人的行为上扎根和体现的。其二，再将"新的人生观"诠释为"品德和习惯"，强调要"以教育做手段，使学生养成"，进一步坚持了注重品德修养、习惯养成的教育价值和目的优秀传统。其三，又说"以至于达到最高的高度"，更意味着对古代圣贤开创的"止于至善"理想和"不言之教"境界的追求。当然，这段论述在新的时代条件下对中华优秀传统教育思想精髓除了继承，还有创新性发展。文中以"自觉的，自动的，发展的，创造的，社会的"五个集中反映"五四"精神的关键词定义"人生"，赋予了做人"品德和习惯"新的时代特征和内涵，并且批判了传统人生观念和教育思想因封建专制统治造成的种种弊病；最后用本质上不同于古代"君子""圣人"的"现代人"这一新的核心概念归结上文，呼应开头所说"新的人生观"，点明"教育的出发点"，把教育目的和价值整体提升到了新的高度。

此后，在新民主主义革命的时代背景下，叶圣陶在教育改革探索中，围绕着"养成自主健全的现代中国人"的教育目的和价值构建，深化了对中华优秀传统教育思想精髓的这种继承和发展。他指出，抗战时期教育，为要使"抗战必胜，建国必成"的中华民族共同理想化为学生的人生理想和实践，就要引导学生"反求诸己"[1]"把依赖性的'受教育'转变为主动性的'自我教育'"，自己养成努力实现理想的种种好习惯；[2] 就要鼓励学生发扬孔子称赞的"一箪食，一瓢饮，居陋巷，人不堪其忧，回也不改其乐"[3]那种精神，在为理想艰苦奋斗中乐以忘忧，"达到颜渊的境界"[4]。他强

---

[1] 杨伯峻、杨逢杉译注：《孟子》，岳麓书社，2016，第134页。

[2] 叶至善、叶至美、叶至诚编：《叶圣陶集》（第十二卷），江苏教育出版社，2004，第154页。

[3] 徐志刚译注：《论语通译》，人民文学出版社，1997，第60页。

[4] 叶至善、叶至美、叶至诚编：《叶圣陶集》（第十二卷），江苏教育出版社，2004，第158页。

调："养成习惯，换个说法，就是教育。……我们在学校里受教育，目的在养成习惯，增强能力。我们离开了学校，仍然要从种种方面受教育，并且要自我教育，目的还是在养成习惯，增强能力。习惯越自然越好，能力越增强越好，孔子一生'学而不厌'，就为他看透了这个道理。"① 他主张，现代中国人更要继承发展孔子这种养成习惯、终身学习的教育思想和精神。

在新中国成立后以至改革开放和现代化建设新时期，叶圣陶在针对教育现实问题，前瞻时代变化趋势，对中华优秀传统教育思想精髓进一步做了新的发掘和提升，确立并发展了"教是为了不教"的教育目的。他明确提出："教任何功课，最终目的都在于达到不需要教。假如学生进入这一境界，能够自己去探索，自己去辨析，自己去历练，从而获得正确的知识和熟练的能力，岂不是就不需要教了吗？而学生所以要学要练，就为要进入这样的境界。""给指点，给讲说，却随时准备少指点，少讲说，最后达到不指点，不讲说。这好比牵着孩子的手教他学走路，却随时准备放手。""在这上头，教者可以下好多功夫。"② 他深刻阐明："受教育的意义和目的是做人，做社会的够格的成员，做国家的够格的公民。"③ 而"所有做人的必需的东西非常之多，教不尽的，各种教育机构只能取其重要的，作为例子来教"；况且世界是不断变化的，"光知守而不知变，不求变，不善变，是极不适宜于做人之道的，尤其是在多变激变的二十世纪八十年代"。因此，在当今和未来，教育目的和价值，最根本最核心的就是要引导每个受教育者具有自我教育即自学的主体精神和能力，能够举一反三，终身自学，能够知变求变，改革创新，从而达到"不需要教"，成为"一辈子自强不息的人"。"不难想象，这样的人不断增多，社会和国家将达到何等繁荣昌盛的境界。"④

---

① 叶至善、叶至美、叶至诚编：《叶圣陶集》（第十二卷），江苏教育出版社，2004，第315—316页。
② 叶至善、叶至美、叶至诚编：《叶圣陶集》（第十一卷），江苏教育出版社，2004，第263页。
③ 同上书，第350页。
④ 同上书，第351页。

　　叶圣陶"教是为了不教"教育思想一以贯之，自觉继承以"做人"为根本，将"明德至善"价值理想与"不言之教"目的境界相融合的中华优秀传统教育思想精髓，并使之在与时俱进的中国现代教育实践与思想语境中不断实现创新性发展，得以形成了具有中国特色、中国风格、中国气派和深远意蕴的现代教育目的和价值的新概括、新理念。

（二）"教是为了不教"教育思想对中华优秀传统教育思想中教育方法和智慧精要的吸取和转化

　　中华优秀传统教育思想的精要，在于充分体现中国人几千年来对教育规律把握和教育实践创造的教育方法和智慧。

　　中华优秀传统教育思想在我国古代教育实践中传承发展，围绕其教育目的和价值的实现，形成、积累了极其丰富、特色鲜明的教育方法和智慧。概括起来最主要有以下六条。

　　一是明德修身为本。《礼记·大学》指出："大学之道，在明明德。""明明德"，是以肯定每个学习者都在一定程度上具有内在的光明德性，具有向善向上的生命成长需要和潜能或者说人类道德文化基因为前提的。从这一点出发，它不仅确定了教育的首要目的和内容"在明明德"，而且揭示了教育的根本方法和途径必然是"自明"其明德，即让学习者自我明了、彰明自己的光明德性。简言之，这就是"修身"。《礼记·大学》强调，所有学习者，"自天子以至于庶人，壹是皆以修身为本"[1]。"明德修身"作为中国古代学习与教育之本，突出体现于老子称许"修之身，其德乃真"的修身得道，[2]孔子倡导"古之学者为己"的学以为己，[3]荀子主张"入乎耳，箸乎心，布乎四体，形乎动静""以美其身"的"君子之学"[4]等等。这种以道德修养为根本，致力于对学习者道德生命自觉的唤醒和引领，成为中华优秀传统教育方法和智慧的本质内涵。

---

① 胡平生、张萌译注：《礼记》（下册），中华书局，2017，第1163页。
② 汤漳平、王朝华译注：《老子》，中华书局，2014，第216—217页。
③ 同上书，第95页。
④ 张晚林导读注译：《荀子》，岳麓书社，2019，第9页。

　　二是遵循自然为道。老子曰："域中有四大（即指'道大，天大，地大，人亦大'），而人居其一焉。人法地，地法天，天法道，道法自然。"[①] 人是寰宇间"四大"居其一，归根到底效法自然的生命主体。因此，教育要实现其目的和价值，必须尊重人的生命的主体地位，遵循人的生长的自然规律。庄子认为，教育绝不能颠倒生命与知识的主从位置。"吾生也有涯，而知也无涯。以有涯随无涯，殆已。"[②] 如果漠视人的生命之有限，让其一味追逐知识之无限，那是非常危险的。《礼记·中庸》开宗明义："天命之谓性，率性之谓道，修道之谓教。"[③] 修养顺应人的天性，也即符合道，这才叫作教育。也正因为教育必须尊重人的主体地位，遵循人的生长规律，孔子在教育实践中注重"有教无类"[④]，并且适合不同的学生个体，因材施教；注重"少成若性，习贯之为常"，从小养成良好品德如同人的天性，习惯成自然。这种对人的生命成长自然之道的尊重和遵循，成为中华优秀传统教育方法和智慧的基本原则。

　　三是学思自得为基。孔子认为，"为己"之学，必须把学习与思考结合起来。"学而不思则罔，思而不学则殆。"[⑤] 这里的"思"自然也包含了"疑""问""辨"等。孔子鼓励学生"多闻阙疑"[⑥]，赞美"大哉问"[⑦]"善哉问"，[⑧]《礼记·中庸》提出"博学"同时要"审问""慎思""明辨"[⑨]。孟子发展了这一思想，更强调思维作为人脑特有功能在学习中的关键作用。他指出："心之官则思，思则得之，不思则不得也。"[⑩] 进而，他提出了"自得"说："君子深造之以道，欲其自得之也。"[⑪] 君子依道得到高深的造诣，

---

① 汤漳平、王朝华译注：《老子》，中华书局，2014，第95页。
② 方勇译注：《庄子》，中华书局，2015，第44页。
③ 胡平生、张萌译注：《礼记》（下册），中华书局，2017，第1007页。
④ 徐志刚译注：《论语通译》，人民文学出版社，1997，第207页。
⑤ 同上书，第14页。
⑥ 同上书，第16页。
⑦ 同上书，第21页。
⑧ 同上书，第154页。
⑨ 胡平生、张萌译注：《礼记》（下册），中华书局，2017，第1026页。
⑩ 杨伯峻、杨逢杉译注：《孟子》，岳麓书社，2016，第224页。
⑪ 同上书，第156页。

也就是要他学思结合自求得之。这与老子说的守道"自化"具有内在一致性，而又有了更加切实的涵义。"学思自得"的理论，在我国古代教育中产生了重要影响。宋代张载、朱熹等提倡的"学则须疑"[1]"熟读精思"[2]，明清王阳明、王夫之等主张的"求之于心"[3]"进学自悟"[4]，以及两宋至明清兴盛的书院教育等等，均可看作是其传承发展。这种对学习者主体作用的深化和发挥，成为中华优秀传统教育方法和智慧的立足基础。

四是启发诱导为法。孔子认为，学习者主体作用的发挥，不仅靠其自身努力，而且是需要教育者进行启发诱导的。他指出："不愤不启，不悱不发。举一隅不以三隅反，则不复也。"[5]学生不到他苦思冥想而仍领会不了时不去开导他，不到他想说而又说不出来时不去启发他。举出（方形的）一个角，他不能由此推知另外三个角，就不再往下教了。可见，孔子倡导的启发式是完全基于并且为了诱导和激励学习者主体性的发展的。对于如何更好地进行这样的诱导和激励，颜渊讲述了自己对老师教育智慧的体悟："夫子循循然善诱人，博我以文，约我以礼，欲罢不能，既竭我才。"[6]《礼记·学记》进一步总结这一经验，将之上升到决定教之兴废的高度，写道："故君子之教喻也，道而弗牵，强而弗抑，开而弗达。道而弗牵则和，强而弗抑则易，开而弗达则思。和、易以思，可谓善喻矣。"[7]从此，孔子首创的启发诱导之法，成为中华优秀传统教育方法和智慧的显著体现。

五是知行合一为重。"明德至善"的教育宗旨，决定了中国教育自古以来就是既求"知"更重"行"的。在《论语》首篇《学而》中，孔子曰："弟子入则孝，出则悌，谨而信，泛爱众而亲仁。行有余力，则以学文。"[8]他明确把"行"放在学习第一位，而且作为检验修身成人实效的标准，强

---

① 郭齐家:《中国教育思想史》，教育科学出版社，1987，第 240 页。

② 同上书，第 270 页。

③ 同上书，第 306 页。

④ 王夫之:《船山全书》（第七册），岳麓书社，1998，第 275 页。

⑤ 徐志刚译注:《论语通译》，人民文学出版社，1997，第 77 页。

⑥ 同上书，第 106 页。

⑦ 胡平生、张萌译注:《礼记》（下册），中华书局，2017，第 704 页。

⑧ 徐志刚译注:《论语通译》，人民文学出版社，1997，第 3 页。

调"今吾于人也，听其言而观其行"[①]。《礼记·中庸》继而把"笃行"作为整个学习过程的落脚点[②]，并指出"力行近乎仁"[③]。知与行相结合而更注重行，这一教育方法延续下来，到明代王阳明，便发展成为一种学习的本体论和方法论，形成了"知行合一"说。王阳明解释道："知之真切笃实处即是行，行之明觉精察处即是知，知行功夫本不可离，只为后世学者分作两截用功，失却知行本体，故有合一并进之说。真知即所以为行，不行不足谓之知。"[④]这种知行合一，行出真知、知以践行的理论和实践，成为中华优秀传统教育方法和智慧的重要特征。

六是身教示范为要。老子提出"行不言之教"的目的境界，就蕴含着身教胜于言教这一实现其目的境界的教育智慧。对此，庄子作出了这样的说明："夫知者不言，言者不知，故圣人行不言之教。道不可致，德不可至。"[⑤]知道的人不说出来，说出来的人就不知道，所以圣人施行的是不用言传的教化。大道不可能靠言传来获得，至德不可能借说教来达到。孔子引导学生"明德至善"，非常注重自我道德践履，实行身教示范。他认为，要实现教育价值理想，相比言教，身教是更起决定作用的："其身正，不令而行；其身不正，虽令不从。"[⑥]以至后来《礼记·大学》强调："是故君子有诸己而后求诸人，无诸己而后非诸人。"[⑦]君子要自己有善行，才能要求别人有善行；自己无恶行，才能要求别人无恶行。再后来朱熹总结自己的教育经验："某此间讲说时少，践履时多。事事都用你自去理会，自去体察，自去涵养。"[⑧]言教与身教相一致而以身教示范为要的教育者主体作用和经验，成为中华优秀传统教育方法和智慧的根本依托。

叶圣陶"教是为了不教"教育思想在20世纪中国社会变革、文化转

---

① 徐志刚译注:《论语通译》，人民文学出版社，1997，第50页。
② 胡平生、张萌译注:《礼记》（下册），中华书局，2017，第1026页。
③ 同上书，第1023页。
④ 郭齐家:《中国教育思想史》，教育科学出版社，1987，第301页。
⑤ 方勇译注:《庄子》，中华书局，2015，第359页。
⑥ 徐志刚译注:《论语通译》，人民文学出版社，1997，第160页。
⑦ 胡平生、张萌译注:《礼记》（下册），中华书局，2017，第1169页。
⑧ 郭齐家:《中国教育思想史》，教育科学出版社，1987，第274页。

型、科技发展的历史情境中，围绕其教育目的和价值新理念的实现，自觉吸取中华优秀传统教育方法和智慧精要，并且在现代学校教育和学科教学中加以创造性转化，使之成为探索形成具有中国特色的"教是为了不教"现代教育教学体系的重要智慧之源。

叶圣陶在教育改革探索中自觉吸取并创造性转化以"明德修身"为根本的优秀传统教育方法和智慧，提出和发展了"教是为了不教"现代教育教学的核心目标。早在"五四"时期，叶圣陶就指出，"学校教育定出各种学科叫学生学习""许多科目统贯起来只是一条线索，就是帮助他们确定切合人生的人生观"①，即养成"自觉的，自动的，发展的，创造的，社会的"现代中国人"品德和习惯"。为此，就要改造学校教育，让儿童在学校便做到"知和行合一，修养和生活合一"②。20世纪40年代末正处于社会根本变革、新中国即将诞生之际，叶圣陶在讨论教育教学问题时强调："无论处于什么时代，修养都是需要的。遇到社会大转变的时代，修养尤其不能马虎，不然就不能适应，不能在大群之中尽个人的本分。"③他指出，"一切的知识根本就是道德"，教育学生学习，"追求知识固然重要，尤其重要的却是问清楚追求的目标，必须使追求的结果增加德行的分量才好"。④由此也促进人类科技向善。当然，中国现代教育继承道德修养传统，必须体现"时代精神""德行须从民主来修养"，增强"为公众服务"的做人自觉。⑤在我国改革开放和现代化建设新时期，叶圣陶进一步主张："一定要在教学中体现教育。"⑥"思想政治寓于各种功课和各种课外活动之中。"⑦教育教学要引导学生自主学习、自我修养，既"学会自己寻求知识

---

① 叶至善、叶至美、叶至诚编：《叶圣陶集》（第十一卷），江苏教育出版社，2004，第16页。
② 同上书，第42页。
③ 叶至善、叶至美、叶至诚编：《叶圣陶集》（第十二卷），江苏教育出版社，2004，第288页。
④ 同上书，第289页。
⑤ 同上书，第289—290页。
⑥ 同上。
⑦ 杜草甬、商金林编：《叶圣陶教育文集》，河南教育出版社，1989，第328页。

和解决问题的本领"①，又实现"是非能自辨，斗争能自奋"②的成长，兼具"科技知能的高明"和"思想品德的纯正，意志操行的坚强"③，从而使他们真正达到"不需要教"。

　　叶圣陶在教育改革探索中自觉吸收并创造性转化以"遵循自然"为规律的优秀传统教育方法和智慧，揭示和体现了"教是为了不教"现代教育教学的基本法则。20世纪初以来，世界现代科技快速发展，知识迅猛增加，使得两千多年前庄子所言"吾生也有涯，而知也无涯"矛盾呈现空前尖锐的趋势，对教育教学形成了严峻挑战。同中国其他现代教育先驱一样，叶圣陶很早就感知到这一挑战。他在1919年4月给朋友著的《中国体育史》作序时指出："吾人生也有涯，而知也无涯，庄生所叹，固属不可免之缺憾；而未免不期望于此有涯之生，较近于知之涯岸。"④叶圣陶看到了生知矛盾空前尖锐的客观趋势，同时又积极探寻人以"有涯之生""较近于知之涯岸"的生命潜能和主体力量。这也正是他产生和发展自己的现代教育思想，特别是"教是为了不教"教育教学理论的重要缘由。因此，他在教育教学改革实践中一贯坚持以尊重学生生命主体地位，遵循学生生长自然规律为基本法则。他多次指出，学生是"有生机的种子""本身具有萌发生长的机能"⑤；"古人就有'知也无涯'的话"⑥，"知识和技能是教不尽的，各个学生将来各自需用哪些知识和技能也没法预料"。所以，课堂教学，"并不追求尽多地教授知识和技能，而注重在发展学生本身的能力，使学生能够自己解决未经老师教授的种种问题"⑦。课程教材，必须不断改革优化，减轻学

　　① 叶至善、叶至美、叶至诚编：《叶圣陶集》（第十一卷），江苏教育出版社，2004，第306页。

　　② 任苏民编著：《教育与人生——叶圣陶教育论著选读》，上海教育出版社，2004，第327页。

　　③ 叶至善、叶至美、叶至诚编：《叶圣陶集》（第十一卷），江苏教育出版社，2004，第288页。

　　④ 杜草甬、商金林编：《叶圣陶教育文集》，河南教育出版社，1989，第13页。

　　⑤ 同上书，第331页。

　　⑥ 叶至善、叶至美、叶至诚编：《叶圣陶集》（第十一卷），江苏教育出版社，2004，第316页。

　　⑦ 杜草甬、商金林编：《叶圣陶教育文集》，河南教育出版社，1989，第332页。

生课业负担，防止单纯应付考试，让学生能够"为己"而学，"好之""乐之"，"执简御繁"①，闻一知十，举一反三，学以致用，从而面向未来主动、有效地应对知识爆炸挑战，提高自学创新本领。

叶圣陶在教育改革探索中自觉吸取并创造性转化以"学思自得""启发诱导""知行合一"等为要义的优秀传统教育方法和智慧，探索和构建了"教是为了不教"现代教育教学的实践范式。叶圣陶基于我国现代教育实践，不断探索实现"教是为了不教"的教育教学规律和路径，在借鉴外国先进教学理论同时，尤其注重吸取传统教育方法和智慧之精要，将之创造性转化、融合于我国现代课程教材教学学习的改革建设和经验总结之中。由此，他逐步提出了认定目标、致力于导，激发动力、发展主体，教材为例、举一反三，愤悱启发、相机诱导，指点学法、逐渐放手，实践历练、养成习惯，因材施教、灵活创造，正确评价、促进自学等一整套教育教学原则；同时，他又综合运用和贯彻这些原则于教学过程，深入探讨了以尝试自学、质疑讨论、练习应用、考查改进等为主要环节的教育教学模式。②叶圣陶创新性发展优秀传统教育方法和智慧而总结的现代教育教学原则和模式，在他自己起草和组织制定的语文等各科课程标准、教学大纲中，在他独立或合作编著的《开明国语课本》《国文百八课》《精读指导举隅》《略读指导举隅》《开明文言读本》《大学国文［现代文之部］［文言之部］》等一系列现代语文教材，撰写的《作文论》《文心》《文章例话》《中学国文学习法》等一系列学习指导著作中，在他详细阐述的预习课文、了解揣摩、质疑讨论、诵读感悟、练习应用、拓展养成等阅读教学方式，修辞立诚、注重创新、激发情思、学习写话、自我评改、交流发表等作文教学方式中，在他大量的教育和教学论著以及给师生的授课、讲话、书信中，得到了系统、典型、丰富、深刻的体现，从而完整构建了科学、生动、有效地引导

---

① 叶至善、叶至美、叶至诚编：《叶圣陶集》（第十二卷），江苏教育出版社，2004，第173页。

② 任苏民：《论"教是为了不教"的科学内涵和理论体系》，《课程·教材·教法》2018年第2期。

学生自主学习、终身自学的“教是为了不教”现代教育教学实践范式。

叶圣陶在教育改革探索中自觉吸取并创造性转化以“身教示范”为依托的优秀传统教育方法和智慧，指明和增强了“教是为了不教”现代教育教学的主体职责。叶圣陶“教是为了不教”思想中的“教”始终是教学和教育、言教和身教的辩证统一。他指出：“我国自古以来有‘言教’和‘身教’的说法，还说‘身教’胜于‘言教’。‘身教’就是‘以身作则’，教育者自己做出榜样来，让受教育者自动仿效，收到的效果自然比光凭口说深切得多。”① 在品德教育中，教给学生道德的标准和行为的规范，不能不用语言讲明一些道理。但是，“给他们讲，目的就在要他们自觉地实践。……好好地从旁辅导，让学生作自觉的斗争，在日常生活里自动地合乎标准和规范，这种‘不言之教’是一种有效的办法。还有，教师以身作则，教师本身的行为就是标准和规范，也是一种极有效的‘不言之教’”。② 在课程教学中，“教育工作者必须为当前的受教育者着想，将来攀登新高峰窥见新奥秘的正是他们，非趁早给他们打基础不可，基础怎么打？还是身教为要。事事不马虎，样样问个为什么，受教育者看在眼里，印在心里，自然而然会养成钻研探索的良好习惯”③。在新的时代条件下，究其本质甚至可以说，“‘言教’并非独立的一回事，而是依附于‘身教’的；或以言教，或不言而教，实际上都是‘身教’。‘身教’就是‘为人师表’，就是一言一动都足以为受教育者的模范”④。这也正是中华优秀传统教育方法和智慧在叶圣陶教育思想，特别是其“教是为了不教”现代教育教学理论中实现创造性转化和发展的又一重要方面。

叶圣陶“教是为了不教”教育思想在探索“教是为了不教”现代教育教学体系中，注重吸取中华优秀传统教育思想中的教育方法和智慧精要，并立足本土教育教学改革实践，结合借鉴西方先进教学理论，加以创造性转化

---

① 叶至善、叶至美、叶至诚编：《叶圣陶集》（第十一卷），江苏教育出版社，2004，第328页。

② 同上书，第224页。

③ 同上书，第379页。

④ 同上书，第378页。

和丰富发展，在很大程度上实现了中华优秀传统教育方法和智慧的现代性建构，或者说现代教育教学理论的中国式建构。

（三）"教是为了不教"教育思想对中华优秀传统教育思想中教育者文化自觉精神的弘扬和提升

中华优秀传统教育思想的精神，在于深刻体现中国教育者对自身历史使命以及修养发展的文化自觉。

中华优秀传统教育思想不仅包括教育目的和价值的核心理念、教育方法和智慧的重要内涵，而且整体贯穿了一种中国教育者对于自身历史使命以及修养发展的高度的文化自觉。

这种文化自觉，在老子《道德经》的"道法自然""上善若水""不言之教，无为之益"[1]等论述中已经表达，而到孔子则更为后世教育者树立了光辉的典范。朱光潜对孔子的文化自觉精神曾有一段精彩描述："他是当时一个大学者，门徒很多，如果他贪图个人舒适，大可以坐在曲阜过他安静的学者生活。但是他东奔西走，席不暇暖，在陈绝过粮，在匡遇过生命的危险，他那副恓恓惶惶的样子，颇受当时隐者的嗤笑。他为什么要这样呢？就因为他有改革世界的抱负，非达到理想，他不肯罢休。"[2]孔子一生筚路蓝缕讲学兴教，根本原因就在于他怀着改革世界、明德至善的抱负和理想。《论语》记载："颜渊问仁。子曰：'克己复礼为仁，一日克己复礼，天下归仁焉。为仁由己，而由人乎哉？'"[3]孔子在这里表达的也正是作为教育者实行并推广仁德于天下的这种时代抱负。"曾子曰：'士不可以不弘毅，任重而道远。仁以为己任，不亦重乎？死而后已，不亦远乎？'"[4]曾子在这里阐明的也正是当时孔子为代表的知识分子对于自身历史使命的这种高度自觉。因此，孔子对"为师"修养发展提出了很高的自我要求。

① 汤漳平、王朝华译注：《老子》，中华书局，2014，第172页。
② 朱光潜：《谈修养》，广西师范大学出版社，2004，第20页。
③ 徐志刚译注：《论语通译》，人民文学出版社，1997，第145页。
④ 同上书，第94页。

"夫仁者，己欲立而立人，己欲达而达人"[①]"见贤思齐焉，见不贤而内自省也"[②]，这是"为师"的道德之本；"温故而知新"[③]"默而识之，学而不厌，诲人不倦"[④]，这是"为师"的教学之基。以至他提出的教育目的和价值，编纂的文化经典和教材，实行的教学方法和智慧，还有《礼记·学记》阐述的"化民成俗，其必由学"[⑤]"教学相长"[⑥]"豫时孙摩"[⑦]"和易以思"等等，无不出自中国古代教育家这种伟大的文化自觉。

中唐韩愈主张重振师道："古之学者必有师。师者，所以传道受业解惑也。……道之所存，师之所存也。"[⑧]特别是北宋张载宣示"以道自任"[⑨]："为天地立心，为生民立命，为往圣继绝学，为万世开太平。"[⑩]深刻表明了这种文化自觉在中国古代历史重要转折时期富有生命力的传承和发展，对后世产生了深远影响。由此可见，中华优秀传统教育思想，留给后人的不仅是博大精深的教育理念智慧，而且是贯穿其中、最为深层的以天下为己任、充满人文情怀的中国教育者主体精神和师道文化。

叶圣陶"教是为了不教"教育思想自孕育产生、奠基形成到确立发展，始终站在新的时代与实践高度，在吸取、转化中华优秀传统教育思想精华的过程中，不断弘扬、提升了这种中国教育者对于自身历史使命以及修养发展的文化自觉和主体精神。

早在辛亥革命爆发之初，青年学生叶圣陶就积极响应并参加救国救民进步活动。他在《大汉天声——祝〈大汉报〉创刊》中写下："其馀当从根本谋，改革尤须改革心。"[⑪]并且立志"此身定当从事于社会教育，以改革

---

① 徐志刚译注：《论语通译》，人民文学出版社，1997，第73页。
② 同上书，第41页。
③ 同上书，第13页。
④ 同上书，第74页。
⑤ 胡平生、张萌译注：《礼记》（下册），中华书局，2017，第696页。
⑥ 同上书，第698页。
⑦ 同上书，第703页。
⑧ 南京大学中文系等编写：《中国古代文学作品选》，江苏人民出版社，1979，第354—355页。
⑨ 林乐昌：《横渠四句再解读》，《光明日报》2020年11月18日，第11版。
⑩ 张载：《张载集》，中华书局，1978，第320页。
⑪ 叶至善、叶至美、叶至诚编：《叶圣陶集》（第八卷），江苏教育出版社，2004，第5页。

我同胞之心"①。1912年初，他怀着"新民立国"抱负，从中学毕业走上教师岗位。新文化运动的兴起，使叶圣陶敏锐地感悟到时代大变革的来临。他以一名教育者高度的历史责任感，投身教育改革实践，在此基础上，就中国现代教育目的和价值这一根本问题，以及儿童学习发展和整个学校教育的改造，提出了自己的新观点新主张。他呼吁："教育事业原是教师做的，教师不能只等旁人来'觉我'，要靠自己觉悟。……我是个小学教师，所以我要'自觉'！我希望小学教育收到真实的功效，所以要请许多小学教师一同'自觉'。"②他提出：要养成自主、健全的"现代中国人"，"教师对儿童自然要担负帮助和指导的责任，但是教师自身也随时长进经验，随时有所创作有所进步"③。"当教师的人应当讲究修养。"④这就使他的"教是为了不教"教育思想在孕育产生中，继承中华优秀传统教育思想，充满着一种中国教育者面临历史变革对自身使命责任以及修养发展的文化自觉。

在新民主主义革命时代背景下，叶圣陶的教育改革探索包括语文学科课程教材教学学习，以至整个教育精神和教育教学的改革，尤其体现出将教育者使命责任与国家民族和人民大众命运前途紧紧联系在一起的历史主动。他在《如果我当教师》等论著中强调："我无论担任哪一门功课，自然要认清那门功课的目标"；"同时我不忘记各种功课有个总目标，那就是'教育'——造成健全的公民。每一种功课犹如车轮上的一根'辐'，许多的辐必须集中在'教育'的'轴'上，才能成为把国家民族推向前进的整个'轮子'。"⑤所以，教师的职责决不能简单地叫作"教书"，而是"帮助学生得到做人做事的经验"⑥，"帮助学生为学"⑦，引导他们自觉主动健康地学习成长。为此，教师就要加强自己的道德修养，率先垂范，实做古代圣

① 商金林：《叶圣陶传论》，安徽教育出版社，1995，第74页。
② 叶至善、叶至美、叶至诚编：《叶圣陶集》（第十一卷），江苏教育出版社，2004，第20页。
③ 同上书，第42页。
④ 同上书，第60页。
⑤ 同上书，第135页。
⑥ 同上书，第133页。
⑦ 同上书，第138页。

贤所说"有诸己而后求诸人，无诸己而后非诸人"[①]；就要深研所任的课程教学，在课程整个系统或研究方法上至少有自己的一点"心得"，并且诱导和帮助学生在尝试探究中各有所得，"唯有如此，文化的总和才会越积越多，文化的质地才会今胜于古，明日超过今日"[②]。在"二战"后世界和我国加速民主化而又面临反动势力阻挠的形势下，叶圣陶在《如果教育者发表〈精神独立宣言〉》中更加鲜明地指出："教育者自当精进不懈，努力尽他们的责任。"[③]要替受教育者着想，坚决革除读死书应考试，追求功名利禄的传统教育弊端；要对国家尽责，"明是非，辨善恶，有见必言，有言必践：即以此立身，同时也以此为教"；要为人民服务，不只对某些个人或集团服务，在"为人也为己"中体现教育的真义[④]；要以"为万世开太平"为终极目标，用教育工作"一点一滴的实干"来为未来实现人类美好理想"开其端，立其基"[⑤]。这就使他的"教是为了不教"教育思想在奠基形成中，吸取中华优秀传统教育思想，显示出一种中国教育者立足时代潮头对自身使命责任以及修养发展的文化自觉。

新中国成立后，叶圣陶的教育改革探索包括课程教材建设和教育教学改革等，贯穿着对教育者如何为国家建设社会主义而尽责的深入思考和强烈意识。他在国民经济发展五年计划开启实施之际指出："实现五年计划的是人，第一个计划之后还有第二个第三个，实现这些计划直到建成社会主义社会的是人。而教师就是培养这大批大批的人的，所以教师非常光荣，可是担当的责任也很不轻。"[⑥]建设社会主义时代，教师担当的责任之重，最根本的就是要正确认识并解决为这个新的国家和社会培养什么样的人，以及为此教师对于教育教学工作以及自身修养发展应当进行怎样的自我革新。叶圣陶基于调查研究，反思批判"把学生看成空瓶子"的陈旧教育观

---

① 叶至善、叶至美、叶至诚编：《叶圣陶集》（第十一卷），江苏教育出版社，2004，第 134 页。
② 同上书，第 138 页。
③ 杜草甬、商金林编：《叶圣陶教育文集》，河南教育出版社，1989，第 218 页。
④ 同上书，第 219 页。
⑤ 同上书，第 220 页。
⑥ 叶至善、叶至美、叶至诚编：《叶圣陶集》（第十一卷），江苏教育出版社，2004，第 221 页。

念和模式，将中华优秀传统教育思想智慧与我国"五四"以来教育教学改革思想经验相结合，在一系列教育论著、讲话和书信中明确阐明了"教是为了不教"的教育思想。他在给一位中学教师的信中指出："尝谓教师教各种学科，其最终目的在达到不复需教，而学生能自为研索，自求解决。故教师之为教，不在全盘授予，而在相机诱导。必令学生运其才智，勤其练习，领悟之源广开，纯熟之功弥深，乃为善教者也。"① 表明"教是为了不教"教育思想的确立，也正标志着中国教育者对于自身使命和发展的新的觉悟。

自 20 世纪 70 年代末开始，我国进入改革开放和现代化建设新时期，世界出现科技、经济和社会变革新趋势。叶圣陶在新时期教育改革探索和指导中，活用《易经》关于变化日新、自强不息、厚德载物等核心思想，进一步将教育者的使命职责以及自我革新，与当代世界变革发展和人的变化发展及其对教育的根本要求联系起来，实现了他的教育思想，特别是"教是为了不教"教育思想的创新发展。他深刻指出："世界的变化快得没法说""一个人到某一阶段也非变不可"。因此，"教是为了达到不需要教"②。"学生受教育，就是要学到一辈子能够坚强的自学的本领。"在此过程中，"教师的作用极关重要。教师不仅要授与学生以各科知识，尤其重要的在于启发学生，熏陶学生，让他们自己衷心乐意向求真崇善爱美的道路昂首前进。这是教师应尽的职责，也是教师伟大的功绩"③。叶圣陶启示和引导广大教育工作者，为要担当起自己在新时期的使命职责，"不能不就当前国家的形势，就受教育者的前途，考虑该怎样'自处'"④。要将中华优秀传统文化精华同时代精神相结合，在"德才兼备，知能日新，一心为公，实事求是"等各方面不断提高修养，实现自我革新，才能不负时代，不负人民，更好地"为人师表"⑤。叶圣陶断言，在当今和未来，"唯有能这样做的

---

① 叶至善编：《叶圣陶答教师的 100 封信》，开明出版社，1989，第 30 页。
② 叶至善、叶至美、叶至诚编：《叶圣陶集》（第十一卷），江苏教育出版社，2004，第 356 页。
③ 同上书，第 348 页。
④ 同上书，第 378 页。
⑤ 同上书，第 379 页。

教师才够得上称为名副其实的教育家"①。这就使他的"教是为了不教"教育思想在确立发展中,弘扬中华优秀传统教育思想,升华了一种中国教育者高瞻远瞩对自身历史使命以及修养发展的文化自觉和伟大精神。

叶圣陶教育思想,特别是"教是为了不教"教育思想在其产生、形成和发展过程中,始终坚持"文化主体性"②,自觉弘扬贯穿中华优秀传统教育思想、具有永恒魅力的教育者文化自觉精神,并且不断从新的时代和实践高度加以提升,为新时代教育工作者进一步推进中国式教育现代化,大力弘扬"中国特有的教育家精神"③,加快构建中国特色的现代教育学,留下了宝贵精神财富。

四、新时期"教是为了不教"教育思想的终身学习时代内涵和价值

习近平总书记在《扎实推动教育强国建设》这篇重要文章中指出:"要建设全民终身学习的学习型社会、学习型大国,促进人人皆学、处处能学、时时可学,不断提高国民受教育程度,全面提升人力资源开发水平,促进人的全面发展。"④ 在 2024 年全国教育大会上的重要讲话中,他又进一步强调:建设教育强国,"要坚持以人民为中心","提升终身学习公共服务水平"。⑤ 建设教育强国是全面建成社会主义现代化强国的战略先导,是促进全体人民共同富裕和人的自由而全面发展的有效途径。而实现这一战略目标的一个重要内涵、重要基础和重要标志,就在于"建设全民终身学习的学习型社会、学习型大国"。

"终身学习"是我国自古以来就有的一个优秀教育传统。而作为一种新的现代教育理论,"终身教育"以及后来又称之为"终身学习",则是产

---

① 叶至善、叶至美、叶至诚编:《叶圣陶集》(第十一卷),江苏教育出版社,2004,第 351 页。

② 《习近平在文化传承发展座谈会上强调　担负起新的文化使命　努力建设中华民族现代文明》,《人民日报》2023 年 6 月 3 日,第 1 版。

③ 习近平:《习近平致全国优秀教师代表的信》,《人民日报》2023 年 9 月 10 日,第 1 版。

④ 习近平:《扎实推动教育强国建设》,《求是》2023 年第 18 期。

⑤ 《习近平在全国教育大会上强调:紧紧围绕立德树人根本任务　朝着建成教育强国战略目标扎实迈进》,《人民日报》2024 年 9 月 11 日,第 1 版。

生于当代世界科技革命和产业变革给人的生存与教育带来的挑战，以及国际教育界的积极应对。自 20 世纪 60 年代起，在新科技革命和产业变革推动下，国际上掀起了终身教育改革思潮。我国进入新时期后，叶圣陶根据社会主义现代化建设对人才培养和人的发展的时代要求，针对我国较长时期存在教育发展不足和应试教育倾向的现实问题，在其"教是为了不教"教育思想创新发展中，继承弘扬中国终身学习优秀传统，既积极呼应当代国际终身教育思潮，又在教育思想多个方面对其实现超越，从而进一步拓展这一教育思想的终身学习时代内涵和价值。因此，在某种意义上可以说，新时期叶圣陶的"教是为了不教"教育思想也是一种具有中国特色的终身教育、终身学习思想。在新时代背景下，深入研究叶圣陶的这一教育思想，能够为贯彻落实习近平总书记重要论述，构建具有中国特色的终身学习理论和体系，紧紧围绕立德树人根本任务，朝着建成教育强国战略目标扎实迈进，提供有益借鉴。

（一）新时期我国终身学习实践与思想发展的外部背景：新科技革命和产业变革推动下的国际终身教育思潮

自 20 世纪 50 年代后期至 60 年代初开始，首先是在发达国家，新科技革命兴起，知识更新加速，引起产业结构调整、职业类型转换和劳动市场波动，使个人生存环境以至经济社会发生急剧变化。这些变化很快也影响到广大发展中国家，给整个人类发展带来一系列新的挑战。而这些挑战无一不涉及教育，对教育提出了变革要求。由此，一种新的教育思想——"终身教育"应运而生。1965 年 12 月，在联合国教科文组织召开的成人教育会议上，法国教育家保尔·朗格朗首次以"终身教育"一词概括他所设想的新教育，并阐述了有关论点。在此基础上，他的终身教育理论代表作《终身教育引论》于 1970 年出版。在这本著作中，朗格朗主张，把人的一生划分为学习、工作和退休三个截然分明的阶段，仅靠年青时在学校里学到的知识和技能，已经不适应当代个人生存和经济社会发展的需求，必须实行"终身教育"。他指出："我们所说的终身教育是一系列很具体的思想、试验和成就，换言之，是完全意义上的教育，它包括了教育的所有各个方面、各项内容，从一个人出生的那一刻起一直到生命终结时为止的不间断的发展，包括了教育各发展阶段、各个关头之间的有机联系。"① 这本著作对终身教育做了比较系统的论述，提出了明确的战略建议。其中，针对传统教育缺陷，尤其突出了成人教育的重要作用，认为"对儿童和青少年的教育工作不管怎样重要和必要，它都只是一种准备，只是真正的教育过程的一种不完美的开端。这种教育只有在成人中进行时，才能体现它的全部意义和发挥它的全部潜能"②。

　　1972 年，国际教育发展委员会主席埃德加·富尔向联合国教科文组织递交的报告《学会生存——教育世界的今天和明天》（以下简称《学会生存》），确认并发展了朗格朗提出的终身教育理论。"学会生存"，按照富尔给教科文组织总干事的函中所说，其实质就是"需要终身学习如何去建立一个不断演进的知识体系"，以实现人的发展完善。③ 这份报告"特别强调两个基本观念：终身教育和学习化的社会"，深刻指出："如果我们要学习的所有东西都必须不断地重新发明和日益更新，那末教学就变成了教育，而且就越来越变成了学习。如果学习包括一个人的整个一生（既指它的时间长度，也指它的各个方面），而且也包括全部的社会（既包括它的教育资源，也包括它的经济的和社会的资源），那末我们除了对'教育体系'进行必要的检修以外，还要继续前进，达到一个学习化社会的境界。"④ 值得注意的是，本着上述基本观念，书中对自我教育、自学的重要意义做了许多论述："未来的学校必须把教育的对象变成自己教育自己的主体……这种个人同他自己的关系的根本转变，是今后几十年内科学与技术革命中教育所面临的最困难的一个问题。"⑤"我们今天把重点放在教育与学习过程的'自学'原则上，而不是放在传统教育学的教学原则上。"⑥"教育途径多样化，进行自我教育的人所能获得的便利条件日益增加。今天，这一切结合

---

　　① ［法］保尔·朗格朗：《终身教育引论》，周南照、陈树清译，中国对外翻译出版公司，1985，第 15—16 页。

　　② 同上书，第 6 页。

　　③ 联合国教科文组织国际教育发展委员会编著：《学会生存——教育世界的今天和明天》，华东师范大学比较教育研究所译，教育科学出版社，1996，第 200 页。

　　④ 同上书，第 16 页。

　　⑤ 同上书，第 200 页。

　　⑥ 同上书，第 201 页。

起来，推广了自学、自我教育的实践，肯定了自学、自我教育的原则。"①

《学会生存》自 1972 年 8 月出版后，引起了世界各国教育界的注意。到 1974 年底，该书先后被翻译成 33 种文字出版。至此，国际上掀起了终身教育改革思潮，也是构成了我国进入新时期后终身学习实践与思想发展的外部背景。

（二）叶圣陶"教是为了不教"教育思想立足中国实际对终身学习时代课题的探索

1979 年，当《学会生存》第一次被译为中文出版时，中国正在开启改革开放和社会主义现代化建设新时期。此时的中国虽然尚未像发达国家那样已经进入新科技革命时代，但在新科技革命影响下工业化、现代化加快发展，迫切需要大批建设人才和高素质劳动者。而刚刚恢复高考后，我国高等学校以至中小学教育的发展还远不能满足这种需要，而且学校和社会上受到应试教育观念和模式束缚，出现了片面追求升学率的倾向，这就使得教育与现代化建设和人的发展要求不相适应的矛盾愈加突出。中国在自己特定的历史条件下遇到了类似《学会生存》所提出的教育变革问题。解决中国自己的这些问题，在借鉴国际先进教育理论的同时，更需要探索具有中国特色的教育改革包括终身教育、终身学习发展道路。这种探索，在教育实践上，我国继承发展了新中国成立以来将普及中小学教育、发展高等学校教育与开展成人文化扫盲和职业培训以及干部教育、专业人员进修等相结合，面向广大人民和人的一生构建教育体系的本土经验，除了进一步普及中小学教育、努力发展高等学校教育外，从 1981 年起开始实行以国家考试为主导、以个人自学为基础、有广泛社会教育资源参与助学的高等教育自学考试，兴办惠及广大人民群众特别是青年的各级各类各种形式的职业教育、继续教育和成人教育等。在教育思想上，具有代表性的，就是叶圣陶"教是为了不教"教育思想继承弘扬中国终身学习优秀传统，思

---

① 联合国教科文组织国际教育发展委员会编著：《学会生存——教育世界的今天和明天》，华东师范大学比较教育研究所译，教育科学出版社，1996，第 251 页。

考总结我国教育改革发展实践，对终身教育、终身学习时代课题的自觉探索。

我国自古以来素有终身学习的优秀教育传统。2500 年前，孔子就倡导人的一生要与教育和学习相伴，学以为己，"学而不厌"[1]，即人一生要为明德修身、自我发展的内在需要不断好学上进，永不满足。孔子的这一思想和精神在我国教育史上一脉相承。叶圣陶自觉地继承发扬了自孔子以来我国终身学习的优秀传统教育思想。早在 1915 年至 1917 年执教上海商务印书馆尚公学校期间，他就积极投身教育改革，突破注入式的学校课程，采用自学辅导教育，通过进行国文等课教学改革和教材新编，组织学生课外书报阅读和采访写作指导，辅以修学旅行、参观工厂、到乡村捕捉昆虫制作标本等实践活动，增进学生课外之智识，养成学生自学之基础。[2] 以后，他又进一步指出："教育的本旨原来如此，养成能力，养成习惯，使学生终身以之。以为教育（注：这里指的是学校教育）可以把学生所需要的一切全部给他们，学生出了学校再不用自己去研讨追求了，这种认识是根本不对的。"[3] "孔子一生'学而不厌'，就为他看透了这个道理。"[4]

叶圣陶"教是为了不教"教育思想一贯主张，中国现代教育教学要引导学生自主学习和成长，为其离开学校后适应社会与个人发展需要而终身自学打下基础。如果说，这一教育思想的着眼点此前主要是在中小学校教育和学科教学改革方面；那么，在新中国成立后，在社会主义革命和建设中有了更多社会教育、职业教育和成人教育的本土实践（叶圣陶本人就曾亲身参加过这些实践），特别是随着改革开放和社会主义现代化建设新时期的到来，职业教育、继续教育、成人教育伴随着中小学校、高等学校教育加速发展，叶圣陶"教是为了不教"教育思想的着眼点便有了显著变化。

---

[1] 徐志刚译注：《论语通译》，人民文学出版社，1997，第 74 页。

[2] 商金林：《叶圣陶传论》，安徽教育出版社，1995，第 182 页。

[3] 叶至善、叶至美、叶至诚编：《叶圣陶集》（第十六卷），江苏教育出版社，2004，第 51 页。

[4] 叶至善、叶至美、叶至诚编：《叶圣陶集》（第十二卷），江苏教育出版社，2004，第 316 页。

　　从 1981 年开始，叶圣陶接连发表一系列文章和讲话，总结新时期教育改革实践与思考，深刻阐述了他关于各级各类学校和社会各方面都要引导和鼓励学习者立志自学、学会自学，使之真正"达到不需要教"，能够终身学习、终身发展的新观点新见解。叶圣陶指出："高中毕业生只有一小部分进大学，这种情形在本世纪内大概不会有根本的改变。进不了大学没有多大关系，有志气的青年可以自学。……学习是自己的事。自己要学习，在任何环境里都能够自学，都能够学到切实有用的知识，何况如今社会各方面正在努力为青年们提供各种形式的自学条件。"再则，"知识无穷无尽，古人就有'知也无涯'的话。大学分院分科分系，一个人进了大学，学到的知识只是很小的一个角落，深度和广度都还不够：从消极方面说，还不足以充分适应工作和生活的需要；从积极方面说，还不能有所创造，有所前进。所以大学毕业之后还是要自学，在工作和生活中自学，根据工作和生活的需要自学"[1]。因此，"教是为了不教"或者说"教是为了达到不需要教"，"不教"不是学生学成了，而是"因为学生能够自己学习了，不再需要老师教了"[2]。叶圣陶进而主张，在当今和未来，特别是在我国人口众多而教育发展相对不足、应试倾向亟待改变的情况下，引导学生自学，实现"教是为了不教"，不仅是中小学校以至高等学校教育教学的任务，"所有各级各类学校以及补习、进修的机构的主要职能，全都在引导来学的人向自学方面不断进展"[3]。由此，按照叶圣陶的观点，"教是为了不教"的教育目的和价值及其实现过程，应该是从中小学校一直延伸到高等学校、职业学校，扩展到社会各级各类教育培训机构组织的继续教育、成人教育和辅助的各种形式自学，包括学习者个人在工作和生活中的自学，以至人适应世界和自身变化不断有所创造、有所前进的贯穿其各个方面和整个一生的自我教育与自学。在这个意义上可以说，"教是为了不教"，本质上也就

---

　　① 叶至善、叶至美、叶至诚编：《叶圣陶集》（第十一卷），江苏教育出版社，2004，第 316 页。

　　② 同上书，第 356 页。

　　③ 同上书，第 351 页。

是要让整个教育自觉担负起"建设全民终身学习的学习型社会、学习型大国"的主体责任。

叶圣陶从新时期我国国情和教育实际出发，根据我国社会主义现代化建设对人才培养和人的发展的时代要求，针对我国较长时期存在教育发展不足和应试教育倾向的现实问题，继承弘扬中国终身学习优秀传统，努力探索终身教育、终身学习的时代课题，进一步拓展了"教是为了不教"教育思想的时代内涵和价值。从当时的外部背景来看，这一教育思想的创新拓展，也正是立足中国国情和教育实际对当代国际终身教育思潮的一种积极呼应。

（三）叶圣陶"教是为了不教"教育思想彰显中国特色对终身学习时代内涵的拓展

新时期叶圣陶"教是为了不教"教育思想对终身教育、终身学习时代课题的探索，既积极呼应了当代国际终身教育思潮，又在教育思想上对这一思潮实现多方面的超越，进一步彰显了其终身教育、终身学习思想的中国特色。这主要体现于以下三个方面。

第一，叶圣陶"教是为了不教"教育思想在终身教育、终身学习的价值取向和培养目标上，更具有体现人类进步方向和要求、具有社会主义本质属性的全面性。

《终身教育引论》提出要通过建立"渗透着终身教育原则的社会"，使人们"实现更美好的生活"[①]；《学会生存》进一步宣示"人类发展的目的在于使人日臻完善""唯有全面的终身教育才能培养完善的人"[②]。但是实际上这两本著作对终身教育的论述，主要还是针对经济和科技发展、产业结构调整和劳动市场波动对个人的挑战，围绕个人生存而展开，并且主要涉及的是知识、技能方面的教育培训和学习。而叶圣陶"教是为了不教"教

① ［法］保尔·朗格朗：《终身教育引论》，周南照、陈树清译，中国对外翻译出版公司，1985，第17页。

② 联合国教科文组织国际教育发展委员会编著：《学会生存——教育世界的今天和明天》，华东师范大学比较教育研究所译，教育科学出版社，1996，第2页。

育思想则主张，引导学习者自学和终身教育、终身学习，应当全面适应新科技革命和我国社会主义现代化建设时代要求，全面促进个人发展与社会和国家发展。他指出："假如在校时候常被引导向自学方面前进，学生有福了，他们一辈子得到无限好的受用。而且，不但他们自己，社会和国家也得到无限大的利益。""一辈子坚持自学的人也就是一辈子自强不息的人。不难想象，这样的人不断增多，社会和国家将达到何等繁荣昌盛的境界。"① 这些论述，充分体现了社会主义制度下个人与社会、国家命运与共、利益相通，"每个人的自由发展是一切人的自由发展的条件"② 的终身学习本质内涵和特征。正是为了要使每个人成为社会主义现代化建设中终身学习、自由发展、获得幸福、做出贡献的人，叶圣陶强调各级各类教育当然也包括职业教育、成人教育，在培养目标上都必须要坚持以育人为本，全面发展。他深刻指出："四个现代化，科学技术现代化是基础"，"但是研究和利用现代科学技术的不是电脑，不是机器人，而是千千万万活生生的人。这千千万万的人要研究得精，利用得好，不仅靠科技知能的高明，也得靠思想品德的纯正，意志操行的坚强，还有扎实的基础知能的训练也是断然不可缺的"。而所有这些方面的培养，"全都是教育的分内事"③。这种中国式的终身教育、终身学习，实质上也就是后来我国明确提出并进一步发展的以立德树人为根本、以人的自由而全面发展为目的的"素质教育"，也即是中国式现代化的教育价值和内核。

第二，叶圣陶"教是为了不教"教育思想在对终身教育、终身学习体系中基础教育与成人教育关系的理解和构建上，更具有符合人的成长与教育规律的辩证性。

从《终身教育引论》到《学会生存》，当代国际终身教育理论对终身

① 叶至善、叶至美、叶至诚编:《叶圣陶集》（第十一卷），江苏教育出版社，2004，第351页。
② 中共中央马克思恩格斯列宁斯大林著作编译局编译:《马克思恩格斯选集》（第一卷），人民出版社，1972，第273页。
③ 叶至善、叶至美、叶至诚编:《叶圣陶集》（第十一卷），江苏教育出版社，2004，第288页。

教育的时代背景、基本概念、目标、体制、结构、内容、方法，以及向学习化社会前进的策略等，做了比较系统的一般阐述，这是这一理论最具有启示和借鉴意义的宝贵成果。但是在论述终身教育体系时，这一理论却存在着片面突出成人教育作用而相对轻视基础教育并忽视二者之间辩证联系的现象。这尤其表现在《终身教育引论》中。然而正如作者所承认的那样，自己"完美"的成人教育理念在实践中并没有成功。朗格朗在对试验未如其意的反思中提出了这样的问题："不管学校教育（注：这里指的是成人学校教育）期限有多长，到底有多少人在离开学校以后继续学习，继续自学，继续吸收新知识，继续通过持续而有组织的努力来发展自己已有的技能和才智呢？"① 因此他告诫人们切不要"把终身教育等同于成人教育"②。而叶圣陶"教是为了不教"教育思想则一直认为，人的终身自学意愿和本领，必须是从小得到引导和锻炼逐步养成的。这是一条教育的基本规律。因此在终身教育、终身学习体系中，尽管成人教育更显灵活多样，有助于持续提高人的自学应变和自我实现能力，但是作为构建学习型社会基石的每个学习者个体是否要自学、能自学，以至会否真正做到终身自学，很大程度上还是取决于其学习成长初始阶段基础教育学校的培养的。而且这种培养随着时代发展的不断加强，反过来也正推动了基础教育学校由"应试教育"转向立德树人、素质教育，奠基终身学习的深刻变革。这种变革，叶圣陶当时就认为，应当具体、切实地贯彻落实在基础教育的课程、教材、教学、学习方式和考试评价上的。他在《关于探讨教材教法的几点想法》中强调指出：课程教材教法的改革一定要注意，"学生要学的，不光是课本上的知识，更重要的是在各科的学习中学会自己寻求知识和解决问题的本领。这是他们一辈子的工作和生活的第一需要"③。而基础教育打下了终身学习的基础，一个人的学习还远远没有结束。叶圣陶进一步指出："无论

<hr />

① ［法］保尔·朗格朗：《终身教育引论》，周南照、陈树清译，中国对外翻译出版公司，1985，第12页。

② 同上书，第15页。

③ 叶至善、叶至美、叶至诚编：《叶圣陶集》（第十一卷），江苏教育出版社，2004，第306—307页。

是谁，从各级各类学校出来之后还得受教育，大学生和研究生毕了业并非受教育的终结。那时候哪儿去受教育呢？从社会各方各面都可以受教育，只要自己有要受教育的坚强意愿。这就是自我教育，简化地说就是'自学'。自学能力的强或弱根据在校时候所受教育的好或差。"①由此回过头来看，终身教育、终身学习，归根到底还是首先要重视学校教育特别是基础教育的改革发展，必须将其作为起点和基础，有机地纳入整个终身学习体系构建之中。要让学习者从小在学校里就开始逐步"学会自学的本领，养成自学的习惯"，这样，他们"将来离开了学校，才能在工作和生活中不断地自我充实，自我修养，成为有益于人民的人，有益于社会的人"②。从而使整个社会达到"人人皆学、处处能学、时时可学"，促进人的自由而全面发展的境界。叶圣陶"教是为了不教"教育思想，既肯定了继续教育、成人教育对人一生发展的重要意义，又强调了好的基础教育在一个人终身自学中的奠基作用，尤其揭示了遵循教育基本规律，在人一生的成长和发展中基础教育、高等教育与职业教育、继续教育、成人教育辩证联系、有机衔接，完整、系统构建终身学习体系的有效路径。

第三，叶圣陶"教是为了不教"教育思想在终身教育、终身学习由谁来实施问题上，更具有以学习者为本而又高度重视教师在教育变革和引导自学中作用与发展的主体性。

《终身教育引论》和《学会生存》对于建立终身教育的体系和学习化的社会，以及受教育者向自我教育、自学的转变，做了详细论述，但是对教师作为教育变革推动者和终身自学引导者的主体作用与发展未予足够的重视和研讨。而叶圣陶"教是为了不教"教育思想则认为，人的适应世界与自身变化的终身自学意愿和本领并非先天存在或者能够自发形成，而是必须在学校教师的引导和帮助下，在自己的不断学习和实践中逐步养成的。甚至在人的整个终身学习过程中，都是需要有良好的教育组织和平台

---

① 叶至善、叶至美、叶至诚编：《叶圣陶集》（第十一卷），江苏教育出版社，2004，第350页。
② 同上书，第347页。

及其教育工作者来提供指导、服务、支持和促进的。新科技革命和我国社会主义现代化建设时代，更赋予了各级各类学校及其他教育机构的教师自觉参与和推动教育变革，引导学生立志自学、学会自学，以至能够终身自学，实现"教是为了不教"的使命职责。为了担当起时代赋予的使命职责，教育者"自己必须先受教育，而且要身体力行，才有可能使工作收到预期的效果"①。这就需要大力改革和发展师范教育，使之由传统的主要面向中小学的教师培养机构，转变为新型的面向全社会各级各类学校以及其他一切教育培训机构和组织、职前培养与职后进修相贯通的终身学习教师教育基地。更重要的是广大在职教师要在教育变革中努力实现自我革新。教师必须要转变观念，唤起对新的时代与教育变革，对落实立德树人根本任务和"建设全民终身学习的学习型社会、学习型大国"的文化自觉和责任担当；教师必须要"先受教育"，不断提高自身的思想道德修养，提高适应科技文化与经济社会发展和学习者终身发展需要的专业素质和能力；教师必须要探索创新，在教育教学中创造性转化中华优秀传统教育智慧，适切性运用信息网络、数字化和人工智能等先进技术，更加科学、生动、有效地引导学生自主学习、终身自学。在参与和推动教育变革，引导每个学习者终身自学，独立发现和解决自己学习、工作和生活中的问题，以至不断适应世界与自身变化，实现自我发展，促进社会和国家发展，也即最终实现"教是为了不教"的理想境界中，教师能否自觉尽好自己应尽的职责"极关重要"②。因此，叶圣陶强调，在当今和未来，各级各类学校及其他各种教育机构的教师都应当"特别致力于引导学生善于自学"，"唯有这样做的教师才够得上称为名副其实的教育家"③。

总而言之，叶圣陶"教是为了不教"教育思想在其创新发展中蕴涵的终身学习时代内涵和价值，在于从新时期我国社会主义现代化建设要求和

---

① 商金林编著：《叶圣陶年谱长编》（第四卷），人民教育出版社，2005，第607页。

② 叶至善、叶至美、叶至诚编：《叶圣陶集》（第十一卷），江苏教育出版社，2004，第348页。

③ 同上书，第351页。

教育改革发展实际出发，既反映了当代国际终身教育的思想主张和发展趋势，又鲜明地体现出中国特色终身学习的社会主义价值取向和育人目的的全面性，各级各类教育及其与人的终身自学能力培养发展的辩证性，以学习者为本而又重视发挥教育者引导自学作用实现"教学相长"①的主体性。在新时代我国加快推进中国式现代化新征程中，进一步挖掘和阐发叶圣陶这一教育思想中的终身学习时代内涵和价值，对于深入贯彻落实习近平总书记有关重要论述，建设具有中国特色的促进全体人民共同富裕和人的自由而全面发展的终身学习理论和体系，为建成中国特色社会主义教育强国奠定基础，无疑具有一定的现实意义。

---

① 胡平生、张萌译注：《礼记》（下册），中华书局，2017，第698页。

第九章
新时代"教是为了不教"教育教学改革实验

　　"教是为了不教"教育思想，是我国著名教育家叶圣陶创立的具有鲜明中国特色和丰富科学内涵的现代教育思想。这一教育思想，深刻反映当代世界变革发展与人的变化发展对教育教学的根本要求，总结自"五四"以来直至新时期我国教育教学改革丰富的思想经验，揭示了中国现代教育教学的本质、目的、规律以及学校和教师的主要职能，形成了一整套科学、系统的"教是为了不教"教育基本原理以及教育教学原则和模式，为新时代深化教育教学改革创新，有效地落实立德树人，发展素质教育提供了宝贵借鉴。

　　自2014年以来，苏州市继此前贯彻国家教育规划纲要背景下，基于"教是为了不教"的指导学生自学教学改革实验，进一步开启了以落实立德树人，发展素质教育为目的的新时代"教是为了不教"教育教学改革实验。在截至2020年的六年中，这项实验扩大到苏州市整个区域的116所中小学校，取得了丰富的高质量实验成果与育人成效，涌现出一批"教是为了不教"教育教学改革示范学校，在全省以至全国产生了积极影响。近几年来，在深化基础教育改革的新政策新文件相继出台，义务教育和普通高中新课程新教材紧接实施的新形势下，这项教改实验逐步扩大范围，持续深入发展，对苏州市以至长三角地区基础教育质量的提升起到促进作用。本章拟从区域推进和校本实施两个层面，总结阐述"教是为了不教"

教改实验取得的创新突破和优秀经验，以使这项改革实验更好地深化并拓展，进一步推动新时代基础教育高质量发展。

一、科学践行"教是为了不教"教育思想

"教是为了不教"教育思想，是我国著名教育家叶圣陶创立的具有鲜明中国特色和丰富科学内涵的现代教育思想，是整个叶圣陶教育思想的精髓和核心，也是自"五四"以来中国教育教学改革思想经验的概括和结晶。

这一教育思想，以对现实人的本质的肯定，以儿童具有自主学习、发展、创造需要与潜能的肯定为前提和起点；以"不教"，也即使学生养成自主全面发展，能够离开教者、超越教者、终身自学、创新实践，"自己衷心乐意向求真崇善爱美的道路昂首前进"的现代中国人为目的和价值；以"为了不教"之"教"，也即科学、生动、有效地引导学生自主学习、终身自学的教育教学体系构建为方法和路径；以教师自觉追求"教是为了不教"，成为自我教育者和善于引导学生自主学习、终身自学的"善教者""教育家"为关键和保证。[①] 由此，深刻反映了当代世界变革发展和人的变化发展对教育教学的根本要求，揭示了现代教育教学的本质、目的、规律以及学校和教师的主要职能，充满了心系儿童生命成长、人生幸福和国家、民族、人类未来的教育情怀，指明了教师发展和学校发展以至整个教育发展的正确道路。这些基本精神和学理是"教是为了不教"教育思想科学内涵的主体构架。

这一教育思想，基于本土教育改革特别是语文课程教材教学改革实践，科学地总结了一套体现"教是为了不教"基本理念，反映现代教育教学规律的教育教学原则和模式。这些教育教学原则是：认定目标，致力于导；激发动力，发展主体；教材为例，举一反三；愤悱启发，相机诱导；指点学法，逐渐放手；实践历练，养成习惯；因材施教，灵活创造；正确

---

① 任苏民：《论"教是为了不教"的科学内涵和理论体系》，《课程·教材·教法》2018年第2期。

评价，促进自学。它们涵盖了教育教学系统要素和过程关键，以及主体与教学、发展与评价的关系，包含了一整套实现"教是为了不教"的基本策略。这八条教育教学原则在语文阅读教学等典型、完整的教育教学过程中综合运用和贯彻，就构成了以尝试自学、质疑讨论、练习应用、考查改进为主要环节的教育教学模式。这些教育教学原则和模式，是对"教是为了不教"教育教学实践规律和经验智慧的理性概括，也是"教是为了不教"教育思想科学内涵的重要组成部分。

2010 年，在我国教育规划纲要颁布实施、素质教育加强推进的背景下，在全国教育科学规划重点课题"叶圣陶教育思想的文化底蕴和当代价值"研究深入的基础上，苏州市教育局和教科院联合组织，由作者具体负责基于叶圣陶"教是为了不教"教育思想的指导学生自学教学改革实验，取得了显著成效。自 2014 年起，在党的十八大提出"把立德树人作为教育的根本任务"[①]精神指引下，江苏省叶圣陶教育思想研究所在此前教学改革实验基础上，进一步开启了以落实立德树人，发展素质教育为根本目的的新时代"教是为了不教"教育教学改革实验。在截至 2020 年的六年中，这项实验，以立德树人为根本任务，力求科学践行叶圣陶"教是为了不教"教育思想，深化教育教学改革创新，促进学生自主学习成长，在苏州市区域整体推进，先后有 116 所中小学以及一些职业学校加入了实验学校的行列。

在"教是为了不教"教育教学改革实验逐步展开的过程中，江苏省叶圣陶教育思想研究所指导广大实验学校和教师，努力使之不仅对叶圣陶"教是为了不教"教育思想具有自己的理解和亲身体悟，而且通过自己的创造性实践，赋予这一教育思想蓬勃的现实生命力，让它走进学校，走进课堂，走进师生中间，推动着日常教育教学生活的变革。从而，使"教是为了不教"的教育教学新模式在多样化、校本化、个性化的探索中逐渐萌生，真实的育人成效在教育教学改革的实践中日益显现。

---

① 胡锦涛:《坚定不移沿着中国特色社会主义道路　为全面建成小康社会而奋斗——在中国共产党第十八次全国代表大会上的报告》,《人民日报》2012 年 11 月 18 日，第 1 版。

在"教是为了不教"教育教学改革实验不断推进的过程中，江苏省叶圣陶教育思想研究所引领广大实验学校和教师，在新时代深化教育改革、提高教育质量的新形势下，自觉担当立德树人的使命职责，主动适应当代社会、学校变革和学生、教师发展的内在要求，深入研究实践发展"教是为了不教"教育思想，努力提升"教是为了不教"教育教学改革实验的科学化水平和育人实效。

在谋划和组织"教是为了不教"教育教学改革实验中，江苏省叶圣陶教育思想研究所同广大实验学校和教师一起，从我国当代教育教学改革要求和实际出发，依据叶圣陶关于"中国教育改革是综合系统的改革、本质精神的改革、大众参与的改革"的教育改革观，[①] 借鉴青浦教育实验（"青浦数学教学改革实验"）[②] 等本土原创性教改实验经验，初步探索形成了"教是为了不教"教育教学改革实验的方法论。

按照这一方法论，"教是为了不教"教育教学改革实验立足学科教学的改革，同时又将以往单一学科的教改实验，变为学校多门以至各门学科教育教学改革实验的整体设计和实施；将以往个别学科教师和教研组的教改行动，变为以校为本，在校长主持下的整个学校教育教学系统的协同改革。

按照这一方法论，"教是为了不教"教育教学改革实验指向改革传统教学模式，改进日常课堂，提高教育质量，同时又在改革教学模式中，更注重实现校长、教师教育思想和教育精神的改变，自觉以"教是为了不教"教育思想引领和贯穿教育教学改革；在提高教育质量中，更追求学生自主学习核心素养和能力的发展，为养成终身学习、创新实践的现代中国人奠定基础。

按照这一方法论，"教是为了不教"教育教学改革实验注重教师在教改实验中的主体作用，重视总结和推广教师的优秀教育教学经验，并且鼓

---

① 任苏民：《试论叶圣陶教育思想里的"中国教育学"》，《中国教育科学》2020 年第 5 期。

② 夏正江：《教改实验当有自身的实验逻辑——青浦实验的启示》，《教育研究》2010 年第 8 期。

励教师由以往教改实验的执行主体，变为自觉参与从学习研究、设计实施到总结评估教改实验全过程的完整主体，变为在实验探索中发挥首创精神，不断创造教育教学新经验新成果新思想的创新主体。同时，坚持学生为本，让学生不仅作为教改实验的受益者，而且首先作为教改实验不可或缺的重要参与者和推动者；坚持大众路线，让家长以及社会各有关方面不仅作为教改实验的配合者，而且作为教改实验的共同参与者和评判者，依靠人民办好让人民满意的教育。

在实施和推进"教是为了不教"教育教学改革实验中，江苏省叶圣陶教育思想研究所同广大实验学校和教师一起，努力做到像叶圣陶那样从教为学，抱着真心诚意、求真务实、认真严谨的"三真"科学态度，在对本实验工作理性思考和经验总结的基础上，制定实施了《关于"教是为了不教"教育教学改革实验工作的意见》（详见"本节附录"），切实加强整个实验操作和研究的规范性、科学性。

在实验初始阶段，实验学校力求扎实做好文献研究和调查研究，科学设计实验方案。组织教师通过原著阅读和文献检索，认真学习研究叶圣陶"教是为了不教"教育思想与当代教育教学改革经验，确立与本校实际相结合的实验思想理念；通过教学调查和学情分析，深入了解认识本校教育教学的现实问题与改革要求，形成明确、切实、具体的实验目标内容。在此基础上，精心设计出符合科学规范要求、具有校本特色和可操作性的学校整体实验方案。并围绕这一方案，制订出更加具体实在的学科实验计划和教师实验教案，将"教是为了不教"教育教学改革实验的规范操作落到实处。

在实验过程中，实验学校力求重视运用课堂观察、问卷调查、教育测试、数据统计等实证研究方法，并同理论分析、行动研究和常规教研结合起来；重视搜集、分析、积累和整理实验的过程性资料，按时做好每一学期实验的计划制定和评估小结。在此基础上，系统、深入地提炼和总结实验经验，真实、可靠地描述和证明实验效果，努力拿出具有科学性、创新性和说服力的"教是为了不教"教育教学改革实验成果。

在区域和学校层面，江苏省叶圣陶教育思想研究所会同苏州市所属各市、区教研室，着力推进教育教学改革实验教研科研的制度化、机制化建设。有关部门认真履行各自职责，充分发挥对学校教育教学改革实验的指导服务和区域整合功能。坚持实行每学期"四个一"（一次工作例会、一组教学调查、一项专题研讨、一段小结评估）等实验教研制度常规，积极探索现场观摩研讨、课题交流协作、重点联系学校、学科教改导师等实验科研机制创新，进一步焕发实验学校和广大教师的创新活力，把"教是为了不教"教育教学改革实验做深、做实、做久、做精。

叶圣陶曾经指出："恳切希望所有的教育工作者都把教育看作一门科学，群策群力，密切协作，能尽早说明和解决教育方面的许多重要问题。既是科学，当然要注重探索和试验，注重实践和成效；即兴的感想和个人的偏执在科学研究中并无用处，那是不言而喻的。"①"教是为了不教"教育教学改革实验，正是一项叶圣陶所希望的"把教育看作一门科学"的很有意义和前景的开拓性工作。实践证明，江苏省叶圣陶教育思想研究所同各市、区教研室和广大实验学校、教师只要遵循叶老的教导，进一步群策群力，密切协作，认真学习科学思想，掌握科学方法，加强科学实施，一定能够不断提升"教是为了不教"教育教学改革实验的科学化水平，取得具有苏州特色和全国影响的落实立德树人、发展素质教育的教育教学改革创新成果，并为中国特色现代教育思想传承发展，为"中国教育"走向世界做出自己的一份贡献。

附注：这一节主要内容最初发表于 2016 年 6 月 22 日《中国教育报》时，该报特意加"编者按"如下：叶圣陶教育思想博大精深，影响了近一个世纪的中国教育。他的"教是为了不教"教育思想，对当前的课堂教学改革仍具有重要的指导意义。在叶圣陶的故乡苏州市，100 多所中小学及职业学校开展教改实验，在实践中领悟、应用叶圣陶"教是为了不教"教育思想。本报特约请叶研所所长对叶圣陶教

---

① 杜草甬、商金林：《叶圣陶教育文集》，河南教育出版社，1989，第 360—361 页。

育思想及教改实验进行解读，并陆续刊发具有典型性的实验学校的教改实验经验。

本节附录

关于"教是为了不教"教育教学改革实验工作的意见[*]

"教是为了不教"教育教学改革实验（简称"教是为了不教"教改实验），是苏州市教育局和江苏省叶圣陶教育思想研究所组织、指导的，以创造性研究实践叶圣陶"教是为了不教"教育思想为特色的新时代苏州市深化教育改革，落实立德树人，推动教育高质量发展的重要项目，是江苏省叶圣陶教育思想研究特色项目创新发展的重要载体和机制。为了更好地推进这项实验工作，在深入进行相关理论探索和经验总结的基础上，提出以下意见。

一、"教是为了不教"教改实验的实施主体，为苏州市"教是为了不教"教改实验学校。苏州市"教是为了不教"教改实验学校，是新时代苏州市深化教育教学改革的实验基地。

二、苏州市"教是为了不教"教改实验学校，应当遵循公益性、生本性、实践性、科学性、创新性、有效性原则，在校长主持下，主动适应时代要求，从本校实际出发，整体谋划和组织各学科教师进行三年一轮的以"教是为了不教"教育思想为指导的教育教学改革实验，探索构建校本化、多样化而又具有一定普遍意义的"教是为了不教"教育教学模式，促进学生自主学习和全面发展，并为苏州市深化教育改革推进素质教育取得实质性突破，为形成具有苏州特色和全国影响的旨在落实立德树人、发展素质教育的"教是为了不教"教育教学新模式发挥先导作用。

三、苏州市"教是为了不教"教改实验学校的申报，面向全市中小学

---

[*] 本文作者为苏州市教育局和江苏省叶圣陶教育思想研究所起草的指导全市"教是为了不教"教改实验的工作意见，后作为苏州市教育局文件（苏教办［2014］82号文件）下发并贯彻实施。

校，以学校自愿参与并具备良好研究条件为前提，分批进行。三年一轮实验完成后要求参加新一轮实验的，可再申报。申报的程序为：县（市）区所属学校，先向本县（市）区教研室提出申请，由教研室推荐，向江苏省叶圣陶教育思想研究所申报；市直属学校，直接向江苏省叶圣陶教育思想研究所申报。凡申报实验的学校，均须按要求制定实验方案，并据以填报《苏州市"教是为了不教"教育教学改革实验学校申报表》一式三份（附详细的学校实验方案）。经苏州市教育局、江苏省叶圣陶教育思想研究所审核批准，申报的学校正式命名为"苏州市'教是为了不教'教改实验学校"。

四、苏州市"教是为了不教"教改实验学校在公布命名后，要专门组织教师深入学习研究叶圣陶"教是为了不教"教育思想和当代教育教学改革经验，分析把握校情学情，讨论完善实验方案，并建立健全实验组织，创新教学管理制度，进行实验操作培训；要在此基础上，组织教师以教研组和年级组为单位，制订出一套更加具体的各学科各年级实验计划，并从备课做起，把实验方案和计划落实到教师的教育教学工作中去。

五、苏州市"教是为了不教"教改实验学校在实验过程中，要规范运用教改实验的科学方法，认真进行教学调查、实验设计、行动研究、效果检测、经验总结、理论分析，并把实验研究与教研活动有机结合起来，融入和变革日常教育教学实践，形成学校教育教学新常态。要注重搜集、分析和积累相关的实证性研究资料，按时做好学期实验的评估小结和计划制订工作。学期实验评估小结，需要评估和小结本校实验最近一学期取得的实际进展和成效，包括实验计划措施的实施和教研活动的开展情况，实验班学生课业负担、学习方式和期末考试成绩相关统计分析，实验教师教学方式、学生自学习惯和能力的专项调查或测试分析，以及对所存在问题的反思和新学期实验计划的改进等。

六、苏州市"教是为了不教"教改实验学校在完成三年一轮实验时，要全面整理实验过程资料，进行实验结果测试，在此基础上系统、深入地提炼和总结本轮实验成果，完成一篇以论述本校"教是为了不教"教育教学模式及其教育成效为主要内容的实验研究总报告,编成一本学校"教是为了不教"教改实验成果专集。学校"教是为了不教"教改实验成果专集,内容包括:1.实验研究总报告;2.实验方案及各学科各年级实验计划;3.实验的典型课例;4.实验的优秀论文;5.实验的学生课业负担、学习方式、学业成绩和自学能力调研与测评报告;6.实验的教师教育观念、教学方式、专业成长和自身感悟调研与测评报告;7.实验的阶段性报告和重要活动实录;8.实验的研究成果发表交流获奖统计目录。

七、苏州市"教是为了不教"教改实验学校,要积极参与江苏省叶圣陶教育思想研究所和县(市)区教研室组织的本实验区域性教研科研活动。在参与中,实验学校和教师可以分享更多的研讨活动举办、课堂教学展示、专家指导帮助、继续教育培训、信息资源共享、成果评价发表等发展机会和权利。

八、苏州市"教是为了不教"教改实验的项目管理,由江苏省叶圣陶教育思想研究所和各县(市)区教研室承担。江苏省叶圣陶教育思想研究所负责苏州市"教是为了不教"教改实验的总体设计、指导和管理,直接管理市直属学校的实验工作,定期召开全市和直属学校实验工作会议,主办全市性的实验教研科研活动,总结、推广实验经验成果。各县(市)区教研室按照江苏省叶圣陶教育思想研究所的统一要求,安排一名副主任分工负责,对本县(市)区学校实验工作实施管理,积极参与全市的实验工作会议和研究活动,实行每学期"四个一"(一次工作例会、一组教学调查、一项专题研讨、一段小结评估)的区域实验教研制度,并在一轮实验完成时,总结本县(市)区经验成果,向江苏省叶圣陶教育思想研究所提交一份区域实验研究报告。

九、苏州市教育局支持和鼓励"教是为了不教"教改实验学校扎实、深入、持久开展这项实验,努力取得具有创新意义和推广价值的实验成果。拟将"教是为了不教"教改实验成果,纳入苏州市教育教学成果奖和教育科学优秀成果奖评选的重点对象范围,列为推荐江苏省教育教学成果奖和教育科学优秀成果奖评选的优先条件之一,以进一步形成守正创新、求真务实、风清气正的教育改革和教育研究正确导向和良好生态，促进新时代苏州教育落实立德树人，发展素质教育，实现高质量发展，为建设现代教育强市、创造苏式教育品牌，为叶圣陶教育思想研究与实践创新发展、科学构建中国特色现代教育学做出贡献。

二、高中"教是为了不教"的教改实验

江苏省苏州第一中学：
"教是为了不教"教育思想引领下的自主互动教学

江苏省苏州第一中学校（以下简称"苏州一中"）创办于 1907 年春，原名苏州公立第一中学堂（又称"草桥中学"），是 1904 年"癸卯学制"颁布后我国最早建立的新式学校之一。我国著名教育家叶圣陶是该校的第一届（1907 年春至 1912 年初）毕业生。作为叶圣陶母校，苏州一中自新时期以来积极进行叶圣陶教育思想研究与实践，先后参与了作者主持的全国教育科学规划"叶圣陶教育改革思想和实践研究""叶圣陶教育思想的文化底蕴和当代价值"等课题研究，形成以传承弘扬叶圣陶教育思想为核心的办学特色。特别是在新时代"教是为了不教"教育教学改革实验中，苏州一中奋勇走在前列，针对我国普通高中长期存在的以"应试"为导向，单纯灌输知识，压抑学生学习成长自主性的倾向，紧密结合本校具体实际和高中新课程实施，组织教师深入学习研究叶圣陶"教是为了不教"教育思想，以培养高中生自主创新学习能力，发展学生核心素养和全面提高教育质量为目标，以建设自主学习资源库和完善教研制度为保障，以研发各学科系列问题式预习案为基础，以改革课堂教学模式为核心，以开展课外自学活动为平台，扎实推进"'教是为了不教'教育思想引领下的自主互动教学"实验，取得了显著成效。学校先后被评为"苏州市'教是为了不教'教育教学改革示范学校"，并相继获得了江苏省教学成果基础教育类一等奖和基础教育国家级教学成果二等奖。

1. 苏州一中实验的背景与设计

（1）现实背景。

从新世纪以来学校教育教学现状来看。由于应试教育观念影响和现行评价体系制约，普通高中在教育教学中仍然比较普遍存在以"应试"为导向，"教师强行灌输，学生被动接受"现象，不注意学生的学习兴趣培养、学习过程引导、学习能力发展，忽视学生作为自身学习成长主体的作用发挥。其结果是学生的课业负担和心理压力过重，学习上具有较严重的依赖性、被动性，缺乏学习兴趣，缺乏实践能力，缺乏主动性创造性，更难以适应新时代经济社会变革发展对人才成长的要求。

从我国基础教育改革的发展趋势和要求来看。新世纪基础教育课程改革不断深入发展，特别是新时代普通高中课程改革以发展学生核心素养为主要目标取得了新突破。但其需要解决的关键问题始终在于："改变课程过于注重知识传授的倾向，强调形成积极主动的学习态度，使获得基础知识与基本技能的过程，同时成为学会学习和形成正确价值观的过程。"这与叶圣陶"教是为了不教"教育思想的改革主张是完全一致的。"教是为了不教"教改实验的开展，在很大程度上就是为了解决这一关键问题，在高中新课程实施中坚持引导学生自主学习，有效发展学生核心素养，以更好地落实立德树人根本任务。

（2）设计要点。

一是通过高中三年一轮螺旋上升、有计划有步骤、以课堂为核心的自主互动教学实验，进一步推进教师学习实践叶圣陶"教是为了不教"教育思想，转变教育教学观念，在课程教学中牢固树立学生的主体地位，努力构建一套适合引导学生自主互动学习的高中三个年级的教、学案体系，着力培养学生自主学习、合作研讨、反思改进的学习习惯，切实提高教学质量和育人效益。

二是结合课堂教学，组织和引导学生在课外进行学科专题研讨、跨学科学习，开展综合实践活动，让每个学生更多地亲身经历和体验科学探究与创新实践的过程，培养和拓展高中生的自学能力、实践能力、探究精神和创新意识。

2. 苏州一中实验的过程与措施

多年来，学校不断推进"教是为了不教"教育思想引领下的自主互动教学实验，主要围绕以下四方面开展工作。

（1）以制度创新为保障，推动自主互动教学。

为了切实有效地进行"自主互动教学"教学改革实验，学校专门制定了《苏州一中实践"教是为了不教"推进自主互动教学实施意见》，大力营造自主学习、合作探究的校园氛围。每学年校领导和教学处、德育处都研究制订《新学年自主互动教学实验工作计划》，重点组织教师做好以下三方面的工作。

一是研发各学科自主学习资源库。自主学习资源库一方面是学生开展自主学习的平台，另一方面也是养成学生自主学习习惯的助手。研发内容主要包括：①组织各教研组编制并不断完善和改进的各学科各年级预习案；②通过图书采购丰富各学科开阔视野自主学习的相关图书；③各教研组收集有利于学生自主学习、可供教学应用的阅读材料及相关视频资料；④进一步完善校本课程的研发和开设；⑤建立学校教师博客网，让教师与学生开展课后互动，对学生进行网上辅导。

二是开设自主互动教学研讨课。学校每学期都组织开设或联合其他学校和地区举行实践"教是为了不教"，探索自主互动教学的研讨课、同题公开课，重点研讨交流在教育教学中提高学生自主创新学习能力的有效途径。在课堂教学中，教师尝试采用问题教学法、发现教学法、探究教学法等方法，采用小组讨论、学生实验、当堂练习、交流展评等形式，力求收到不断改革改进课程教学，将自主互动教学引向深入，真正体现"教是为了不教"教育思想的良好效果。

三是积极参加市教科院组织的相关教研活动。学校积极参与苏州市教科院组织的引导学生自主学习各类教研活动，承办自主互动教学现场观摩交流会，通过定期开课、听课、评课和共同研讨、切磋、交流，使教师对"教是为了不教"教育思想的认识和引导学生自主学习的教育教学能力不断得到提升。

（2）以"预习案"为抓手，奠基自主互动教学。

学校从高中起始年级起，就组织各学科教师系统设计并指导学生在课前运用问题式"预习案"，让学生走好参与自主互动教学的第一步。不断完善和有效运用这些"预习案"，为学生进行尝试自学、形成自学能力奠定基础，为改革课堂教学模式做好铺垫。

（3）以课外活动为平台，推进自主互动教学。

为了促进自主互动教学实验，养成学生自主学习习惯，学校开展了丰富多彩、生动活泼的课外活动。

一是专家的引领和教师的指导。学校每年迎来高一新生，都要进行为期一周的新生入学教育，组织学生进行生涯规划的系列教育活动，邀请一中毕业的成功人士讲述自己的自学成才故事，激发学生自学志趣和信心；同时还定期邀请专家做叶圣陶"教是为了不教"教育思想与自主创新学习专题讲座，开阔学生和教师的发展视野。

二是自主互动校本课程的开发。学校通过开展符合高中各学科和学生学习心理特点的课外自学活动，如跨学科研究性学习、生物实验、地理野外考察、工业旅游等等，来丰富学生创新体验，培养学生实践能力，让学生不仅研究书本，"还能眼见种种实在的事物，还能动脑动手使事物发生变化"，在实践中获得"不仅是某些功课方面综合的感性认识，而且是现代人应有的世界观"[1]。

（4）以习惯养成为目的，发展自主互动教学。

在实验过程中，学校始终牢记叶圣陶关于教育"就是要养成良好的习惯"[2]的精辟论述，十分注重培养学生良好的学习习惯，并把自主学习习惯养成贯穿在课堂教学、课外活动以至整个学习和教育生活中，从而使自主互动教学扎实落地，使学生学习主体性持续发展，学习效率和育人效益稳

---

① 叶至善、叶至美、叶至诚编:《叶圣陶集》（第十一卷），江苏教育出版社，2004，第374页。
② 同上书，第264页。

步提升，并为学生终身学习、终身发展打下基础。

3. 苏州一中实验的成果与实效

（1）问题式系列"预习案"有效运用。

自实验开展以来，学校从高一年级开始在各个学科全面推行问题式"预习案"，并基于实践逐步加以优化，形成了比较科学的理性认识和运用方式。

一是明确"预习案"不能把所有的知识点以填空的形式罗列出来，而是要以问题为导向，让学生在预习过程中激发好奇心和求知欲，尝试了解和探究新的学习内容，并发现问题，独立思考，增强参与自主互动教学的内在动力。

二是明确"预习案"可采用递进式启发性问题，提出一些学生在看书后可以通过思考而初步解决的问题。提出的启发性问题，要真正符合学生的学习需要和实际，使学生能够运用已有的知识、经验、技能，在尝试自学新的学习内容中提高认知水平，增强学习情感。

三是明确由老师提出探究性问题引导学生尝试自学，是预习的一个基本水平层次；而"预习案"所要追求的更高水平层次，是鼓励学生通过自主学习提出探究性问题，这也是学生最感兴趣最走心的问题，是他们在自主互动教学中非常想要获得解决的自己学习上的真实问题。

实验证明，运用问题式系列"预习案"，学生变得越来越能大胆探索、敢于质疑。而且他们提出的问题，能够更清楚显示他们哪些问题尚不明白，哪些知识是他们特别感兴趣想要获得的，从而大大提高预习的有效性。疑问是思维的导火索，是教学的驱动力。学生只有善于质疑、提出问题，才能更加专心地投入教学，形成善于动脑和动手的好习惯，才能真正有效地自主学习。

学生在实验效果的调查访谈中纷纷反映："'预习案'非常好，通过预习我上课对知识可以接受得更快、掌握得更牢"；"通过预习提问，我在课堂上可以学到我想要获取的知识了"；"预习使我有机会产生和发表自己的想法"；"在预习中，我学会了查阅资料，独立思考，准备与老师、同学分享的观点";"这样的预习大大提高了我的学习兴趣和期待";等等。这些话，表明了苏州一中学生普遍认同问题式"预习案"对自己的学习确实帮助很大。

（2）课堂教学模式变革有效推进。

"教是为了不教"教育思想引领下的自主互动教学实验，推进了课堂教学模式变革创新，形成了一系列自主互动教学有效策略。

一是首先做到"功夫在课前"。

"功夫在课前"，就是教师要下功夫精心备课。这是进行自主互动教学的前提。备课前，教师要仔细分析学情、教材，科学设计每一节课的教学目标和学习任务，明确学习重点难点，巧妙设计课堂导入，设计科学的提问，设计学生自主互动的学习活动，预设课堂中可能遇到"瓶颈"或"突发情况"所应采取的教学对策，思考如何用更精练更生动更有感染力的教学语言启发诱导学生，让学生真正成为课堂学习的主人，拥有更充分的时间和自由去思考、交流、探讨和练习，实现学科学习任务和自主全面发展。

二是切实把握自主互动的教学过程。

①教师布置好预习，指导学生如何预习。指导学生预习是自主互动教学的第一步。预习可以在课外进行，也可以在课内进行。要注重预习方法指导。预习决不是让学生简单看一看书、读一读题、背一下概念就行的，而应在学生已学的基础上提出预习的新任务新要求，让学生围绕新课内容的重点、难点和关键先学先思，初步感知理解，发现并提出问题。每次预习前，教师要结合本课实际恰当运用问题式"预习案"，指点学生路径，帮助有效预习。

②合理安排课堂时间，创设自主互动教学情境。合理分配教学时间。根据学习心理规律，高中生能高度集中注意力学习的时间20多分钟。因此，教师在45分钟的一课时间里，要突出重点，把重难点教学尽量安排在前半节课里，其导学研讨一般不超过30分钟，剩余时间设法安排应用练习、拓展实践等，做到张弛有度，适当调节，精讲精练，及时反馈。

巧妙创设课堂情境。着力营造一种民主、和谐的课堂氛围，力求激起每个学生积极向上的乐观情绪和努力探索的强烈愿望，主动参与教学。教学内容的导入力求贴近生活，紧扣教材，吸引学生兴趣，激发学生情感。

加强有效师生互动。在组织讨论时，教师坚持对学生"相机诱导"，使其"运其才智"，"领悟之源广开"，[①]并作必要、恰当的点评、补充、纠正和总结，既避免满堂灌，又避免"一盘散沙"或低效化。

③充分利用各种课堂资源和教学技巧。课堂教学中，教师要恰当运用多媒体和网络技术手段，如有关动画、图片、影音资料等手段，通过指导和组织学生实验操作、作品展示、小组讨论等形式，让自主互动教学更加生动活泼，学生自主学习更加主动有效。

④课堂提问讲究科学、恰当、富有启发性。课堂教学中，切合学生当下的学习需要和实际，科学选择提问内容，灵活运用提问方式，充分调动学生学习思考和表达交流的积极性、创造性。同时，注意提问之后耐心等待，让所有的学生都有时间有权利开动脑筋，为解决问题作出自己的努力。还有，在学生处于"愤""悱"状态时，教师懂得把握火候，及时给予适当的启发、点拨以至讲解。

⑤教师语言务求准确、精练、生动、亲切。在课堂教学中，教师语言既讲究科学性、规范化，更是力求生动活泼、丰富多彩、新颖独特、通俗易懂，进一步加强语言刺激的新鲜感，以吸引学生的注意力，激发学生的学习热情，从而使自主互动教学更显生机活力。

⑥重视师生共同做好课堂总结。一节课下来，要十分重视引导学生温故知新，做好课堂学习的反思总结，做好知识方法的梳理归纳，促进学生对学习收获的巩固深化，对知识经验的迁移活用，进一步提升自主互动教学发展学生核心素养的教育效能。

（3）教师"为了不教"的教育教学能力有效提高。

在"教是为了不教"教育思想引领下的自主互动教学实验中，苏州一

---

① 叶至善编：《叶圣陶答教师的100封信》，开明出版社，1989，第30页。

中广大教师亲身经历了由教育思想学习、新课程教学研究、课堂变革探索到常态化实践的自我革新过程，教育观念逐渐发生了深刻转变，教学方式由原来传统的单向传授，变成了自主互动的科学、生动、有效教学，并涌现出一批在"教是为了不教"教改实验中打头阵的优秀教师。学校教师先后在各类期刊上发表了数十篇有关践行"教是为了不教"引导学生自主学习的文章。其中朱勇老师的《自学-互助-精练-精讲——有限课时下高三政治的高效教学策略探析》、朱音老师的《高中课堂如何培养学生的自主学习能力》等多篇文章，在苏州市"教是为了不教"教改实验优秀论文评选中获得了一等奖。

尤其值得肯定的是，围绕这项实验，各教研组组织本学科教师加强集体攻关、创新实践，逐步形成了一系列各具学科特色的自主互动教学多样化模式。例如：生物组以概念图教学为核心，自主学习、师生互动的教学模式；物理组以项目教学法为路径，强调学生组内互助的教学模式；历史、政治、地理组以思维导图为抓手，指导学生自主复习总结的教学模式；数学组以"预习案"为先导，课堂师生互动讲练结合的教学模式；等等。

新时代苏州一中"'教是为了不教'教育思想引领下的自主互动教学"实验，经过多年努力，有效地推动了整个学校深化教育教学改革、引导学生自主学习、落实立德树人根本任务，提升了教师队伍的思想道德修养、文化专业素质和教学创新能力，促进了学生高考成绩以至整个教育质量的稳步提高，并为拔尖创新人才的早期培养做出了应有贡献。

三、初中"教是为了不教"的教改实验

（一）苏州市吴中区迎春中学：
践行"教是为了不教"的育人课堂构建

迎春中学是苏州市第一批江苏省现代化示范初中。进入新时代，学校积极参加"教是为了不教"教改实验，开展江苏省教育科学规划叶研专项

相关课题研究，取得显著成效。特别是近几年来，作为生源较好的初中，面对升学压力坚决执行"双减"政策，从落实立德树人根本任务出发，在新课程实施中深化"教是为了不教"教改实验，提升课堂育人功能，形成自主互动模式，实施导学有效策略，努力构建践行"教是为了不教"的育人课堂，进一步提高了教育质量。

1. 践行"教是为了不教"，提升课堂教学育人功能

课堂教学如何落实立德树人，提升育人功能？叶圣陶指出："教任何功课，最终目的都在于达到不需要教。假如学生进入这一境界，能够自己去探索，自己去辨析，自己去历练，从而获得正确的知识和熟练的能力，岂不是就不需要教了吗？而学生所以要学要练，就为要进入这样的境界。"[①]这段精辟论述告诉我们，课堂教学提升育人功能，就要追求这样的境界，即教师的"教"要以学生的"不需要教"为目的，引导学生"自己去探索，自己去辨析，自己去历练"，从而形成自主学习能力，实现核心素养发展。例如，语文教学要培养学生文化自信、语言运用、思维能力和审美创造等核心素养，就要实践"教是为了不教"，引导学生自主学习，独立思考，实践历练，养成习惯，使其"领悟之源广开，纯熟之功弥深"[②]，方能奏效。

由此可见，研究实践"教是为了不教"教育思想，是提升课堂教学育人功能的有效路径。以发展核心素养为目标的新课程教学，更需要自觉践行这一教育思想，科学、生动、有效地活用课程教材资源，构建引导学生自主学习发展的育人课堂。

2. 践行"教是为了不教"，形成自主互动教学模式

近几年来，迎春中学践行"教是为了不教"教育思想，初步构建了自主互动的课堂教学模式。其中包括四个基本环节和多样灵活处理。

（1）自主互动教学的四个基本环节。

环节一：引发自学。

---

① 叶至善、叶至美、叶至诚编：《叶圣陶集》（第十一卷），江苏教育出版社，2004，第263页。

② 叶至善编：《叶圣陶答教师的100封信》，开明出版社，1989，第30页。

　　进入教学过程之初，教师要想方设法引导学生先自学课堂新授内容，让学生按照教师指点的学习目标和自学路径，预习教材，自求了解，发现问题，尝试探究。其中，完成"预习任务单"，是一种常用方法。

　　案例1：基于预习任务单的数学自学

　　【预习课题】6.5 一次函数与二元一次方程

　　【学习目标】知道一次函数与二元一次方程的关系；会用一次函数的图像求二元一次方程组的近似解；在探究一次函数与二元一次方程（组）的关系的过程中，感受函数与方程的辩证统一，感受数学知识与方法的内在联系，进而体会数形结合的数学思想。

　　【阅读自学】阅读课本第 160—161 页内容，思考并尝试解答下列问题：

　　1.（1）二元一次方程 $x+y=5$ 的解有多少个？写出其中几个解。

　　（2）在平面直角坐标系内画出一次函数 $y=5-x$ 的图像，（1）中的这些解为坐标的点，它们在此函数的图像上吗？

　　2.（1）在同一直角坐标系内分别作出一次函数 $y=5-x$ 和 $y=2x-1$ 的图像，这两个图像有交点吗？如果有，能写出交点的坐标吗？

　　（2）交点的坐标与二元一次方程组的解有什么关系？自己能说明理由吗？

　　【我的疑问】

　　……

　　预习任务单往往分层设计，并增设"我的疑问"，留给学生发现问题、表达疑惑的空间。这次运用"预习任务单"于课前自学，使学生产生了一串疑问："为什么要将二元一次方程引到坐标系中？""为什么两条直线相交的交点就是相应的二元一次方程组的解？""若两直线不相交，相应的二元一次方程组的解会怎样？"……在课堂教学中，这些问题通过师生讨论——得到解决，就使学生对数形结合数学思想有了比较深刻的理解。

　　事实证明，教师恰当运用"预习任务单"引发学生自学，能够有效地开启教学，引导学生在课堂教学中主动参与、深入思考、合作探究，促进学生学科素养和自学能力的发展。

环节二：指导讨论。

通过课前自学，学生对新的学习内容有了初步认知和体验，有了问题发现和思考，在课堂里教师就要指导学生围绕主要问题展开讨论。讨论过程中，教师应相机诱导、补充、更正，并做必要的讲解，同时注意捕捉和点燃学生思维火花，顺势导向课堂学习深入和新的学习生成。

案例2：关于"压强"问题的物理导学

师：现在我们来解决下面几个问题：

1. 背书包的时候，两个肩膀背书包真的会变轻吗？

2. 穿高跟鞋的累不累？

3. 脚踩在鸡蛋上，鸡蛋会不会破？

师：为此，不妨先做几个试验。

（指导学生先做试验）

1. 请一位同学来背装了书本的书包，第一次单肩背，再双肩背，第二次往书包里加满书本再按这两种方式背，然后请他谈谈自己的感受。

2. 请一位穿平底鞋的女同学来穿高跟鞋，让她谈谈穿高跟鞋和穿平底鞋的不同感受。

3. 请一位男同学来先后踩一个鸡蛋和踩一板鸡蛋，观察鸡蛋破没破，并谈谈原因。

（然后进行问题讨论）

师：第一个实验，那位同学在第一次单双肩背书包时，压力大小似乎没有变化，而在第二次加重书包后他明显感觉双肩背压力小，这说明压力的作用效果与什么因素有关？

生猜想：与受力面积有关。

师：再不停地往里面加书本，他感觉不管怎么背，书包都越来越重，这说明压力的作用效果还与什么因素有关？

生猜想：与压力的大小有关。

师：大家是否认同压力的作用效果与这两个因素有关？既然明确是这两个因素，如再做实验来验证，可以采用什么方法？

生：控制变量法。

（组织学生通过实验探究验证：压力作用效果的影响因素）

这节课引导学生先做试验，引出问题，展开讨论，然后让学生对讨论中提出的猜想，通过变量控制的实验加以探究和验证，最终让学生自主建构了压力作用效果的影响因素这一科学知识。

由此可见，"指导讨论"，教师要关注学生的自学体验和问题生成，做到相机诱导，有效互动，并适时指导学习方法，促进学生学力提升和素养发展。

环节三：落实运用。

课堂教学中，学生的知识掌握、能力提高、素养发展，离不开必要的练习运用；教师对教学效果的自我评价，也离不开学生练习运用的反馈。因此，根据教学目标任务、学习重点难点，指导学生进行灵活多样的课堂练习就成为自主互动教学的关键一环。

案例3：《狼》一课的答问式练习运用

师：学习了《狼》这篇文章之后，同学们得到什么启发？

生1：邪不能胜正，无论邪恶势力多么强大，最终必将被战胜。

生2：对于像狼那样的恶人不能心存侥幸，要敢于战斗，善于战斗。

生3：聪明反被聪明误。

生4：与强大的对手竞争，要占据有利地形，抓住有利时机，果断出击，攻其不备。

师：这些结论分别是从哪个角度得出的？以后阅读思考可有什么经验借鉴？

生5：生1的感悟综合考虑了狼和屠户。

生6：生2、生4是立足于屠户的经验之谈。

生7：生3则是从狼的角度谈教训。

师：说得很好。可见"横看成岭侧成峰"，以后遇到新的阅读文本，要学会判断可以从哪几种视角来解读，从而达到准确、全面的领悟。

这里教师提出了一个多元解读的问题，让学生温故知新，运用所学知识经验各抒己见。进而，引导学生从本课阅读中跳出来，由"这一篇"到"这一类"，由"主题感悟"到"学法感悟"，在自由讨论中悟道悟法，举一反三。

"落实运用"，通过当堂练习运用与交流反馈，不仅可以让学生巩固和深化所学的东西，而且能够让教师对教学进行反思改进，提高自主互动教学的育人实效。

环节四：拓展活动。

"拓展活动"既是课堂教学向学生生活的开放，也是书本知识向主体实践的延伸。这一环节，要力求体现学习活动的主体性、实践性、创新性、发展性，促进学生核心素养特别是创新思维和实践能力的发展。

案例4：语文学科的比较阅读拓展

课文《与谢中书书》教学之后，教师让学生举一反三，在课外运用学到的赏美景、品语言、悟情感等方法，将《与朱元思书》《水经注》《与顾章书》等文与《与谢中书书》联系起来，进行群文比较阅读，从而使学生从更多类似文章的欣赏中领悟古代优秀山水小品的特点和阅读方法，提升了学生的语文素养和自学能力。

"拓展活动"，要围绕课程目标，立足学生实际，注重资源开发，让学生积极迁移，创新运用，自由发展，以有效提高学生核心素养和自学能力。

（2）自主互动教学的多样灵活创造。

在各科教学实践中，自主互动教学在上述四个基本环节的框架下，可以有多种多样的灵活变通和创造。正如叶圣陶所说："不妨看课文如何，看班上学生的实际情况如何，或者减去一两个环节，或者移动环节的次序。"[1] 这样，就既鲜明体现其基本原则和特征，又尽可能发挥每一位教师的能动性和创造性。例如，该校一位信息技术学科教师，在课堂教学"落实运用"环节之后，增加了一个颇有创意的"作品展示"环节。通过学生

---

[1] 叶至善编：《叶圣陶答教师的100封信》，开明出版社，1989，第20页。

作品的自我展示和评价量表的制定应用，让学生学会了把握标准、精心设计、认真制作、展示交流，自评互评、修改完善、推广应用等一系列学习实践程序和方法，有效地培养了学生的信息技术应用能力，发展了学生的自主学习、创新实践素养。

3. 践行"教是为了不教"，实施学科导学有效策略

构建践行"教是为了不教"的育人课堂，要基于学生主体的学习，促进其达到"不教"即转化为素养，就要发挥好教师"教"的主导作用，让其善教善导。为此，就要进而探索和实施学科导学的有效策略。

（1）立足学科。

课堂教学要落实学科育人的根本任务，首先要把握学科特点，关注学科知识体系、核心素养和学习方法。教学目标的确立、学习任务的设计、师生活动的组织、练习反馈的运用等，都要结合学科性质、教材特点来综合考虑。要充分利用各学科丰富的课程资源，发挥各学科独特的育人功能。例如，语文学科要运用单元整体教学、任务型活动导学，培养学生自主阅读、写作和口语交际习惯，落实文化自信、语言运用、思维能力和审美创造发展；数学学科要从大概念出发，引导学生尝试学习，主动探究，建构数学知识，学会用数学眼光观察、数学思维思考、数学语言表达现实世界。

（2）明确目标。

各学科要根据课程目标，聚焦核心素养，并结合学生具体实际和教材具体内容设计明确的教学目标，包括每一年级教学要求、每一单元学习任务，直到每一课时导学的目标任务，并且贯穿于具体的课堂教学过程设计和实施，让教师心有明镜，引导得当；让学生学有方向，自觉努力。

（3）创设情境。

育人课堂构建离不开教学情境的创设。课堂教学中，教师要用心创设生动活泼的教学情境，引导学生入情入境，感知、体验、思考、交流、领悟、活用，方能提高学生自主学习能力，实现学生核心素养发展。例如，道德与法治教学，只有创设真实生动的社会生活情境，才能让学生在相关

现象和问题的观察分析中辨别是非善恶，明白做人道理，发展政治认同、道德修养、法治观念、健全人格和责任意识。

（4）启发诱导。

自主互动教学必须遵循启发诱导原则。在课堂教学中，教师要做到"不愤不启，不悱不发"，在学生先学先思遇到困惑和问题时，给予启发，组织讨论，相机诱导，热情鼓励，让学生得到自奋其力的获得感，收获真知真能的成就感，提高学习自信，激活发展动力。

（5）及时反馈。

自主互动教学需要及时反馈，促使师生对教学进行反思和改进。这主要指的是教师根据本课教学目标和学习任务，指导学生进行当堂练习和考查，或书面测试，或上台演示，或答辩交流等。在这过程中，教师对学生的评价要注意差异性和多样化，多鼓励，少批评，适时分享己见，和学生一起反思，共同改进，不断提高育人效能。

（6）灵活创造。

在引导学生自主互动学习中，教师要根据不同的学生特点和教学内容，采取恰当的教学方法和策略。即使是优秀的教学经验或有定论的教学模式，也要因人而异、因材施教，灵活运用。并且适应时代要求、课程教材、学生发展、教育手段等变化，在实践中努力探索创造种种"使学生真正受用"的导学新方法，找到学科育人的有效新路径。

近几年来，迎春中学"践行'教是为了不教'的育人课堂构建"实验，取得了显著成效。学校参加初中教育质量综合评估，年年居于全区首位，获得初中高质量发展贡献奖。2022年中考，迎春中学8门学科成绩均在吴中区名列前茅，提前录取江苏省木渎高中培东班22人，占比为全区初中第一。不仅如此，学生素质更好地得到了全面发展，连续3年在吴中区中小学田径比赛中荣获团体总分第一名；连续4次在苏州市"普通话、苏州方言、英语口语"比赛中荣获初中组团体特等奖和优秀组织奖，多次荣获苏州市中小学生艺术节合唱比赛一等奖，并且在江苏省和苏州市航模、车模、建模、创客、机器人、电子百拼、3D设计打印等创新项目比赛中摘金夺银。

（二）苏州市南环中学：
以学生自主学习成长为中心的教学整体改革

苏州市南环中学是地处苏州古城区居民老新村的一所初中。近年来，学区内外来务工人员及其子女日益增多，生源的学业基础、学习习惯、家庭条件等差异性不断扩大。面对这一办学困境，学校坚持执行"双减"政策，以落实立德树人为根本任务，积极参加"教是为了不教"教改实验，进行以学生自主学习成长为中心的教学整体改革，"努力让每个孩子都能享有公平而有质量的教育"①。

1. 以引导学生自主学习的课堂教学为核心

叶圣陶"教是为了不教"教育思想认为，教育教学本质上是以学生自主学习成长为中心的"教师与学生的共同工作"，教师的引导固然关键，"可是主体究竟是学生"②。"各种学科的教学都一样，无非教师帮着学生学习的一串过程。"③"教是为了不教"教改实验，核心是各科教师科学、生动、有效地引导学生自主学习的课堂教学。这样的课堂，需要教师根据学生实际和课程教材，创设适切、生动的教学情境，以教学目标与学习任务为导向，采用丰富多样的教学方法，开展积极有效的师生互动，并适当结合信息化、人工智能等新技术应用，以更好地落实立德树人。

（1）目标驱动：单元目标引领课堂导学。

教学目标是整个课堂教学的导向，基于教材每个单元

"教什么"，回答"将学生的学习引向哪里"。它统领教学系统各要素，对

---

① 习近平：《决胜全面建成小康社会　夺取新时代中国特色社会主义伟大胜利——在中国共产党第十九次全国代表大会上的报告》，《人民日报》2017年10月28日，第4版。

② 叶至善、叶至美、叶至诚编：《叶圣陶集》（第十三卷），江苏教育出版社，2004，第74页。

③ 叶至善、叶至美、叶至诚编：《叶圣陶集》（第十四卷），江苏教育出版社，2004，第162页。

课堂教学育人效果起到重要作用。例如，学校道德与法治教研组探索如何制定科学、适切的单元教学目标，发现必须做到课程标准、教材内容、学生起点三者有机统一。操作流程如上页图。

以人教版九年级《道德与法治》（上册）第三单元《文明与家园》为例，在理清课程标准对本单元的学习要求后，对教材单元内容分析如下：本单元学习主要是引导学生了解文明是社会历史进步和人类开化状态的基本标志，凝结着民族的价值追求。中国特色社会主义文化为社会文明提供了得天独厚的基础。面对当今世界纷繁复杂的思想文化，我们更加需要坚定文化自信，培育和践行社会主义核心价值观，构筑中国精神、中国价值、中国力量。面对快速发展导致的人口、资源、环境问题，我们更加需要坚持人与自然和谐共生，走绿色发展道路，建设生态文明，共筑生命家园。本单元内容又是对前两个单元《富强与创新》《民主与法治》的发展。学生在对我国新时代社会经济、民主政治有了基本认识后，本单元的学习将可以让他们对"以人民为中心"发展思想有更全面的领会，对"满足人民对美好生活的向往"有更全面的理解。

通过单元调查问卷发现，学生对本单元相关社会事件的关注度较高，对主要观点持基本认同的态度，能从不同角度和领域列举相关事例，对传统美德、民族精神、社会主义核心价值观的内容有些了解，尤其是社会主义核心价值观都能流利地背诵。当然，学生已有的认知中也存在需要澄清和提升的方面，如中国特色社会主义先进文化的传承和发展，如何正确对待传统文化和外来文化，为什么要培育社会主义核心价值观，如何践行等，不能具体、清晰分析。有些学生没有认清资源环境现状，生活中对一些浪费、破坏行为熟视无睹，也不知如何与自然和谐共生。

通过基于课程标准的教材与学情分析，教研组将本单元教学目标设定为：认同中华文化，坚定文化自信；继承民族精神和传统美德，增强践行社会主义核心价值观的自觉性；树立人与自然和谐共生理念，为绿色发展做出自己的一份贡献。

在单元整体教学目标下，教师再进行每一课教学目标的细化和主题活动的设计，确定教学重点和学习策略，安排教学步骤和师生活动。这样，较之过去单课教学目标甚至无明确目标设定，教师能够自觉成为学生成长的引领者、学习情境的创设者、实践活动的促进者、科学民主的示范者；学生能够自觉站到育人课堂的中央，成为思想道德学习成长的主人。

（2）师生互动：教学相长生成有效课堂。

实践"教是为了不教"的有效课堂是一个师生互动的"生态系统"。按照叶圣陶"教是为了不教"教育思想，课堂里的师生互动主要就是"讨论"。教学过程中，教师和学生、学生和学生之间展开"讨论"即多向交流切磋和合作研讨，这样的互动，就构成了学习成长共同体，无疑能够有效地帮助学生完成对知识技能、思想道德的积极探索和建构，提高学生主体意识和自学能力，并促进教师的成长进步，让课堂焕发生命活力。

比如语文人教版七年级下册《河中石兽》一文，作者叙述了三种寻找石兽的看法和方法，前两种方法看似合情合理，但是根本找不到石兽。第三种方法看似不可能，但却能找到石兽。本文的教学目标是让学生通过讨论领悟到：再深的理论，不能得到实践的证明，就不是真理；只有经得起实践检验的理论才是正确的。教师在课堂教学中，引导学生首先默读课文，独立思考，从中找出并分析获取的重要信息；进而针对这些信息展开分组讨论，在讨论中学生之间、师生之间分享自己的见解，实现信息的优化。然后，教师再次引导学生各自思考，通过绘画的方式把老河兵讲的表现出来，并用简明的语言在全班发言。在这一过程中，教师充分挖掘教材的育人价值，通过与学生的积极互动，热情鼓励学生思考和讨论，在交流过程中使学生完成了本课语文的训练和价值的认知，并产生良好的学习成长体验，促进学生自主学习和创造思维能力发展。同时，教师也实现了真正的思想和专业进步。

2. 以促进学生自主发展的作业改革为关键

叶圣陶"教是为了不教"教育思想认为，学科教学根据学生自主学习成长的需要，适当布置课堂练习和课外作业是必要的。这些作业，"着眼在巩固学生的记忆固然有其必要，可是尤其重要的是要考虑到如何启发学生，把所学的应用到实际生活的各方面去"。[①]2021 年 4 月，为贯彻落实义务教育"双减"政策，教育部印发了《关于义务教育学校作业管理的通知》，要求"合理布置书面作业，特别强调要严格控制书面作业总量"，"鼓励布置分层作业、弹性作业和个性化作业，鼓励教师科学设计探究性作业和实践性作业，探索跨学科综合性作业"。这些要求，蕴涵了以立德树人为根本任务、促进学生健康成长和全面发展的作业改革方向，实质上与上述叶圣陶的有关思想也是一致的。学校通过学生问卷，了解到学生最不喜欢的是重复抄写类作业；希望老师布置一些有兴趣、有启发、能实践、能管用的作业。学习叶圣陶"教是为了不教"教育思想，根据国家要求和学生需求，学校在改革课堂教学的同时，大胆启动了与之相配套的促进学生自主发展的作业改革。

（1）知行合一：应用性作业推动自主发展。

传统的作业设计中，往往偏重于巩固所学知识，布置过多知识性、书面性作业，较少地要求学生将所学过的知识运用到生活中，通过生活实际检验所学。要实现叶圣陶所说的让受教育者"疑难能自决，是非能自辨，斗争能自奋，高精能自探"[②]这样的自主发展，必须调整作业结构，丰富课后作业的类型，把课堂所学与生活实践结合起来。学校化学、物理教研组率先探索应用性作业的设计，采用生动活泼的形式，让作业从书本回到生活，将学科学习内容置于真实、有趣的问题情境之中，让学生能够应用获得的知识经验自己去解决问题。

以化学上教版九年级下册《溶液酸碱性》一章学习为例，教师布置了"自制酸碱指示剂"的家庭小实验作为课后作业。有同学这样表述实验过程和实验结果：在三个杯子内分别装入 100 毫升的雪碧、纯

---

① 中央教育科学研究所编：《叶圣陶语文教育论集》（上册），教育科学出版社，1980，第 152 页。

② 任苏民编著：《教育与人生——叶圣陶教育论著选读》，上海教育出版社，2004，第 327 页。

净水和小苏打溶液。将紫甘蓝叶片打碎，挤出汁液，分别滴入雪碧、纯净水和小苏打溶液。观察到：雪碧成紫红色，说明雪碧是酸性液体；纯净水成紫色，说明纯净水是中性液体；小苏打溶液成蓝色，说明小苏打溶液是碱性液体。

再如物理小孔成像器家庭小实验为课后作业，老师指点了实验材料、步骤和注意事项。

工具/原料：废旧的牙膏盒、双面胶、小刀等。

方法/步骤：

①取一个完好的牙膏盒，用小刀裁出一个正方形的小盒子。

②在盒子的一端打一个小孔，孔不能太大。

③取一小块白纸（越薄越好，最好呈灰白色），裁剪处于盒子宽度适中的一小部分，两边贴上双面胶，粘贴到盒子未封口的地方。

④将剩余牙膏盒的一端封口处打开，然后连接到做好的小盒子上，主要起到遮光的作用。

⑤将小孔对着台灯，通过盒子的另一端看，可以看到白纸上有台灯的像。一个简单的小孔成像器就做好了，效果还是很不错的。

以上应用性作业，不管是学生自我设计，还是在老师指导性提示下完成的实验，都需要学生将所学知识运用到生活场景中，动脑动手去努力完成，从而不但巩固和内化所学知识，而且发展了自学能力和实践能力。

（2）量体裁衣：多样性作业激励自主发展。

作业的目的一定基于"学"的有效。通过作业让学生学有所获，学会举一反三，激发学生的好奇心和求知欲，促进学生观察力、思维力、想象力、创造力的发展。在设计作业的过程中，教师要确立个性作业的观念，承认和尊重学生个体的差异，充分考虑不同学生知识基础和年龄特点的实际，精心设计多样化作业。在作业的内容、形式、数量和难度上给学生提供自主选择的机会和空间，在作业上实现因材施教，力争让每个学生在适合自己"最近发展区"的作业中取得成功，在原有基础上得到有效、充分的发展。

学校在多样性作业的具体设计和布置中，首先注意针对不同学生的能力和个性差异，既设计一定数量的基础作业与练习，让每个学生都能掌握和巩固最基本的学习内容；又设计多种类型的变式作业与练习，以利于不同学生根据自己情况，选择不同的路径和方式，建立新旧知识的联系，提升认知水平，拓展学习能力；还设计一些综合性应用性比较强的实践作业与练习，以利于学生学会综合运用知识探究和解决问题，向培养创新能力的目标发展。

学校在多样性作业的具体设计和布置中，还注重作业的过程性和阶梯性，搭建脚手架，设置台阶，放缓坡度。根据学生的学习水平和教材内容，将难度较大的习题进行分解或给予具体的提示，系统规划、分步骤练习，在学生对若干个具体问题作答后，再进行一次整合。这种难度分解、循序渐进的作业，在义务教育阶段尤为重要。一方面，可以提高许多学生完成作业的信心、兴趣和效率，减轻身心负担；另一方面，又可以促使所有学生在负荷适当的情况下，达到作业目的，实现自主发展。

3. 以实现学生自主成长的创新活动为拓展

叶圣陶"教是为了不教"教育思想认为，教育教学是将课堂教学与课外活动结合起来，全面提高学生主体生命自觉和学习成长效能，不断实现由"受教育"到"自我教育"、由"教"到"不教"前进和转化的过程。按照这一教育思想，学校在营造导学课堂、探索作业改革的同时，积极搭建课外活动平台，让学生在丰富多彩的活动中更好地实现健康、自主成长，努力造就人格健全、智慧丰盈、自主发展的南环学子。

（1）因材施教：社团活动满足学生个性成长需求。

社团活动是学生校园生活的重要组成部分，是促进学生自主成长的重要教育途径。学校秉承展开社团活动不是少数人专利的原则，坚持面向全体学生，以满足全体学生个性化发展需求为目标，正确处理"普及与提高""参与率与精品获奖""满足需求与形成特色"的关系，围绕六大核心素养，建立孙子文化、桃花坞木版年画、蝴蝶小镇、蜂巢剧社、职业规划、桥牌、机器人等涉及传统文化、科技信息、艺术体育、手工制作、未来发展方面的 40 多个社团活动项目,并将其纳入学校课程体系,定计划、定时间、定地点、定老师,规范实施、不断推进。

从狭隘功利的分数圈子里走出来,还原学生真实的自我,让学生在校园生活中自在舒适生长,仅靠观念远远不够。学校从学生的实际需要出发,从落实立德树人、发展核心素养的视角去扎扎实实地构建和开展社团活动。提供一揽子"菜单"式服务,让学生根据自己的兴趣、爱好、特长选择参与,对指导老师公开、公平、公正招聘。在活动中,学校统筹安排协调、力求因材施教,打通了师生校之间的壁垒,学生的话语权、选择权得到尊重。学校积极创造条件,让学生在参与中体验、感悟,拓宽学习渠道,丰富精神世界,满足个性发展,为不同学生提供多元的学习机会。这些措施,使广大学生参与活动的激情、自主成长的热情得到了激发和持续。

(2)以人为本:融创课程拓展学生自主成长空间。

为适应新时代培养创新人才要求和初中生自主创新学习需要,学校在坚持开齐开足国家课程的基础上,跨出校本课程建设更大步伐,尝试开设"少年融创课程"。

"少年融创课程",包括"融合科创""融合文创""融合智创"三大主题,涵盖科学研究、家居生活、休闲娱乐、书籍阅读、动漫映画、人工智能、虚拟现实、数字经济八个方面十九项内容。将初中物理、化学、地理、生物、信息技术等学科交叉部分加以融合,以主题模块的形式构建课程,探索与之相适应的"问题—探究—创新"教学模式,进行跨学科、跨学段,学科与生活衔接的融创教育,旨在使学生更加全面地、生动活泼地自主学习成长,为培养未来社会主义现代化国家的合格公民和建设人才奠定基础。

近几年来,南环中学在"教是为了不教"思想引领下,推进以学生自主学习成长为中心的教学整体改革,"努力让每个孩子都能享有公平而有质量的教育",取得了出色成绩。学校参加中考学生 400 名左右,其成绩总分和均分、优秀率和合格率一直保持稳中有升。2021 年,四星级高中统招最低分数线南中毕业生上线人数又较前两届增长近10%。同时，在教师的专业发展和精心指导下，学生踊跃参加学科类以及科技、体育活动等多种比赛，收获了不少全国、省、市级奖项。

四、小学"教是为了不教"的教改实验

（一）苏州叶圣陶实验小学：
构建适应农村小学生的"教是为了不教"教学模式

苏州叶圣陶实验小学创办于1909年，初名吴县县立第五高等小学（又称"甪直五高"），曾改名吴县甪直中心小学，是我国著名教育家叶圣陶在"五四"前后（1917—1922年）任教并进行教育改革探索的农村小学。多年来，该校以践行叶圣陶教育思想为己任，积极参与作者先后主持的全国教育科学规划多个相关项目，相继开展"'两善三育'教育思想实践研究""培养小学生创新能力实践研究""培养小学生良好学习习惯的研究"等，取得了一定成效。随着经济社会发展，由城镇化农村儿童和外来工子女组成的小学生大大增加，其中大部分学生原先学习的兴趣、意愿和习惯较差，基本上处于被动学习状态，加上比较封闭的地域环境，许多教师引导学生自学的意识和能力尚不够强，学校教育教学已难以适应国家和教育发展的新形势、新要求。为了改变这种状况，继承并弘扬学校历史上教育改革的优良传统，坚持引导学生自学，提高教书育人质量，学校参加了科学践行叶圣陶教育思想的"'教是为了不教'教改实验"，积极探索构建适应农村小学生的"教是为了不教"的教学模式，取得了显著成效。

1. 农村小学由"教"到"不教"层级递进的理论假设

叶圣陶指出："教是为了达到不需要教。""达到不需要教，就是要教给学生自己学习的本领，让他们自己学习一辈子。"[①] 如何让学生由依靠老

---

① 叶至善、叶至美、叶至诚编:《叶圣陶集》（第十一卷），江苏教育出版社，2004，第356—357页。

师的"教"达到"不需要教"？他在《自力二十二韵》中做了生动的比喻："学步导幼儿，人人有经验；或则扶其肩，或则携其腕；惟令自举足，不虞颠仆患。既而去扶携，犹恐足未健。则复翼护之，不离其身畔。继之更有进，步步能稳践，翼护亦无须，独行颇利便。他日行千里，始基于焉奠。"[1]叶圣陶的思想启示我们："为了不教"的教育教学，如同导儿学步，需要经过从"扶肩""携腕"到"翼护"等多个层级的循序递进，才能"终酬放手愿"，也即使学生学会自学，达到"不教"。依据"教是为了不教"教育思想的这一原理和本校学生实际，学校提出了引导农村小学生自学分四个层级逐级递进的教改实验假设。

一级为"渗透级"：全程扶携，渗透自学。基本的教学过程和方式是：创设情境，导入新课；教师讲解，渗透自学；指导练习，总结鼓励。在这一层级，注重激发学生的学习兴趣，培养学生基本的学习习惯。

二级为"迁移级"：以扶为主，迁移自学。基本的教学过程和方式是：创设情境，引入新课；示范诱导，迁移自学；巩固练习，反馈帮助。在这一层级，重点是有意识地引导学生按照教师的讲解和示范开展迁移自学，使学生初步掌握正确有效的学习方法。

三级为"自能级"：扶放结合，目标自学。基本的教学过程和方式是：明确目标，分层指导；尝试自学，交流归纳；练习应用，课外延伸。在这一层级，要鼓励学生积极思考、质疑问难，并根据不同的学生情况和学习内容，组织、指导学生的自学活动，发展学生的自学能力。

四级为"自创级"：少扶多放，自学有创。基本的教学过程和方式是：课前预习，尝试探究；讨论合作，互动生成；练习应用，课外拓展。在这一层级，重在引导学生尝试自学，独立思考，积极参与课堂讨论和实践活动，增强学习的自主性和创新性。

2."引导农村小学生自学层级递进教学"的实验探索

（1）挖掘三大魅力，为学生激活充盈的自主学习动力。

---

① 任苏民编著：《教育与人生——叶圣陶教育论著选读》，上海教育出版社，2004，第327页。

　　叶圣陶在《小学国文教授的诸问题》一文中说："教育所以可贵，乃在能为儿童特设境遇，使他们发生需求，努力学习。"[①]"儿童既处于特设的境遇里，一切需要，都从内心发出。教师于这个当儿，从旁导引，或竟授与。这个在儿童何等地满足，安慰，当然倾心领受，愿意学习。"[②]自主学习需要学生的自觉努力。学校和教师重点挖掘三大"魅力"，来为学生自主学习增添动力。

　　一是提升教师的"人格魅力"。力争做一个好学上进，富有爱心、童趣和幽默感的教师，使每一个学生都感觉到老师是亲切、可信赖，并关心、爱护他（她）的，从而引发自主学习的动机。

　　二是挖掘学科的"乐趣魅力"。学生感到某一门学科对他有用或有趣，就会乐此不疲地去学习。让教师努力发掘学科本身的乐趣，在教学中尽量贴近学生实际生活，使其觉得有趣有用，能够化难为易，从而增强自主学习的信心。

　　三是发挥优生的"榜样魅力"。班里的优秀生往往对同学影响较大。教师充分发挥这些学生认真进行预习、积极思考发言、独立完成作业、课外阅读实践、乐于帮助同学等身边榜样的作用，从而为全体学生树起自主学习的标杆。

　　三大"魅力"教育行动，有效地激发了学生自主学习的兴趣和动机（见表1）。

表1

项目	语数外三门学科学生喜欢度（%）			心中有优秀同学榜样的学生比率（%）
	语文	数学	英语	
前测	21.6	11.5	6.3	46.6
中测	47.5	32.3	15.3	78.5
后测	84.4	47.6	39.5	97.5

　　① 叶至善、叶至美、叶至诚编：《叶圣陶集》（第十三卷），江苏教育出版社，2004，第6页。

　　② 同上书，第7页。

（2）培养良好习惯，助学生打下扎实的自主学习基础。

学生自学能力的发展，必须以培养良好的学习习惯为基础。学校遵循学生学习规律，强化了三大习惯培养：一是课前自觉预习习惯；二是课堂主动学习习惯；三是课后独立作业习惯。为此，老师们编写了朗朗上口的学习好习惯童谣，从课前预习歌、课中学习歌、课后练习歌、阶段复习歌等四个环节，在低年级、中年级、高年级三个学段，就语文、数学、英语等多门学科，进行全方位全过程的覆盖（见表2）。

表2

年段	项目			
	课前预习歌	课中学习歌	课后练习歌	阶段复习歌
低年级	注音扩词轻声念，通读课文标小节。操作学具早备全，想想做做放整齐。录音跟读仿语调，发音纯正又清晰。	预备铃响静等候，认真听讲勤动脑。举手发言声音响，别人发言细听好。不甘落后表见解，一起学习心欢笑。	练习作业认真做，抓紧时间不能拖。挺胸端坐握笔正，一笔一画写清楚。反复检查少差错，卷面洁净榜样树。	复习功课有方法，读读背背牢记心。动手操作增理解，听说读写齐上阵。学过一段要回忆，经常重温经常新。
中年级	书声琅琅韵味足，划词查字写段意。细看例题尝试做，运算规律要默记。记词仿句练背诵，疑难之处做标识。	备齐用品讲效率，专心听讲学笔记。遇到疑难不放过，开动脑筋提问题。课堂活跃靠人人，发言表达有条理。	练习作业要按时，独立完成不抄袭。遇到难题多思考，做完自查纠错题。注意格式讲规范，书写正确才有益。	熟读成诵明意义，好词佳句积累勤。整理归纳用心记，错题汇集时提醒。持之以恒不松懈，日积月累终能成。
高年级	咬文嚼字明文意，质疑批注查资料。研究例题悟方法，举一反三学技巧。熟读例文记重点，围绕中心写作妙。	静心默读勤批注，要点难点多用功。共同研讨提问题，独立思考不从众。交流表达有见解，学习主动乐其中。	作业用心排干扰，集中精力有效率。巩固迁移重应用，拓展练习增能力。读书不只读课本，实践更能出真知。	归纳整理多比较，系统复习要走心。温故知新记忆深，考试成绩自然行。更重实践中活用，核心素养准提升。

学校将此作为学习的指导材料，组织学生诵读运用，有效地促进了学生良好学习习惯的养成（见表3）。

表 3

项目	认真听讲比（%）		主动提问比（%）		积极参与小组学习比（%）	
	中年级	高年级	中年级	高年级	中年级	高年级
前测	15.3	48.6	19.8	14.3	12.5	22.5
中测	46.4	71.5	40.5	53.6	47.5	86.3
后测	83.2	97.1	68.3	79.5	91.7	97.5

（3）层级考核制度，帮学生建立进步的自主学习阶梯。

根据学生自主学习问卷调查和后续访谈结果分析，学校重点从教师魅力、学生榜样、自主预习、习惯培养、课堂引导等五个方面，制定了引导学生自学的四级考核标准（见表 4），并在实验班试行，帮助学生搭建了自主学习的进步阶梯。

表 4

级数	一级	二级	三级	四级
教师魅力	初步认同任课教师，基本接受并投入到所教的学科学习中。	比较喜欢学科教师，由此喜欢其所教的学科，能较认真地投入学科学习之中。	非常喜欢学科教师，能充满热情地投入到其所教的学科学习之中。	崇拜学科教师，能积极主动探究其所教学科，包括课外探究学习。
学生榜样	有学习榜样，但行为上尚未主动向榜样学习。	有榜样，且能与榜样比较，知不足，开始用行动尝试弥补不足。	榜样深入人心，更多地向榜样看齐，取长补短。	因崇拜榜样，全方位接受榜样影响，积极进取，在学习上力争上游。
自主预习	能在老师的检查下，按照教师提示的方法尝试预习，效果一般。	在老师督促下，能按照教师指点的方法自主预习，效果较好。	能按照老师指点的目标自觉预习，开始形成适合自己的自主预习方法，效果好。	不需检查督促，能主动进行创造性的自主预习，效果出色。
良好习惯	上课开始能认真听讲，提出问题，尝试参与小组讨论。	比较主动地提问，不仅能认真听讲，还能认真标记，有秩序参与小组学习。	积极提问，专心听讲和标记，积极参与全班和小组讨论，发挥比较重要的作用。	积极主动思考、探究，善于听讲和标记，能组织同学合作研讨并解决有价值的问题。

续表

级数	一级	二级	三级	四级
课堂引导	以教师的教为主，教的过程中渗透学法，学生自学时间较少。	学生自主学习的时间逐渐增多，教师注重学法指导、点拨，引导学生有效学习。	教师的教逐渐减少，学生有一半及以上时间自主学习，注重学法迁移和练习反馈，举一反三，自学能力明显提升。	以学生自主学习为主，教师作精要点拨，学法不仅在课堂迁移，更迁移于课外，学生进行更多的个人或小组探究学习。

（4）编辑叶圣陶作品读本，为学生开发校本的自主学习课程。

随着课程改革的深入，为进一步引导学生自学，学校组织教师编写了适合小学生自主学习的叶圣陶作品导读——《风范长萦故园情》和《叶圣陶作品读本》。读本中每一篇作品后都列出了若干阅读思考题，引导学生将课内获得的知识经验和阅读方法运用于自学该读本，走向更加广阔的课外阅读和生活世界。

3."引导农村小学生自学层级递进教学"实验的初步成效

（1）实验班学生自主学习层级攀升，教学质量显著提高。

经过六年一个大循环的实验探索，实验班学生学习兴趣得到激发，良好学习习惯逐步养成，在不增加课业负担的前提下取得了优良的学习成绩。近年来在吴中区的小学毕业班统测中，实验班学生进步较大，自主学习层级显著提升（见表5）。

表5

项目	引导自学等级达标比例（%）							
	一级		二级		三级		四级	
学科	语文	数学	语文	数学	语文	数学	语文	数学
中测	12.8	20.4	74.1	62.5	8.5	10.6	4.6	6.5
后测	5.4	14.2	58.3	55.7	16.6	17.6	9.4	12.8

（2）形成一批善于引导自学的骨干教师，引领农村小学教师群体的专业发展。

在实验过程中，学校组织教师认真学习研究叶圣陶"教是为了不教"教育思想，大胆进行"引导自学层级递进教学"实践探索，形成了一批善于引导学生自学的骨干力量。先后有十多人开设市、区教改实验观摩课、示范课，多人获得区以上优秀课评比一等奖，120多篇有关实验的文章、案例在全国、省、市获奖或发表。学校实验教师团队被区教育局授予"吴中区优秀教师团队"称号。

（3）适应农村小学生的"引导学生自学层级递进教学"，得到有关专家的肯定和较大范围的推广。

这项实验初步构建的适应农村小学生的"引导学生自学层级递进教学"，得到了全国、省、市有关专家和领导的充分肯定，《人民日报》《中国教育报》和《中国新闻网》等报刊媒体对之进行了专门的介绍和报道。该实验获得了苏州市"教是为了不教"教改实验成果一等奖，学校被中国叶圣陶研究会命名为"叶圣陶教学思想实践基地"，被市教育局表彰为"苏州市'教是为了不教'教育教学改革示范学校"。作为实验学校，叶小先后多次承办了中国叶圣陶研究会、江苏省叶圣陶教育思想研究所举行的叶圣陶教育思想和"教是为了不教"教改实验研讨会，教改经验在较大范围内得到了进一步的交流和推广。

（二）昆山市新镇小学：
教育教学中引导小学生养成自主学习习惯

江苏省昆山市新镇小学是一所新中国成立时创办的乡镇中心校。水乡的灵秀、人文的传承，为学校累积了丰厚的文化底蕴。进入新世纪以来，学校把叶圣陶教育思想作为实施新课程改革、推进素质教育的思想引领，制定了"好习惯成就好人生"的校训。自2014年以来，在作者的指导下，学校参加了"教是为了不教"教改实验。随着实验的深入，学校确立并实施了"教育教学中引导小学生养成自主学习习惯"的教改实验目标和思路，旨在为小学生核心素养发展奠定根基、增强动能，让立德树人根本任务更好地在农村小学教育中、在小学生成长中落地生效。

1. 养成自主学习习惯：实践"教是为了不教"的本质要求

叶圣陶指出："教是为了不教。"所谓"不教"，往简单方面说，也就是要使学生"学会自学的本领，养成自学的习惯"。他强调："只知道捧着课本死记硬背是没有用处的，至多只能应付考试。学会了自学的本领，养成了自学的习惯，将来离开了学校，才能在工作和生活中不断地自我充实，自我修养，成为有益于人民的人，有益于社会的人。"[①]这也正是揭示了当代学校所应追求的与立德树人根本任务相一致并为之奠定基础的教育目的和价值。结合本校实际，深入学习领会叶圣陶"教是为了不教"教育思想，学校提出了"在教育教学过程中引导学生养成自主学习习惯"的教改实验假设。

（1）养成自主学习习惯是小学教育实践"教是为了不教"的本质要求。

学校教育的目的是使学生"学会自学的本领，养成自学的习惯"，从而"达到不需要教"。要实现这一目的，必须从小学抓起，从培养学生的自主学习习惯做起。自主学习习惯，是学生学习兴趣、态度、方法、能力等在他们自主学习行为上的整合和提升，是学生自主学习行为不断内生、发展、坚持、积累以至"习惯成自然"的结果。小学教育实践"教是为了不教"教育思想的本质要求，就在于引导学生养成自主学习习惯，并由此实现学生学业的真正进步和核心素养的发展，实现"教是为了不教"，把立德树人根本任务落到实处。

（2）教育教学特别是课堂教学是学校培养学生自主学习习惯的主要途径。

小学生的自主学习习惯，只能是在教师的引导和帮助下，在他们自己逐步展开的自主学习实践中得以养成。教育教学特别是课堂教学过程，是教师引导学生自主学习实践的基本途径。小学科学、系统、有效地培养学生自主学习习惯，应当而且可以主要通过教育教学，特别是课堂教学过程来实施。

---

① 叶至善、叶至美、叶至诚编：《叶圣陶集》（第十一卷），江苏教育出版社，2004，第347页。

2. 引导学生养成自主学习习惯的教学实验

依据上述理论假设，学校在实验中，把教育教学过程分为课堂教学和课外自学两大阶段，包括课前、课中、课后、课外四个环节，将引导学生养成自主学习习惯的教育目标和教学策略加以细化，并落到实处。

（1）课前：运用创设情境和符合学科特点的教育教学策略，培养学生预习教材、尝试探究的习惯。

这项实验在课前，注重创设情境、指点方法，引导学生预习教材，先行了解学习内容；独立思考，尝试探究相关问题，激发自主学习的内在动力。

语文学科唤起学生"乐学"，从三年级开始指导学生学会使用工具书，采用自主预习六步法（读课文正字音—标出课文小节号—描红课后生字—解释词语意思—感悟课文内容—思考质疑解疑）；数学学科诱导学生"活学"，开展口算两分钟、数学小论文、调查统计表等尝试自学活动；英语学科引发学生"趣学"，让学生学唱英文歌、开展"let me guess"或"follow me"等有趣的知识复习型游戏、自编情景剧等，在玩乐中进入英语的学习情境。体育学科则编写了预备口诀："课前预备很重要，穿好鞋子和衣服，取下校牌和硬物，提前到场来候课，整队做到快静齐，协助老师备器材，身体不适即告知。"这些口诀好记易懂，能培养学生良好的课堂常规行为，激发学生对体育运动的兴趣。

到了高年级，学校则以问题为导向，创设符合学生思维特点、知识基础的递进式问题，巧妙设计自主学习任务单，使学生逐步养成对教材自读了解—发现问题—运用已有知识经验探究问题的习惯。例如在教学《冬夜读书示子聿》前，教师在自主学习任务单中设计的预习任务：一是读一读，重点关注诗中一些字的音、形、意，想想应该怎么读、怎么写、怎么解释？如何正确朗读和了解课文？二是品一品，在诗歌的作者、创作背景、字词等方面，尝试比较这首诗与《示儿》有哪些异同？自己还有什么需要弄懂的问题？通过预习，学生自己实现了对这首诗的初步了解和领会，为课堂自主互动学习打下基础。

（2）课中：运用问题启发、相机诱导的教育教学策略，培养学生大胆质疑、共同讨论的习惯。

这项实验在课中，注重问题启发、相机诱导，引导学生大胆质疑、共同讨论，在这过程中勇于发表己见、认真倾听交流；同时加强活动体验、开展合作互助，让学生学会自主参与共同学习。

学校根据课程标准要求和学生认知水平，按低、中、高三个学段实施分层次培养自主学习习惯，使教学目标呈现出一定的层次性和阶段性。以语文为例，从三年级开始有意识地在课堂教学中培养学生质疑问难的自主学习习惯，并始终贯穿于中、高年级的教学。其中中年级，让学生边默读边学会在疑问处做标识，并在课堂教学中大胆提出自己的疑问；教师适时指导，教给学生发现问题和提出问题的方法，帮助学生积累提问的经验，提升提问质量。高年级，更多结合课文表达顺序的揣摩、表达方式的体会等，鼓励学生在课堂交流和讨论中各抒己见，敢于争论并不断修正偏差，取长补短，将课堂学习引向深入。

例如教学《鞋匠的儿子》一文时，学生预习中思考最多的是：林肯是一位伟大的总统，但题目为什么不是"伟大的总统"而是"鞋匠的儿子"？教师在课堂上抓住这一问题引导学生阅读课文，使之不仅感悟到林肯生而平等的价值观和他的人格魅力，而且关注到课文是如何通过典型事例记叙及其中人物语言等细节描写来表现林肯精神的。由此启发学生进一步思考：林肯一生跌宕起伏，经历丰富，可写的事例不计其数，为什么课文却只写了"上台演讲"和"维护统一"这两件事，并能由此让他的形象跃然纸上？这就将学生的阅读讨论引向了课文的立意、选材、表现手法和语言等更为深层的学习目标，取得了促进学生语文学科核心素养和自学能力发展的效果。

（3）课后：运用精要设计、辅导督促的教育教学策略，培养学生主动练习、温故知新的习惯。

这项实验在课后，注重通过精要设计、辅导督促，引导学生主动练习，按时独立完成作业，应用知识经验于问题解决和实际生活；温故知新，梳理复习所学东西，自主反思改进学习。

比如，当初用的苏教版语文六年级下册第二单元，共安排了《卢沟桥烽火》《半截蜡烛》《聂将军与日本小姑娘》三篇课文。这三篇课文在表达上有两个共同的特点：一是按照时间或事情发展的顺序写清事情的经过；二是抓住人物的语言、神态、动作进行一波三折的描写。教师组织学生借助自主学习任务单，开展小组合作探究和师生互动讨论，实行教、学、评结合，在此基础上进入单元综合练习和梳理归纳，从而使学生既对本单元所学的东西加以系统化、条理化，得到巩固和迁移，又学会归纳知识、温故知新，养成主动练习和自觉复习的良好习惯。

（4）课外：运用身教为要、适当指导的教育教学策略，培养学生自由阅读、自主实践的习惯。

这项实验在课外，注重教师身教、适当指导，引导学生自由阅读有益书籍，自主参与各种综合实践活动，养成自主成长的良好习惯。

学校以"在书香中遇见最美的自己"为阅读主题，分别确立各个学段学生的阅读主题：低年级以"绘本中启蒙"为主题，注重培养学生阅读能力与写话能力；中年级以"书香中浸润"为主题，注重培养学生阅读习惯与写作能力；高年级以"古文中明智"为主题，引导学生初步学会阅读文言文与了解传统文化。在每日全校阅读时间，采用"好书推荐""心得交流""名篇鉴赏""疑难讨论"等多种形式，指导学生读名著、读经典；在每周五师生共读时光，进行主题读书交流，开展"读说绘演写"相结合的活动。这些生动活泼的以阅读为主线的课外拓展性创新性语文综合学习活动，大大促进了学生自主学习兴趣和习惯的养成。

3.养成自主学习习惯教学实验的初步成效

（1）小学生自主学习习惯得到有效培养，促进了学生学业进步和全面发展。

在贯穿自主学习习惯培养的教学生活中，小学生体验得到更多的快乐、踏实和幸福，学生的自主学习兴趣明显提高，自我监控、自我指导、自我强化的学习品质得到培养，对"为什么学习""学习什么""如何学习"

等问题有了自觉意识，"想学"的愿望、"能学"的信心和"乐学"的体验得到强化，"会学"的方法、途径更为灵活、广泛，"志学"的决心、目标更加坚定、持久。近年来，在不占课、不超时、作业适量的情况下，学校语文、数学、英语学科的成绩在昆山市小学教学质量统一调研中名列前茅，参加全国、省、市各类活动竞赛获奖学生的比例持续上升。

（2）教师教育观念和教学方式实现自觉转变，促进了教师新的专业成长。

几年来，教育教学中引导小学生养成自主学习习惯的教改实验，有效地促进了教师的自我革新和专业成长。在这过程中，学校在发动全体教师共同参与研究的同时，重点组织语文、数学、英语、体育这四门学科教师进行实验攻关。通过这项实验，老师们进一步明确了培养学生自主学习习惯的重要性，改变了以往"满堂灌"的教育教学观念和模式，向引导学生自主学习、创新发展的改革方向迈出了坚实步伐，一支时代意识强、专业水平高、善于引导学生自学的骨干教师队伍逐步形成。

实验证明，新镇小学科学践行"教是为了不教"教育思想，在教育教学中引导学生养成自主学习习惯，为新时代义务教育尤其是农村小学教育落实立德树人探索了一条极具实践价值的有效路径。实验取得了显著成效，其经验成果《教学中培养自主学习习惯》2017年7月12日发表于《中国教育报》课程版，又在2021年4月11日全文转载于《中国社会科学网》"教育学·教育前沿"专栏。目前这项实验正在进一步走深走实。学校计划将结合义务教育新课程新教材，组织教师研究制定引导学生养成自主学习习惯的各学科实施纲要，并努力在教学实践中创造出丰富多彩的优秀课例，进一步为农村小学生自主学习和全面发展，成长为时代新人做出贡献。

（三）苏州工业园区文萃小学：
基于儿童生命成长的自主体验教学

苏州工业园区文萃小学是苏州国家级高新科技产业园区和最发达城区

一所非常年轻的现代化小学。学校从成立之日起，就自觉以叶圣陶教育思想指导教育实践。校园中心及其他重要位置的大石上镌刻着叶圣陶"启蒙"等题词。自 2014 年以来，学校踊跃参加了"苏州市'教是为了不教'教改实验"，成为第一批实验学校。在作者的指导下，文小守正创新，努力践行叶圣陶"教是为了不教"教育思想，坚持儿童为本，变革教育方式，探索构建"基于儿童生命成长的自主体验教学模式"，以切实提高小学教学育人效能，更好落实立德树人根本任务，办好人民满意的教育。

1. 自主体验：基于儿童的"为了不教"之教

叶圣陶指出："教是为了不教。"教育的根本目的和价值是育人，是培养学生成为"自觉的，自动的，发展的，创造的，社会的"现代人、现代公民。[①] 因此，让学生"光记住些什么是远远不够的。必得把某些精要的东西化为自身的血肉，养成永久的习惯，终身以之，永远实践，这才对于做人真有用处"[②]。

同时，他又指出，作为教育对象，儿童是"有生机的种子，本身具有萌发生长的机能"[③]。"儿童的天性本是注重事实的，欢喜自己去做的"[④]；儿童又固有文艺家的宇宙观，"以直觉、情感、想象为其生命的泉源"[⑤]。

本着叶圣陶"教是为了不教"教育思想关于教育目的价值与儿童生命本质辩证统一的理念，根据本校学生和教育实际，文萃小学形成了基于儿童生命成长的自主体验教学的教改实验假设：学校和教师致力于创设适合儿童自主学习实践的环境与活动，让学生沉浸其中，身体心悟，唤起强烈的探究动机和丰富的情感想象，内化、运用和创新课程蕴含的知识经验，促进主体精神、能力以至整个生命的自然成长，真正实现"教是为了不教"。

---

① 叶至善、叶至美、叶至诚编：《叶圣陶集》（第十一卷），江苏教育出版社，2004，第 37 页。

② 同上书，第 350 页。

③ 杜草甬、商金林编：《叶圣陶教育文集》，河南教育出版社，1989，第 331 页。

④ 叶至善、叶至美、叶至诚编：《叶圣陶集》（第十一卷），江苏教育出版社，2004，第 16 页。

⑤ 杜草甬、商金林编：《叶圣陶教育文集》，河南教育出版社，1989，第 40 页。

2. 自主体验教学的实验探索

依据这项实验的理论假设，按照小学课程特点和学生年龄特征，学校开辟了"体课前、体课堂、体课外"的"三体"模块，进行自主体验教学的实验探索。

（1）"体"课前：引导学生尝试先学、自发探求，在好奇中乐学。

"教是为了不教"的自主体验教学，在课前引导学生尝试先学、自发探求，让学生在对学习对象的好奇和学习活动的初步体验中产生乐学勤学的内在动力。

语文学科诱导"趣学"，主要采用自主预习六步法（读课文正字音—描红文中生字—解释词语意思—感悟课文内容—体会写作特点—思考质疑解疑），兼用经典每日诵读、楷体书法习字、班刊发表平台等辅助方法；数学学科激发"活学"，开展口算心算三分钟、生活数学小日记、专项调查统计单等尝试自学活动；英语学科游戏"乐学"，让学生自编情景剧、玩转英语口语角、一起作业网，在嬉乐中进入英语的学习情境……

为了引导学生尝试先学、自发探求，各学科在基础性课程内容和活动上，既做了拓展型的"加法"，又做了整合型的"减法"。例如语文学科的"新体验作文"，引导学生从课文的阅读体会拓展到自己的生活体验，力求在二者的结合中写出呈现独特生命色彩的习作。实验教师还根据各学段学生的生活和语文经验，把十二册课本中的习作安排进行系统的梳理和整合，从"校园、家庭、社会、自然"四个维度，构建了"校园槐花香""我的藏宝箱""赤脚大仙""快乐走班演讲""小小通讯员"等等备受学生喜爱、促进学生成长的"新体验作文"系列课程。

（2）"体"课堂：引导学生交流互学、探讨内化，在合作中会学。

"教是为了不教"的自主体验教学，在课堂里引导学生交流互学、探讨内化，让学生在师生互动合作中深化体验学习。这种带有文萃特色的课堂因体验丰富而活色生香，学生因体验深化而逐渐会学。

在自主体验的课堂教学实验中，各学科都进行了创新探索，作了多样化的模式构建。语文学科构建了"四环式"体验课堂教学，其过程和方式为：创设情境，生成体验；积极引领，丰富体验；积蓄情感，活动体验；延伸整合，升华体验。数学学科构建了"五步式"体验课堂教学，其过程和方式为：创设情境，进行质疑；提出问题，进行猜想；感知体验，进行探索；验证归纳，进行概括；练习应用，进行检测。英语学科构建了"互动式"体验课堂教学，其过程和方式为：任务感知，活动体验；示范讲解，练习应用；总结评价，自主交往。艺术学科构建了"四段式"体验课堂教学，其过程和方式为：情境设置、自主创意、活动体验、评价提升。体育学科构建了"循环式"体验课堂教学，其过程和方式为：尝试体验、示范辅导、练习提高。

（3）"体"课外：引导学生拓展自学、实践探究，在创新中活学。

"教是为了不教"的自主体验教学，重在课后和课外引导学生拓展自学、实践探究，在学科特色、校园文化、综合实践活动中让学生进一步体验创新学习和创造实践，焕发生命成长的活力。

一是开发学校本身的资源，引导学生进行丰富多彩的课后拓展自学活动。语文书香节上，漂流书籍阅读、拼音转转盘、字母宝宝书签、读书摘记手抄报、小作家自制一本书、舞台课本剧等活动，将读、写、用多维结合，书香浸润童心；数学数科节上，人体拼图变变变、爱心义卖我买卖、鸡蛋比拼撞地球、统计数据画图表、智慧国象心中算等活动，将数学、科学、美术、信息学科有机整合，知识充满童趣；双语节、艺术节上，英、美、音、体、科诸科融合，呈现国际化态势，英文卡拉 OK、儿童课本剧、英语爱心义卖等活动，让学生在玩转英语、创造艺术中边体验边学习。

二是利用社区社会的资源，组织学生进行广阔自由的课外探究实践活动。让学生带着课堂学习的问题，走进现实生活，在接触山川河流、园林建筑、社会人生中，拓展知识意义的体验和领悟；让学生运用体验学习的收获，解决实际问题，在小创造、小发明、观察预测天气、修理家庭简易装备等活动中，加强实践创造的体验和能力；让学生立足本土学习的基础，开展国际交流，在连线澳大利亚、研学新加坡的过程中，形成开放自主的体验和意识。

3. 自主体验教学中的师生成长

在自主体验教学的实验探索中，文萃小学组织教师边学习、边研究、边实践，取得了实现教育教学创新、促进学校师生成长的显著成效。

（1）营造课堂体验氛围，助力师生自主探究。

建校以来，学校一直自觉践行叶圣陶"教是为了不教"教育思想，努力推进"基于儿童生命成长的自主体验教学"实验，将"自主体验"的教育教学理念和要求扎实、深入地贯彻于课堂，体现于校园，融入于教师的日常工作和专业发展的全过程中。教师们围绕"自主体验教学"而不断学习、研究、实践、反思，自主申报了近 10 项与"自主体验教学"相关的省、市、区级课题，并取得了研究的成果与实效。学校"自主体验教学"实验研究的经验总结 2017 年 7 月 12 日发表在《中国教育报》课程版首篇位置，并于 2021 年 4 月 11 日全文转载在《中国社会科学网》"教育学·教育前沿"上。

不仅如此，而且学校还探索将学生自主体验学习与信息技术相融合，着力打造智慧课堂。借助江苏省教育信息化的相关课题，在有关专家的指导和实验骨干教师的带领下，校园内掀起了一个"微课程自主体验教学实验"的热潮。"自主学习任务单""微课程""电子书包"等创新实践，收到了引导学生自主体验学习教学的更大功效，进一步提升了学生的自学能力和学习质量，激发了教师的教改热情、专业自信和研究意识。学校教师几乎全员参与了国家、省、市和园区组织的各类微课程比赛，仅在苏州市"一师一优课"晒课活动中，学校一线教师 60 人，共晒出优秀课 54 节，晒课者占全校教师比例达到了 90%。不但如此，随着自主体验教学实践深入和义务教育新课程新教材实施，师生们正在合作共建具有鲜明校本特色的"自主体验课程"。

（2）创设校园体验场域，促进师生自主发展。

"自主体验学习"在融入课堂、活动时，也悄然改变着校园环境。英语读书角、快乐数学屋、移动发表台、书法办刊廊以及各班特色板报等等，均洋溢着"自主体验"的教育气息。各学科的特色"课前三分钟"，朗朗诗文诵读声、精打细算速算本、英语口语情景剧、每周一句黑板文化等，已经成为一道靓丽的校园风景，一种独特的文萃声音。学生在课间课后，欢呼雀跃于充满生机的校园；在上课预备铃响起时，无须老师督促便自觉进行各学科的各类体验活动。"情动于中而发于外"，正是有了"三体"学习，学生的人生体验和自学能力得到了较大的拓展，在全国各大报刊、杂志上，已发表文萃小学学生体验式作文超过 1000 篇，全校学生人均达到 2 篇左右。

如果说学生学习的进步是显性的话，那么学生良好习惯的养成则是潜移默化的。叶圣陶指出："教育是什么？往简单方面说，只须一句话，就是要养成良好的习惯。""基于儿童生命成长的自主体验教学"，在不加重学生课业负担的前提下提高了教学质量，更重要的是使学生养成了为其终身发展奠基的良好学习习惯，唤醒并增强了学生成长成人的生命自觉，为遵循儿童成长规律，有效落实立德树人，实现新时代教育高质量发展做出自己的贡献。

（四）苏州市沧浪实验小学：
实践"教是为了不教"的差异性自主学习教学

苏州市沧浪实验小学是一所有着深厚历史文化底蕴的苏州古城区百年老校。该校地处苏州大学和苏大附属第一医院本部，江苏省苏州中学、江苏省苏州十中、江苏省苏州一中和网师园、沧浪亭等世界文化遗产的精英文化圈内。为了适应施教区儿童发展和家庭、社会对小学优质教育的多样化需求，学校在作者的指导下，先后以"差异评价促进学生自主学习""差异性自主学习的教学实验"为项目，积极参加苏州市"教是为了不教"教改实验，组织教师深入研究实践叶圣陶"教是为了不教"教育思想，探索构建旨在提高新时代小学教学质量和育人效能的差异性自主学习教学模式，力求真正做到以儿童为本，尊重学生个体差异，充分发挥每个学生的学习主动性、自觉性和独立性，使其自学能力和各方面素质更好地得到自我成长，为落实立德树人，培养时代新人奠定基础。经过六年努力，这项实验取得了显著成效，获得了社会的广泛赞誉。

1. 差异性自主学习："教是为了不教"的实践之道

叶圣陶认为，"教是为了不教"。教育教学的目的，主要不是把现成的知识教给学生，而是引导学生自己学习，逐步学会自学的本领，以至离开学校和老师后，仍然能够适应社会发展和自我发展需要终身自学。而作为教育教学的对象，学生本来就不是被动接受知识灌输的"瓶子"，不是可用一个模子加工的"工业原料"，而是"跟种子一样，全都是有生命的，能自己发育自己成长的"，而且学生个体生命包括学习潜能又是千差万别的，"都有自己成长的规律"的。①

将叶圣陶"教是为了不教"教育思想的教育目的观与学生种子观相结合，沧浪实小在已有研究基础上，提出了差异性自主学习的教改实验假设：每个学生都是一个独特的生命个体。学生之间的个体差异，决定了他们学习的需要、潜能、方式，以至成长的规律、样子都是有所不同的。教育教学要真正有效地引导学生自主学习，培养学生自学能力，使其各自实现更好的发展，必须关注和尊重学生的个体差异，为千差万别的学生个体成长提供"充分的合适条件"，创设多样化自主学习情境，构建基于学生个体差异，提高立德树人实效的自主学习教学模式。

2. 差异性自主学习教学的实验探索

依据这项实验理论假设，学校在小学语文、数学、英语等学科进行了"五多"教改实验的系统设计和实施。实验对象为一到六年级的所有班级，涉及学生 2000 多名，教师 100 多人。

（1）多方案教学设计，创设情境。

针对学生学习经验和智能情感等方面的个体差异，学校组织教师创建了"差异性自主学习多种方案预设"教学设计模式。其设计项目，包括学生（即实验最主要的自变量）分析、教材分析、多种教学目标（含学生自学核心素养、学科知识能力和相关综合素质等指标）、教学内容、学习活

① 叶至善、叶至美、叶至诚编：《叶圣陶集》（第十一卷），江苏教育出版社，2004，第 344—345 页。

动、引导方法、反馈评价等等。教师在教学设计中，结合具体的课程教材，充分贯彻和运用差异性自主学习的基本教学策略，创设适合不同学生的多样化自主学习教学情境，尽可能激发每个学生内在的自主学习动力，促进每个学生"向自学方面不断进展"，为终身学习打下基础。

（2）多层次课前预习，尝试探究。

课前，教师根据多方案教学设计，针对学生不同的智能基础和学习特点，指导学生进行多层次自主预习。为了帮助学生有效地进行预习，各学科教师创建了具有本学科特色的"差异性自主学习课程预习"模板，指导不同学生确立自己的学习目标和内容，提供多层次的预习参考方案，为整课自主学习创造了良好的开端。例如有位老师在教学《三顾茅庐》一课时，就指导孩子们根据自己的情况来进行预习。基础一般的学生主要进行字、词、句的预习，掌握生词，读通课文，提出问题；而语文能力较强的学生，则可以将更多时间用于品味语言，针对文本进行质疑，并收集相关资料，了解课文背景，初步领悟文中的故事情节、人物描写和思想情感。

（3）多样性课堂学习，教学互动。

学校教师致力于在课堂中创设开放多样的学习情境，结合学生预习情况，建立一个师生互动、生生互动、小组合作、探究生成的学习型集体。采用小组合作、伙伴互助等学习方式，激发学生主动参与和构建学习活动；尝试在部分学科搭建网络差异性自主学习平台，为学生提供学科学习资源库；推荐学习菜单，让学生可以根据自己的特点进行选择性学习。实施过程中，根据学生学段的不同，低年级侧重于学习情境的创设，初步形成学习共同体；中年级强化学习互助的形式，让学生优势互补，共融共生；高年级学生基本形成自主学习的习惯和能力，能够明确自我学习的风格，充分激发自我潜能，逐渐学会自学。

（4）多选择自主练习，内化拓展。

课内外练习有助于学生自主学习的内化和拓展。教师在练习设计中，既精选基础性的"必练题"，又设置了适合不同学生的"选练题"，形成了菜单式的练习。学生可以根据个人的学习情况，有选择地进行针对性的练习；并且，由此引导学生逐步学会制订个性化的复习计划，提高自主学习的效果。教师在语、数、英学科进行差异化作业设计，从整体上，考虑学生不同学段特征，着力于练习内容的差异性和适切性。如语文学科，教师在低年级注重培养学生的阅读积极性，设计了阅读记录卡；中年级是由读到写的提升阶段，教师设计了集阅读、积累、感悟、习作于一身的梯度拓展作业；高年级重视读写能力的进一步发展，教师鼓励学生写阅读心得、生活随笔，定期组织交流。差异作业的设计不仅考虑学段差异，同时还兼顾学生个体差异，有些作业教师则干脆放手让学生根据自身情况自行设计。如一位教师在教学《认识图形》这一课后，设计了这样一项作业：请用你认识的图形组成一幅画，注明都是由哪些图形组成的，并给作品起一个你喜欢的名字。学生的作业新颖独特，花样百出。有的学生的作业是两只小白兔，有的设计出了未来的楼房，还有的想象并描画出各种用途的机器人，等等。凡此种种，很难让人想到这是孩子们的数学作业，那简直就是一幅幅富有童趣的美妙图画。

此外，练习的形式还可以是丰富多彩的课外活动，如综合实践活动、兴趣社团活动、"一体两艺"活动等等。学校还根据学生智能结构优化的需要和个性发展的内在需求，提供多样的学习内容，引领学生个体开展多元的自主学习。

（5）多元化学习评价，促进成长。

学校结合义务教育综合素质评价改革实验，尝试推行学业发展水平"炫彩"评价，促进每个学生的自主学习成长。"炫"凸显学生的评价主体地位，通过学生在学习过程中的自我觉醒、自我认同来实现自我完善与自我超越；"彩"字则指向评价的多重功能，以多元的色彩展现评价的多维视角，使评价的内涵更加丰富，面向不同学生，指标更加明晰，过程更加动感，结果更富有成长的意义。学校开发了低、中、高三个年级段的《炫彩评价手册》，以基础性评价、发展性评价、激励性评价、个性化评价、诊断性评价等多元评价方式，帮助学生认识自我、反思自我，唤醒学生生命成长的自觉。

3. 差异性自主学习教学实验的初步成效

（1）自主学习成长效能得到提升，促进了学生全面而有个性的发展。

差异性自主学习教学实验，为每一个学生按照自己的特点自主学习提供了良好的环境和条件。教师注重挖掘每个学生的潜能，让不同的学生有不同的自主学习目标和进程，不同的学生有不同的发展机会和体验。学生在教学活动中的主体性逐步得到落实，他们在课堂上更加大胆和自信地展现自我，这一点在后进生和性格内向的学生身上表现得更为明显。同时，实施以自主学习为核心的开放多元的学习评价，使每个学生都感受到了学习过程的盎然情趣，自主学习的满足愉悦。调查和测试表明，实验班学生的自主学习意识和能力都得到了显著的提升。在生源发生低重心变化的情况下，在不增加课业负担的前提下，由于增强了每个学生的学习主动性、自觉性和独立性，实验班语、数、英等学科成绩在区教学质量统一调研中名列前茅，并且在各级各类活动竞赛中获奖学生的比例也进一步上升。

（2）形成善于引导自学的骨干教师队伍，促进了教师的专业发展。

差异性自主学习教学实验，切实转变了教师的教育教学观念，提高了教师引导学生自主学习的能力。老师们以学生一段时间的学习成长经历为背景，去认真考量学生学业发展与进步的空间，将实验与教学无痕地渗透，紧密地相融，促进了自身的专业发展，形成了一支善于引导学生自学的优秀的骨干教师队伍。在实验过程中，有近十位老师在市、区教改实验研讨会上开设观摩课、示范课，多人获得苏州市优秀课评比和教改实验论文评选一等奖。郑碧珺等五位老师被表彰为"苏州市指导学生自学先进教师"。

（3）实验成果得到专家领导的充分肯定，促进了学校的内涵发展。

差异性自主学习教学模式的初步构建与教育成效，得到了教育行政部门和有关专家、媒体的充分肯定。这项实验成果，获得了苏州市教育局颁发的"苏州市'教是为了不教'教改实验成果一等奖"，学校被表彰为"苏州市'教是为了不教'教育教学改革示范学校"。近几年来，学校积极参与并承办了多次市、区叶圣陶教育思想和"教是为了不教"教改实验研讨会，本实验经验成果在较大范围得到了交流和推广。2016 年 7 月 6 日,《中国教育报》就曾以《尊重差异，发掘每个学生潜能》为题发表了学校关于该实验研究的经验总结。后来多年的实验进一步证明，科学践行叶圣陶"教是为了不教"教育思想，引导学生差异化、多样化、个性化自主学习和成长，确实能够切实提高新课程教学的育人效能，回应人民对美好生活的教育需求，能够在新时代促进这所苏州古城百年老校更好地落实立德树人根本任务，实现小学教育的高质量发展。

第十章

叶圣陶教育思想在新时代有效教学研究中的借鉴与发展 *

——新时代有效教学研究的理论构建

　　有效教学的研究由来已久。21 世纪初以来，我国新一轮基础教育课程改革兴起。在新课程的实施中，人们发现，素质教育和课程改革要真正落地，取得应有的成效，必须依靠学校教育教学改革的深化，依靠教学有效性的提高。有效教学研究因此广泛地开展起来。

　　进入新时代，有效教学研究在推进过程中，面临着如何适应时代、继承传统、基于实践进行创新发展的迫切问题。首先，新时代有效教学研究，必须在总体上适应新时代要求，认真学习习近平新时代中国特色社会主义思想包括关于教育的重要论述，贯彻党的十九大、二十大提出的基础教育改革发展目标，落实《中共中央国务院关于深化教育教学改革全面提高义务教育质量的意见》等文件精神。就具体方面而言，要结合国家义务教育课程教材改革、普通高中课程教材改革、教育评价机制改革和高考中考综合改革的新进展，关注信息化、人工智能等新技术变革和学习科学等新兴科学发展及其给教育教学带来的影响。同时，新时代有效教学研究还

---

　　* "新时代有效教学研究"后又称之为"新时代立德树人的有效教学研究"，是长三角基础教育一体化高质量发展项目之一。作者系该项目的特聘专家顾问。

要从本土教育实际出发，坚持文化自信，"坚持扎根中国大地办教育"[①]，继承发展中华优秀传统教育思想，包括我国现代著名教育家特别是叶圣陶的优秀教育思想。并且，新时代有效教学研究一定要基于实践。这里的"实践"，不是指从传统教育学方法论上理解的那种抽象的封闭的静态的教学过程和范畴，而是在整个中国社会与教育历史性变革进程中具体学校和教师自觉主动进行的鲜活的教学改革创新实践。在新时代党的创新理论和教育方针指引下，借鉴发展我国优秀传统教育思想特别是叶圣陶教育思想，系统设计和进行这样的实践探索，应该是新时代有效教学的主要研究路线与方法。只有整体把握上述三个要点，实现时代的、文化的、实践的自觉，才能推动有效教学理论创新发展，引领有效教学实践不断深入，努力形成新时代具有中国特色、符合科学规律、充满教育智慧的有效教学理论与实践。

一、以公平而有质量为有效教学改革愿景

党的十九大根据新时代我国社会主要矛盾、以人民为中心的发展思想和"两个一百年"奋斗目标，指出："建设教育强国是中华民族伟大复兴的基础工程"，要"办好人民满意的教育"。基础教育发展要"努力让每个孩子都能享有公平而有质量的教育"[②]。党的二十大进一步指出："教育是国之大计、党之大计。"要"坚持以人民为中心发展教育，加快建设高质量教育体系，发展素质教育，促进教育公平"[③]。

"坚持以人民为中心发展教育""努力让每个孩子都能享有公平而有质

---

① 吴昌、胡浩：《习近平在全国教育大会上强调　坚持中国特色社会主义教育发展道路　培养德智体美劳全面发展的社会主义建设者和接班人》，《人民日报》2018 年 9 月 11 日，第 1 版。

② 习近平：《决胜全面建成小康社会　夺取新时代中国特色社会主义伟大胜利——在中国共产党第十九次全国代表大会上的报告》，《人民日报》2017 年 10 月 28 日，第 1 版。

③ 习近平：《高举中国特色社会主义伟大旗帜　为全面建设社会主义现代化国家而团结奋斗——在中国共产党第二十次全国代表大会上的报告》，《人民日报》2022 年 10 月 26 日，第 1 版。

量的教育"，是新时代我国基础教育发展的根本价值整体目标，当然也应该成为新时代有效教学研究的改革愿景。

"坚持以人民为中心发展教育""努力让每个孩子都能享有公平而有质量的教育"，深蕴着中华优秀传统价值观、新民主主义教育价值观和以人民为中心的社会主义核心价值观的内在一致性，是中华民族全面建成小康、走向伟大复兴对基础教育的根本要求。

《礼记·礼运》曰："大道之行也，天下为公。选贤与能，讲信修睦，故人不独亲其亲，不独子其子，使老有所终，壮有所用，幼有所长，矜寡孤独废疾者皆有所养……是谓大同。"① 可见，中华民族自上古夏、商、周起，就形成了"为公""大同"的优秀价值观，只是在当时的奴隶社会和后来的封建社会以至半殖民地半封建社会都不可能实现古代圣贤的这一价值理想。

我国著名教育家叶圣陶曾经深刻指出："教育的本质的改革尤其紧要。教育要为全社会而设计，要为训练成对社会作点事的人而设计；教育决不能为挑选少数选手而设计，结果使这些选手光荣显耀，站在众人的头顶上，伸出手来，收受众人的供养。"②"教育要变，就得在精神上变，革除传统的教育精神，认定以老百姓为本位。学制与课程之类也不是不重要，然而精神不立，单就这些上讨论如何如何更改，就是舍本逐末，必然没有什么好处。对谁没有好处呢？对受教育的没有好处，对国家民族没有好处。"③ 叶圣陶的论述，可谓一针见血地指出了我国旧式教育的根本弊端及其严重危害，揭示了新民主主义和社会主义教育价值观相一致的教育为民以及教育公平与质量统一根本理念。

在当今基础教育改革发展中，有些人往往忘记了教育为民根本宗旨，把教育公平与教育质量、教育效率对立起来，认为少数学生成绩上去了，

---

① 胡平生、张萌译注：《礼记》（上册），中华书局，2017，第419页。
② 叶至善、叶至美、叶至诚编：《叶圣陶集》（第十二卷），江苏教育出版社，2004，第10页。
③ 同上书，第204页。

考了高分得了奖进了名校，就是"优质教育"，就是"有效教学"。对此，顾明远教授说得也颇有道理："教育公平与英才教育应是矛盾的统一。一方面，人的天赋是有差异的，教育应该因材施教，及早发现天赋聪颖的孩子加以培养，但天赋的差异也可以经过教育和个人的努力来弥补；另一方面，人的天赋不一定在幼年就能显现出来，天才是要在教育普及中脱颖而出的。"[①] 至于利用某些暂时的有利条件抢占教育资源，或者把逼出来的孩子成绩和特长作为择校和将来就业的"敲门砖"，那更是不可取的。

当前苏州等长三角主要城市的基础教育，与我国其他发达地区的大城市一样，正面临着外来人员子女不断增多和教育水平质量不断提高的新挑战新需求，面临着"因材施教"名义下争夺优质生源，以及校内"实验班""特长班""分层班"和校外"补习班""提优班""考级班"等种种现象的存在。

作为深化基础教育改革的重要项目，新时代有效教学研究，务必要坚持"以人民为中心发展教育"的思想，突破陈旧的教育观念和狭隘的利益藩篱，实行教育公平、教育普惠与教育质量、教育效益的辩证统一，把"努力让每个孩子都能享有公平而有质量的教育"作为新时代有效教学研究共同的改革愿景和基本的衡量标准，作为这一项目参与者共同的教育情怀和基本的行为准则，力求使之切实贯彻体现在区域与学校对这一项目的设计、实施、评估等各方面和全过程中，贯彻体现在广大教师的教育教学实践和全体学生的学习成长实效中，并且使其育人效益得到社会大众特别是普通老百姓的公认。这也是新时代我国社会发展和人民生活对基础教育改革发展的必然要求。

二、以落实立德树人为有效教学本质内涵

"有效教学"在不同的时代和不同性质的教育中具有不同的内涵，其

---

① 顾明远：《再论教育本质和教育价值观——纪念改革开放 40 周年》，《教育研究》2018 年第 5 期。

最根本的是对"有效"的理解和把握。教学追求什么样的"有效"？教学的效果、效益究竟是指什么？这关乎有效教学的价值取向和本质内涵。

新时代有效教学的价值取向和本质内涵，概括地说就是"立德树人"。

立德树人，是习近平新时代中国特色社会主义思想关于教育的重要观点。这一思想观点，自党的十八大以来，在习近平总书记一系列重要讲话中不断深入地得到阐述。在党的十九大报告中，他指出："要全面贯彻党的教育方针，落实立德树人根本任务，发展素质教育，推进教育公平，培养德智体美全面发展的社会主义建设者和接班人。"①在 2018 年 5 月 2 日北京大学师生座谈会上，他深刻指出："人才培养一定是育人和育才相统一的过程，而育人是本。人无德不立，育人的根本在于立德。……要把立德树人的成效作为检验学校一切工作的根本标准。"②在 2018 年 9 月 10 日召开的全国教育大会上，他更加明确地主张："要把立德树人融入思想道德教育、文化知识教育、社会实践教育各环节，贯穿基础教育、职业教育、高等教育各领域。学科体系、教学体系、教材体系、管理体系要围绕这个目标来设计，教师要围绕这个目标来教，学生要围绕这个目标来学。凡是不利于实现这个目标的做法都要坚决改过来。"③在党的二十大报告中，他进一步强调："培养什么人、怎样培养人、为谁培养人是教育的根本问题。育人的根本在于立德。全面贯彻党的教育方针，落实立德树人根本任务，培养德智体美劳全面发展的社会主义建设者和接班人。"④习近平总书记关于立德树人的重要思想，为新时代我国教育改革发展指明了根本方向和任务，当然也是为新时代有效教学研究指明了根本方向和任务。

---

① 习近平：《决胜全面建成小康社会　夺取新时代中国特色社会主义伟大胜利——在中国共产党第十九次全国代表大会上的报告》，《人民日报》2017 年 10 月 28 日，第 1 版。
② 习近平：《在北京大学师生座谈会上的讲话》，《人民日报》2018 年 5 月 3 日，第 2 版。
③ 吴昌、胡浩：《习近平在全国教育大会上强调　坚持中国特色社会主义教育发展道路　培养德智体美劳全面发展的社会主义建设者和接班人》，《人民日报》2018 年 9 月 11 日，第 1 版。
④ 习近平：《高举中国特色社会主义伟大旗帜　为全面建设社会主义现代化国家而团结奋斗——在中国共产党第二十次全国代表大会上的报告》，《人民日报》2022 年 10 月 26 日，第 1 版。

　　立德树人，也是中华优秀传统教育思想的文化精神，是我国教育改革发展的历史经验。《左传·襄公二十四年》写道："太上有立德，其次有立功，其次有立言，虽久不废，此之谓不朽。"[1] 这里提出了"三不朽"，即做人做事做学问，其中立德做人是首位，是根本。《礼记·大学》开宗明义："大学之道，在明明德，在亲民，在止于至善。""大学"即做人做事道理的学习，成人之学。这段话的意思是，大学的道理，在于使学习者自己内在的光明德性得以彰明；进而推己及人，让民众在道德上弃旧自新；以至使人和整个社会达到最完善的境界。

　　我国著名教育家叶圣陶在新的时代条件下，基于教育改革实践，自觉继承和发展中华优秀传统教育思想的这一精髓。他指出："学生上学，随俗地说是去读书，正确地说可不是去读书，是去受教育。""受教育的意义和目的是做人，做社会的够格的成员，做国家的够格的公民。"[2] "一切的知识根本就是道德"，在现代，"追求知识固然重要，尤其重要的却是问清楚追求的目标，必须使追求的结果增加德行的分量才好"[3]。在改革开放新时期之初，他曾经提出：社会主义现代化建设者，"不仅靠科技知能的高明，也得靠思想品德的纯正，意志操行的坚强"[4]。那时候曾经一度偏重传授知识、开发智力，认为这就是教育质量和效益。后来事实证明叶圣陶的见解是正确的。1989 年，邓小平在谈到改革开放十年的经验时指出："我们最近十年的发展是很好的。我们最大的失误是在教育方面。"[5] 其中的"教育"，就是指思想政治和道德教育。时至今日，这样的"失误"仍有发生，给予我们警示。总结新时期教育改革发展的基本经验，借鉴叶圣陶育人为

---

　　[1] 刘利、纪凌云译注：《左传》，中华书局，2007，第 199 页。

　　[2] 叶至善、叶至美、叶至诚编：《叶圣陶集》第十一卷，江苏教育出版社，2004，第 350 页。

　　[3] 叶至善、叶至美、叶至诚编：《叶圣陶集》第十二卷，江苏教育出版社，2004，第 289 页。

　　[4] 叶至善、叶至美、叶至诚编：《叶圣陶集》第十一卷，江苏教育出版社，2004，第 288 页。

　　[5] 中共中央文献编辑委员会编：《邓小平文选》第三卷，人民出版社，1993，第 290 页。

本和以德育人思想，充分说明教育务必要坚持习近平总书记所阐明的以立德树人为根本。

遵循习近平总书记关于教育的重要论述，借鉴优秀传统教育思想包括叶圣陶教育思想，吸取教育改革基本经验，以立德树人为有效教学本质内涵，就是要把立德树人作为"新时代有效教学研究"的根本目标，并且使之内在地融入、扎根、贯穿、落实在有效教学的各项研究任务与实践措施中。

（一）教学起点：注重学生研究

贯彻立德树人的思想，体现在作为教学起点的教师的研修和备课中，就是要由以往单纯的看教材教参，备教法答案，转向自觉地坚持育人为本、以德育人，将课程教材教法的研究与学生学习成长的研究相结合。尤其是要面向全体学生，注重关怀学生成长，探索学习规律，把脉学情变化。不但了解学生相关的学科知识基础，而且要尊重并研究作为完整生命个体和现实环境中成长的每个学生，熟悉学生个体的身心和人格发展特点，了解学生个体的不同学习经历、兴趣、态度、方法、习惯，以及家庭教养和父母的价值观等状况。以此为前提，为起点，为基础，进行育人为本、科学有效的教学设计、实施、调控和评价。

（二）教学目标：聚焦核心素养

核心素养，根据教育部 2017 年 1 月发布的《中国学生发展核心素养研究报告》，是指学生应具备的能够适应终身发展和社会发展需要的必备品格和关键能力。核心素养是人的能养成其他品格的基本品格，能形成其他能力的关键能力。这当然应该为有效教学目标所聚焦。就是说，有效教学目标，不能局限在某个知识点或某项技能上，更应集中指向在课程教材和教学过程中蕴涵的较之更为基本的品格和更为关键的能力，并且由此使每个学生真正有效地获取和掌握那些应有的具体知识和技能，包括在不断改革的考试中真实有效地得到那些必要的成绩，也即如叶圣陶所说的"真正有生命的五分"[①]，真正有生命自觉、生命投入、生命成长的"分数"，从根本上提高教学质量。

核心素养是立德树人本质内涵在学生发展与培养目标上的具体体现，是做人做事的基本品格和关键能力的辩证统一。教育部的研究报告为学生核心素养培养提供了基本理论框架，但由于它的全面性、普遍性、综合性、一般性，具有指导作用，而又不能简单、直接地照搬到特定学段学校学科的具体教学目标中来。义务教育道德与法治、语文、历史等科课程教材调整，特别是高中新课程标准的研制，给出了一些"学科核心素养"的目标，但似乎更关注学科关键能力，如何在立足学科视角和特点的同时，落实做人基本品格和综合能力的培养，落实学生核心素养发展需要的多学科、跨学科合作培养，还有待探索。所有这些，都恰恰给各级学校和各科教师在具体研制和实施聚焦核心素养的有效教学目标中充分发挥创造性，提供了很大的空间。

立德树人体现在有效教学的具体目标上，就是要求学校和教师在引导学生进行学科（课程）学习的过程中，不仅关注学生对具体知识、技能的掌握，更透视和聚焦蕴涵其中（包括学习过程中）的学生核心素养发展，研究和培养与特定学科（课程）教学相关联的学生做人做事的基本品格和关键能力（在基础教育阶段往往显著体现于学生在德智体美劳各方面的良好习惯），并且据以构建教学评价标准和机制，从而有效地发挥各学科（课程）教学在落实立德树人中的系统功能和独特效应。

（三）教学内容：优化课程教材

有效教学不仅仅是教学方法问题，在一定意义上说，教学内容的有效是更为重要的，也是教学方法有效的先决条件。并且，教学内容既要围绕教学目标来选择和构成，又是提出和表达教学目标的基础。在学校教学

---

① 叶至善、叶至美、叶至诚编：《叶圣陶集》第十一卷，江苏教育出版社，2004，第226页。

中，教学内容的主要来源和载体就是教材。课程教材是有效教学的重要凭借。叶圣陶曾经分析中小学生负担过重，教学质量和效率偏低的现象，认为其主要原因之一，是"教材未能尽善，还有些非必要非基本的东西，也就加重学生的负担"[①]。因此也削弱了教学本身的道德性。还有，就是各科课程教材往往具有独特而丰富、深刻的立德树人教育内涵和资源，"思想政治寓于各种功课和各种课外活动之中"[②]，但在实际教学中由于只注重知识、技能的传授和训练，而得不到应有的开发和利用。这两种情况，都涉及教师对教学本质的认识、课程教材的钻研和教学内容的组织。

经过这些年的改革，我们的课程教材不断得到改善。以立德树人为本质内涵的有效教学，必须从学生学习成长的需要和实际出发，深入研究课程教材，准确把握其中对于学生来说最必要最基本的东西，加以优化组织，增强教学本身的道德性，既减轻学生课业负担，又能让学生抓住精要的东西扎扎实实地学习和实践，并且学会举一反三，练成自己寻求知识和解决问题的关键能力。尤其是要深入研究课程教材，系统挖掘其中深刻的政治思想道德、优秀传统文化等教育内涵和资源，开发和构建更具育人价值的学科教学内容，从而让学生在学习实践中养成做人所必需的良好思想品德，真正实现教学立德树人的有效性。

（四）教学方式：引导自主学习

教学方式，作为教师进行实际教学活动的基本方法和形式，是在教学过程中落实教学目标、实现育人效益的关键环节。教学方式，通过对学生学习方式也即学生作为学习者生存方式的引导和示范，不仅直接影响学生学科知识、技能的获取和学习能力的发展，更会潜移默化地对学生整个人格的成长起到重要作用。

以立德树人为本质内涵的有效教学，在教学方式上，必须尊重学生的

① 叶至善、叶至美、叶至诚编：《叶圣陶集》（第十一卷），江苏教育出版社，2004，第219页。
② 同上书，第339页。

主体地位，注重学生的人格成长，在整个教学过程中实行引导学生自主学习的原则。

引导学生自主学习，围绕聚焦核心素养的教学目标，凭借优化课程教材的教学内容，在教学过程中着力激发学生内在的学习动力，指点学生适合的学习方法，引导每个学生养成自主的健康人格和良好的学习习惯，是落实立德树人、提高教育质量的教学规律和有效路径。

叶圣陶曾经总结教学改革经验，对引导学生自主学习教学方式的基本规律作了精辟的阐述。他指出，教育教学本质上是以学生自主学习成长为中心的"教师与学生的共同工作"，教师的引导固然关键，"可是主体究竟是学生"[1]。"各种学科的教学都一样，无非教师帮着学生学习的一串过程。"[2]"愤悱启发是一条规律；好比扶孩子走路，能放手时坚决放手是一条规律；养成良好习惯，直到终身由之的程度，是一条规律。"[3] 按照叶圣陶的论述，引导学生自主学习，应当遵循教育教学规律，在整个教学过程包括课前尝试自学、课中讨论指导、课后练习应用、课外拓展活动等一系列环节中具体生动地展开。这样的教学方式，才能有效地促进学生成长，落实立德树人。

引导学生自主学习作为基本的教学方式，需要根据一定的教学情境尤其是不同的学生，创造和采用多种多样有效的导学教学方法和师生活动形式，并且适当结合信息化、人工智能等新技术应用，吸取学习科学等新兴科学发展成果，不断探索新时代立德树人的教学创新之路。

三、以实现教为不教为有效教学目的境界

有效教学是旨在追求和提高教育效益的教学。教育效益有两种：一种

---

① 叶至善、叶至美、叶至诚编：《叶圣陶集》(第十三卷)，江苏教育出版社，2004，第 74 页。

② 叶至善、叶至美、叶至诚编：《叶圣陶集》(第十四卷)，江苏教育出版社，2004，第 162 页。

③ 杜草甬、商金林编：《叶圣陶教育文集》，河南教育出版社，1989，第 359 页。

是显性的有可能是眼前一时的效益，如一堂课所教知识技能的记忆、一次考试或竞赛的成绩等等；一种是潜在的不断生长乃至让学习者终身受用的效益，又叫效能。有效教学当然不排斥这两种效益兼有。但作为为学生终身学习、发展和做人奠定基础，为学生成长为能够担当民族复兴大任的时代新人奠定基础的教育，新时代基础教育的有效教学，更应当旨在追求什么样的效益呢？借鉴叶圣陶教育思想，我们的回答是："实现'不教'"。

"不教"是中华优秀传统教育思想和智慧的精髓之一。前文所引用孔子提出的"大学之道"，就有把教育的目的宗旨概括为做人道德的自我觉醒、自我修养、自我践行、自我革新、自我完善之意。老子说："人法地，地法天，天法道，道法自然。"①"是以圣人处无为之事，行不言之教。"②从而达到"无为而无不为"，受教育者"自化"（自我生长、自我化育）之境。③成书于战国末期的《吕氏春秋》在总结诸子有关思想的基础上，进一步倡导"不教之教，无言之诏"④。

在新的历史条件下，把中国古代的"不教"思想创造性转化和创新性发展成为"教是为了不教"这一具有鲜明中国特色和丰富科学内涵的现代教育思想，把"教是为了不教"作为中国教育教学如何实现现代性变革，并且面向未来科技进步和社会变革，从根本上提高育人质量和效益问题的总体性哲理性回答的，是著名教育家叶圣陶。叶圣陶早在五四运动前夕就指出："要使学生为'未来'作准备，当然不能只教给他们以往的成法和科学的结果，须知'成法'和'结果'是有限的，'未来'却是只顾进步没有穷尽的，所以最要紧的是引导他们练成能处置未来，进而使自己成为更高尚的人的动力。"⑤在"多变激变"的当代世界和中国，他进一步强调，各种教育机构和教师"在教育来学的人的同时，要特别注意引导他们知变，

---

① 汤漳平、王朝华译注：《老子》，中华书局，2014，第95页。
② 同上书，第8页。
③ 同上书，第138页。
④ 张双棣：《吕氏春秋译注》，北京大学出版社，2011，第540页。
⑤ 叶至善、叶至美、叶至诚编：《叶圣陶集》（第十一卷），江苏教育出版社，2004，第16页。

求变，善变，有所改革，有所创新：这就是引导他们自学"①。因此，叶圣陶总结中国自"五四"以来教育教学改革经验，创造性转化和创新性发展我国古代"不教"的教育思想智慧，提出了"教是为了不教"的精辟论断。他指出："我想，教任何功课，最终目的都在于达到不需要教。假如学生进入这样一种境界，能够自己去探索，自己去辨析，自己去历练，从而获得正确的知识和熟练的能力，岂不是就不需要教了吗？而学生所以要学要练，就为要进入这样的境界。""给指点，给讲说，却随时准备少指点，少讲说，最后做到不指点，不讲说。这好比牵着孩子的手教他学走路，却随时准备放手。我想，在这上头，教者可以下好多功夫。"②他并且指出："……像教小孩走路，一面要留心扶着他，一面要准备放手，先是放一点，到末了完全放手。各科教学工作和整个教育工作都如此。总括一句话，尽心尽力地教，目的在达到不需要教。学生真正不需要教了，这才是教学工作和教育工作的大成功。"③

根据叶圣陶"教是为了不教"教育思想及其研究成果，我们把实现"不教"作为有效教学研究追求的学生成长的"大成功"即最高效能，作为新时代有效教学的目的境界。

新时代有效教学研究以实现"不教"为学生成长效能和教育目的境界，具体包括三重涵义。

（一）实现"不教"——学生基本品格成长效能

按照叶圣陶"教是为了不教"思想，就是教育教学要引导每个学生在自主学习和实践中得到"人生必须是自觉的，自动的，发展的，创造的，社会的"新人生观，并"使学生养成这种种品德和习惯，以至于达到最高

---

① 叶至善、叶至美、叶至诚编:《叶圣陶集》(第十一卷)，江苏教育出版社，2004，第351页。

② 同上书，第263页。

③ 中央教育科学研究所编:《叶圣陶语文教育论集》(下册)，教育科学出版社，1980，第536页。

的高度"①，从而实现基础教育学生作为"新时代中国人"基本品格成长的效能。

（二）实现"不教"——学生关键能力成长效能

按照叶圣陶"教是为了不教"思想，就是教育教学要如同"导儿学步"，旨在让每个学生逐渐学会"独行"，做到"疑难能自决，是非能自辨，斗争能自奋，高精能自探"，练就"服务为人民，于国多贡献"的本领，②从而实现基础教育学生作为"新时代中国人"关键能力成长的效能。

（三）实现"不教"——学生主体精神成长效能

按照叶圣陶"教是为了不教"思想，就是归根结底教育教学要深刻反映当代世界变革发展和人的变化发展根本要求，聚焦培养每个学生具有自我教育即自学的精神和能力，使其将来能够离开教者，超越教者，终身学习、自强不息，适应变化、创新实践，自觉参与共建共享美好生活、民族复兴和世界大同，从而实现基础教育学生作为"新时代中国人"主体精神成长的效能。

由此可见，在新时代有效教学研究中，提出实现"不教"的目的境界，是将立德树人作为题中应有之义，完整地蕴含了其面向全体学生，以立德为根本，德性与智性、精神与实践、个体与社会辩证统一的"做人"的教育本质内涵的；而落实立德树人所要达到的境界和高度，也正是要使每个学生主体觉醒，自我教育，实现"不教"。二者角度不同而又内在一致。

总而言之，按照叶圣陶"教是为了不教"教育思想，新时代有效教学，应当是一个全面、逐步提高每个学生主体生命自觉和学习成长效能，使其不断实现由"受教育"到"自我教育"即"自学"，由"教"到"不教"前进和转化的过程。以实现"不教"作为有效教学的目的境界，就是要将

---

① 叶至善、叶至美、叶至诚编：《叶圣陶集》（第十一卷），江苏教育出版社，2004，第37页。

② 任苏民编著：《教育与人生——叶圣陶教育论著选读》，上海教育出版社，2004，第327页。

上述三重涵义实实在在地蕴含和体现在新时代有效教学的教育目标、教学过程和效益评价中，蕴含和体现在新时代基础教育的高质量发展中。

时任国务院总理温家宝曾经在国家科技教育领导小组会议上的讲话中指出："我一直信奉这样一句话：'教是为了不教'。不在于老师是一个多么伟大的数学家或文学家，而是老师能给学生以启蒙教育，教他们学会思考问题，然后用他们自己的创造思维去学习，终身去学习。"[1] 后来在政府工作报告征求教科文卫体界人士意见座谈会上的讲话中，他又更加明确地指出："素质教育可以用六个字概括——教是为了不教。这就是教育思想。"[2]

顾明远教授在《不言之教——读〈道德经〉有感》一文中指出："《道德经》曰：'不言之教，无为之益，天下希及之。'我想很切合现代教育理念。""叶圣陶先生曾经说过：'教为了不教'，与老子的说法基本一致。现代教育的一个特点，就是要从教转到学。教育不是教师施教于受教育者，而是学习者自己学习，亲身体悟。"[3]

袁振国教授在《未来教育对学习者的挑战》一文中指出："几十年前叶圣陶先生提出了'教是为了不教'的论断，让学生达到不教自教、自主学习的境界，才是教育的目的，也是教育的最高境界。"[4]

联合国教科文组织在《学会生存》这本教育名著中指出："未来的学校必须把教育的对象变成自己教育自己的主体。"[5]"我们今天把重点放在教育与学习过程的'自学'原则上，而不是放在传统教育学的教学原则上。"[6]

《大趋势》的作者、美国未来学家奈斯比特30多年前曾经预测人类进入 IT（信息技术）社会，现在又预测未来30年人类如何跟 AI（人工智能）

---

① 温家宝：《百年大计教育为本》，《人民日报》2009年1月5日，第2版。

② 张旭东：《"政府工作的中心是民生"——温家宝总理就政府工作报告征求教科文卫体界人士意见座谈会侧记》，《人民日报》2012月2日14日，第1版。

③ 顾明远：《不言之教——读〈道德经〉有感》，《光明日报》2013年10月16日，第14版。

④ 袁振国：《未来教育对学习者的挑战》，《中国教育报》2017年8月30日，第5版。

⑤ 联合国教科文组织国际教育发展委员会编著：《学会生存——教育世界的今天和明天》，华东师范大学比较教育研究所译，教育科学出版社，1996，第200页。

⑥ 同上书，第201页。

融合，他认为："可以肯定，学习能力将是未来人们更需要强调的，那些缺乏学习能力和学习意愿的人将面临困境。"①

毫无疑问，"教是为了不教"将是引领新时代有效教学走向未来的一个重要教育思想，也是中国特色现代教育教学理论创新发展的一个重要思想来源。

四、以教师自我革新为有效教学关键支撑

教师是学生人生学步的扶携者和引路人，是使整个教育教学获得真实生命和育人实效的关键主体。叶圣陶在论述教育教学改革时，特别强调了教师的这种主体作用。他指出："教育是附丽于人而后显示它的作用的。"②"在教育方面，什么学制、课程、训导纲要、教科书籍，比起教师来，都居于次要地位。"③"学生要学到一辈子自学的本领，教师的作用极关重要。教师不仅要授与学生以各科知识，尤其重要的在于启发学生，熏陶学生，让他们自己衷心乐意向求真崇善爱美的道路昂首前进。这是教师应尽的职责，也是教师伟大的功绩。"④进入新世纪以来，我国基础教育课程改革的实践反复证明，尽管有课程教材和管理的创新，尽管有教学环境和技术的变革，但是决定整个改革成功和有效与否，最关键的还是教师。

以立德树人为本质内涵、实现"不教"为目的境界的新时代有效教学，必然要更加以教师为关键，赋予新时代基础教育教师以新的使命职责。而要能真正担当立德树人的教育使命职责，取得实现"不教"的教学改革突破，教师必须进行自我革新。

---

① 张妮、彭泽锋：《专访〈大趋势〉作者奈斯比特夫妇：近十年，中国已成学习型社会》，《环球时报》2018年1月19日，第1版。
② 叶至善、叶至美、叶至诚编：《叶圣陶集》（第十一卷），江苏教育出版社，2004，第49页。
③ 叶至善、叶至美、叶至诚编：《叶圣陶集》（第十二卷），江苏教育出版社，2004，第235页。
④ 叶至善、叶至美、叶至诚编：《叶圣陶集》（第十一卷），江苏教育出版社，2004，第348页。

借鉴叶圣陶教育思想，把教师革新作为新时代有效教学的关键支撑，需要引领和促进广大教师进行三个层面的自我革新。

（一）教师转变：思想精神的自觉

教师的自我革新，前提在于教师观念的转变，也即唤起教师思想精神的自觉。叶圣陶指出："教育事业原是教师做的，教师不能只等旁人来'觉我'，要靠自己觉悟。……若是从'自觉'得来的，便灵心澈悟，即知即行。"[①]

新时代有效教学中教师思想精神的"自觉"，是教师认真学习习近平新时代中国特色社会主义思想，继承优秀传统教育思想，顺应时代变革和人的发展要求，自觉实现对教育价值与目的、对自身作用与使命的观念转变和"灵心澈悟"。叶圣陶指出："教师并非教书，而是教育学生。"[②] 现代教师与传统教师"是大有分别的"：传统教师只需教学生把书读通，能够去应考试，取功名；而现代教师"要使学生能做人，能做事，成为健全的公民"[③]。世界和我国发展进入新的历史时代，教师更要注重引导学生"学会自学的本领，养成自学的习惯"，使之"不断地自我充实，自我修养，成为有益于人民的人，有益于社会的人"[④]。新时代基础教育教师首先应当实现这种对时代与教育使命的自我觉醒。

新时代有效教学中教师思想精神的"自觉"，具体体现为教师对教育教学工作的理想追求、高度负责、认真谨严和满意体验的自我期许与"即知即行"。叶圣陶曾经这样现身说法：无论当小学、中学或大学教师，都要时时记着，在我面前的学生都是准备参加建国事业的人。要建国成功，必须参加各种事业的人个个够格，真的能够干他的事业。因此，"当一班学生毕业的时候，我要逐个逐个的审量一下：甲够格吗？乙够格吗？丙够

---

① 叶至善、叶至美、叶至诚编：《叶圣陶集》（第十一卷），江苏教育出版社，2004，第20页。
② 同上书，第357页。
③ 同上书，第133页。
④ 同上书，第347页。

格吗？……如果答案全是肯定的，我才对自己感到满意：因为我帮助学生总算没有错儿，我对于建国事业也贡献了我的心力"。[①] 归根到底，教师的这种"自觉"，是一种文化的自觉，教育精神的自觉，是师道之精髓，师魂之所在。新时代基础教育教师应当是一大批有灵魂有担当、投身改革、生气勃勃的新型教师。

（二）教师修研：自我教育的先行

教师的自我革新，基础在于教师自身的修研，也即做到教师自我教育的先行。叶圣陶指出：教育者"既然做教育工作，自己必须先受教育，而且要身体力行，才有可能使工作收到预期的效果"[②]。

新时代有效教学中教师自我教育的"先行"，要求教师必须首先是一个道德的自我修养者。叶圣陶反复强调，"当教师的人应当讲究修养"[③]，"遇到社会大转变的时代，修养尤其不能马虎"[④]。因为学生没有一种特别的本领，只从某一学科教师那里学某一学科，教育教学中影响、感染学生更加深刻更加重要的，往往是教师的人品和行为。以立德树人为本质内涵的新时代有效教学，更加要求教师首先要加强自身的道德修养。"教育者要明是非，辨善恶，有见必言，有言必践：即以此立身，同时也以此为教。"[⑤]在新时代深化改革开放的现实环境下，教师必须坚持社会主义核心价值观和道德行为准则，并且身体力行，将之具体体现在日常教育教学和教研生活中，体现在热爱学生、引导和帮助每个学生学习成长的一言一行中。教师一定要不断对照落实习近平总书记强调的师德要求："把教书育人和自我

---

① 叶至善、叶至美、叶至诚编：《叶圣陶集》（第十一卷），江苏教育出版社，2004，第140页。

② 叶圣陶：《在民进中央全会上的书面讲话（1987年6月2日）》，《叶圣陶年谱长编》（第四卷），人民教育出版社，2005，第607页。

③ 叶至善、叶至美、叶至诚编：《叶圣陶集》（第十一卷），江苏教育出版社，2004，第60页。

④ 叶至善、叶至美、叶至诚编：《叶圣陶集》（第十二卷），江苏教育出版社，2004，第288页。

⑤ 杜草甬、商金林编：《叶圣陶教育文集》，河南教育出版社，1989，第219页。

修养结合起来，做到以德立身、以德立学、以德施教。"①

新时代有效教学中教师自我教育的"先行"，要求教师必须首先是一个专业的自我研炼者。叶圣陶曾经指出，教师要引导学生得到一种真实明确的人生观，"自己就不可不先有一种真实明确的人生观"，为此，"又先要把关于这等问题的各门科学，如生物学、人类学、心理学、社会学、伦理学、论理学、哲学等等，下一番切实的研究功夫"②。教师要认识学生身心发展与教育教学规律，尽好自己的责任，就要对"生理学、心理学、教育学之类非钻研不可"。③当然，教师的研究不同于学者包括教育学或课程与教学论专家的研究。基础教育教师的研究，包括个体研修和集体教研等，应当主要是围绕自己所教学生和学科，紧密结合学生成长和课程教材，根据教育教学实践需要，针对教育教学现实问题开展研究。其结果，主要不是理论构建，而是基于教育教学规律把握的更加生动有效的教学目标、教学内容、教学方法、教学模式、教学设计、教学课例等等的实践构建。这种研究，实质上也正是教师的一种专业的自我研炼，是教师通过研究对自身专业素养和技能的修炼、丰富和提升。叶圣陶曾经说过，教师在研究和设计课程教学时，"看看参考资料，只能起辅助的作用。真的自力更生，还在于自己教育自己，培养真功夫"④。"唯有教师善读善写，乃能导引学生渐进于善读善写。"⑤教师不断进行这样的自我研炼，不断培养和提高自己的"真功夫"，才能为新时代有效教学提供有力的专业支撑。

（三）教师发展：善教善导的实践

教师的自我革新，旨归在于教师真实的发展，也即见诸教师"善教善

---

① 习近平：《在北京大学师生座谈会上的讲话》，《人民日报》2018年5月3日，第2版。
② 叶至善、叶至美、叶至诚编：《叶圣陶集》（第十一卷），江苏教育出版社，2004，第10—11页。
③ 同上书，第222页。
④ 叶至善编：《叶圣陶答教师的100封信》，开明出版社，1989，第87页。
⑤ 同上书，第28、30、87页。

导"①的实践。叶圣陶指出："尝谓教师教各种学科，其最终目的在达到不复需教，而学生能自为研索，自求解决。故教师之为教，不在全盘授予，而在相机诱导。必令学生运其才智，勤其练习，领悟之源广开，纯熟之功弥深，乃为善教者也。"②

新时代有效教学中教师的发展，是教师基于观念转变、自我修研，在对学生"善教善导"的教学实践中实现和验证的真实的发展。教师真实的发展，是教师自我革新的旨归，也是学生学习成长的关键。这种发展，不是教师脱离具体的师生教育与学习活动过程的纯粹自我或者另辟"捷径"的所谓"发展"，不是简单地等同于个人荣誉称号和高级职称的获取，而是教师在引导和促进学生自主学习、立德树人、实现"不教"的有效教学中，和学生一起成长的"教学相长"③，共同发展，共生效益。所谓"己欲立而立人，己欲达而达人"④，可以说是对教师发展德性本质的最好诠释。叶圣陶曾经说过："教师对儿童自然要担负帮助和指导的责任，但是教师自身也随时长进经验，随时有所创作有所进步。教学事业就是教师的社会生活，帮助和指导儿童就是他的'尽其所能'。"⑤他在谈到如何评价教师的教学水平时指出："参观老师教课，要看老师是不是善于启发学生，引导学生，要看效果如何，学生是不是真有所得：所以不能光看教师唱独脚戏。"⑥教师的发展，是同教师自觉尽其所能帮助和指导学生的教学生活密不可分，相随相生的。教师是否真正发展，主要就是看教师是否有"善教善导"的实践以及由此产生的学生学习成长的实效。

新时代有效教学中教师的发展，体现在教师"善教善导"的实践，主

　　① 商金林主编：《叶圣陶甪直文集》[1977年10月叶圣陶为甪直小学（前身为吴县第五高等小学，简称"五高"；今名苏州叶圣陶实验小学）题词]，人民教育出版社，2017，封页。

　　② 叶至善编：《叶圣陶答教师的100封信》，开明出版社，1989，第30页。

　　③ 胡平生、张萌译注：《礼记》（下册），中华书局，2017，第698页。

　　④ 徐志刚：《论语通译》，人民文学出版社，1997，第73页。

　　⑤ 叶至善、叶至美、叶至诚编：《叶圣陶集》（第十一卷），江苏教育出版社，2004，第42页。

　　⑥ 同上书，第357页。

要包括两个层面。一是教师善于将立德树人根本任务有机地贯彻于自己的教学实践。结合学生实际和课程教材，创造性地构建和实施以立德树人为本质内涵的教学目标、教学内容、教学方式、教学评价，有效地启发和引导学生自主学习，不断实现学生学业质量提高和核心素养发展。此之谓"善教"。二是教师善于将立德树人根本任务内在地转化为学生的自我教育。在教学过程中，更多样创设真实、直观的生活情境，让学生置身其间，自动探究、体验、历练，"使所学的东西融化在学生的思想、感情、行动里"[1]；更注重以身作则、为人师表，"教育者自己作出榜样来，让受教育者自动仿效"[2]，逐渐养成习惯，在立德树人的"不言之教"中，让学生如沐春风，潜移默化为他们的自我教育、自我成长。此之谓"善导"。"善教善导"即教师发展的最高境界，也是新时代有效教学的根本追求，就是让一代又一代中国学生自觉立德树人，达到"不需要教"。

---

[1] 叶至善、叶至美、叶至诚编：《叶圣陶集》(第十一卷)，江苏教育出版社，2004，第235页。

[2] 同上书，第328页。

附录一
江苏省叶圣陶教育思想研究所十年[*]

任苏民

　　叶圣陶是 20 世纪我国卓越的教育家，是中国现代文化教育的一代宗师。他自 1912 年初担任教师起，一生从事文化教育工作 76 个春秋，几乎亲历了 20 世纪中国社会变革发展各个时代和中华文明现代转型整个过程。在这过程中，作为杰出教育家的他，与同时作为新文化运动战士、著名文学家、编辑出版家、社会活动家和一个真正的"人"的他，实践、交往、修养、学问极其丰富而又融为一体，从而形成了博大精深、特色鲜明的叶圣陶教育思想。

　　对于叶圣陶教育思想的研究，随着我国进入改革开放和现代化建设新时期而兴起，已经有四十多年了。在此期间，作为叶圣陶的故乡苏州，尤其是苏州教育界一直自觉担当着叶圣陶教育思想研究的主角。特别是自 1990 年以来，苏州市不但承办了中国叶圣陶研究会的历次学术研讨会，而且先后主持"叶圣陶教育改革思想研究和实践""叶圣陶教育思想的文化底蕴和当代价值"等多项全国教育科学规划课题，组织广大教育工作者进

　　*　本文系作者受委托为苏州市教育局、江苏省叶圣陶教育思想研究所、江苏省苏州第一中学校联合选编的"叶圣陶教育思想精选读"丛书执笔撰写的总序，后经修改刊登于《叶圣陶研究年刊（2023 年）》，开明出版社 2023 年 12 月出刊，作为本书附录又有新的修改和补充。

行理论研究和实践探索，取得了丰硕成果，在全国产生积极影响，有力地推动了素质教育发展，促进了教育现代化。

正是在如此深厚的文化积淀基础上，经苏州市教育局申报，省教育厅批准，于2013年10月正式成立了江苏省叶圣陶教育思想研究所。

建所十年，江苏省叶圣陶教育思想研究所在新时代的背景和视野下，认真学习贯彻习近平新时代中国特色社会主义思想，坚持文化自信，以唯物史观和辩证法为方法论，致力于叶圣陶教育思想的时代化、学理化、实践化研究，推进其科学内涵、文化底蕴、时代价值、实践意义的深入探索和创新发展，在担当建设中华民族现代文明的教育使命中努力做出贡献，取得了一系列新的突破和成果。

在理论研究上，《叶圣陶教育思想的文化底蕴和当代价值》《叶圣陶"教是为了不教"的理论意蕴与现实意义》《立德树人背景下叶圣陶德育思想时代内涵探析》《"教是为了不教"教育思想的历史起源和发展》《论"教是为了不教"的科学内涵和理论体系》《叶圣陶教育思想与当代中国教师发展》《辩证认识叶圣陶语文教育观》《叶圣陶"养成良好习惯"教育思想新探》《新时代有效教学研究的理论构建——兼论叶圣陶教育思想在新时代的借鉴与发展》《试论叶圣陶教育思想里的"中国教育学"》《借鉴叶圣陶中国现代教师思想做新时代"四有"好老师》《为"有生机的种子"提供"充分的合适条件"——叶圣陶"教是为了不教"教育思想对西方早期现代教育理论的借鉴、转化、超越及启示》《开拓现代语文阅读教学改革之路》等20篇原创性论文在《教育研究》等国家教育核心期刊和《中国教育报》上发表，专著《叶圣陶教育思想研究》列入中国教育学会精选推出的"教育薪火书系·第一辑"（国内外大教育家教育思想研究专著），在山西人民出版社出版。这些成果，在全国产生了一定影响，对新时代叶圣陶教育思想研究与教育教学改革创新起到引领作用。

在实践探索上，精心策划并组织实施"中小学'教是为了不教'教育教学改革实验""江苏省教育科学规划叶圣陶教育思想研究专项课题""叶圣陶教育思想高级研修班"等三大项目，承办了"'素质教育在江苏——苏州专场'展示观摩活动"，组织了江苏省苏州第一中学、苏州叶圣陶实验小学等100多所中小学以及职业学校进行"'教是为了不教'教改实验"，举行了"苏州市'教是为了不教'教改实验成果评奖和示范学校表彰"，指导了200多项"江苏省教育科学'十二五'、'十三五'规划叶研专项课题"研究，举办了四期共300多名省、市骨干教师参加的"叶圣陶教育思想高级研修班"，编发了《叶圣陶教育思想研究成果新编》《苏州市"教是为了不教"教改实验成果选编》等资料。在持续、深入的实践探索中，《科学践行"教是为了不教"教育思想》《叶圣陶教育思想的传承与表达——基于江苏省苏州一中的校本实践研究》《叶圣陶"养成良好习惯"教育思想的创新实践和发展》《新课程新教材改革需要教师自我革新》等一系列区域与学校实践探索文章在《中国教育报》和《中国德育》《江苏教育研究》等全国、省级教育期刊上发表，编著和文集《语文名家名著选读》《教育叙事——像叶圣陶那样做老师》《为人生的教育——名家名师对话叶圣陶》在高校出版社出版，有效地促进了叶圣陶教育思想研究成果在各级各类学校和幼儿园的实践应用与区域推广，取得了显著的育人实效。

江苏省叶圣陶教育思想研究所建所十年，成绩斐然。这除了它自身的努力，也是跟叶圣陶母校江苏省苏州第一中学的鼎力支持分不开的。苏州一中不但作为省叶研所所在地，为之提供了良好的物质条件和研究资源，而且作为叶圣陶教育思想的自觉传承者和省叶研所工作的重要参与者，在校本实践研究中充分挖掘和利用本校优秀传统文化资源，形成了以叶圣陶教育思想为核心的办学特色，包括"教育为人生"的教育理念，"养成良好习惯"的德育实践，"教是为了不教"的课程教学，"像叶圣陶那样做老师"的教师发展等，尤其是在"教是为了不教"教改实验中取得显著成果，被评为"苏州市'教是为了不教'教育教学改革示范学校"，获得了江苏省教学成果一等奖和国家教学成果二等奖，对广大学校和教师创造性开展叶圣陶教育思想研究与实践起到示范和辐射作用。

在有关各方的支持和参与下，2020年，江苏省叶圣陶教育思想研究所总结本所"十三五"时期研究成果，参加省教育厅组织的教育科研成果评奖，获得了第五届江苏省教育科学优秀成果奖特等奖。

江苏省叶圣陶教育思想研究所建所十年，值得庆贺。为此，我们特地从叶圣陶教育思想的众多读本中精选了三本，统一编辑为丛书"叶圣陶教育思想精选读"，交由文汇出版社出版，以纪念这一时刻的到来。

"叶圣陶教育思想精选读"，包括商金林教授编的《教是为了达到不需要教》、任苏民老师编著的《教育与人生》和杨斌老师编的《如果我当教师》。商金林教授作为文史专家，长期从事叶圣陶研究，著述丰厚。他新编的《教是为了达到不需要教》，围绕叶圣陶教育思想精髓，设立"'受教材'并不等于'受教育'""语文是一门怎样的功课""把书中的经验化为自身的经验"等七个专题，从其所占有的叶圣陶各类教育著作第一手资料中广采相关片段，并各以若干关键词凸显要点，专题名称和关键词均出自这些原著片段，让人读了更有叶圣陶教育思想和话语源于生活中原创之感。任苏民老师作为教育科研工作者，长期从事叶圣陶教育思想研究。他于2002年编著、朱永新教授作跋的《教育与人生》，意在让广大教育工作者特别是教师能用较短时间直接感受和系统把握叶圣陶教育思想里的"中国教育学"，故按"教育总论""德育论""教学论""教师论"等六辑，精选叶圣陶各个时期各类教育代表作，组成理论逻辑与历史生成相统一的活的教育学读本，并撰写全书导言、每辑阅读提示和参考文献目录，以更好地实现本书目的。杨斌老师是苏州一中语文特级教师，多年进行叶圣陶教育思想研究。他2012年编的《如果我当教师》，着重从教师的视角，结合自己的研究思考，按"学校教育应当使受教育者一辈子受用""教育就是要养成良好习惯""教是为了达到不需要教"等叶圣陶教育思想基本观点分七个专辑，选编叶圣陶各类重要教育著作或其章节，并在每篇前引用其中要语作出提示，为广大教师学习研究叶圣陶教育思想提供有用的参考。

值此"叶圣陶教育思想精选读"即将付梓之际，我们要衷心感谢叶小沫女士和叶永和先生对本丛书出版、对苏州教育事业发展的大力支持！衷心感谢文汇出版社对本丛书的倾力打造！衷心感谢所有支持、帮助、参与和推动新时代叶圣陶教育思想研究的同仁和朋友们！

2023 年 9 月 10 日

于江苏省叶圣陶教育思想研究所

附录二

江苏省教育科学"十四五"规划叶圣陶教育思想研究专项课题指南

为了加强江苏省教育科学规划叶圣陶教育思想研究专项课题的研究与管理工作，提升新时代叶圣陶教育思想研究创新价值、科学水平和实践成效，江苏省叶圣陶教育思想研究所受江苏省教育科学规划领导小组办公室委托，特从教育整体研究、以德育人研究、课程教学研究、教师发展研究、语文教育研究等五个方面，拟定"十四五"时期省教育科学规划叶研专项课题的研究领域和要点，为新时代全省广大教育工作者进一步结合教育实践开展叶圣陶教育思想研究，提供具有方向性、思想性、创新性、实践性的选题参考。

一、教育整体研究

1. 叶圣陶教育思想在落实立德树人根本任务中的研究与发展

2. 新时代叶圣陶教育思想研究的方法论转变与创新性发展

3. 加快构建中国特色哲学社会科学背景下叶圣陶教育思想的创新探索

4. 叶圣陶教育改革观与新时代深化教育改革中的问题和对策研究

5. 叶圣陶教育思想对中华优秀传统教育思想的继承转化和发展创新

6. 借鉴叶圣陶教育思想发展素质教育的研究与实践

7. 叶圣陶"教育为人生"思想与课程体系改革和学校课程建设

8. 叶圣陶教育思想与学校文化建设和特色发展

9. 叶圣陶"培养合格公民"思想引领下的学校、家庭、社会相结合教育实践与研究

二、以德育人研究

10. 立德树人背景下叶圣陶德育思想的时代内涵与实践探索

11. 借鉴叶圣陶德育思想培育和践行社会主义核心价值观的实践研究

12. 改革开放环境下学生道德批判能力和自我教育能力的培养

13. 叶圣陶德育思想启示下的学校德育模式改革创新

14. 叶圣陶"养成良好习惯"教育思想的时代价值和科学内涵

15. 高校、中小学、幼儿园"养成良好习惯"教育目标和内容的细化与实施

16. "养成良好习惯"教育范式在学校教育中的变革意义与实践构建

17. 借鉴"养成良好习惯"教育思想探索落实立德树人有效途径的实践创新

三、课程教学研究

18. 新时代叶圣陶"教是为了不教"教育思想理论与实践的深化研究

19. 信息化智能化环境下引导学生自主创新学习的实践探索

20. 叶圣陶"教是为了不教"教育思想与聚焦核心素养发展的新课程改革

21. "教是为了不教"教育教学模式的实践构建与应用推广

22. "教是为了不教"教育思想引领下的课程教学改革与高质量发展

23. 基于"教是为了不教"教育思想的教研方式改革和教师专业发展

四、教师发展研究

24. 叶圣陶中国现代教师思想在深化教师队伍建设改革中的实践研究

25. 新时代叶圣陶教师发展自觉论的创新实践与研究

26. 叶圣陶为人师表高尚风范促进当代教师师德修养和人格提升的实

践研究

27.“像叶圣陶那样做老师”的行动研究和叙事研究

28.叶圣陶的教育实践、教育思想、教育精神与新时代教育家成长

五、语文教育研究

29.叶圣陶民族的科学的大众的语文教育思想与新时代语文教育改革

30.叶圣陶现代语文学科、课程、教材建设实践和理论研究

31.运用叶圣陶“自能读书”阅读教育理论深化阅读教学改革的实践研究

32.运用叶圣陶“修辞立诚”作文教育理论深化作文教学改革的实践研究

江苏省叶圣陶教育思想研究所拟定

任苏民

2020 年 12 月 1 日

附录三

开拓现代语文阅读教学改革之路 *

管贤强　任苏民

叶圣陶从 1912 年初开始做小学教师，一生从事教育工作将近 80 个春秋。他立足中华传统语文教育的变革实践，对语文教学特别是阅读教学进行长期、深入的改革探索，构建了现代语文阅读教学目标和模式，形成了具有中国特色的语文阅读教学思想，开拓了我国现代语文阅读教学改革之路。

以下，笔者就从三个方面探讨叶圣陶阅读教学思想的发展轨迹、主要内涵及其对现代语文阅读教学改革的启示和贡献。

一、现代语文阅读教学目标的确立

确立现代语文阅读教学目标，就是要摒弃旧式教育利禄主义的阅读教学目标。在叶圣陶看来，旧式教育是"守着利禄主义的：读书作文的目标在取得功名"[1]。这种读书是面向少数人的精英主义教育，也是利禄主义

＊ 本文发表于《中国教育报》2024 年 10 月 25 日，为纪念叶圣陶先生 130 周年诞辰而作，略有改动。《中国教育报》在"编者按"中指出：叶圣陶先生是著名的文学家、教育家、出版家和社会活动家，是新中国语文教育的奠基者之一。课程周刊特约请专家撰文，探讨叶圣陶相关教育思想的价值意蕴及其对今天教学改革的启示，以飨读者。本文作者分别系南京师范大学教师教育学院教育学博士、副教授，苏州大学教育学院教授、江苏省叶圣陶教育思想研究所所务委员兼研究室主任。

[1] 中央教育科学研究所编：《叶圣陶语文教育论集》（上册），教育科学出版社，1980，第 87 页。

的功利之教。在利禄主义和功利主义下，作文的反复练习、多次修改被视为"有用"的。阅读教学要有用，就需要为写作、为考试服务。这种阅读让学生学会了模仿迎合，是缺乏精神和灵魂的阅读、与情思涵养无关的阅读、与文化传承无关的阅读，也是与学生终身受用绝缘的阅读。

不同于利禄主义的阅读教学目标观，在叶圣陶看来，阅读教学具有独特的基础作用，它是写作教学的基础，还是各科学习的基础，更是学生今后工作生活、终身学习的基础。因此，培养学生适应终身阅读需要的阅读能力，帮助学生养成良好的阅读习惯，是阅读教学的主要目标。无论是他所言的"养成阅读书籍的习惯、培植欣赏文学的能力"[1]，还是他提及的"语文课程的'讲读'担负着三重任务"[2]"养成阅读习惯、培植阅读能力"，都是其阅读教学目标的核心内容。对于"养成习惯"与"培植能力"孰轻孰重，他更加看重"养成阅读习惯"。1949年，在谈及大一国文教学目标时，他阐释了缘由："历练到成了习惯，才算有了这种能力。"[3]"一贯的目的在养成阅读的好习惯，加强阅读能力，一辈子受用。"[4] 在他看来，"阅读习惯"是内容，"养"是手段，"成"是目的，养成习惯本质上便是帮助人们建立起一套具有积极意义的、自动运转的系统，让阅读成为日常习惯、生活方式和价值追求，这样就从外在的约束转变为内在的需求，实现阅读的自觉、阅读的自由。这里的阅读习惯，简单概括来讲，主要包括有效利用工具书、参考资料的习惯，善于看序文和目录的习惯，勤于下批加注、提要钩玄的习惯，善于做摘录和记笔记的习惯，敢于质疑问难、独立思考的习惯等。

---

① 叶至善、叶至美、叶至诚编：《叶圣陶集》（第十四卷），江苏教育出版社，2004，第4页。

② 叶至善、叶至美、叶至诚编：《叶圣陶集》（第十三卷），江苏教育出版社，2004，第109页。

③ 中央教育科学研究所编：《叶圣陶语文教育论集》（上册），教育科学出版社，1980，第206页。

④ 同上书，第207页。

二、现代语文阅读教学模式的构建

为了实现"养成阅读习惯、培植阅读能力"的阅读教学目标，这就需要发挥学生学习的主体性，发挥阅读教学引导学生独立阅读的本质功能。叶圣陶总结我国课程改革的实践经验，提出了精读指导和略读指导两种课型。无论是精读指导的"预习指导""课内讨论指导""练习指导"，还是略读的"读书前指导""组织学生阅读、参考、研究并做笔记""课内报告并讨论""读书成绩考查"，都内含课前尝试预习、课堂讨论交流、课后历练应用为主要环节的基本教学模式和结构。

第一，课前尝试自学。课前尝试自学，即预习。预习的本意是要让学生先自己读、自己思考。"他们动了天君，得到理解，当讨论的时候，见到自己的理解与讨论结果正相吻合，便有独创成功的快感；或者见到自己的理解与讨论结果不甚相合，就作比量短长的思索；并且预习的时候决不会没有困惑，困惑而没法解决，到讨论的时候就集中了追求解决的注意力。这种快感、思索与注意力，足以鼓动阅读的兴趣，增进阅读的效果，都有很高的价值。"[1] 在具体的操作方法上，预习不仅需要学生自主阅读、自主预习，还需要教师的引导。预习形式多种多样，可以通读课文来了解领会内容，可以通过查阅工具书来认识生字生语，可以通过做标记明确主要部分和有力部分，可以通过阅读参考资料、记笔记、提问题等加深对内容的理解。预习时间灵活多样，可以在课外进行，也可以在课堂进行。预习方式可以整单元进行，也可以按课文进行。教师的引导随时随机进行。为了激发预习动机，教师可以创设情境，诱导学生激发对特定新内容的求知欲和尝试心理；为了解决学生预习时茫然无从下手的问题，教师可以给学生预习提示和预习任务；为了帮助学生开展预习，教师应该划一个预习范围，提出一些问题，指点一下方法，进行检查督促，开展个别指导。经由自读引导，学生阅读的主动性得到了发挥，有利于阅读习惯的养成和阅

---

[1] 叶至善、叶至美、叶至诚编：《叶圣陶集》（第十四卷），江苏教育出版社，2004，第6页。

读能力的培植。

第二，课堂交流讨论。课堂交流讨论是集体的阅读，它不仅能对预习过程中个体阅读"纠正""补充"和"阐发"，还使得学生的阅读"涵咀得深，研讨得熟"①。学生在讨论交流中获得切磋琢磨的实益，这种获得感会有利于培养阅读习惯。在讨论交流的内容上，在叶圣陶看来，讨论交流议题应内含学习重点、学习难点、学习困惑、学习错误点。在《国文百八课》中，讨论交流关注文章学的相关内容，从内容和形式上进行探求。《文心》《精读指导举隅》和《略读指导举隅》中，讨论交流因文而异、因语体而异、因文体而异、因作者而异。以《文心》为例，在对温庭筠和辛弃疾两首《菩萨蛮》的讨论交流中，师生明确"温飞卿的一首似乎是以境为内容的，辛弃疾的一首似乎是以情为内容的"②。这些讨论交流题，难易适中、少而具体、角度多样、化大为小、从现象入手、抓住本质。

在讨论交流的方法上，叶圣陶认为，讨论交流要有准备、有规范、有指导，要与诵读感悟结合。讨论交流离不开积极的准备。这里的准备有观念准备，教师应摆脱重讲解的观念，发动学生的独立思考和独立阅读；这里的准备有预习准备，预习要充分；这里的准备还需要学生在平时具有讨论问题发表意见的习惯。讨论交流离不开规范。这里的规范要求学生能做到"听取人家的话，评判人家的话，用不多不少的话表白自己的意见，用平心静气的态度比勘自己的与人家的意见"③。这里的规范要求教师改变师讲生听的状态，让学生与学生、学生与教师多通道交流，彼此启发，每个人的思维都处在最活跃、最开放的状态，相互碰撞，相互补充。讨论交流离不开教师指导。其中，教师的角色是组织领导者、主持讨论者，是排列程序者、提出问题者，还是评判者和订正者，更是归纳讨论结果者、结束

---

① 叶至善、叶至美、叶至诚编：《叶圣陶集》（第十四卷），江苏教育出版社，2004，第99页。

② 叶至善、叶至美、叶至诚编：《叶圣陶集》（第十三卷），江苏教育出版社，2004，第384页。

③ 叶至善、叶至美、叶至诚编：《叶圣陶集》（第十四卷），江苏教育出版社，2004，第98页。

讨论者。教师的责任是"因势利导、把讨论引向深入，启发学生自求自索""凡是学生能干的事，教师不要越俎代庖。对于学生的纠正、补充、阐发，教师要加以确认或进一步说明"，"有错误给与纠正，有疏漏给与补充，有疑难给与阐明"[①]。教师的指导，特别是"讲"，要讲得客观，"就国文教学应有的观点说话"；要讲得简明，"简单扼要讲这么五分十分钟"；讲了要有总结，"发挥完毕的时候，给学生一个简明的提要"[②]；要讲得注意时机，"要在学生走不通的时候，才给他们扼要点明"[③]。讨论交流还要与诵读感悟结合。叶圣陶认为"唯有不忽略讨究，也不忽略吟诵，那才全而不偏"。吟诵对于讨论交流的意义在于："吟诵的时候，对于讨究所得的不仅理智地了解，而且亲切地体会，不知不觉之间，内容与理法化而为读者自己的东西了，这是最可贵的一种境界。"[④]

第三，课后练习应用。要让阅读成为一种习惯和生活方式，除了尝试学习和讨论交流外，还需要学生将阅读方法进行应用拓展，最终养成好的阅读习惯。在叶圣陶看来，练习应用有课内和课外之分，他最为重视的是课后的应用拓展，由五部分组成。其一，从普通文拓展为文艺文，是运用拓展阅读经验的过程。文艺鉴赏当然要从"透彻地了解语言文字入手"，但是更要了解字词中的意义和情味，这就需要在"生活中随时留意，得到真实的经验"，还要对语言文字具有"灵敏的感觉"[⑤]。其二，从精读拓展为略读，他以大人教孩子学走路作喻："学生从精读而略读，譬如孩子学走路，起初由大人扶着牵着，渐渐的大人把手放了，只在旁边遮拦着，替

---

① 叶至善、叶至美、叶至诚编：《叶圣陶集》（第十四卷），江苏教育出版社，2004，第 99 页。

② 同上。

③ 叶至善、叶至美、叶至诚编：《叶圣陶集》（第十三卷），江苏教育出版社，2004，第 192 页。

④ 叶至善、叶至美、叶至诚编：《叶圣陶集》（第十四卷），江苏教育出版社，2004，第 100 页。

⑤ 叶至善、叶至美、叶至诚编：《叶圣陶集》（第十卷），江苏教育出版社，2004，第 34 页。

他规定路向，防他偶或跌交。"① 其三，从篇章阅读拓展为整本书阅读。在《国文科之目的》（1932）中，他认为："要养成阅读能力，非课外多看书籍不可。课本只是举出些例子，以便指示、说明而已。"② 其四，从语文学科阅读拓展为跨学科阅读。科内教材"有定量，虽足使儿童感兴趣，尚不能厌足"，日常生活中的阅读是跨学科阅读，"此等书籍，但须泛览，不必精读。然足以补充，可为参考，功用很大"③。其五，从书本阅读拓展为生活阅读。"在课内，阅读的是国文教本。那用意是让学生在阅读教本的当儿，培养阅读能力。凭了这一份能力，应该再阅读其他的书，以及报纸杂志等等。这才可以使阅读能力越来越强。"④

叶圣陶现代语文阅读教学模式的构建，摈弃了旧式教育中讲解主义的阅读教学模式。讲解主义的阅读教学模式，其方式为"逐句逐句地讲"⑤，其结果是完全否定了学生的阅读主体地位，代替了学生亲身经历、主动探究的阅读。学生在阅读教学中"若不参考，分析，比较，演绎，归纳，涵泳，体味，哪里会'真知'读？哪里会'真能'读？"⑥ 在这一讲一听之间，学生是不可能真正学会阅读，养成阅读习惯，获得切合生活实际的真知真能的。

三、现代语文阅读教学思想的发展

当前，探索基于核心素养的阅读教学，需要继承和发展以叶圣陶为代表的著名教育家的阅读教学思想，重新发现叶圣陶阅读教学思想对我国当代语文教学改革的重要指导意义。

从阅读教学目标看，叶圣陶处在新旧教育的变局中，他试图突破利禄

---

① 叶至善、叶至美、叶至诚编：《叶圣陶集》（第十四卷），江苏教育出版社，2004，第 162 页。
② 叶至善、叶至美、叶至诚编：《叶圣陶集》（第十三卷），江苏教育出版社，2004，第 30 页。
③ 同上书，第 13 页。
④ 同上书，第 121 页。
⑤ 同上书，第 171 页。
⑥ 中央教育科学研究所编：《叶圣陶语文教育论集》（上册），教育科学出版社，1980，第 89 页。

主义和功利主义的阅读教学思维模式，力图培养独立的阅读者、适应社会的阅读者、终身的阅读者。当下，站在未来数字化智能化变革的门槛上，阅读教学需要进一步突破"考试中心""分数中心"的功利主义阅读教学思维模式，重新思考我们需要培养何种阅读者。在语文课程改革中，我们应让学生"学会运用多种阅读方法，具有独立阅读能力"[①]"喜欢阅读，感受阅读的乐趣"[②]；"通过阅读、比较、推断、质疑、讨论等方式""养成勤学好问的习惯"[③]。不难看出，优秀的阅读者当然是独立的阅读者、适应社会的阅读者、终身的阅读者，还是乐于阅读者、主动阅读者、流畅阅读者、深度阅读者和创新阅读者。这些观点，既有对叶圣陶阅读教育思想的继承，也有发展。

从阅读教学方法看，叶圣陶突破逐字逐句的讲解方式，构建了"尝试自学—交流讨论—练习应用"的现代阅读教学模式，使得阅读教学呈现崭新面貌。就教师、阅读内容、学生三者关系看，其阅读教学思想倡导学生基于自己的独立阅读、预先学习，带着对阅读内容的思考、疑惑和见解走向课堂、走向教师，让教学成为师生讨论交流的对话互动空间。就阅读教学的教与学关系看，尝试学习注重学生先学，顺势指导，注重教师的后教，这样的阅读教学是先学后教、以学定教、多学少教的阅读教学。就阅读教学的师生关系看，更加注重从教师的讲授转变为学生独立阅读，把教转化为引导和帮助学生学，真正实现"教是为了达到不需要教"的理念。就阅读教学的生生关系看，注重学生的独立学习，更注重合作性学习。在讨论与交流中实现认识的深刻、思维的活跃、激发彼此的灵感、碰撞新颖的观点，实现阅读收益的增值。就阅读教学的课内和课外关系看，打开了阅读教学的场域，这为略读、整本书阅读、跨学科阅读、生活阅读、自由阅读等提供了多种可能，也为阅读习惯的养成、阅读能力的培养提供了练

---

① 中华人民共和国教育部制定：《义务教育语文课程标准》（2022 年版），北京师范大学出版社，2022，第 6 页。
② 同上书，第 7 页。
③ 同上书，第 29 页。

习的机会。总之，叶圣陶的语文阅读教学思想，对核心素养下的阅读教学变革具有重要的指导价值。当下的语文课程改革中，无论是整本书阅读、跨学科学习，还是教读、自读，都可以从叶圣陶的阅读教学思想中获得深刻的启示。

当前，阅读教学中的"应试主义"和"反复讲解"的现象仍然屡见不鲜。如何让学生获得"真知真能"？叶圣陶的阅读教学思想，有其长久的生命力。把阅读的权利、学习的权利让给学生，激发学生阅读学习的兴趣，培养学生阅读的能力，引导学生自主阅读、生活阅读、跨学科阅读、整本书阅读，这些也是语文课程核心素养培育的题中应有之义。

主要参考文献

［1］叶至善、叶至美、叶至诚编.叶圣陶集（二十六卷）［M］.南京：江苏教育出版社，2004.

［2］中央教育科学研究所编.叶圣陶语文教育论集（上、下册）［M］.北京：教育科学出版社，1980.

［3］杜草甬、商金林编.叶圣陶教育文集［M］.郑州：河南教育出版社，1989.

［4］叶至善编.叶圣陶答教师的100封信［M］.北京：开明出版社，1989.

［5］刘国正主编.叶圣陶教育文集（五卷）［M］.北京：人民教育出版社，1994.

［6］叶至善.父亲的希望［M］.北京：中国青年出版社，2000.

［7］叶至善.父亲长长的一生［M］.南京：江苏教育出版社，2004.

［8］陈辽.叶圣陶传记［M］.南京：江苏教育出版社，1986.

［9］商金林编.叶圣陶年谱［M］.南京：江苏教育出版社，1986.

［10］商金林.叶圣陶传论［M］.合肥：安徽教育出版社，1995.

［11］商金林.叶圣陶年谱长编［M］.北京：人民教育出版社，2004.

［12］商金林.叶圣陶全传［M］.北京：人民教育出版社，2014.

［13］中共中央马克思恩格斯列宁斯大林著作编译局编译.马克思恩格斯选集（四卷）［M］.北京：人民出版社，1972.

［14］中共中央马克思恩格斯列宁斯大林著作编译局编译.马克思恩格斯全集（第四十二卷）［M］.北京：人民出版社，1979.

［15］中共中央文献编辑委员会编.毛泽东选集（四卷）［M］.北京：人民出版社，1991.

［16］中共中央文献编辑委员会编.邓小平文选（第三卷）［M］.北京：人民出版社，1993.

［17］江泽民.在庆祝北京师范大学建校一百周年大会上的讲话［N］.人民日报，2002-09-09.

［18］习近平.决胜全面建成小康社会　夺取新时代中国特色社会主义伟大胜利——在中国共产党第十九次全国代表大会上的报告［N］.人民日报，2017-10-28.

［19］习近平.高举中国特色社会主义伟大旗帜　为全面建设社会主义现代化国家而团结奋斗——在中国共产党第二十次全国代表大会上的报告［N］.人民日报，2022-10-26.

［20］习近平.在哲学社会科学工作座谈会上的讲话［N］.人民日报，2016-05-19.

［21］习近平在文化传承发展座谈会上强调　担负起新的文化使命　努力建设中华民族现代文明［N］.人民日报，2023-06-03.

［22］习近平.从小积极培育和践行社会主义核心价值观——在北京市海淀区民族小学主持召开座谈会时的讲话［N］.人民日报，2014-05-03.

［23］习近平.做党和人民满意的好老师——同北京师范大学师生代表座谈时的讲话［N］.人民日报，2014-09-10.

［24］习近平在北京市八一学校考察时强调　全面贯彻落实党的教育方针　努力把我国基础教育越办越好［N］.人民日报，2016-09-10.

［25］习近平.在北京大学师生座谈会上的讲话［N］.人民日报，2018-05-03.

［26］习近平在全国教育大会上强调　坚持中国特色社会主义教育发展道路　培养德智体美劳全面发展的社会主义建设者和接班人［N］.人民日报，2018-09-11.

［27］习近平在中共中央政治局第五次集体学习时强调　加快建设教育强国　为中华民族伟大复兴提供有力支撑［N］.人民日报，2023-05-30.

［28］习近平.习近平致全国优秀教师代表的信［N］.人民日报 2023-09-10.

［29］习近平.扎实推动教育强国建设［J］.求是，2023（18）.

［30］习近平在全国教育大会上强调：紧紧围绕立德树人根本任务　朝着建成教育强

国战略目标扎实迈进［N］. 人民日报，2024-09-11.

［31］中共中央国务院印发. 中国教育改革和发展纲要［N］. 人民日报，1993-02-13.

［32］中共中央国务院关于深化教育改革全面推进素质教育的决定［N］. 人民日报，
1999-06-13.

［33］中共中央国务院印发. 国家中长期教育改革和发展规划纲要（2010—2020）［N］.
人民日报，2010-07-29.

［34］中共中央国务院关于全面深化新时代教师队伍建设改革的意见［N］. 人民日报，
2018-01-20.

［35］中共中央国务院印发. 中国教育现代化2035［N］. 人民日报，2019-02-24.

［36］中共中央国务院关于深化教育教学改革全面提高义务教育质量的意见［N］. 人
民日报，2019-07-09.

［37］温家宝. 百年大计教育为本［N］. 人民日报，2009-01-05.

［38］温家宝. 教育大计教师为本［N］. 人民日报，2009-10-12.

［39］"政府工作的中心是民生"——温家宝总理就政府工作报告征求教科文卫体界
人士意见座谈会侧记［N］. 人民日报，2012-02-14.

［40］温家宝谈教育［M］. 北京：人民出版社、人民教育出版社，2013.

［41］陈独秀. 敬告青年［J］. 青年杂志，1915（1）.

［42］鲁迅（署名唐俟）. 我们现在怎样做父亲［J］. 新青年，1919（6）.

［43］陶行知. 陶行知文集［M］. 南京：江苏教育出版社，1991.

［44］杨天才、张善文译注. 周易［M］. 北京：中华书局，2011.

［45］汤漳平、王朝华译注. 老子［M］. 北京：中华书局，2014.

［46］徐志刚译注. 论语通译［M］. 北京：人民文学出版社，1997.

［47］胡平生、张萌译注. 礼记（上、下册）［M］. 北京：中华书局，2017.

［48］杨伯峻、杨逢杉译注. 孟子［M］. 长沙：岳麓书社，2016.

［49］方勇译注. 庄子［M］. 北京：中华书局，2010.

［50］张晚林导读注译. 荀子［M］. 长沙：岳麓书社，2019.

［51］刘利、纪凌云译注. 左传［M］. 北京：中华书局，2007.

［52］张双棣译注. 吕氏春秋译注［M］. 北京：北京大学出版社，2011.

［53］南京大学中文系等编写.中国古代文学作品选［M］.南京：江苏人民出版社，
　　1979.

［54］郭齐家.中国教育思想史［M］.北京：教育科学出版社，1987.

［55］张惠芬、金忠明编著.中国教育简史［M］.上海：华东师范大学出版社，1995.

［56］北京师范大学历史系中国现代史教研室编.中国现代史［M］.北京：北京师范
　　大学出版社，1983.

［57］张隆华、曾仲珊.中国古代语文教育史［M］.成都：四川教育出版社，1995.

［58］李杏保、顾黄初.中国现代语文教育史［M］.成都：四川教育出版社，1997.

［59］［美］约翰·杜威.民主主义与教育［M］.王承绪，译.北京：人民教育出版社，
　　2001.

［60］涂诗万、张斌贤《民主主义与教育》在中国的早期传播［J］.教育研究，2016(6).

［61］黄济、王晓燕.历史经验与教学改革——兼评凯洛夫《教育学》的教学理论［J］.
　　教育研究，2011（4）.

［62］［苏］B. A.苏霍姆林斯基.给教师的建议［M］.杜殿坤，编译.北京：教育科
　　学出版社，1984.

［63］［英］洛克.教育漫话［M］.傅任敢，译.北京：人民教育出版社，1985.

［64］［日］日本筑波大学教育学研究会编.现代教育学基础［M］.钟启泉，译.上海：
　　上海教育出版社，1986.

［65］王天一、夏之莲、朱美玉编著.外国教育史（上、下册）［M］.北京：北京师
　　范大学出版社，1985.

［66］［法］保尔·朗格朗.终身教育引论［M］.周南照、陈树清，译.北京：中国对
　　外翻译出版公司，1985.

［67］联合国教科文组织国际教育发展委员会编著.学会生存——教育世界的今天和
　　明天［M］.华东师范大学比较教育研究所，译.北京：教育科学出版社，1996.

［68］王一兵译.学会关心：21世纪的教育——圆桌会议报告［J］.教育研究，1990(7).

［69］联合国教科文组织.教育——财富蕴藏其中（白雅克·德洛尔任主席的国际21
　　世纪教育委员会向联合国教科文组织提交的报告）［M］.北京：教育科学出版社，
　　1996.

［70］刘福森．马克思实现的哲学变革的实质——兼论马克思哲学的总体性质［N］．光明日报，2007-01-23（理论版）．

［71］李捷．从建设新民主主义文化到建设中华民族现代文明［N］．光明日报，2023-06-23（理论版）．

［72］杨耕．重新理解唯物主义的历史形态及其革命性变革［J］．中国社会科学，2016（11）．

［73］顾明远．马克思论个人的全面发展——纪念《资本论》发表100周年［J］．教育研究，2017（8）．

［74］顾明远．再论教育本质和教育价值观——纪念改革开放40周年［J］．教育研究，2018（5）．

［75］叶澜．中国哲学传统中的教育精神与智慧［J］．教育研究，2018（6）．

［76］中国教育科学研究院课题组．中国教育学论纲［J］．教育研究，2023（4）．

［77］本刊编辑部．从"新基础教育"到"生命·实践"教育学——叶澜教授访谈录［J］．教育研究，2024（5）．

［78］林崇德．21世纪学生发展核心素养研究［M］．北京：北京师范大学出版社，2016．

［79］中华人民共和国教育部制定．普通高中课程方案（2017年版）［M］．北京：人民教育出版社，2018．

［80］中华人民共和国教育部制定．普通高中语文课程标准（2017年版）［M］．北京：人民教育出版社，2018．

［81］中华人民共和国教育部制定．义务教育课程方案（2022年版）［M］．北京：北京师范大学出版社，2022．

［82］中华人民共和国教育部制定．义务教育语文课程标准（2022年版）［M］．北京：北京师范大学出版社，2022．

［83］任苏民．民族的科学的大众的语文教育观——叶圣陶语文教育观探析［J］．教育研究，1999（8）．

［84］任苏民．叶圣陶教育思想的文化底蕴和当代价值［J］．教育研究，2012（3）．

［85］任苏民．叶圣陶"教是为了不教"的理论意蕴与现实意义［J］．教育研究，

2017（11）.

［86］任苏民.立德树人背景下叶圣陶德育思想时代内涵探析［J］.中国教育学刊，2020（2）.

［87］任苏民.叶圣陶教育思想与当代中国教师发展［J］.人民教育，2014（19）.

［88］任苏民.叶圣陶"养成良好习惯"教育思想新探［J］.人民教育，2020（15—16）.

［89］任苏民."教是为了不教"教育思想的历史起源和发展［J］.课程·教材·教法，2017（3）.

［90］任苏民.论"教是为了不教"的科学内涵和理论体系［J］.课程·教材·教法，2018（2）.

［91］任苏民.试论叶圣陶教育思想里的"中国教育学"［J］.中国教育科学，2020（5）.

［92］任苏民.新时代有效教学研究的理论构建——兼论叶圣陶教育思想在新时代的借鉴与发展［J］.中国教育科学，2020（1）.

［93］任苏民.一种"中国教育学"的理论和话语——叶圣陶"养成良好习惯"教育思想探析［J］.教育史研究，2021（3）.

［94］任苏民.落实立德树人：叶圣陶给了我们怎样的启示——叶圣陶德育思想再研究［J］.中国德育，2018（13）.

［95］任苏民.叶圣陶"养成良好习惯"教育思想的创新实践和发展［J］.中国德育，2021（11）.

［96］任苏民.我国基本实现教育现代化的路径［N］.中国教育报，2010-10-11（教育科学版）.

［97］任苏民.叶圣陶：怎样做中国现代教师［N］.中国教育报，2012-11-09（理论版）.

［98］任苏民."教是为了不教"隐含的教育智慧［N］.中国教育报，2014-01-17（理论版）.

［99］任苏民.科学践行"教是为了不教"教育思想［N］.中国教育报，2016-06-26（课程版）；中国社会科学网，2021-04-13（教育学·学者论教育）.

［100］任苏民.读懂叶圣陶教育思想里的"中国教育学"［N］.中国教育报，2016-09-08（教育科学版）；人民网，2016-09-09（教育新闻栏）；中国社会科学网，

2021-04-11（当代中国·论点荟萃）.

［101］任苏民．"教是为了不教"：叶圣陶的教育思想之花［N］．中国教育报，2019-
09-19（理论周刊）；光明网，2019-09-20（教育要闻栏）.

［102］任苏民．为"有生机的种子"提供"充分的合适条件"——叶圣陶"教是为了
不教"教育思想对西方早期现代教育理论的借鉴、转化、超越及启示［N］．中国
教育报，2023-03-23（理论周刊）.

［103］任苏民编著．教育与人生——叶圣陶教育论著选读［M］．上海：上海教育出
版社，2004.

［104］任苏民．叶圣陶教育改革思想研究［M］．苏州：苏州大学出版社，2004.

［105］任苏民．语文教学新论［M］．南京：江苏人民出版社，2008.

［106］任苏民主编．叶圣陶教育思想研究丛书（共十册）［M］．南京：江苏人民出版
社，2007—2009.

［107］任苏民主编．语文名家名著选读（第一、二册）［M］．苏州：苏州大学出版社，
2015.

［108］任苏民．叶圣陶教育思想研究［M］．*太原：山西人民出版社，2018.

---

　* 列入中国教育学会精选推出的"教育薪火书系·第一辑"，即国内外大教育家教育
思想研究专著。